ORIENS CHRISTIANUS

Hefte für die Kunde des christlichen Orients

Band 72

ORIENS CHRISTIANUS

Hefte für
die Kunde des christlichen Orients

Im Auftrag der Görres-Gesellschaft
herausgegeben von Julius Aßfalg und Hubert Kaufhold

Band 72 · 1988

OTTO HARRASSOWITZ · WIESBADEN

Manuskripte, Besprechungsexemplare und Sonderdrucke werden erbeten an:
Prof. Dr. Julius Aßfalg, Kaulbachstr. 95, 8000 München 40

© Otto Harrassowitz, Wiesbaden 1988
Alle Rechte vorbehalten
Die Zeitschrift und alle in ihr enthaltenen Beiträge und Abbildungen sind urheberrechtlich geschützt.

Jede Verwertung außerhalb des Urheberrechtsgesetzes bedarf der Zustimmung des Verlages. Das gilt insbesondere für Vervielfältigungen jeder Art, Übersetzungen, Mikroverfilmungen und für die Einspeicherung in elektronische Systeme.
Gedruckt mit Unterstützung der Görres-Gesellschaft
und der Deutschen Forschungsgemeinschaft
Gesamtherstellung: Imprimerie Orientaliste, Leuven. Printed in Belgium

ISBN 3-447-02876-9

INHALT

ANSCHRIFTEN DER MITARBEITER

Prof. Dr. JULIUS ASSFALG, Kaulbachstr. 95/III, D-8000 München 40.

Prof. Dr.Dr. ALEXANDER BÖHLIG, Wolfgang-Stockstraße 24, D-7400 Tübingen.

Prof. Dr. SEBASTIAN P. BROCK, Oriental Institute, Pusey Lane, Oxford OX1 2LE, GB.

Prof. Dr. WINFRID CRAMER, Seminar für Alte Kirchengeschichte, Johannisstraße 8-10, D-4400 Münster i.W.

Prof. Dr. WACHTANG DJOBADZE, 1485 Benedict Can. Dr., Beverly Hills, Ca. 90210, USA.

Prof. Dr. WILHELM GESSEL, Gerhart-Hauptmannstraße 19, D-8905 Mering.

Prof. Dr. ANDRE DE HALLEUX, P. Poulletlaan 5/410, B-3000 Leuven.

Prof. Dr.Dr. HUBERT KAUFHOLD, Brucknerstraße 15, D-8000 München 80.

Prof. Dr. MANFRED KROPP, Anselm-Feuerbachstraße 15, D-6830 Schwetzingen.

Dr. DANIEL L. MCCONAUGHY, 724 Florence Ave., Evanston, IL 60202, USA.

Univ.-Dozent Dr. ANDREW PALMER, Dr. C. Hofstede de Grootekade 45, NL-9718 KC Groningen.

Privatdozent Dr. PETER PLANK, Lehrstuhl für Ostkirchengeschichte, Sanderring 2, D-8700 Würzburg.

Prof. Dr. P. KHALIL SAMIR, sj, Pontificio Istituto Orientale, Piazza S. Maria Maggiore, I-00185 Roma.

Prof. Dr. ANTON SCHALL, Trübnerstraße 38, D-6900 Heidelberg.

Dr. REGINE SCHULZ, M. A., Tilsiter Straße 20, D-3200 Hildesheim.

Privatdozent Dr.Dr. SIEGBERT UHLIG, Bahnhofstraße 104, D-2000 Norderstedt 1.

Prof. Dr. P. MICHEL VAN ESBROECK sj, Institut für Semitistik, Veterinärstraße 1/II, D-8000 München 22.

Prof. Dr. ARTHUR VÖÖBUS, 230 South Euclid Avenue, Oak Park, Illinois 60302, USA.

ABKÜRZUNGEN

AnBoll	=	Analecta Bollandiana
Bardenhewer	=	O. Bardenhewer, Geschichte der altkirchlichen Literatur, Freiburg i.B., I² 1913, II² 1914, III³ 1923, IV 1924, V 1932.
Baumstark	=	A. Baumstark, Geschichte der syrischen Literatur mit Ausschluß der christlich-palästinensischen Texte (Bonn 1922)
BGL	=	Bibliothek der griechischen Literatur
BHG	=	Bibliotheca Hagiographica Graeca
BHO	=	Bibliotheca Hagiographica Orientalis
BK	=	Bedi Kartlisa. Revue de kartvélologie
BKV²	=	Bibliothek der Kirchenväter, 2. Auflage
BSOAS	=	Bulletin of the School of Oriental and African Studies
BullSocArchCopt	=	Bulletin de la Société d'Archéologie Copte
ByZ	=	Byzantinische Zeitschrift
CChr. SL	=	Corpus Christianorum, Series Latina, Turnhout 1953ff.
ChrOst	=	Der christliche Osten
CSCO	=	Corpus Scriptorum Christianorum Orientalium
CSEL	=	Corpus Scriptorum Ecclesiasticorum Latinorum
DACL	=	Dictionnaire d'archéologie chrétienne et de liturgie
DHGE	=	Dictionnaire d'histoire et de géographie ecclésiastiques
DThC	=	Dictionnaire de théologie catholique
EI	=	The Encyclopaedia of Islam. New Edition
GAL	=	C. Brockelmann, Geschichte der arabischen Literatur I-II (Leiden ²1943-49)
GALS	=	C. Brockelmann, Geschichte der arabischen Literatur—Supplementbände I-III (Leiden 1937-42)
GAS	=	F. Sezgin, Geschichte des arabischen Schrifttums, Leiden 1970ff.
GCS	=	Die griechischen christlichen Schriftsteller der ersten drei Jahrhunderte
Graf	=	G. Graf, Geschichte der christlichen arabischen Literatur I-V = Studi e testi 118 (Città del Vaticano 1944), 132 (1947), 146 (1949), 147 (1951) und 172 (1953).

HO	=	B. Spuler (Hrsg.), Handbuch der Orientalistik
JSSt	=	Journal of Semitic Studies
JThS	=	Journal of Theological Studies
LQF	=	Liturgiegeschichtliche Quellen und Forschungen
LThK	=	Lexikon für Theologie und Kirche ([2]1957 ff.)
MUSJ	=	Mélanges de l'Université Saint-Joseph (Beyrouth)
OLZ	=	Orientalistische Literaturzeitung
OrChr	=	Oriens Christianus
OrChrA	=	Orientalia Christiana Analecta
OrChrP	=	Orientalia Christiana Periodica
OrSyr	=	L'Orient Syrien
OstkSt	=	Ostkirchliche Studien
PG	=	P. Migne, Patrologia Graeca
PL	=	P. Migne, Patrologia Latina
PO	=	Patrologia Orientalis
POC	=	Proche-Orient Chrétien
PTS	=	Patristische Texte und Studien (Berlin)
RAC	=	Reallexikon für Antike und Christentum
RE	=	Realencyklopädie für protestantische Theologie und Kirche (Leipzig [3]1896-1913)
REA	=	Revue des Études Arméniennes
RGG	=	Die Religion in Geschichte und Gegenwart ([3] 1957 ff.)
ROC	=	Revue de l'Orient Chrétien
RRAL	=	Rendiconti della Reale Accademia dei Lincei
ThLZ	=	Theologische Literaturzeitung
ThWNT	=	G. Kittel †—G. Friedrich (Hrsg.), Theologisches Wörterbuch zum Neuen Testament
TU	=	Texte und Untersuchungen zur Geschichte der altchristlichen Literatur
VigChr	=	Vigiliae Christianae
ZA	=	Zeitschrift für Assyriologie
ZAW	=	Zeitschrift für die alttestamentliche Wissenschaft
ZDMG	=	Zeitschrift der Deutschen Morgenländischen Gesellschaft
ZKG	=	Zeitschrift für Kirchengeschichte
ZNW	=	Zeitschrift für die neutestamentliche Wissenschaft und die Kunde der älteren Kirche
ZSem	=	Zeitschrift für Semitistik und verwandte Gebiete

ANDRÉ DE HALLEUX

Les deux «testimonia» ps.-basiliens du florilège de Jean Maron

Voici un demi-siècle que Marcel Richard, à qui l'étude des florilèges et des chaînes patristiques doit tant de découvertes, réussissait à repérer la source de deux «testimonia» latins attribués à Basile de Césarée. Le premier se trouve dans l'annexe d'une lettre adressée par le pape Léon à l'empereur du même nom, le 17 août 458, en défense du dogme de Chalcédoine, et le second dans les *Exempla sanctorum Patrum*, compilés à Constantinople, en 519, par un moine «scythe» néochalcédonien anonyme[1]. Leurs lemmes respectifs se lisent: «item sci Basilii epi Cappadocis» et: «item eiusdem ex sermone de incarnatione Domini»[2]. Eduard Schwartz avait déjà rapproché l'un de l'autre ces deux fragments, rebelles à toute identification basilienne, en les supposant extraits d'une même homélie latine sur l'incarnation, qui aurait circulé à Rome sous le nom de l'évêque de Césarée dès la première moitié du Ve siècle[3]. Richard confirma partiellement cette intuition en montrant que les deux

1 M. RICHARD, *Testimonia sancti Basilii*, dans *Revue d'histoire ecclésiastique*, t. 33, 1937, pp. 794-796, repris dans *Opera minora*, t. 2, Turnhout, 1977, n° 54, sans remarque dans l'appendice, p. VIII. Les références sont à LÉON, *Epist.* 104, éd. E. SCHWARTZ (*Acta Conciliorum Oecumenicorum*, t. II, 4), Berlin, 1932, p. 125 et au traité d'INNOCENT DE MARONÉE *Sur la formule théopaschite*, éd. *ibid.* (t. IV, 2), Strasbourg, 1914, p. 95. Cette seconde indication provient d'une étrange distraction de Richard, car le florilège d'Innocent s'arrête à la p. 74 de l'édition de Schwartz, où commencent les *Exempla*, réédités par F. GLORIE dans le *Corpus Christianorum*, ser. lat., t. 85, Turnhout, 1972, cf. l'extrait ps.-basilien n° 87, *993-1003*, pp. 127-128, avec quelques variantes, d'après Rufin, vis-à-vis de l'édition de Schwartz, p. 95, *25-32*. Pour la date et le lieu de compilation du florilège anonyme (cf. *Clavis Patrum Latinorum*, n° 654), nous suivons B. ALTANER, *Zum Schrifttum der «skythischen» (gotischen) Mönche. Quellenkritische und literarhistorische Untersuchungen*, dans *Historisches Jahrbuch*, t. 72, 1953, p. 570. Richard a tacitement corrigé son erreur dans ses *Notes sur les florilèges dogmatiques du Ve et du VIe siècles*, dans *Actes du VIe Congrès international d'Études byzantines*, t. 1, Paris, 1950, p.312 et *Les florilèges diphysites du Ve et du VIe siècles*, dans A. GRILLMEIER et H. BACHT (éd.), *Das Konzil von Chalkedon. Geschichte und Gegenwart*, t. 1, 1e éd., Wurzbourg, 1952, p. 746, respectivement repris dans *Opera minora*, t. 1, Turnhout, 1976, n°s 2 et 3. M. BREYDY (*infra*, n. 37), p. 77, n. 30, répète cette erreur et distingue le florilège d'Innocent de celui des *Exempla*!

2 Éd. E. SCHWARTZ, *Acta Conciliorum Oecumenicorum*, t. II, 4, p. 125, *1*, avec l'apparat et t. IV, 2, p. 95, *25*.

3 E. SCHWARTZ, *Codex Vaticanus gr. 1431. Eine antichalkedonische Sammlung aus der Zeit des Kaisers Zeno* (*Abhandlungen der Bayerischen Akademie der Wissenschaften*, philos.-histor. Kl., 32, 6), Munich, 1927, p. 140.

«testimonia» proviennent d'un même chapitre de la version du Περὶ ἀρχῶν d'Origène par Rufin d'Aquilée[4].

Le patrologue français ne s'interrogeait pas encore, en 1937, sur la manière dont le texte origénien avait été attribué à Basile, mais la réponse à cette question, en même temps que la pleine confirmation de la conjecture de Schwartz, fut apportée dix ans plus tard, par celui qui était encore Dom David Amand de Mendieta[5]. Ce dernier redécouvrit, en effet, aux ff. 109ᵛ-115ᵛ d'un manuscrit de Vérone du VIᵉ siècle, le *Parisinus lat. 10593*, sous le lemme: «de incarnatione dni», tout le chapitre du *De principiis* dont proviennent les deux extraits ps.-basiliens des florilèges latins. Le compilateur du recueil avait intercalé cette pièce entre cinq homélies exégétiques et morales de Basile dans la version de Rufin et la préface du même aux mêmes. La dernière mention de Basile intervient au f. 93ʳ, à la fin de l'homélie sur «Attende tibi», tandis que la préface, f. 116ʳ, commence par les mots: «Sancti Basili Caesareae Cappadociae episcopi»[6]. Le chapitre origénien se trouvait ainsi comme inclus dans un recueil d'homélies basiliennes, et son attribution à l'évêque de Césarée à titre de «sermo de incarnatione» en devenait pratiquement inévitable. On peut donc supposer que le pape Léon, puis le compilateur anonyme des *Exempla*, puisèrent chacun leur «testimonium» dans un ancêtre du manuscrit de Vérone, en tombant naturellement dans la piège de la fausse paternité[7].

En même temps qu'il identifiait la source des deux fragments latins ps.-basiliens, M. Richard signalait que le premier se trouve partiellement cité en grec, et rapporté à l'*Adversus Eunomium* de Basile, dans le *Contra Monophysitas* de Léonce, dans le traité d'Éphrem d'Antioche contre les moines théopaschites orientaux, connu par la *Bibliotheca* de Photius, et, à deux reprises, dans un florilège maronite traduit par F. Nau, le *Libellus fidei* de Jean Maron, déjà

4 M. Richard, p. 796; Origène, *De Principiis*, II, 6, 2 et 3, éd. P. Koetschau (*GCS*, 22), Leipzig, 1913, p. 141, *5-15* et pp. 142, *12*-143, *6*; éd. H. Crouzel et M. Simonetti (*Sources chrétiennes*, 252), Paris, 1987, p. 312, *65-78* et pp. 314, *100*-316, *122*.

5 D. Amand, *Une ancienne version latine inédite de deux homélies de saint Basile*, dans *Revue bénédictine*, t. 57, 1947, p. 21, n° 10; M. Richard, *Notes sur les florilèges* et *Les florilèges diphysites* (*supra*, n. 1). D. Amand identifiait correctement le texte d'Origène sans faire référence à la note de Richard, *Testimonia* (*supra*, n. 1).

6 D. Amand, p. 20, n° 8 et p. 21, n° 11.

7 L'«incipit» de la préface de Rufin est à peu près identique au lemme du premier des fragments basiliens dont le *De incarnatione* constitue le quatrième dans les *Exempla*: «Sancti Basilii episcopi Caesareae Cappadociae», éd. E. Schwartz (*supra*, n. 2), p. 95, *10* (n° 94). Le compilateur de ce florilège citait d'ailleurs le *De incarnatione* ps.-basilien après l'homélie basilienne *De fide*, suivant l'ordre des pièces du manuscrit de Vérone, cf. D. Amand, p. 21, n° 9 et 10 et M. Huglo, *Les anciennes versions latines des homélies de saint Basile*, dans *Revue bénédictine*, t. 64, 1954, p. 130. La preuve décisive de l'origine des deux fragments, qui présentent sept variantes, dont trois omissions caractéristiques, vis-à-vis du *De principiis* de Rufin, ressortira de leur confrontation avec le texte, encore inédit, du *Parisinus lat. 10953*, f. 109ᵛ-115ᵛ.

décrit par J.S. Assemani[8]. Richard remarquait, à ce propos, que, «le faux ayant été opéré sur la traduction de Rufin, il est évident que le texte grec [...] n'est qu'une rétroversion», mais il avouait ignorer «comment ce morceau a pu être rattaché au *Contra Eunomium* par les Grecs»[9].

Le patrologue français avait manifestement raison de postuler la dépendance du grec vis-à-vis du latin. En effet, non seulement les citations de Léonce, d'Éphrem et de Jean s'inscrivent à l'intérieur du «testimonium» cité par le pape Léon, mais la comparaison du membre de phrase «propter quod cum omni metu et reverentia» chez ce dernier avec «διὸ μετὰ πάσης ἀγωνίας τε καὶ εὐλαβείας» chez Éphrem d'Antioche trahit une mauvaise compréhension de «metus» par le traducteur grec: c'est peut-être «φόβος», mais probablement pas «ἀγωνία», que portait le texte perdu d'Origène[10].

On sait que la lettre de Léon à son homonyme l'empereur reçut à Constantinople une traduction grecque très soignée, que déjà le patriarche d'Alexandrie Timothée Aelure pouvait utiliser dans sa *Réfutation du concile de Chalcédoine*: le fait qu'aucune version grecque du florilège annexe ne se soit conservée n'implique donc pas que celui-ci n'ait pas été traduit avec la lettre[11]. La coïncidence textuelle du témoignage ps.-basilien chez ses deux témoins grecs Léonce et Éphrem postule d'ailleurs normalement une même version préexistante, à moins que le second de ces auteurs ne dépende directement du premier[12].

8 M. Richard, p. 795; Léonce, *Contra Monophysitas* (*Clavis Patrum Graecorum*, n° 6917), éd. A. Mai, dans *PG*, t. 86, c. 1821 A *8-12*; Éphrem (*Clavis Patrum Graecorum*, n° 6908), chez Photius, *Bibliothèque*, cod. 229, éd. R. Henry, t. 4 (*Bibliothèque byzantine*), Paris, 1965, p. 161, *17-21*; Jean Maron, *Libellus fidei*, éd. F. Nau, *Opuscules maronites*, t. 1, Paris, 1899, pp. 1-26 (texte syriaque d'après le *ms. Paris syr. 203*) et pp. 14-45 (version française, reproduite dans *ROC*, t. 4, 1899, pp. 188-219); J.S. Assemani, *Bibliotheca Orientalis*, t. 1, Rome, 1719, pp. 513-517 et, tout récemment, M. Breydy, *Geschichte der Syro-Arabischen Literatur der Maroniten vom VII. bis XVI. Jahrhundert* (*Forschungsberichte des Landes Nordrhein-Westfalen*, 3194), Opladen, 1985, pp. 111-122, qui recense 13 manuscrits, dont il a préparé l'édition critique pour le *CSCO*. Nous évitons d'entrer dans la question du ou des Léonce, qui est loin d'être résolue, cf. les critiques récemment adressées à la théorie de M. Richard par I. Frăcea, Ὁ Λεόντιος Βυζάντιος. Βίος καὶ Συγγράμματα. (Κριτικὴ θεώρηση), Athènes, 1984.

9 M. Richard, p. 796, n. 5 et 6.

10 Léon, *Epist.* 104, éd. E. Schwartz, *Acta Conciliorum Œcumenicorum*, t. II, 4, p. 125, *6-7*; Éphrem, d'après Photius, cod. 229, éd. R. Henry, t. 4, p. 161, *18-19*. Ce membre de phrase n'est pas repris par Léonce.

11 La version grecque, qui se trouve, entre autres, en appendice de la collection hénotique du *ms. Vatic. gr. 1431*, a été éditée par E. Schwartz (*supra*, n. 3), pp. 56-72, n° 75; cf. pp. 127-128. Timothée Aelure élabora la seconde édition de son grand ouvrage polémique durant son exil en Chersonèse (460-475), cf. A. Schönmetzer, *Zeittafel zur Geschichte des Konzils von Chalkedon*, dans A. Grillmeier et H. Bacht (*supra*, n. 1), t. 2, 2e éd., Wurzbourg, 1962, pp. 954-955.

12 La teneur des deux textes est identique, à ceci près que Léonce, ou sa source, résume le membre de phrase initial qui vient d'être cité par «ἐκ τούτου», *PG*, t. 86, c. 1821, B *8*; cf. *infra*, n. 14-15.

Mais comment les Grecs et, à leur suite, le florilège maronite, en vinrent-ils à rapporter le *De incarnatione* ps.-basilien à l'*Adversus Eunomium* de l'évêque de Césarée? Il se pourrait que la réponse à cette question se trouve dans le florilège de Léonce, où le fragment en cause suit, sous le simple lemme «τοῦ αὐτοῦ», un autre extrait, soi-disant de «Βασιλείου, ἐκ τοῦ πρώτου πρὸς Εὐνόμιον», mais provenant en réalité du IVe livre de l'*Adversus Eunomium*, et dont il va bientôt être question[13]. Le début de la citation du *De incarnatione* résumant le texte par les mots «ἐκ τούτου»[14], il était normal que cette formule soit comprise comme la suite du lemme auquel elle se rattache sans transition: «Du même, de cet (ouvrage)-là». Ainsi s'expliquerait naturellement le lemme, plus explicite, d'Éphrem d'Antioche: «Βασίλειος ὁ Καισαρείας τῆς Καππαδοκίας ἐν τῷ κατ' Εὐνομίου λόγῳ»[15].

Reste à expliquer le lemme, répété en termes pratiquement identiques, du *Libellus fidei* de Jean Maron: «De saint Basile, év(êque) de Césarée de Cappadoce, du (ou: d'un) traité de réfutation (ܡܐܡܪܐ ܕܗܘܦܟ ܚܘܪܒܐ) contre Eunome, au chapitre (ܒܩܦܠܐܘ ܦ̄) quatre-vingt»[16]. Si la manière de présenter l'auteur rappelle celle d'Éphrem d'Antioche, le titre de l'œuvre, sur lequel on va revenir, évoque plutôt celui d'un recueil anonyme de polémique chalcédonienne, qui introduit une phrase du même extrait ps.-basilien par le lemme: «Le bienheureux Basile, dans le (ou: un) traité de réfutation»[17].

Mais c'est surtout l'indication d'un «chapitre quatre-vingt» de l'*Adversus Eunomium* qui étonne dans le florilège maronite, car les trois premiers livres du traité de Basile n'ont jamais comporté de «capitulatio», et celle des deux livres suivants, ps.-basiliens, ne comptait que trente-cinq ou trente-quatre chapitres[18].

13 Léonce, *Contra Monophysitas*, éd. A. Mai, dans *PG*, t. 86, c. 1821 A *8* et B *8*, correspondant au ps.-Basile, *Adversus Eunomium*, IV, 15, éd. J. Garnier, dans *PG*, t. 29, c. 704, C *5-7*.

14 Cf. *supra*, n. 12.

15 Éd. R. Henry (*supra*, n. 8), p. 161, *17-18*.

16 Éd. F. Nau (*supra*, n. 8), p. 6, *1-3* (syr., qui a ܐܘܢܘܡܘܣ) et p. 19 (version, = *ROC*, p. 193); p. 18, *21-22* (syr.: variante initiale: «La trompette divine, Basile») et p. 36 (vers. = *ROC*, p. 210). M. Breydy (*infra*, n. 37), p. 69 les présente comme les §§30 et 88 de sa prochaine édition critique, mais il n'édite que le §30, p. 76 (cf. *infra*, n. 62), avec deux variantes vis-à-vis de l'édition de F. Nau: om. ܕ avant le premier ܠܗ (p. 76, *3*) et ܘܒܫܠܝܬܐ au lieu de ܒܫܠܝܬܐ (p. 76, *6*). F. Nau, pp. 35-36 (= *ROC*, pp. 209-210) a inclus par erreur cette citation de Basile, avec celles qui l'entourent, dans le discours de Grégoire de Nazianze à Syntacticus (sic!), c'est-à-dire, le Discours 42, Συντακτήριος, cf. éd. des Mauristes, dans *PG*, t. 36, c. 457 A 2.

17 Cf. *supra*, n. 15 et *Question aux Sévériens et aux Julianistes*, dans P. Bettiolo (éd.), *Una raccolta di opuscoli calcedonensi (ms. Sin. Syr. 10)*, XIV (*CSCO*, t. 403/Syr. 177), Louvain, 1979, p. 39, *13-15*.

18 Cf. G.-M. de Durand, *État de la tradition du Contre Eunome*, dans Basile de Césarée, *Contre Eunome*, éd. B. Sesboüé (*Sources Chrétiennes*, 299), Paris, 1982, pp. 98-123. Pour les 35 chapitres du texte grec reçu, cf. W. M. Hayes, *The Greek Manuscript Tradition of (Ps.) Basil's* Adversus Eunomium *Books IV-V*, Leyde, 1972, pp. 2-3. Dans la version syriaque du *ms. Brit. Libr., Or. 8606*, f. 54r ss., certains des 34 chapitres annoncés dans la «capitulatio» ont été

Le fait que le *De incarnatione* cité sous le nom de Basile provienne en réalité du *De principiis* d'Origène retire à priori toute crédibilité au lemme du florilège maronite, de même d'ailleurs qu'aux autres lemmes, tant syriaque que grecs ou latins. La seule question qui se pose consiste plutôt à expliquer comment, après la spécification de l'écrit, a pu apparaître la précision d'un «chapitre quatre-vingt» du «traité de réfutation contre Eunome». L'explication nous paraît remonter au modèle grec, immédiat ou indirect, où l'abréviation «ΚΠ» pour «Καππαδόκης», suivant le nom d'Eunome, aurait été interprétée par erreur comme «κ(εφάλαιον) π'», c'est-à-dire: «ch. 80»[19].

Peu après la seconde occurrence de l'extrait du *De incarnatione* ps.-basilien, on rencontre, dans le *Libellus fidei* de Jean Maron, un autre «testimonium» attribué à Basile et provenant du même contexte que l'extrait du *Contra Monophysitas* de Léonce, déjà signalé[20]. L'exégèse de *Prov.* 8, 22 dans le IVe livre de l'*Adversus Eunomium* se trouve fréquemment invoquée dans les polémiques christologiques des VIe et VIIe siècles. Les quelque dix attestations que l'on en conserve se laissent ranger en trois groupes, selon la longueur du texte cité[21]. Jean de Césarée et Sévère d'Antioche représentent le fragment long (de εἰ ὁ θεός à σαρκί)[22]. Il fut introduit dans le débat christologique à propos de la distinction «notionnelle» des deux natures: en bon néochalcédonien, Jean estimait cette distinction compatible avec le dyophysisme, ce que

subdivisés par une numérotation marginale du texte, de manière à se monter au chiffre, secondaire, de 42, cf. J. LEBON, *Le pseudo-Basile* (Adversus Eunomium, IV-V) *est bien Didyme d'Alexandrie*, dans *Le Muséon*, t. 50, 1937, p. 71.

19 Il s'agit d'une simple hypothèse, vraisemblable mais non documentée, car si Eunome était bien cappadocien, cf. B. SESBOÜÉ (*supra*, n. 18), p. 145, n. 3, cette précision n'apparaît pas dans les titres des manuscrits connus du traité de Basile, cf. G.-M. DE DURAND (*ibid.*), p. 139.

20 Cf. *supra*, n. 13. Éd. F. NAU (*supra*, n. 8), p. 19, *5-8* (syr.) et p. 37 (version, = *ROC*, p. 211). M. BREYDY (*infra*, n. 37), pp. 80-81 le présente comme le §92 de sa prochaine édition critique, avec deux variantes vis-à-vis de l'édition de F. Nau: aj. ܚܕ. après ܟܠܚܕ. (p. 80, *7*) et ܡܬܒܪܢܫ au lieu de ܡܬܪܢܫ (p. 81, *1*), qui en est manifestement une corruption. Le même texte est reproduit dans la *Geschichte* (*supra*, n. 8), p. 233, avec la variante orthographique ܠܘܩܕܡܐ pour ܠܩܘܕܡܐ (p. 80, *6*).

21 PS.-BASILE, *Adversus Eunomium*, IV, 15, éd. J. GARNIER, dans *PG*, t. 29, c. 704, C *2-11*. Les textes grecs et syriaques sont commodément rassemblés par M. BREYDY (*infra*, n. 37), pp. 78-81. Pour le grec, cf. nos remarques, *infra*, n. 74. Signalons ici que le texte présenté sous le nom de SÉVÈRE D'ANTIOCHE, *Contra Grammaticum*, III, 31, éd. J. LEBON (*CSCO*, t. 101/Syr. 50), Paris, 1933, pp. 117-118, et qui est en réalité une citation de Jean le Grammairien, a été reproduit avec beaucoup de négligence. Non seulement la ponctuation, syntactique et diacritique, de l'édition n'a pas été respectée (entre autres, lire ܗ̇ܝ, avant ܟܕ, p. 80, *9*), mais il convient de rectifier les erreurs suivantes à la p. 80: ajouter ܗ̇ܘ après ܗܘܐ (*6*) et lire ܒܪܘܟ au lieu de ܒܪܘܦ (*7*), ܗܘܐ au lieu de ܗܘܬ (*8*) et ܬܬܢܣܒ au lieu de ܢܣܒ (*8*). Pourquoi avoir corrigé l'édition, p. 81, *1*, cf. cf. n. 18)?

22 JEAN, cité par SÉVÈRE, III, 31 (*supra*, n. 21) et SÉVÈRE lui-même, III, 7, éd. J. LEBON (*CSCO*, t. 93/Syr. 45), Paris, 1929, pp. 112, *27*-113, *7* et III, 33 (*ibid.*, t. 102/Syr. 51), Paris, 1933, pp. 138, *29*-139, *9*; en II, 14 (*ibid.*, t. 111/Syr. 58), Louvain, 1938, p. 123, *3-4*, Sévère ne cite qu'une phrase du même passage, et sans lemme précis.

conteste évidemment le monophysite Sévère, qui fait remarquer que, si «Basile» avait bien distingué les temps d'avant et d'après l'inhumanation du Verbe, il n'avait nullement divisé l'Emmanuel et deux natures[23]. Le deuxième groupe de témoins, qui comprend le premier florilège du *Contra Nestorianos et Eutychianos* de Léonce et la profession de foi de l'empereur Justinien, atteste la citation la plus brève (de ληπτέον à λογιζόμενοι)[24], tandis que le troisième groupe, qui réunit le modèle du *Contra Monophysitas* de Léonce et le florilège de Jean Maron, fournit un texte intermédiaire (de ἐν πᾶσι δὲ τούτοις, omis par Léonce, à σαρκί)[25]. Chez tous les compilateurs de ces deux derniers groupes, le témoignage ps.-basilien intervient dans un contexte antimonophysite[26]. On se souviendra, par ailleurs, de ce que les deux seuls «testimonia» ps.-basiliens du *Libellus fidei* maronite se trouvent réunis dans le traité antimonophysite de Léonce, ce qui confirme que les deux représentants connus du troisième groupe appartiennent bien à une même tradition anthologique, tout en suggérant la dépendance du premier vis-à-vis d'un prototype du second[27].

Les lemmes dont les divers témoins indirects des livres IV et V de l'*Adversus Eunomium* affectent leurs extraits respectifs sont un auxiliaire précieux, mais d'utilisation délicate, pour l'histoire de la tradition manuscrite du traité ps.-basilien[28]. Jean de Césarée et Sévère d'Antioche supposent respectivement des titres du type: «λόγος κατ' Εὐνομίου περὶ τοῦ, Ὁ Κύριος ἔκτισέ με» et:

23 Cf. le titre de II, 14, p. 122, *23-25* et l'argumentation de SÉVÈRE, III, 7, pp. 107-116 et III, 31, pp. 117-118; cf. *infra*, n. 82.

24 Les florilèges du *Contra Nestorianos et Eutychianos* sont encore inédits. L'édition critique que prépare B. DALEY (cf. *Clavis Patrum Graecorum*, n° 6813) montrera si le «desinit» «λογιζόμεθα», au lieu du «λογιζόμενοι» du *Contra Monophysitas*, éd. A. MAI, dans *PG*, t. 86, c. 1821, A *10-11*, ne provient pas d'une distraction de R. DEVREESSE, *Le florilège de Léonce de Byzance*, dans *Revue des sciences religieuses*, t. 10, 1930, p. 560, n° 22. JUSTINIANS *Edict über den rechten Glauben*, éd. E. SCHWARTZ, dans *Drei dogmatische Schriften Justinians* (*Abhandlungen der Bayerischen Akademie der Wissenschaften*, philos.-hist. Kl., N.F., 18), Munich, 1939, p. 84, n° 24 (cf. λογιζόμενοι, *21*!). C'est du texte de Justinien que dépend le IIe CONCILE DE SÉVILLE (a. 619), XIII, éd. J. VIVES, *Concilios Visigóticos e Hispano-Romanos* (*España Cristiana*. Textos, 1), Madrid, 1963, p. 181. W.M. HAYES (*supra*, n. 18) ne l'a pas aperçu.

25 Cf. *supra*, n. 13 et 20.

26 Le commentaire du *Contra Monophysitas*, éd. A. MAI, dans *PG*, t. 86, c. 1821, A *12*-B *7* explique que la distinction notionnelle des natures est une «ἀληθὴς νοητὴ θεωρία», impliquant «τὸ διάφορον τῶν ἑνωμένων». Celui de Justinien, éd. E. SCHWARTZ, p. 84, *9-12*, souligne que la différence (διάφορα) des natures dont provient (ἐξ' ὧν) le Christ implique leur nombre.

27 Cf. *supra*, n. 13: l'extrait dans le florilège maronite, plus long que celui que produit Léonce, ne peut dériver immédiatement de celui-ci.

28 Cf. W.M. HAYES (*supra*, n. 18), pp. 5-24; B. PRUCHE, *Didyme l'Aveugle est-il bien l'auteur des livres* Contre Eunome IV et V *attribués à saint Basile de Césarée*? dans L. LIVINGSTONE (éd.), *Studia Patristica*, 10 (*Texte und Untersuchungen*, 107), Berlin, 1970, pp. 152-154. M. BREYDY (*infra*, n. 37), p. 75 règle un peu vite la question en attribuant l'«imprécision» de la tradition du VIe siècle à l'«indécision» de celle-ci: en réalité, chaque témoin suit une tradition déterminée, ou la corrige pour des raisons à priori déterminables.

«λόγος ἀντιρρητικὸς κατ' Εὐνομίου»[29]. Tandis que ces deux auteurs, conservés en version syriaque, ne fournissent aucune subdivision de l'œuvre, les témoins grecs, qui produisent des titres plus ou moins développés, précisent également le numéro du livre cité: le Ier d'après le *Contra Monophysitas*, le IIIe d'après le *Contra Nestorianos et Eutychianos*, le IVe, plus justement, d'après l'empereur Justinien[30]. La divergence dans les chiffres I et IV s'explique aisément par la confusion, courante en paléographie grecque, des onciales A et Δ[31].

Le *Libellus fidei* syriaque est le seul à introduire l'extrait du IVe livre de l'*Adversus Eunomium* ps.-basilien sous le lemme «ܒܟܬܒܐ ܕܪ̈ܝܫܐ», c'est-à-dire: «dans le (ou: un) livre des (ou: de) chapitres»[32]. Trois hypothèses se présentent à l'esprit pour rendre compte d'une manière plausible de ce titre insolite. Ou bien le compilateur, se souvenant de son autre fragment de «Basile», cité peu auparavant comme tiré du «chapitre quatre-vingt» de la réfutation d'Eunome[33], se contente de désigner l'extrait qu'il croit provenir du même ouvrage par le titre: «livre des chapitres»; mais alors pourquoi, au lieu

29 Cf. *supra*, n. 22; même type de lemme dans la version syriaque du *ms. Brit. Libr., Or. 8606*, cf. J. LEBON (*supra*, n. 18), p. 73. M. BREYDY (*infra*, n. 37), p. 84, n. 40 dénonce à juste titre la traduction «Oratio syllogismorum» que cet auteur donne au titre ܡܐܡܪܐ ܕܗܦܟ ܚܘ̈ܫܒܐ, et qui a porté W.M. Hayes à majorer l'importance de ce titre. J. LEBON (*supra*, n. 18), p. 68, faisait valoir que le traducteur de Sévère avait rendu le terme «συλλογισμοί» par «ܗܦܟ ܚܘ̈ܫܒܐ» dans une citation de GRÉGOIRE DE NAZIANZE, *Oratio* 43, 68, éd. des MAURISTES, dans *PG*, t. 36, c. 588 B *8*), en *Contra Grammaticum*, III, 11 (*CSCO*, t. 93/Syr. 45), p. 211, *14*. Mais le contexte, dans lequel Grégoire souligne comment son ami Basile réfutait victorieusement ses adversaires, invitait le traducteur syriaque à cette version un peu libre, bien que fidèle. En fait, si «ܚܘܫܒܐ» correspond bien au grec «λογισμός» (cf. C. BROCKELMANN, *Lexicon Syriacum*, Halle, 1928, p. 261), la racine «ܗܦܟ» évoque, plutôt que la conjonction de «σύν», la connotation de contradiction, ou de répétition (C. BROCKELMANN, pp. 179-180). À notre avis, le composé syriaque rend un des cas de l'adjectif «ἀντιρρητικός», attesté dans la majorité des titres grecs, cf. G.-M. DE DURAND (*supra*, n. 18), p. 139; de même, peut-être, que l'expression «ܗܠܝܢ ܕܕܪ̈ܫܐ», cf. *infra*, n. 34. Le tort de J. Lebon est de s'être laissé guider dans sa traduction de «ܗܦܟ ܚܘ̈ܫܒܐ» par le témoignage de la *Doctrina Patrum* (cf. *CSCO*, t. 94/ Syr. 46, Paris, 1929, p. 75, n. 2), comme le relève justement M. BREYDY (*infra*, n. 37) p. 84. Le titre, attesté par ce florilège: «ἐκ τῶν κατ' Εὐνομίου συλλογισμῶν» (2e éd., F. DIEKAMP et E. CHRYSOS, *Doctrina Patrum de incarnatione Verbi*, Munster, 1981, p. 80, II et p. 105, II) dépend peut-être de la même tradition que le CONCILE DU LATRAN DE 649, V, ch. 4, éd. R. RIEDINGER (*Acta Conciliorum Oecumenicorum*, ser. II, t. 1), Berlin, 1984, p. 262, *1-3*: «ἐκ τοῦ κατ' Εὐνομίου συλλογιστικοῦ λόγου», si le compilateur de la *Doctrina* est bien Anastase l'apocrisiaire, un disciple de Maxime le Confesseur, comme on le pense depuis J. STIGLMAYR, *Der Verfasser der* Doctrina Patrum de incarnatione Verbi, dans *ByZ*, t. 18, 1919, pp. 14-40.

30 Cf. *supra*, n. 24 et 25.

31 Cf. aussi le CONCILE DU LATRAN DE 649 (*supra*, n. 29), p. 202, *6*. Pour le «3e» livre, également attesté par la *Doctrina Patrum* (*supra*, n. 29), p. 75, XIII, p. 80, II et p. 105, II, on pourrait songer à une confusion de «τετάρτου» avec «τοῦ τρίτου». W.M. HAYES (*supra*, n. 18), pp. 12-21 ne tient pratiquement pas compte du facteur paléographique dans sa discussion des titres de l'*Adversus Eunomium* ps.-basilien.

32 Cf. *supra*, n. 20.

33 Cf. *supra*, n. 16.

de reprendre simplement le terme «ܩܦܠܐܘܢ», lui avoir préféré son synonyme «ܪܫܐ»? On peut également conjecturer une corruption paléographique dans la tradition syriaque, qui connaissait au moins les deux premiers livres de l'*Adversus Eunomium* basilien sous le nom de «traité (ܡܐܡܪܐ) de polémique (ܕܪܫܐ)»[34]. Mais, si la confusion entre «ܕܪܫܐ» et «ܕܪ̈ܫܐ» n'a rien d'invraisemblable, comment expliquer le remplacement de «ܡܐܡܪܐ» par «ܟܬܒܐ»? Une troisième hypothèse part de la constatation que, contrairement aux trois premiers livres, authentiques, de l'*Adversus Eunomium*, les actuels livres IV et V ps.-basiliens se présentent comme une suite de petites unités, titrées mais non numérotées dans la version syriaque du *ms. Brit. Libr., Or. 8606*[35]. N'est-ce donc pas cet ensemble que le florilège maronite désignerait comme «livre des chapitres»? Toutefois, cette supposition se heurte à la même objection que la première, car ce sont des «ܩܦܠܐܘ̈ܢ», et non des «ܪ̈ܫܐ», qu'annonce le titre de la «capitulatio» syriaque[36].

Aucune de ces trois explications n'est donc entièrement satisfaisante. Mais point n'est besoin d'une grande familiarité avec les chaînes et les florilèges grecs pour être averti de la fragilité des lemmes et des textes eux-mêmes, dont les erreurs se sont répétées, aggravées et contaminées au fur et à mesure des accidents de copie, sans parler des interpolations délibérées, en un processus de transmission si complexe et si mal connu qu'il en affecte le plus souvent la critique du plus haut degré d'incertitude. On se gardera donc d'attribuer une confiance aveugle à des données aussi mal assurées, pour leur faire alors supporter des spéculations aventureuses.

* * *

Tel est pourtant le risque auquel s'est exposé M. Breydy, en présentant récemment aux lecteurs d'*Oriens Christianus* les deux «testimonia» ps.-basiliens de l'*Exposé de la foi* de Jean Maron, dont il a préparé une édition

34 Sévère d'Antioche, *Contra Grammaticum*, III, 7 et 31, éd. J. Lebon (*supra*, n. 21), t. 93/Syr. 45, p. 110, *1-2* et t. 101/Syr. 50, p. 124, *19-20*. M. Breydy (*infra*, n. 37), p. 84 prétend constater une «licence» dans la traduction de ce titre par «oratio Antirrheticorum» chez J. Lebon, t. 102/Syr. 51, p. 90, *14*. Ce jugement nous paraît infondé, car même sans partager l'assurance de J. Lebon (supra, n. 18), p. 67, il faut souligner que le deuxième sens du verbe «ܕܪܫ» est celui de «disputavit» (cf. *Act.* 9, 29), et que le premier du substantif «ܕܪܫܐ» est «disputatio», cf. C. Brockelmann (*supra*, n. 29), p. 168. M. Breydy insinue à tort que le titre du texte reçu grec «est bien discuté» (p. 84); en réalité, l'adjectif «ἀντιρρητικός» figure dans onze des quatorze manuscrits titrés de l'*Adversus Eunomium* recensés par G.-M. de Durand (*supra*, n. 18), p. 139.

35 Cf. W. M. Hayes (*supra*, n. 18), pp. 1-3; C. Moss, *A Syriac Patristic Manuscript*, dans *JThS*, t. 30, 1929, p. 250; R. W. Thomson, *An Eighth-Century Melkite Colophon from Edessa, ibid.*, t. 13, 1962, p. 250; J. Lebon (*supra*, n. 18), p. 71.

36 J. Lebon (*supra*, n. 18), p. 73. Une quatrième conjecture, qui verrait dans «ܕܪ̈ܫܐ» une déformation du «ܒܪܫ» = «ἀρχήν» de *Prov.* 8, 22, cité dans certains témoins des premier et deuxième groupes, nous paraît trop artificielle pour pouvoir être retenue.

critique[37]. Ces deux textes apporteraient, selon lui, «le témoignage inespéré d'un *Péri Arkhon* de Basile et d'un 'chapitre 80' de l'*Adversus Eunomium*», qui «justifierait la prise en considération d'un stade primitif de son œuvre contre Eunomius, qu'une ancienne version syriaque aurait sauvegardé»[38]. Ce qui est ainsi avancé comme une simple hypothèse de travail à vérifier apparaît bientôt, à la lecture de l'article, comme une double théorie, échafaudée sur un postulat indiscuté: celui de l'authenticité la plus originale des deux textes ps.-basiliens tels qu'en témoigne le florilège maronite du VIIe siècle. Cette conviction forme, dans l'esprit de l'auteur, un système si cohérent qu'il n'a pas éprouvé le besoin de le développer en un exposé génétique ou logique. Avant de vérifier dans les textes la solidité de ce système, il ne sera donc pas inutile d'en synthétiser brièvement les deux composantes, d'ailleurs mal articulées entre elles, en commençant par les spéculations que l'extrait maronite du IVe livre de l'*Adversus Eunomium* ps.-basilien a inspirées à M. Breydy, et en reprenant, autant que possible, les termes mêmes dont use celui-ci, de manière à respecter scrupuleusement sa pensée.

Basile de Césarée écrivit sa *Réfutation d'Eunome* entre 364 et 370, en un seul livre, qui comprenait au moins quatre-vingt chapitres. Cette composition hâtive ne le satisfaisant pas, il continua de rédiger, au gré des maigres loisirs que lui laissait son épiscopat, des ébauches de chapitres, destinés à être intégrés dans une seconde édition de l'ouvrage. Ce n'est qu'après sa mort, survenue le 1 janvier 379, que ces «chapitres ébauchés» furent publiés, en un livre séparé, sous le titre de Περὶ ἀρχῶν, alors courant pour désigner ce genre littéraire. Les deux volumes constituent l'édition originale de l'*Adversus Eunomium*, laquelle fut fidèlement traduite en syriaque, peut-être encore du vivant de l'auteur pour le premier volume. Mais bientôt le second volume fut interpolé de textes de Didyme d'Alexandrie et d'Apollinaire de Laodicée, formant désormais trois grandes sections, et il fut subdivisé, d'abord en quarante-deux chapitres, puis en deux livres de trente-quatre ou trente-cinq chapitres chacun. Une version syriaque de cette habile compilation fut faite, dès avant 464, par un moine apollinariste, et peut-être retraduite en grec. De son côté, la *Réfutation* originale, divisée en chapitres, subissait semblablement une refonte, œuvre d'un moine apollinariste du Ve siècle (le même?), et un découpage successif en deux, puis en trois livres, Sévère d'Antioche étant encore le témoin du premier de ces deux stades[39]. Le noyau authentique des

37 M. Breydy, *Le* Adversus Eunomium IV-V *ou bien le* Péri Arkhon *de S. Basile*? dans *OC*, t. 70, 1986, pp. 69-85.

38 M. Breydy, pp. 74-75.

39 Il est illégitime d'inférer du fait que Sévère ne cite jamais le IIIe livre de l'*Adversus Eunomium* de Basile que le patriarche d'Antioche n'en aurait connu «qu'une recension divisée en deux livres» (p. 73). Ni W. M. Hayes (*supra*, n. 18), p. 7 ni B. Pruche (*supra*, n. 28), p. 154 n'allaient jusque

«chapitres ébauchés» se trouve dans les exégèses sans titre[40], qui répondent à des textes bibliques dont le traitement plus développé était annoncé dans la *Réfutation.* La critique doit donc s'aider des traditions syriaque et grecque pour rendre son dû à chacun des auteurs pillés par le(s) compitateur(s): Basile, Didyme, Apollinaire et ps.-Athanase. Mais quoi qu'il en soit, le Περὶ ἀρχῶν basilien, attesté par la citation du florilège de Jean Maron, ouvre en principe une voie de solution à la question discutée de l'authenticité des livres IV et V de l'*Adversus Eunomium*[41].

Quant à la citation répétée du *De incarnatione* origénien dans le *Libellus fidei* et que le compilateur maronite présente comme provenant du quatre-vingtième chapitre de la *Réfutation d'Eunome*, voici la reconstitution qu'elle a inspirée à M. Breydy. En traduisant le *De principiis* d'Origène, Rufin d'Aquilée manipula l'original à sa guise, sans hésiter à l'agrémenter de ses propres réflexions, ni même à y introduire des morceaux choisis, empruntés d'autres ouvrages d'Origène, voire d'autres auteurs, tels que Basile de Césarée: «addidit quae non erant», dénonce justement Jérôme. Parmi les pièces basiliennes ainsi interpolées dans le traité origénien figurait un *Sermo de incarnatione Domini*, provenant d'une œuvre inachevée de l'évêque de Césarée, car, suivant la description de Jérôme, le plan du Περὶ ἀρχῶν n'exigeait aucun traitement du mystère de l'incarnation. Plus précisément, Rufin avait compilé habilement son interpolation à partir d'éléments basiliens et d'éléments origéniens. Cette audacieuse mystification littéraire fut opérée dès 398; mais bientôt, et peut-être dès 402, les attaques directes de Jérôme et les dénonciations d'autres ennemis auprès du pape Anastase poussèrent Rufin à un revirement: il publia désormais le *Sermo de incarnatione* sous le nom de son véritable auteur, Basile, ainsi qu'en témoigne encore le manuscrit signalé par D. Amand, de manière à satisfaire ses lecteurs romains, mais sans toutefois l'expurger de tous ses éléments origénistes. Le pape Léon, en 458, puis Innocent de Maronie, en 532, purent néanmoins extraire tranquillement deux ténoignages basiliens de l'homélie, sans rien soupçonner de son ascendance hybride. Par ailleurs, ce qui en figurait dans la *Réfutation d'Eunome* originelle disparut lors de la refonte apollinariste de cet ouvrage et de son découpage en deux livres. Antérieure à cette double dégradation, la citation de Jean Maron prouve que l'ancienne version syriaque n'était pas perdue, malgré toutes les distorsions que les polémiques christologiques avaient imposées à l'œuvre basilienne[42].

là. Le IIIe livre, intitulé «Du Saint-Esprit», cf. éd. B. Sesboüé (*Sources Chrétiennes*, 305), Paris, 1983, pp. 144-145, pouvait ne pas nourrir la controverse christologique de Sévère avec ses adversaires chalcédoniens, néochalcédoniens julianistes ou eutychianistes.

40 Il s'agit des «chapitres» 4-18 selon W. M. Hayes (*supra*, n. 18), p. 4, qui les groupe sous le titre: εἰς τὰ ἀντιλεγόμενα περὶ τοῦ υἱοῦ τῶν ἐν τῇ καινῇ καὶ παλαιᾷ διαθήκῃ.

41 M. Breydy, pp. 82-84 et *passim*, pp. 73, 75, 78, 81.

42 M. Breydy, *passim*, pp. 70, 72, 73, 74, 77-78, avec les références aux textes de Jérôme. L'auteur ne

Nous laisserons aux spécialistes d'Origène, de Rufin et de Jérôme, ainsi qu'à ceux de Basile, de Didyme et d'Apollinaire, le soin d'apprécier la crédibilité et l'économie de ces deux théories de M. Breydy, qui assure proposer «une explication bien moins compliquée» que celle des critiques modernes, tout en ayant parfois conscience de spéculer sur le terrain mouvant de l'hypothèse[43]. Bornons-nous, avant de passer à l'examen des preuves, à une remarque concernant le «genre littéraire» des «chapitres ébauchés». Quoi qu'il en soit du sens précis de l'expression grecque «περὶ ἀρχῶν», singulièrement chez Origène, prétendument employée «pour toute œuvre sommaire ou ébauchée à grandes lignes»[44], il est peu vraisemblable que le syriaque «ܟܬܒܐ ܕܪ̈ܫܐ» ait servi à rendre un titre semblable à celui du traité origénien. La perte malencontreuse du VIe livre de l'ancienne version syriaque de l'*Histoire ecclésiastique* d'Eusèbe de Césarée nous empêche malheureusement de savoir comment le traducteur du Ve siècle avait rendu le titre d'Origène[45]. Mais dans la version du commentaire de l'Évangile johannique par Théodore de Mopsueste, qui pourrait remonter, elle aussi, à l'époque de celle de Basile, c'est «ܪܫܝܬܐ», et non «ܪܫܐ», qui intervient dans la dissertation où l'auteur explique le «ἐν ἀρχῇ» de *Joh.* 1, 1 en fonction de la définition aristotélicienne de la cause première[46]. Tandis que le sens de «principe» reste l'acception principale du féminin «ܪܫܝܬܐ» dans le lexique de Bar Bahlul, il n'est relevé pour le masculin «ܪܫܐ» que chez Bar Hebraeus par le *Thesaurus Syriacus*, et il ne figure même pas parmi les quinze acceptions qu'en

s'explique pas clairement sur le sens du rapport littéraire entre le *Sermo de incarnatione* et la *Réfutation d'Eunome*.

43 M. Breydy, p. 71 et 74.

44 M. Breydy, pp. 70-72, qui serait bien en peine de documenter l'emploi du terme «ἀρχή» dans la littérature classique ou chrétienne au sens d'une ébauche littéraire; ce sens n'est attesté ni dans le Liddell-Scott-Jones ni dans Lampe; et quelle signification aurait d'ailleurs, dans ce cas, le titre Περὶ ἀρχῶν sans complément? Origène lui-même énumère six acceptions du mot: ὡς μεταβάσεως, ὡς γενέσεως, τὸ ἐξ οὗ, τὸ καθ' οἷον, ὡς μαθήσεως, ὡς πράξεως, cf. son *Commentaire sur saint Jean*, I, 16, *90*-18, *108*, éd. C. Blanc (*Sources Chrétiennes*, 120), Paris, 1966, pp. 106-118. Son Περὶ ἀρχῶν ressortit évidemment au quatrième sens; aussi l'explication de H. Crouzel (*supra*, n. 4), pp. 12-14 est-elle inattaquable, quoi qu'en ait M. Breydy, p. 71. Celui-ci prétend également à tort, p. 70, que Rufin aurait avoué une «grande perplexité» dans sa préface, 3, *47-51*, éd. H. Crouzel, pp. 70-72; en réalité, Rufin ne manifeste aucune hésitation, mais il donne d'abord les deux sens principaux du mot «ἀρχή»: «vel de Principiis vel de Principatibus», puis il laisse clairement entendre qu'il s'agit des doctrines philosophico-théologiques fondamentales.

45 Eusèbe, *Hist. eccl.*, VI, 24, 5. W. Wright et N. McLean, *The Ecclesiastical History of Eusebius in Syriac Edited from the Manuscripts*, Cambridge, 1898, p. v.

46 *Theodori Mopsuesteni commentarius in Evangelium Ioannis Apostoli*, éd. J.-M. Vosté (*CSCO*, t. 115/Syr. 62), Louvain, 1940, pp. 12, *14*-17, *26*. La version syriaque de *Joh.* 1, 1, calquée sur celle de *Gen.* 1, 1 «ܒܪܫܝܬ» avait sans doute influencé le traducteur de Théodore. La définition philosophique de p. 15, *5-6* s'inspire, peut-être indirectement, d'Aristote, *Met.* A 3, 984 b 21, éd. W. Jaeger (*Scriptorum classicorum bibliotheca Oxoniensis*), Oxford, 1957, p. 11.

énumère le *Brockelmann*, bien qu'il serve souvent à rendre le terme «ἀρχή» dans la Pešīṭtā du Nouveau Testament[47].

Il est donc probable qu'un titre Περὶ ἀρχῶν aurait été rendu, dans une version ancienne, par ܟܬܒܐ ܕܪ̈ܫܝܬܐ plutôt que par ܟܬܒܐ ܕܪ̈ܫܐ, que tout dissuade, par conséquent, de traduire comme «Livre des débuts» ou «Livres des ἀρχαί»[48]. Le substantif «ܪܫܐ» correspond simplement, dans son acception littéraire, au grec «κεφάλαιον», à côté de la translittération «ܩܦܠܐܘܢ», qui paraît d'ailleurs aussi ancienne que lui[49]. Il s'impose donc de comprendre le titre attesté par Jean Maron comme «Livre des chapitres», c'est-à-dire comme désignant un livre divisé en chapitres, sans rien de la nuance de «chapitres ébauchés» ou de «projets de chapitres», que veut y lire M. Breydy, en dehors de toute justification lexicographique[50]. On se trouve ainsi reporté à la troisième des hypothèses proposées plus haut pour expliquer le titre en cause, sans que le témoignage du florilège maronite autorise d'aucune façon à prétendre que les livres IV et V de l'*Adversus Eunomium* ps.-basilien auraient été primitivement intitulés Περὶ ἀρχῶν[51].

* * *

Tout le poids de la double théorie de M. Breydy repose exclusivement sur la confiance sans réserve qu'il accorde aux deux citations que Jean Maron attribue à Basile de Césarée dans sa profession de foi christologique[52]. L'auteur ne discute ni l'authenticité ni l'intégrité de cette pièce, dont on peut supposer qu'il les considère comme indiscutables, pour des raisons qu'il fera sans doute valoir dans l'introduction de sa prochaine édition critique. Mais il ne soumet pas davantage à l'examen les sources du florilège maronite et les voies de leur transmission. Des vestiges de ce qu'il prétend avoir été la *Réfutation d'Eunome* et le Περὶ ἀρχῶν originels de Basile auraient été conservés chez les moines de S. Maron (†410), puis recueillis par Jean Maron (†707)[53], lequel aurait donc recouru directement aux deux volumes basiliens

47 Éd. R. Duval, *Lexicon Syriacum auctore Hassan Bar Bahlul*, t. 2, Paris, 1901, c. 1918-1919; R. Payne Smith (éd.), *Thesaurus Syriacus*, t. 2, Oxford, 1901, c. 3908 et 3899-3900 (sens Met. β); C. Brockelmann (*supra*, n. 29), p. 728; G.H. Gwilliam et J. Pinkerton (éd.), *The New Testament in Syriac*, Londres, 1920: au sens de «commencement» (*Matth.* 24, 8 = *Marc* 18, 8; *Marc* 1, 1; *Hebr.* 5, 12) ou de «pouvoir» (*Luc* 12, 11; *Tite* 3, 1); appliqué au Christ en *Col.* 1, 18, il rend successivement «κεφαλή» et «ἀρχή».

48 M. Breydy, p. 70.

49 Cf. les attestations du *Thesaurus*, c. 3900 (sens Met. δ) et du Brockelmann, p. 684.

50 M. Breydy, p. 70.

51 Cf. *supra*, n. 30.

52 On sait que l'existence même du premier patriarche maronite d'Antioche a été contestée; c'est son *Libellus fidei* qui fournit les indices les plus précis pour sa localisation dans le temps: cf. à ce sujet M. Breydy (*supra*, n. 8), pp. 75-91.

53 M. Breydy (*supra*, n. 37), pp. 82 et 72.

antérieurs à leurs remaniements grecs et syriaques[54]. Un privilège aussi exceptionnel dans la littérature des florilèges christologiques ne manque pas d'étonner. Aussi convient-il de vérifier à présent si les textes en cause portent effectivement la marque de cette originalité.

L'examen va tout d'abord porter sur le fragment origénien cité sous le nom de Basile à partir du pape Léon. Selon M. Breydy, on s'en souvient, cette pièce proviendrait d'une homélie basilienne sur l'incarnation, interpolée par Rufin dans sa version du *De principiis*. Notons déjà, à ce sujet, qu'il est au moins ambigu d'écrire de ce *De incarnatione* qu'il «figure simultanément sous le nom de Basile et d'Origène»[55]. D'une part, en effet, il n'est évidemment pas question de «sermo» dans la «capitulatio» que le Περὶ ἀρχῶν, II, 6 a reçue dans les traditions grecque et latine; et d'autre part, le florilège du pape Léon ne donne aucun titre à son extrait du ps.-Basile: seul donc celui des *Exempla sanctorum Patrum* attribue indirectement le sien à l'évêque de Césarée, par le lemme: «eiusdem ex sermone de incarnatione Domini»[56]. Il est par ailleurs inexact d'affirmer que «le sermon *De incarnatione*» traduit par Rufin et retrouvé par D. Amand a «Basile pour auteur», car ni l'«incipit» ni l'«explicit» du chapitre origénien dans le manuscrit de Vérone ne parlent de «sermo», et ils ne précisent pas davantage le nom de l'auteur ou du traducteur[57]. L'attribution de l'extrait du *De principiis* à Basile ne provient donc pas d'une falsification délibérée de la part du compilateur anonyme du prototype de l'ancien manuscrit, et moins encore de Rufin lui-même, mais uniquement d'une méprise des lecteurs d'un recueil de ce type, à commencer par le rédacteur du florilège léonien de 458, lequel fit très tôt l'objet d'une rétroversion grecque, traduite à son tour en syriaque, ainsi qu'on l'a montré plus haut[58].

Sans soutenir explicitement la supériorité textuelle de la citation chez Jean Maron par rapport au latin de Rufin, M. Breydy la suggère par des notes critiques à leur édition parallèle[59], mais la plupart de ces notes sont sans

54 M. Breydy, p. 74, avec la n. 19, L'auteur est plus catégorique encore dans sa *Geschichte* (*supra*, n. 8), pp. 86-87, où il attribue au seul *Libellus* maronite «die persönliche Auswahl der Väterzitate [...] aus ureigenen Quellen, ohne Spuren von jenen Manipulationen, die wir bei ähnlichen Florilegien verschiedener Epochen, und seien sie auch aus den Anfängen des V. Jahrhunderts, feststellen». Les deux «testimonia» ps.-basiliens sont les premiers cités à l'appui de cette affirmation, avec insistance sur le second («viel wichtiger»).

55 M. Breydy (*supra*, n. 37), p. 70.

56 Cf. Origène, éd. H. Crouzel (*supra*, n. 4), p. 308; *supra*, n. 1 et 2.

57 M. Breydy, p. 77; D. Amand (*supra*, n. 5), p. 21.

58 Cf. *supra*, p. 3-5.

59 M. Breydy, pp. 76-77; le latin de l'édition de P. Koetschau est reproduit avec négligence: p. 76, *1*, lire «vide*a*mus» et suppléer «communi» avant «mortalium»; p. 76, *4*, lire «a*m*miratio-nis». Dans le syriaque, p. 76, *4*, lire «ܗܦܟ» au lieu de «ܗܦܝ» et p. 76, *8* séparer «ܗܒ» de «ܒܪ».

objet[60]. Il semble d'ailleurs accorder un certain crédit à la tradition grecque lorsqu'il remarque que les deux témoins de celle-ci ne reproduisent que «les seuls mots considérés toujours propres à Basile dans le fragment suspecté être d'Origène»[61]. Mais ce qu'il se garde de révéler, c'est que Jean Maron, qui fait appel par deux fois au même extrait du *De incarnatione*, sans doute à partir de sources différentes, le cite en deux versions distinctes, ce qui rend difficilement recevable la thèse de la version syriaque originelle[62]. En réalité, les deux citations du florilège maronite représentent chacune la traduction honnête d'un grec qui nous reste moins complètement attesté, et qui avait lui-même été traduit sur le latin du florilège léonien.

Ce n'est cependant pas dans l'analyse du texte lui-même, mais bien dans des traces de la prétendue interpolation par Rufin du *De incarnatione* dans le *De principiis* d'Origène, que M. Breydy cherche à trouver la preuve que cette pièce proviendrait d'une homélie authentique de Basile[63]. Des deux arguments avancés en faveur de cette assertion, nous avouons ne pas bien saisir la portée du premier, selon quoi l'éditeur P. Koetschau, malgré toute son érudition, n'aurait réussi à identifier le fragment prétendument basilien dans aucune œuvre d'Origène[64], car ce raisonnement semble supposer que l'Alexandrin ne pouvait rédiger aucune phrase de son Περὶ ἀρχῶν sans se recopier lui-même! Quant à la seconde raison invoquée, selon laquelle la prétendue interpolation basilienne de Rufin interromprait un développement complet en lui-même, le lecteur en jugera aisément à la simple lecture du passage en cause, par exemple

60 M. Breydy, p. 76, n. 2: «perculsa» se rapporte bien à «angustia», dont «intellectus» est le complément au génitif; n. 4: le premier «ut», qui introduit l'interrogation indirecte, a le sens de manière et il a été correctement rendu par «ὅπως (ἄν)» et par «ܕܐܝܟܢܐ».

61 M. Breydy, p. 75. Des deux explications avancées, *ibid.*, pour expliquer que Sévère d'Antioche ne cite pas le *De oratione* ps.-basilien, seule la seconde serait acceptable, s'il pouvait être prouvé que le patriarche d'Antioche aurait connu le texte en cause; mais dans ce cas, il aurait pu en soupçonner l'inauthenticité!

62 Cf. *supra*, n. 16. À en juger d'après l'édition de F. Nau (*ibid.*), la citation non éditée à ce jour par M. Breydy, celle du §88, présente, par rapport à celle du §30, éditée p. 76, huit variantes, dont une seule, purement orthographique, est imputable à un copiste; cinq variantes sont syntactiques et deux, lexicales («ܗܟܝܠ» au lieu de «ܡܛܠ» et surtout «ܕܒܙܗܝܪܘܬܐ» au lieu de «ܕܒܕܚܝܠܘܬܐ», p. 76, *6*, lequel trahit manifestement une autre version du grec «ἀγωνίας»). — Voici une version plus littérale que celle, d'ailleurs correcte au demeurant, du §30 selon M. Breydy, p. 77; l'italique souligne les mots où nous nous en écartions et les variantes du §88 sont indiquées entre crochets. «*En effet* [Donc], si *(c'est un)* homme (dont) tu *penses* [inversion] qu'il fut vaincu par le *pouvoir* de la mort (cf. *Rom.* 6, 9), *vois encore* le même *qui* revint de la mort avec *le* butin (cf. *Éph.* 4, 8). *C'est pourquoi* il convient de considérer avec *révérence* [circonspection] et crainte comment, dans un [et] *le même*, la vérité des deux natures apparaît».

63 M. Breydy, pp. 76-77, où l'extrait cité par Jean Maron est curieusement étendu à celui du florilège léonien: pourquoi pas à tout le chapitre sixième du livre II du *De principiis*, dont provient ce dernier? P. 75, n. 27, lire p. 141.

64 M. Breydy, p. 75.

dans la traduction française de H. Crouzel[65]. En adoptant le type d'analyse littéraire préconisé par M. Breydy, on aurait tôt fait de réduire le traité d'Origène à un squelette, conforme à la seule logique du lecteur «critique»! En réalité, le passage incriminé ne détonne, ni pour le fond ni pour le style, dans le contexte origénien dont il est extrait.

Le sort du *De incarnatione* se trouvant ainsi réglé, qu'en est-il de la citation de «Basile» provenant du IVe livre de l'*Adversus Eunomium*? Avant d'examiner sa teneur dans le florilège de Jean Maron, il convient de vérifier l'argumentation par laquelle M. Breydy défend la paternité basilienne du «chapitre» d'exégèse de *Prov.* 8, 22 dont elle provient. Au préjugé favorable de la situation de celui-ci dans la section la moins interpolée des «chapitres ébauchés», s'ajouterait une raison bien précise, déjà signalée par l'éditeur J. Garnier: le développement exégétique du livre IV de l'*Adversus Eunomium* répondrait à une promesse faite par Basile au livre II, et que l'on ne trouve accomplie nulle part ailleurs qu'ici chez l'évêque de Césarée[66].

Cette manière de raisonner présume que Basile ait tenu parole, et que le résultat s'en soit conservé; elle postule, en outre, l'authenticité basilienne des livres IV et V; et surtout, elle ne tient aucun compte du contenu des deux textes, rapprochés sur la seule foi d'un thème commun. De ce point de vue, M. Breydy a choisi, en la personne de Garnier, un procureur plutôt qu'un avocat. En effet, le savant éditeur de l'*Adversus Eunomium*, partisan décidé de l'inauthenticité des livres IV et V, retournait précisément cet «argument suprême» des défenseurs de leur paternité basilienne en montrant que le commentaire de *Prov.* 8, 22, esquissé «tam parce tamque indiligenter» dans le livre IV, ne pouvait représenter une digne exécution de la promesse du livre II, puisque tout ce qui n'y est pas simple répétition s'avère, soit étranger à la question, soit d'une mauvaise foi allant jusqu'à falsifier l'Écriture elle-même[67].

Tous les points relevés par Garnier dans sa critique ne sont pas pertinents, mais on échappe difficilement à une impression de faiblesse dans l'exégèse en question selon le IVe livre de l'*Adversus Eunomium*. En particulier, un argument non signalé jusqu'ici, sauf erreur, pourrait plaider plus décisivement encore contre la paternité basilienne de ce «chapitre». En effet, le point essentiel du développement exégétique que Basile annonçait dans son livre II,

65 M. Breydy, pp. 75-76, avec la n. 28: entre les lignes 8 et 15 de l'édition de P. Koetschau (*supra*, n. 4), p. 141; lire la version de H. Crouzel (*ibid.*), p. 313, en sautant de la ligne 12: «le troisième jour après», à la ligne 27: «Exposer cela», après avoir lu l'ensemble du chapitre sixième.

66 M. Breydy, pp. 83-84 et 70; J. Garnier, *Praefatio*, n° 75, dans *PG*, t. 29, c. 239-241 (rom.); Basile, *Contre Eunome*, II, 20, *21-44*, éd. B. Sesboüé (*Sources Chrétiennes*, t. 305), Paris, 1983, pp. 82-84.

67 J. Garnier, *ibid.*

à savoir que la meilleure traduction du verbe hébreu «קנה», rendu par «ἔκτισε» chez les LXX, serait «ἐκτήσατο», est ignoré, et même contredit, dans le commentaire du livre IV[68]. Curieuse manière de remplir une promesse! ou plutôt, pour emprunter à M. Breydy une catégorie qui lui est chère, voici un «chapitre» si «ébauché» qu'il en devient inférieur à la première édition elle-même, qu'il était pourtant censé parfaire!

L'authenticité basilienne de l'exégèse de *Prov.* 8, 22 dans le IVᵉ livre de l'*Adversus Eunomium* s'avère donc bien suspecte, même si tous ses citateurs anciens, y compris Sévère d'Antioche, ne paraissent pas l'avoir mise en doute[69]. Mais passons aux considérations que M. Breydy propose au sujet des trois groupes de témoins grecs et syriaques signalés plus haut. Au sujet du premier, il suggère que Sévère d'Antioche recourait au moins à deux recensions grecques[70]. Rien n'invite à le penser, car toutes les variantes qu'il relève à ce propos, pratiquement sans portée sur le sens, sont internes à la version syriaque, le traducteur ayant chaque fois rendu le même texte grec à nouveaux frais, et en usant de sa liberté de choix, tandis que les autres divergences mineures sont imputables à la distraction des copistes[71].

Un antigraphe de la version syriaque du *ms. Brit. Libr., Or. 8606* servit-il de modèle à Paul de Callinique pour traduire les citations du livre IV de l'*Adversus Eunomium* dans le *Contra Grammaticum* de Sévère, ainsi que le suggère également M. Breydy[72]? Il serait imprudent d'en décider avant d'avoir comparé dans leur ensemble les procédés de traduction des deux témoins. En l'occurrence, il s'agit d'un texte simple dans son vocabulaire et dans sa syntaxe, et contenant, par surcroît, une citation néo-testamentaire traduite d'après la Pešīṭtā, ce qui rend les coïncidences peu significatives. Mais on relève, en revanche, dans les variantes que M. Breydy signale comme propres à l'*Or. 8606*, qui date de 723 de notre ère, vis-à-vis de la version du *Contra Grammaticum*, quelques indices possibles d'une technique plus hellénisante, et donc normalement plus tardive, que celle encore régnante dans le deuxième quart du VIᵉ siècle: usage de « ܒܐܝܕܐ » pour rendre la particule «ἄν», du possessif détaché «ܕܝܠܗ» au lieu du suffixe «ܗ» pour le réfléchi

68 Basile, II, 20, *37-41*, p. 84; ps.-Basile, IV, 15, éd. J. Garnier, c. 704 A *6*-705 B *5*. L'exemple de *Gen.* 4, 1, cité avec la leçon «ἐκτησάμην» en II, 20, *42*, l'est avec «ἐκτισάμην» en IV, 704 A *11* (lectio difficilior, cf. la note 49 de Garnier), ce qui représente une régression dans l'argumentation. Basile était probablement averti de l'ambiguïté du verbe hébreu, directement ou non, par Eusèbe de Césarée, lequel avait lui-même consulté les *Hexaples* d'Origène, cf. M. Simonetti, *Sull'interpretazione patristica di* Proverbi 8, 22, dans *Studi sull'arianesimo* (*Verba seniorum*, N.S., 5), Rome, 1965, p. 52.

69 Ceci a particulièrement impressionné B. Pruche (*supra*, n. 28), p. 151-152.

70 M. Breydy, p. 79.

71 M. Breydy, pp. 80-81, respectivement n. 3-5, 8-12, 14, 19 et 6-7, 15-16.

72 M. Breydy, pp. 73, 74, n. 17 et p. 79.

«ἑαυτοῦ», des adverbes savants «ܕܝܠܢܝܐܝܬ» au lieu de «ܡܢܗ ܘܠܗ» ou «ܠܚܘܕܐܝܬ» pour «ἰδίᾳ» et la conjoncetion «ܟܕ» pour le participe grec[73].

Mais que représente le fragment de l'*Adversus Eunomium* ps.-basilien chez les deuxième et troisième groupes de témoins? On remarque, tout d'abord, la fermeté de la tradition grecque, du moins dans l'état non critique des éditions existantes. Parmi ce que M. Breydy présente comme des «variantes» des florilèges vis-à-vis du texte même du traité, seuls deux cas, pratiquement négligeables, entrent en ligne de compte[74]. Il s'agit donc d'un texte pratiquement unanime, dont témoignent également les citations syriaques du *Contra Grammaticum* et la version de l'*Or. 8606*, et dont seule celle représentée par le *Libellus fidei* maronite se distingue par de véritables divergences significatives[75]. M. Breydy en est d'ailleurs conscient, au point de qualifier le texte reçu de «parallèle», ce qui signifie naturellement, selon lui, que Jean Maron aurait «puisé dans la tradition syriaque (ou grecque) indépendamment des florilèges monophysites et antérieurement à la formation des florilèges chalcédoniens»[76]. Pour juger sur pièces de la preuve qu'il avance à l'appui de cette assertion, il sera bon d'avoir sous les yeux, en traduction française, la synopse du texte reçu (I) et du florilège maronite (II)[77].

(I) «Or en tout cela nous ne disons pas deux, Dieu à part (ἰδίᾳ) et
(II) «En tout ceci nous ne disons point deux Fils,
(I) l'homme à part, car il était un; mais c'est en comptant (λογιζόμενοι)
(II) car il est un; mais nous comptons (ܡܬܪܥܝܢܢ)
(I) notionnellement (κατ' ἐπίνοιαν) la nature de chacun. Car Pierre non
(II) la notion (ܠܬܐܘܪܝܐ) de chacune des natures. Pierre,
(I) plus n'a pas pensé (ἐνόησεν) deux lorsqu'il dit:
(II) le chef des Apôtres, dit que
(I) Donc, le Christ ayant souffert pour nous selon la chair (I *Petr.* 4,1)».
(II) le Christ a souffert pour nous selon la chair (I *Petr.* 4,1)».

M. Breydy invoque deux raisons complémentaires en faveur d'une priorité du texte attesté par Jean Maron, laquelle autoriserait à identifier ce «testimonium» avec un vestige des «chapitres» basiliens dans leur édition originelle:

73 M. Breydy, pp. 80-81, respectivement n. 3, 4, 14, 16 et 19. Cf. S. Rørdam, *Dissertatio de regulis grammaticis, quas secutus est Paulus Tellensis in Veteri Testamento ex Graeco Syriace vertendo*, dans *Libri Iudicum et Ruth secundum versionem Syriaco-Hexaplarem*, t. 1, Copenhague, 1859, p. 30, §23 et p. 48, §35.

74 M. Breydy, p. 78, *6*, si «λογιζόμεθα» n'est pas une distraction de R. Devreesse (cf. *supra*, n. 24) et p. 79, *1*: «ὁ» avant «Πέτρος». L'incise «εἷς γὰρ ἦν» (p. 73, *3*) est en *PG*, t. 29, c. 704 C *8*. Les autres «omissions» marquent simplement le début ou la fin de l'extrait cité (p. 78, *1* et p. 79, *1* et *2*).

75 Comparer les textes reproduits par M. Breydy, p. 78-81.

76 M. Breydy, pp. 78 et 81.

77 Respectivement d'après l'édition de J. Garnier, dans *PG*, t. 29, c. 704 C *7-11* et d'après celle de M. Breydy, pp. 80-81, avec les corrections indiquées *supra*, n. 20 et 21.

d'une part, seule la leçon «deux Fils», propre au florilège maronite, répondrait au thème annoncé par Basile dans le livre II de sa réfutation d'Eunome, où il démasquait la ruse arienne concernant le nom du Monogène; d'autre part, la leçon du texte reçu: «Deus seorsum et homo seorsum» trahirait des réminiscences apollinaristes[78].

Le premier de ces deux arguments présuppose la complémentarité de l'explication de *Prov.* 8, 22 dans les livres II et IV de l'*Adversus Eunomium*, thèse dont on vient de mesurer la faiblesse. Il est vrai que les deux exégèses portent sur le caractère engendré, et non créé, du Fils Sagesse, que semblait contredire le «ἔκτισε» du texte biblique en cause; mais, à l'intérieur de cette controverse banale de théologie trinitaire[79], l'explication du livre IV se caractérise par une incise de caractère strictement christologique, commune, en gros, au florilège maronite et au texte reçu, celle-là même qui valut à ce passage de devenir un lieu théologique dans les polémiques des VIe et VIIe siècles.

Dans cette incise, la négation de «Dieu à part et l'homme à part» est-elle plus «apollinariste» que celle de «deux Fils»? On peut en douter, puisqu'Apollinaire de Laodicée, qui pouvait appliquer l'expression «ἰδίᾳ» à l'humanité du Verbe, est le premier auteur connu à avoir dénoncé la christologie «antiochienne» les «deux Fils», que Cyrille d'Alexandrie allait stigmatiser comme l'essence même du nestorianisme[80]. Il est toujours délicat d'argumenter en histoire des dogmes, mais, s'il fallait qualifier de ce point de vue les deux textes en question, nous ne donnerions pas la priorité au *Libellus fidei* de Jean Maron, car la négation de «deux Fils» et la leçon «chacune des natures» nous semblent présenter respectivement des caractères plus nettement post-éphésien et plus nettement post-chalcédonien que la négation de «Dieu à part et l'homme à part» et que la leçon «la nature de chacun» dans le texte reçu[81]. De toute façon, le florilège maronite ne s'écarte en rien de ce dernier dans l'affirmation principale de l'incise, qui consiste à «compter notionnellement» le Christ: la distinction christologique alexandrine «κατ' ἐπίνοιαν», qui remonte à Origène, fut surtout reprise par Cyrille et elle fit, après lui, l'objet de controverses entre

78 M. Breydy, p. 83 et 84.

79 Cf. M. Simonetti (*supra*, n. 68), p. 68, qui montre bien que l'exégèse sotériologique, appliquant *Prov.* 8, 22 à l'incarnation du Verbe, s'esquisse chez Marcel d'Ancyre et Eustathe d'Antioche, pour trouver son développement classique chez Athanase d'Alexandrie.

80 Cf. Apollinaire de Laodicée, cité par Théodoret de Cyr, *Éranistès*, III, éd. H. de Riedmatten, *Les fragmente d'Apollinaire à l'«Eranistes»*, dans A. Grillmeier et H. Bacht (*supra*, n. 1), p. 211, *19*); Id., *Epist. ad Iovianum*, 1, éd. H. Lietzmann, *Apollinaris von Laodicea und seine Schule*, Tubingue, 1904, p. 251, *3-6*; Cyrille d'Alexandrie, *Epist.* 4, 6, éd. E. Schwartz (*Acta Conciliorum Oecumenicorum*, t. I, 1, 1), Berlin, 1927, p. 28, *10-14*, etc.

81 Cf. A. Grillmeier, *Jesus der Christus im Glauben der Kirche*, t. 1, Fribourg-en-Br., 1979, pp. 637-764.

néochalcédoniens et monophysites[82]; son attestation dans le IVe livre de l'*Adversus Eunomium* plaiderait donc pour l'attribution de ce «chapitre» à Didyme d'Alexandrie.

Mais quoi qu'il en soit, c'est à l'analyse littéraire comparée qu'il appartient de déterminer le plus sûrement le sens de la dépendance qui relie les deux recensions. Or leur simple lecture donne la nette impression que le *Libellus fidei* abrège le texte reçu; la qualification banale de Pierre comme chef des Apôtres ne saurait infirmer ce jugement. Mais il y a plus, car on peut montrer que la leçon des «deux Fils», propre au florilège maronite, introduit une incohérence dans le contexte immédiatement précédent du texte reçu. En effet, celui-ci justifiait la différence entre la «génération» et la «création» en appliquant la première à «Dieu le Fils» (cf. *Gal.*, 4, 4) et la seconde à «celui qui prit l'image de l'esclave» (cf. *Phil.*, 2,7)[83]. L'expression du texte reçu: «Dieu à part et l'homme à part», répond parfaitement à cette distinction, tandis que celle des «deux Fils» la contredit en englobant sous un même nom le Fils divin et l'image de l'esclave. Déjà recommandée par l'indice doctrinal suggéré plus haut, la dépendance du «testimonium» maronite vis-à-vis du texte reçu de l'*Adversus Eunomium* ps.-basilien se voit donc à présent confirmée par la critique littéraire. Rien ne justifie plus désormais la promesse d'un vestige de l'édition originale de «chapitres ébauchés»[84].

*
* *

La double théorie d'un Περὶ ἀρχῶν de Basile et d'une première édition, divisée en chapitres, de l'*Adversus Eunomium* basilien, se trouvant appuyée sur la seule confiance que M. Breydy accorde aux lemmes et aux textes des deux citations attribuées à l'évêque de Césarée dans la *Profession de foi* de Jean Maron, tout l'ingénieux échafaudage s'effondre avec elle dès lors que le caractère apocryphe et dérivé de ces citations a été démontré. Il était bien imprudent de vouloir décider souverainement de questions de paternité et d'intégrité littéraires patristiques infiniment complexes sur l'unique base de deux fragments syriaques qui, loin d'avoir été puisés directement à la source, ne représentent qu'un sous-produit de la littérature des florilèges christologiques grecs des VIe et VIIe siècles. Ceci n'enlève d'ailleurs rien à l'intérêt que ces textes peuvent présenter pour l'historien, mais situe simplement leur valeur testimoniale à l'époque de

82 Cf. M. Harl, *Origène et la fonction révélatrice du Verbe incarné* (*Patristica Sorbonensia*, 2), Paris, 1948, p. 121 et *passim*; J. Lebon, *La christologie du monophysisme syrien*, dans A. Grillmeier et H. Bacht (*supra*, n. 1), pp. 505-508.

83 Éd. J. Garnier, dans *PG*, t. 29, c. 704, C *5-7*, où «τὸ μὲν, 'Εγέννησεν» renvoie peut-être au *Ps.* 109, 3 (LXX), par ex. selon *Hebr.* 1, 5, et le «τὸ δὲ, Ἔκτισεν», manifestement à *Prov.* 8, 22.

84 M. Breydy, pp. 69-73 et 81-84.

leur compilation et, pour la période précédente, dans les avatars de leur transmission et dans le jeu de leurs diverses utilisations, sans qu'ils aient grand-chose à apprendre sur les originaux du IVe siècle dont ils proviennent, tout en les ayant adaptés aux besoins nouveaux des controverses. Témoin précieux de l'histoire de la christologie chalcédonienne syriaque, le florilège compilé par Jean Maron se caractérise par une réelle originalité, que la prochaine édition de M. Breydy ne manquera pas de mettre en relief. Mais il ne mérite malheureusement aucun crédit pour ses deux textes ps.-basiliens, qui ne témoignent ni d'une édition originelle des livres I à III de l'*Adversus Eunomium* ni de celle des livres IV et V sous la forme d'un Περὶ ἀρχῶν.

P.S. Notre collègue Dom P.-M. Bogaert nous ayant aimablement prêté le microfilm de l'Abbaye de Maredsous dont D. Amand s'était servi pour son article de 1947 sur le *ms. Parisinus lat. 10596* (*supra*, n. 5), nous avons pu procéder à la comparaison textuelle souhaitée (*supra*, n. 7). Les «testimonia» ps.-basiliens de l'*Epist.* 104 du pape Léon et des *Exempla sanctorum Patrum* correspondent respectivement aux ff. 111[r], *8-26* et 112[r], *15-29* du manuscrit. Celui-ci présente un texte en tout point conforme à la teneur du *De principiis* rufinien édité par P. Koetschau, sans aucune des omissions caractéristiques des deux florilèges. Ces omissions et les autres variantes des deux «testimonia» sont donc imputables aux excerpteurs d'un autre exemplaire du recueil basilien que le modèle du *ms. Parisinus lat. 10596*. — Le *De principiis* plagié dans le *De incarnatione Verbi ad Januarium* du ps. - Augustin, II, *PL*, t. 42, c. 1190, *71* - 1191, *7* ne témoigne pas davantage des leçons caractéristiques du «testimonium» ps.-basilien des *Exempla sanctorum Patrum*.

SEBASTIAN P. BROCK

The sinful woman and Satan: two Syriac dialogue poems

Mgr Joseph-Marie Sauget
in memoriam

The episode of the woman who anointed the feet of Jesus caught the imagination of many Syriac writers from Ephrem onwards. Besides the famous *memra* attributed to Ephrem (BECK, *Sermones* II, N° 4), the verse homily by Jacob of Serugh (BEDJAN, II, N° 51)[1], and a number of prose homilies on the subject[2], there are two fine dialogue poems, or *soghyatha*, where Satan (Soghitha I) or the Evil One (Soghitha II) encounters the "sinful woman"[3], trying to prevent her from abandoning her loose life of the past and going to Simon's house to see Jesus (Matt. 26:6-13; Mark 14:3-9; Luke 7:36-50)[4]. These two *soghyatha* are edited and translated here; for reasons of space both introduction and annotation have been kept brief.

In Soghitha I, after a short narrative introduction (**1-5**), relating the general effects of the descent to earth of the "Forgiver of debts/sins", the sinful woman is introduced: having heard of Jesus' deeds she decides to go to him to seek forgiveness for her sins (**6-8**). Satan learns of her intention (**9**) and so intervenes in person, in an attempt to prevent her repentance. The dialogue, in alternating stanzas, begins with stanza **10** and continues until **57**. A final brief narrative tells how she went to Jesus and indeed received forgiveness (**58-60**).

Soghitha II follows a similar pattern: after a narrative introduction (**1-5**),

1 For convenience these two *memre* will be referred to below simply as Ephrem (cited by line of BECK's edition) and Jacob (cited by page and line of BEDJAN's edition). For the influence of the former in the Greek and Latin world see A. C. MAHR, *Relations of Passion Plays to St Ephrem the Syrian*, Columbus 1942, and *The Cyprus Passion Cycle*, Notre Dame 1947, pp. 36-7.

2 F. GRAFFIN, *Homélies anonymes du VIe siècle*, PO XLI, 4 (1984), with three anonymous homilies (the first two of which had been published by GRAFFIN in OrSyr 7 (1962), pp. 175-222); J.-M. SAUGET, "Une homélie syriaque sur la pécheresse", Parole de l'Orient 6/7 (1975/6), pp. 159-94.

3 The woman in both poems is left unnamed (though a variant in II **13c** calls her "Mary", thus associating the episode with John 12).

4 That the Synoptic account, rather than the Johannine, serves as the basis is shown by the anonymity of the woman and the mention of Simon. It is not, however, possible to say whether Matthew and Mark (Simon the Leper) or Luke (identifying the Pharisee of Lk 7:36 with Simon of 7:40, as do Ephrem and Jacob of Serugh) is the primary source: in Soghitha I the reference to kissing the feet of Jesus in **21d** and **60b** comes from Luke, but the pouring of the unguent on his head in **49a** is taken from Matthew/Mark. (The Arabic Diatessaron has two accounts, the first using Luke, the second John with Matthew and Mark; by contrast the Persian Diatessaron gives only one, conflating all four evangelists).

Satan hears that the woman wishes to repent and so intervenes. The dialogue commences at stanza **6** and continues, again in alternating stanzas, until the end (the woman, however, is allotted the final three stanzas).

The dramatic moment envisaged by the two *soghyatha* is not to be found in any of the Gospel narratives, but it occurs in the course of the narrative *memra* on the sinful woman attributed to Ephrem: there the woman first goes to the seller of unguents to fill her jar, determined to go and anoint the feet of Jesus; Satan then intervenes (lines 135ff.), impersonating a young man, and a dialogue between him and the woman ensues (lines 161-229). Having failed to persuade her, he goes off to Simon to urge him to keep the woman out of his house. The authors of the two *soghyatha*, who clearly knew the *memra*, have taken up the single episode of the encounter between Satan and the woman, and from that starting point they provide what could be described as an externalized account, in dramatized form, of the inner psychological conflict through which the woman might be thought to have gone, with all the arguments for hesitating from her proposed action forcefully posed through the mouth of Satan. In Soghitha I, in particular, the risk of the visit to Jesus ending up in failure is well brought out: there is every reason to suppose that her impudent approach will be spurned and she will return covered in shame. It is only the woman's overriding faith in Jesus and his desire to receive the penitent that causes her to reject all the arguments of prudence and reason which are put forward by Satan. As is the case in many of these Syriac dialogue poems, profound theological insights are presented in an eminently popular and unpretentious manner[5].

In their literary form the two poems belong to a distinctive category of *soghyatha* which has its roots in the ancient Mesopotamian precendence dispute[6]. Soghitha I belongs to the West Syrian liturgical tradition, where it used to be sung at Lilyo on Thursday of Holy Week[7], whereas Soghitha II belongs to the East Syrian tradition where it features on one of the Sundays of the Season of the Apostles. Both poems employ the normal metrical pattern found in dialogue *soghyatha*, with each stanza consisting of 7+7, 7+7 syllables. Soghitha I evidently originally ran to 60 stanzas, whereas Soghitha II contains only 26. Each employs an alphabetic acrostic, beginning with the

5 Compare my "Dialogue hymns of the Syriac Churches", Sobornost/Eastern Churches Review 5:2 (1983), pp. 42-5.

6 An excellent overview is given by R. MURRAY, "The Syriac contest poem and its connexions", to appear in a much delayed number of the Annual of the Leeds University Oriental Society; see also my "The dispute poem: from Sumer to Syriac", Bayn al-Nahrayn 7 (28) (1979), pp. 417-26. A listing of the Syriac dialogue *soghyatha* at present known to me is given in my "Syriac dialogue poems: marginalia to a recent edition", Le Muséon 97 (1984), pp. 29-58.

7 In the printed editions of the Fenqitho only a relic is left: stanza 1 features in the middle of a *m'irono* at Lilyo on Tuesday of Holy Week (Mosul edition, V, p. 93).

dialogue proper. The presence of the acrostic is of some importance in the reconstruction of Soghitha I, since no single manuscript contains this poem in its entirety.

Soghitha I

For the purpose of the edition below I have employed ten manuscripts, dating from the 8th/9th century to the 13th century[8]. No manuscript contains the complete poem and some stanzas are attested by only a very few witnesses. Whereas my preliminary edition of Soghitha I, published in *Soghyatha Mgabbyatha* (Monastery of St Ephrem, Glane; 1982), pp. 50-55, consisted of 56 stanzas, the edition presented below not only provides the complete acrostic, with the full poem now running to 60 stanzas, but it also offers a text which is different in a number of places, since another, and probably better[9], manuscript (C) has been employed (where available) for the base text. As will be seen from the apparatus, not only were scribes very free in their omission of stanzas, but in several places the text has been partially or completely rewritten. This being so, the text printed below cannot claim to have recovered the original text, but only to provide approximately the best text that is at present recoverable.

The manuscripts employed are:

— A = British Library, Add. 17141, ff. 101a-b; 8/9th cent. Missing stanzas 1-5, 7-8, 34-end.

— B = British Library, Add. 17190, ff. 81b-83a; AD 893. Missing stanzas 7, 16-23, 50-54, 56-57.

— C = British Library, Add. 17168, ff. 7b-9b; 9th cent. Missing stanzas 34-39, 56-57.

— D = British Library, Add. 12147, ff. 236b-237a; AD 1007. Missing stanzas 1-5, 7-8, 12, 14, 16, 18, 20, 22, 25, 27, 29, 31, 33-end.

— E = Oxford, Bodleian Library, Dawkins 32, ff. 131a-132b; c. AD 1165. Missing stanzas 16-25, 35-37, 56-57. Stanzas 32-34 and 46 are

8 For some other manuscripts, see Le Muséon 97 (1984), p. 46. Oxford, Bodleian ms Marsh 201, written in a European hand of c. 17th century, is of interest in that it contains some new duplicate stanzas for *pe, ṣade, qoph* and *tau*; also, besides having stanzas 50-53 in the version of EGHJK, it follows these with a stanza related to C's version of 53 (for all these see the appendix to the text and translation, where these stanzas are given). This manuscript omits stanzas 16-23 (with BJK), 34-37, 56-57 and 60; textually it is related to BEGHJK, but there are also several individual variants. A (modern) Arabic translation, evidently very free, will be found in Mashriq 19 (1921), pp. 601-6; this has 42 stanzas and contains 1-6, (7), 9-10, 11-15, 24-34, 38-47; corresponding to 48-60 the Arabic has seven stanzas of different content.

9 Clear cases of superior readings in C will be found in stanzas **8a**, **22b**, **28d** and **33c**.

missing in the text, but given in the margin in a slightly later hand[10].

— F = British Library, Add. 14179, ff. 19a-20a; AD 1184. Missing stanzas 1-5, 7-8, 34-end[11].

— G = Harvard syr. 30, ff. 200b-201a; c. 12th cent. Missing all odd numbered stanzas.

— H = Harvard syr. 103, ff. 237b-238b; 12/13th cent. Missing stanzas 1, 3, 5, 7, 9-10, 12, 14, 15cd, 16, 18 and all even numbered stanzas to the end. Between stanzas 8 and 11 H provides 15ab + 25cd (it thus has 25cd twice).

— J = Harvard syr. 140, ff. 145a-146a; c. 12th cent. Missing stanzas 1, 3-5, 9, 11, 13, 15-23, 25, 27, 29, 31, 33, 35-39, 41, 43, 45, 47, 49, 51, 53-58.

— K = New York, Union Theological Seminary syr. 3, ff. 20a-21a; 12/13th cent. Missing stanzas 2, 4, 6, 8, 10, 12, 14, 16-26, 28, 30, 32-38, 40-42, 44, 46, 48, 50, 52, 54-60.

D G H J and K were all written for one half of the choir, and so give only alternate stanzas[12] (with or without further cuts). It will be noticed that the following blocks of text are lost in certain groupings of manuscripts[13]:

1-5: A D F
7-8: A D F
16-23: B J (K)
34-39: C (E) J (K)
34-end: A D F

The following stanzas are poorly preserved (three manuscripts or less): **7** (C E K), **36** (B G), **37** (B H), **38** (B E G), **50-53** (original version in C only; replacement in other manuscripts), **54** (C E G), **56** (G), **57** (H).

In A and C the *soghitha* is attributed to "Mar Yaʿqōb", i.e. Jacob of Serugh. In liturgical manuscripts, however, attributions need to be treated with caution. Jacob of Serugh's *memra* on the same topic (Homily 51, in BEDJAN, II, pp. 402-28) happens to treat the episode in a very different way: Jacob is there interested only in what happens at Simon's house; he has nothing about any previous encounter between the woman and Satan (although possibly such

10 Only the opening word of **34** is left, owing to a tear; possibly **35** was also once present in the margin. The original scribe jumped from **46a** to **47b** (omitting **46b-47a**), but in the margin **46a-d** has been supplied.

11 At one point the stanzas are given in a disordered sequence: thus F provides . . 9 10 12 14 11 13 15 16 etc.

12 For this practice see H. HUSMANN, "Die antiphonale Chorpraxis der syrischen Hymnen nach den Berliner und Pariser Handschriften", OstkSt 21 (1972), pp. 281-97, esp. 285.

13 As will readily be seen from the apparatus, the group ADF also offers many distinctive readings.

an encounter is hinted at on p. 410, *4*, where it is said that "the Wicked One lay in wait for her"). Nevertheless, despite the dissimilarity in the ways that the theme has been handled, there are a number of points of contact in phraseology between Jacob's homily and Soghitha I[14] (there are none with Soghitha II), so that some literary connection does seem likely. If this is the case we have three possibilities: (1) the *soghitha* is indeed by Jacob: (2) the author of the *soghitha* knew Jacob's homily and borrowed phrases or ideas here and there from it; (3) the *soghitha* antedates Jacob, and Jacob deliberately introduced into his homily some reminiscences of what was probably a wellknown liturgical poem. Unfortunately there is no sure way of deciding between these three options[15], and for the present, at least, the matter is best left open. But whatever the correct solution may be, it seems probable on purely stylistic grounds that the *soghitha* belongs to the period between approximately the mid fifth and the mid seventh century.

The present edition

In editing a popular poem of this sort, where there is sometimes a good deal of variation between the different witnesses, it would be unwise to opt for an eclectic text. Since, however, no single manuscript contains the poem complete, some compromise has been necessary. In my earlier edition in *Soghyatha Mgabbyatha* the text was primarily based on A, supplemented by B, D and E (C was not yet known to me); that edition thus lacks stanzas **7**, **54**, **56** and **57** of the present edition, and it contains a different text for stanzas **50-53** (= stanzas **49-52** of the earlier edition).

In the edition printed below C has been chosen for the basic text for two reasons: first, it preserves more stanzas than does any other manuscript; and secondly, in those passages where it offers a different text from the other oldest manuscripts (A and B), C would appear to have a generally better text[16].

For those stanzas which are missing from C, the following manuscripts have provided the base text:

34-39: B
56 : G
57 : H

14 See below, Excursus.

15 Since Jacob treats the episode in a very different way, there may be less likelihood of the author drawing on Jacob than of the reverse.

16 See note 9 above.

C happens to have a number of manifest small errors (especially orthographical), and so, although it has been used for the basic text, it has also been necessary to make several minor corrections. These concern:

— the many places where C has incorrect forms for 2f. sg. perf., imperative, part. etc., without the final silent *yodh*[17]. Conversely C has a redundant *yodh* after 3f. sg. perf. in **6a**.
— certain abnormal spellings: *'zn'* for *'zln'* (*'āz(l)ānā*) in **6c**; 1 sg. perf. in *-yt* (not *-t*) at **11a**, and **33b**; *nyšr'* for *nšr'* at **32c**; *nzl* for *n'zl* at **51c**; *nšbq* for *nšbwq* at **51d**.
— the following errors: *mll'* (for *ml'*) at **28d**; *dyt* (for *d'yt*) at **24c** and **53a** (at **34c** *alaph* has been added above the line).

Since these concern orthographical matters C's text has been tacitly corrected.

Of greater moment are a few clear textual errors in C[18]; in these cases C's reading has been relegated to the apparatus. This applies to the following passages:

— **3a**: C has anticipated *s'r* from 3c.
— **4c**: C has *wšwr* for *wšwrw*.
— **10b**: C has *gly'* for *gly*.
— **20a**: C has omitted *gyr*, thus spoiling the metre.
— **20c**: C has *wšwḥd* for *wšwḥd'*.
— **32a**: C has *wmnw* for *wmn'*.
— **52d**: C has *bht'* for *bhtt'*.

In stanzas **34-39**, where B is employed for the basic text, the acrostic has been lost in B for stanzas **34-35** (*kaph*): B has *mkattamtā*, "befouled" (a favourite term in Jacob's homily[19], perhaps the source of the corruption), as the opening word in both stanzas, breaking the alphabetic sequence. G (in **34**) and H (in **35**) fortunately preserve what must be the original reading, *krōmtānītā*, "brazen", and this has been restored in the text. (It will be recalled that G and H are also the only withnesses for **56** and **57**).

17 See also below, on Orthography.

18 I distinguish here between errors in C (which are corrected in the edition below) and readings which appear to be secondary variants (which are left in the text); minor examples of the later probably occur at **4b** and **11ac**. Much more problematic are the cases where the different manuscripts offer completely different texts (as most notably for stanzas **50-53**); for these recensional variants see the summary discussion below.

19 Ed. BEDJAN, II, pp. 403, *20*; 414, *10*; 415, *2*; 417, *5, 9, 14*; 422, *17*.

Textual relationships between the manuscripts

A glance at the apparatus to Soghitha I will indicate that in several stanzas the manuscripts provide, not only some substantial variants to the same basic text form[20], but also, on occasion, some completely different text forms. Apart from the dramatic case of **50-53**, where we have one text form in C and another in EGHJK, these recensional variations rarely cover more than a stichos or two at a time.

That C has a distinctive text form is shown by the following places where it goes against other witnesses in such recensional variants:

C × BEGJ: **44c**
C × BEG : **58c**
C × BEJK: **59c**
C × BGJ : **24b**
C × EGHJK: **50-53**
C × EG : **54bcd**.

Although H goes against C in **50-53**, elsewhere it is sometimes the sole supporter of C, as notably at **8c** (CH × BEGJ). B in fact often goes against EGJK and supports C, as for exemple:

ABCDF(J) × EG : **26c, 32c, 60b**
ABCDF × EK : **9c**
AF × BCH × EK: **29cd**
B × G : **36bcd**.

The most clear-cut group is ADF (whose omission of stanzas in common has already been noted). Most of their distinctive variants concern only words or phrases within a stichos, rather than entire stichoi; for the later we have:

AF × BC, EG : **14b**
AF × CG : **16cd**, **18cd**
ADF × C × H: **17d**
ADF × CH : **21a**.

In several places ADF go with C against B(+):

ACDF × BJ × E × G: **26b**
ACDFG × BEJ : **10bc**.

G and J each go their own way on a number of occasions[21].

It is thus apparent that each of the three oldest manuscripts, A, B and C,

20 E.g. **1b** (BEK), **5b** (EK), **15d** (ADF), **20b** (AF), **23a** (ADF), **29b** (AF, BEHK), **31b** (AF, BH) etc.

21 Thus G at **20cd**, **22c**, **34c**, **58d**; J at **34d**, **44b**, **50b**. H also has different stichoi at **2d** and **4d**.

offers a somewhat different text type. Clearly the textual history is a complex one, and in order to be able to offer a reliable evaluation of the readings provided in the apparatus one would require a much more extended discussion of the textual relationships and of the individual readings than is possible to offer here, where my aim has been primarily to present a working text and apparatus.

Orthography[22]

It has already been noted that certain orthographical errors in C have been tacitly corrected in the text. Since the apparatus excludes orthographical variants (unless they could be taken as affecting the meaning), a selection of the more important orthographical features of the different manuscripts is presented here.

1. *Verbal forms*

1.1 *1st fem. sing. part.*: three forms are found, of which the first two are two syllables, whereas the third is three. The two-syllable forms are those normally used.

(a) type *ktbn* (*kātbān*): this is the norm in BCGK; it is occasionally found in DEFH.
(b) type *ktbny* (*kātbān(y)*): this is the norm in ADEFHJ. It occurs in B at **27a** and **31d**; in C at **49b** and **55b**).
(c) type *ktb' 'n'* (*kātbā (')nā*): the trisyllabic form occurs in all manuscripts at **19b** and **21c**, and in C at **6c**. C at **bc**, and A at **19b** and **21c**, give the spelling *ktbn'* (at **6c** C's *'zn'* = *'āz(l)ānā*).

1.2 *2nd fem. sing. perf., part.* etc.: instead of the correct form (*ktbty*), most manuscripts occasionally omit the final silent *yodh*; this happens to be especially frequent in C (43 times)[23]. In the edition below the correct orthography is restored.

22 Apart from the cases indicated here, the text adheres to the orthography of C and its supplementers, B, G and H.

23 Contrast A (5 times) and B (11 times). With the nominal suffix for 2nd fem. sg., *-k* for the correct *-ky* is rather rare: it occurs in B at **44a**, **48c**, and in C at **16c** and **48c**. For the 1st sg. suffix C erroneously has *-n* for *-ny* at **23d** (corrected in the edition).

1.3 *Participle + pronoun*: feminine forms are usually written as one word (thus ABDF have *pyšty* at **30a**, where C exceptionally has two words *pyš' 'nty*). Masculine forms, however, are more frequently written as two words (but *snyt* features in BDE at **13c** and in AB at **15b**). In the edition the practice of the base manuscript is followed.

1.4 *1st sing. perf.*: the abnormal spelling *-yt* (not *-t*) occurs only in C (**11c**, **33b**)[24]; this is a feature of many Melkite manuscripts.

1.5 *3rd fem. pl. perf.*: A has the form with final *yodh* at **10b**. This feature (NÖLDEKE, *Syr. Gramm.* §158E) first starts appearing in West Syrian manuscripts in the 8th or 9th century (later to become the norm), though some isolated earlier examples can be found even in 5th century manuscripts.

1.6 *Passive forms, medial w/y roots*: C regularly gives the archaic *mtpyr*, against *mttpyr* of B(+) and *mtṭpyr* (for which see NÖLDEKE §177B) of ADF. Against the normal *mtṭpys* G has *mttpys* at **56a**; similarly K has *'ttpys* in a variant at **55b**.

2. *Nominal forms*

2.1 *ṭb'/ṭ'b'*: the later spelling *ṭ'b'* occurs in EHJ.

2.2 *br'/b'r'*: At **5c** C alone has the shorter spelling; contrast *t't'* in **5a**, where only E has *tt'*.

2.4 *'dn/'dyn; ghn'/gyhn'*: the later spellings, with *yodh*, occur in EHK at **43b** in EK at **53d**, and in EGK in the *'onitha*.

2.4 *adjectives, 3rd radical alaph*: a number of erroneous spellings occur in the manuscripts; those in C (corrected in the edition) are at **22a** (*ṭmt'*) and **23c** (*dṭm'*, with A). Among the other manuscripts F is a particular offender (*ṭ'mt'* at **22a**, *s'n'* at **31d**).

3. *Other*

3.1 *'yn* for *'n* ("if"): thus A at **14ad**, **16a** and **26a**. This is normally a feature of manuscripts written in western Syria.

24 Note the analogous *nyšr'* for *nšr'* in C at **32c** (normalized in the edition).

3.2 *kbr*/*'kbr*: C provides the prosthetic alaph at **30c** (the edition below restores the norm).

3.3 *ṣyd-*/*ṣ'd-*/*ṣ'yd-*: although the unsuffixed form is always written *ṣyd*, there is some variation over the suffixed forms; AC normally have the standard spelling *ṣyd-*, but at **2c** C has *ṣ'd-* (which is the norm in B). The combination *ṣ'yd-* occurs in E at **2c** (elsewhere E is inconsistent).

Text and apparatus

The text is basically that of C, except for stanzas **34-39** (B), **56** (G), and **57** (H). In the apparatus the manuscripts attesting each stanza are listed. The four component stichoi of each stanza are denoted **a b c d**. All variants apart from orthographical ones and obvious errors are given.

A	=	B.L., Add. 17141	F	=	B.L., Add. 14179
B	=	B.L., Add. 17190	G	=	Harvard syr. 30
C	=	B.L., Add. 17168	H	=	Harvard syr. 103
D	=	B.L., Add. 12147	J	=	Harvard syr. 140
E	=	Oxford, Dawkins 32	K	=	Union Theol. Sem. syr. 3.

B gives the *qala*, or melody, as *ba-zqīpūtā tehrā ḥzīt*[25], whereas DEFGH give it as *'ammā w-'ammē* (a melody title frequently given for these dialogue *soghyatha*). No *qala* is specified for the other manuscripts.

The *'onitha*, or response, is given by EGH (first two stichoi only) and K as:

ܫܘܒܚܐ ܠܟ ܡܪܝ ܕܒܡܐܬܝܬܟ ܬܒܘ ܚܛܝܐ ܡܢ ܒܝܫܘܬܗܘܢ
ܘܥܠܘ ܘܐܬܓܢܘ ܒܓܢܬ ܥܕܢ ܕܐܝܬܝܗ ܥܕܬܐ ܩܕܝܫܬܐ.

Praise to you, Lord, at whose coming
sinners turned back from their wickedness;
they entered and found shelter in the Garden of Eden
— which is the Holy Church.

The title "*soghitha* on the Sinful Woman (± Satan)" is given in several slightly different forms in the manuscripts; the three oldest provide:

ܣܘܓܝܬܐ ܐܚܪܬܐ ܕܥܠ ܗܝ ܚܛܝܬܐ ܕܡܪܝ ܝܥܩܘܒ A[26]
ܬܘܒ ܣܘܓܝܬܐ ܕܥܠ ܚܛܝܬܐ ܘܣܛܢܐ B
ܣܘܓܝܬܐ ܕܡܪܝ ܝܥܩܘܒ ܥܠ ܗܝ ܚܛܝܬܐ C

The rubrics, giving the identity of the speakers for each stanza, have been supplied from F.

25 This is the opening of the famous *soghitha* on the Cherub and the Good Thief (no 13 in my *Soghyatha Mgabbyatha*); B in fact calls it the *nīšā*, rather than *qālā*.
26 DF likewise omit "and Satan".

1 ܥܒܕ ܚܘܒܐ ܠܐܪܥܐ ܢܚܬ
ܪ̈ܚܡܘܗ̇، ܢܓܕܘܗ̇، ܘܚܘܒܗ ܚܝܢܗ،
ܘܗܘ ܒܪܗ ܕܕܘܝܕ: ܦܓܪܐ ܠܒܫ
ܘܐܬܐ ܠܥܠܡܐ ܡܪܐ ܕܟܠ ❖

2 ܐܢܫܐ ܕܪ̈ܚܡܐ ܗܘܐ ܐܬܪܓܡ
ܡܚܒܒܘܬܗ ܚܘܝ، ܠܗܘܢ
ܘܦܬܚ: ܫ̈ܦܝܠܐ ܐܘܪܚܗ ܬܪܥ
ܕܢܐܬܘܢ ܨ̈ܐܕܘܗܝ، ܕܠܐ ܕܚܠܬܐ ❖

3 ܟ̈ܐܒܐ ܕܦܓܪܐ ܒܪ̈ܚܡܘܗ̇، ܚܝܒ
ܣܢ̈ܐ ܘܡܚ̈ܘܬܐ ܒܚܘܒܗ ܗܦܟ
ܘܡܟ̈ܐܒܐ ܕܢܦܫܐ ܒܣܘܥܕܗ ܡܪܩ
ܐܝܟ ܐܠܗܐ ܗܘ ܡܪܐ ܕܟܠ ❖

4 ܦܓܪ ܒܗ ܣܡܡܐ ܘܟܘܪܗܢܐ ܢܣܒ
ܣܓܝ̈ܐܐ ܘܪܘܫܘ ܐܝܟ ܐܣܝܐ
ܡܫܪܝܐ ܕܣܝܡܗ̇، ܒܪܫܗ ܥܡܠ
ܘܟܠܗܘܢ ܒܗܝܢ ܠܟܘ ܡܫܒܠܐ ❖

5 ܠܟܝ ܚܕܝܗ ܡܢ ܬܐܬܐ
ܘܠܗ̇، ܒܪܐ ܠܡܬܦܪܬܐ
ܘܠܟ̈ܠܗ ܕܟܝ، ܒܦܝܣܬܐ
ܘܡܢ ܒܬܪ ܥܒܕܗܘܢ ܠܫܦܝܬܐ ❖

6 ܥܡܟܬ ܠܟܘܢ ܫܦܝܬܐ
ܘܐܡܪܬ ܒܠܒܗ̇ ܕܐܙܠܐ
ܕܒܥܘܬܗ ܕܥܡܟܘܢ ܒܟܝܐ
ܘܥܒܕ ܗܘ ܠܝ ܟܠ ܕܐܫܐܠܬ ❖

1 BCEK
b ܘܡܢ ܒܪܬ ܕܘܝܕ BEK. |
c ܪ̈ܚܡܐ B. | ܚܘܒܗ K.

2 BCEGHJ
a ܗܘܐ ܘܐܬܪܓܡ E. |
c ܘܡܚܒܒܘܬܐ BEHJ; ܐܦ ܡܚܒܒܬܐ G. |
d ܕܢܗܘܘܢ ܡܪܚܡ ܘܠܐ ܕܚܠܝܢ H.

3 BCEK
a ܚܝܒ = BEK] ܗܦܟ C.
d ܐܝܟ] ܕܒܪ BEK. | ܘܡܪܐ EK.

4 BCEGH
a ܦܓܪܘ EGH. | ܣܡܡܐ ed.] + *seyame* BCEGH. | ܣܘ BEGH; ܥܡܠ B mg. |
b ܠܟܘ BEGH. |
c ܘܪܘܫܘ ed.] ܪܘܫܘ C; ܘܗܘܐ ܘܪܘܫ BG; ܡܚܐ ܘܪܘܫ E; ܕܪܘܫ H. | ܐܣܝ̈ܐ ex ܐܣܝܬ̈ܐ E. |
d ܘܟܠܗ ܗܘܘ BEG. | ܐܟܣܢܝܐ EG. | ܒܗ ܥܪܪܝܢ ܪ̈ܚܡܐ ܡܢܗ H.

5 BCEK
b ܡܢ ܦܝܣܬܐ B; ܡܪܐ ܘܦܝܣܗ EK. |
c ܠܟܠ ܡܢ ܟܐܪܐ BEK. |
d ܫܦܝܬܐ E.

6 BCDEFGHJ
a ܠܟܘܢ ܥܡܟܬ ADF. | ܫܦܝܬܐ] ܕܚܢ̈ܢܐ ܡܠܟܐ EG (ܕܚܢ̈ܢܝܐ). |
b ܕܒܥܘܬܐ AB*DFH; ܘܒܥܘܬܗ E; ܘܒܥܘܬܐ G. | ܥܪܐ H. |
c ܒܠܒܗ̇ ܐܡܪܬ ܕܐܢܐ ܐܙܠ ADF. | ܒܢܦܫܗ̇ H. | ܕܐܢ ܐܙܠ BHJ; ܕܐܢ ܐܣܝܘܗܝ EG. |
d ܥܒܕ ܒܪܐ ADF; ܗܘ ܥܒܕ BEGHJ. | ܠܗ̇ G. | ܟܠ ܚܘܒ B; ܫܐܠܬܝ HJ.

7 ܐܚܘܗܝ، ܡܚܝܐ ܡܬܪܓܠ
ܘܐܝܟ ܕܠܒܪ ܚܘ̈ܒܝ ܥܩܒܗ
ܠܒܪ ܐܠܗܐ ܕܦܓܪܐ ܠܒܫ
ܒܝܕ ܛܝܒܘܬܗ ܡܪܚܡ ܥܠܝ ❖

8 ܠܣܛܢܐ ܐܢ ܗܘ ܕܡܬܠܒܟ
ܡܘܬܐ ܚܝܒ ܘܐܢ ܢܚܐ
ܘܙܚܐ ܠܡܠܟܐ ܠܐ ܡܬܦܠܛ
ܠܡܠܟ ܡ̈ܠܟܐ ܠܐ ܫܡܥܬܝܢ ❖

9 ܚܙܐ ܣܛܢܐ ܘܐܙܕܒ ܠܗ
ܘܒܡܚܫܒܬܗ ܢܕܢܝܗ̇ ܦܪܣ
ܕܠܬܝܒܘܬܐ ܡܬܦܢܝܐ
ܘܐܡܪ، ܕܗܘܢ ܢܐܡܪ ܠܗ̇ ❖

ܣܛܢܐ 10 ܐܡܪܝ، ܠܝ ܛܠܝܬܐ ܡܢ ܒܥܝܬܝ،
ܕܠܡܢܐ ܪ̈ܚܡܝܟܝ ܪܓܝܓܝܢ ܒܠܚܘܕ
ܚܠܦ ܥܡܝ ܠܝ ܒܠ ܕܐܫܬܪ
ܡܪܟܐ ܐܢܐ ܗܘ ܠܗܘܢ ܠܡܢ ܒܥܝܬܝ، ❖

ܚܛܝܬܐ 11 ܐܢܐ ܠܐܠܗܐ ܪܚܡܬ
ܒܝ ܒܪ ܒܦܢ ܒܝ ܘܒܪ̈ܚܡܝ
ܕܫܒܩ ܚܛܐ ܒܬܝܒܘܬܝ
ܕܕܒܠܐ ܐܢܬ ܐܒܘܬܗܘܢ ❖

ܣܛܢܐ 12 ܐܢܐ ܒܣܘܟܐ ܐܡܪܬ ܠܟܝ
ܚܠܦ ܛܒ̈ܬܐ ܕܥܒܕܬ ܠܟܝ
ܕܢܣܒ ܐܢܬܝ ܠܒܝ ܘܐܬܦܠܝܬܝ، ܘܢܚܪܬܝ،
ܗܐ ܡܬܚܫܬ، ܠܝ ܘܠܬܪܚܡܝ ❖

7 CEK

c ܚܘܒܘܗܝ K. |

d ܚܐܪܘ EK.

8 BCEGHJ

a ܡܪܝ، ܐܢ ܡܬܠܒܟ B; ܓܒܪܐ ܐܢ ܡܬ EG; ܗܘܐ ܐܢ ܡܬ J[mg]; ܕܝܢ ܡܢܐ ܕܡܬܠܒܟ H. |

b ܡܐܬܬ J. |

c ܘܐܢܐ ܕܚܙܝܬ ܦܪܨܘܦܗ BEGJ (ܕܚܙܝܬ). |

d ܕܡܠܟܝܢ ܬ̈ܠܟܐ BEJ; ܕܫܡܥܬ ܡܠܟܐ G.

9 ABCDEFK

a ܚܙܗ̇ EK. |

c ܘܒܡܚܫܒܬܗ ADF. | ܘܦܪܣ ܢܕܢܝܗ̇ ܕܢܥܛܠܝܗ̇ EK.

10 ABCDEFGJ

a ܠܡܘܢ B. | ܡܢܐ ܗܘܝܬ G. |

b ܕܐܫܬܪܒ، ADF (ܬܪ–). | ܕܠܡܢܐ ܪܓܝܓ ܪ̈ܚܡܝܟܝ ܒܠܚܘܕ BE (ܒܠܚܘܕ ܪ̈ܚܡܝܟܝ) J (ܪ̈ܚܡܝܟܝ ܪܓܝܓ). |

c ܪ̈ܚܡܘܟܝ ADF. | ܐܢܐ ܠܬܘܗܘܢ ܐܙܠ ܐܢܐ BEJ

d *om* ܗܘ ABDEFGJ. | ܠܡܟ B; ܡܢ E. | ܠܐ ܬܕܚܠܝܢ J.

11 ABCDEFHK

a ܗܘ ܠܫܘܒܩ ABDEFHK. |

b ܪܚܡ ܠܕܬܝܒܝܢ EK. |

c ܕܝܢ ABDEFHK. | ܟܒܪ ADF.

12 ABCEFGJ

b ܕܪܚܡ ܗܘܝܬ AF; ܘܡܚܒ ܐܢܐ BEGJ. |

d ܡܬܒܪܐ ܐܢܬܝ BEGJ.

ܚܛܝܬܐ 13
ܐܢܐ ܒܥܘܪܐ ܒܦܘܪܬ ܟܝ
ܠܒܘܫܗ̇، ܠܐܢܫܐ ܕܗܘܝܐ ܐܢܬ ܠܗ
ܘܡܢ ܠܬܒܥܝܢ ܠܐ ܬܟܢܝܢ
ܕܪ̈ܚܡܐ ܗܘ̇ܐ ܠܡܪ̈ܝܡܐ ܀

ܣܛܢܐ 14
ܐܢ ܫܡܥܬܝ، ܠܝ ܠܐ ܐܙܠܬܝ،
ܕܐܢܫܐ ܣܢܐ̈ܪܐ ܒܒܝܬܗ ܠܒܫܝܢ
ܘܠܗܘ ܒܒܪܐ ܠܐ ܫܡܥܬܝ،
ܘܐܢ ܫܢܐ ܠܟ ܠܟܝ ܡܬܦܢܐ ܀

ܚܛܝܬܐ 15
ܐܢܐ ܠܚܠܟܝ ܠܐ ܫܡܥܬ
ܒܪܡܫܐ ܠܝܘܡܢ ܒܒܝܟܝ ܗܘܝܬ
ܕܗܟܝܠ ܗܫܐ ܐܢܬ ܠܕܡܬܚܢܝܢ
ܘܗܘܡ ܕܒܪ ܡܪܝܡ ܗܘ̇ܐ ܀

ܣܛܢܐ 16
ܒܪ ܐܠܗܐ ܗܘ ܘܐܢ ܐܙܠܬܝ،
ܒܠ ܗܘܒܪ̈ܝܚܝ ܒܥܝܪ ܒܝܫ
ܠܐ ܡܟܝܠ ܠܟܝ ܐܝܟ ܕܐܡܪܬ،
ܘܗܫܐ، ܒܗܬܬܐ ܒܪ ܦܢܝܬܝ، ܀

ܚܛܝܬܐ 17
ܒܪ ܐܠܗܐ ܗܘ ܘܠܐ ܡܬܦܢܐ
ܠܐܒܘܗ̄، ܕܟܐ ܕܪ̈ܚܡܐ ܡܠܟܐ
ܕܗܟܝܠ ܫܕܐ ܒܪ̈ܬܡܟܝܢ
ܘܢܕܟܐ ܒܚܛܝܬܐ ܕܢܬܦܢܘܢ ܀

ܣܛܢܐ 18
ܒܘܣܡܐ ܗܘܝܬ، ܒܝܗ ܒܠܡܐ
ܡܛܠ ܠܗ̇ ܒܥܠܬܝ، ܘܐܬܬܥܝܩܬ
ܕܠܐ ܥܒܕ ܠܟܝ ܐܝܟ ܐܙܠܬܝ،
ܘܠܫܘܒܩܢܐ ܠܐ ܫܒܩܬ، ܀

13 ABCDEFHK
a ܒܟܘܫܬܐ K. |
c ܠܟܢ E*. | ܕܦܘܫܐ ܠܝ K. | *om* ܠܗ E*. |
d ܕܡܪ̈ܝܡܐ B.

14 ABCEFG
a ܠܐ ܬܥܒܕܝܢ EG. |
b ܘܡܢ̇ ܗܘ ܒܒܪܐ ܠܐ ܦܩܕܬܝ، AF. | ܠܐ ܬܦܩܕܝܢ EG. |
c ܐܢܫܐ G. | ܒܠܝܢ A. |
d ܘܐܫܬܘ ܕܫܢܐ BEG. | ܠܟܝ] ܠܟ AF; *om* BEG.

15 ABCDEFH(ab)K
a ܠܚ̈ܠܝܟܝ ABDFHK; ܠܚܠܬܝܢ E. | ܥܠܝܟ K. |
b ܠܕܡܬܦܢܝܢ ADF; ܠܡܬܚܢܝܢ H. |
c ܕܠܝܟܝ ABDEFK. |
d ܕܐܠܗܐ ADF.

16 ACFG
a ܒܪ ܒܢܝܐ AF. |
c ܡܛܠ ܠܗ̇ ܒܥܠܬܝ، ܘܐܬܬܥܝܩܬ، AF (ܘܐܬܬܥܝܩܬ،) [= **18c**]. | ܕܒܠ ܗܘܒܪ̈ܝܚܝ G. |
d ܡܟܝܠ ܫܘܒܩܢܐ ܠܝܬ ܠܟܝ، AF [= **18d**]. | ܡܢܐ ܕܦܢܝܬܝ، G.

17 ACDFH
a *om* ܗܘ ADF. |
d ܕܗܟܝܠ ܫܕܐ ܒܪܬܡܟܝܢ ADF [= **b**]; ܘܢܫܕܐ ܒܚܛܝܬܐ ܕܬܬܚܢܝܢ H.

18 ACFG
a ܒܘܣܡܐ G. |
b ܘܠܐ G. | ܡܟܝܠ AF. | ܐܝܟ ܕܐܡܪܬ، AFG. |
c ܕܒܗܘܒܪ̈ܝܚܝ ܒܥܝܪ ܒܝܫ AF [= **16c**]. |
d ܘܗܘܝܬ، ܒܘܣܡܐ ܡܢܐ ܕܦܢܝܬܝ، AF [= **16d**]; ܘܡܟܝܠ ܫܘܒܩܢܐ ܠܝܬ ܠܟܝ G.

ܣܛܢܐ 19 ܒܥܘܬܐ ܗܘܦܡ ܟܒܗ ܠܟܠܐ
ܚܝܘܗܝ ܪܒ ܗܘ ܡܢ ܠܟܠܐ

ܐܢ ܥܒܕܬܐ ܐܢܐ ܠܟܘܢ ܕܐܡܪܬ
ܘܫܠܡܬ ܕܒܗܪܐ ܗܝ ܠܗ ܕܢܬܚܡܣ ܀

ܚܛܝܬܐ 20 ܕܐܢܐ ܗܘ ܓܒܪ ܕܠܐ ܡܬܓܠܐ
ܘܥܘܫܢܐ ܕܢܦܩ ܠܐ ܡܬܦܠܓܐ

ܒܕܝܢܐ ܒܟܐܢܐ ܡܣܝܒ ܠܒܝ
ܘܐܢ ܗܘ ܕܐܪܓܫܬ ܡܬܚܫܒܬ ܀

ܣܛܢܐ 21 ܕܐܢܐ ܗܘ ܘܪܚܡܐ ܡܠܟܐ
ܘܐܢ ܚܢܐ ܐܢܐ ܘܐܢ ܡܢܪܬ

ܘܠܫܝܛܢܐ ܬܪܒܗ ܦܬܚ
ܪܓܠܘܗܝ ܢܡܘܣܐ ܡܢܥܡ ܀

ܚܛܝܬܐ 22 ܗܘ ܡܕܝܢ ܗܘ ܘܐܝܬܘܗܝ ܠܟܠܐܬܐ
ܠܒܝ ܒܢܝܫܐ ܡܩܠܩܠܬܝ

ܒܪܘܚܐ ܕܦܘܡܗ ܡܫܦܥ ܠܒܝ
ܘܥܕ ܡܕܝܢܐ ܠܟܘܢ ܐܪܓܫܬܝ ܀

ܣܛܢܐ 23 ܗܘ ܡܕܝܢܐ ܘܡܢ ܠܠܐ
ܘܕܠܟܐܐ ܐܢܐ ܗܐ ܐܪܓܠ

ܘܒܫܬܐ ܒܢܘܗ ܠܐ ܒܥܪܐ
ܥܕ ܡܕܝܢܐ ܕܢܡܕܝܢ ܀

ܚܛܝܬܐ 24 ܘܝ ܠܒܝ ܛܠܝܬܐ ܐ ܐܢ ܐܪܓܫܬܝ
ܬܪܥܣ ܬ ܠܫܒܝܢ ܕܐܢܬ ܠܗ

ܕܠܐ ܡܦܠ ܠܒܝ ܐܡܢ ܕܐܡܪܬܝ
ܘܠܗܘܢ ܒܪܫܡ ܕܠܒܝ ܢܦܠܠܢ ܀

19 ACDFH

a ܐܗܘܐ ADF. |

b ܢܬܚܝܠ ܠܗ ܡܢ H. |

d *om* ܗܝ ADG. | ܘܠܗ ܢܬܚܡܣ H.

20 ACFG

a *om* ܓܒܪ C. | ܘܠܐ AF. | ܘܐܢ ܐܪܓܫܬ G. |

b ܘܕܝܢܐ AF; ܒܕܝܢܗ G. | ܓܒܪ ܠܒܝ AF. |

c ܥܘܫܢܐ AF. | ܠܒܝ ܒܢܝܫܐ ܡܩܠܩܠܬܝ G [= **22c**]. |

d ܘܥܕ ܡܕܝܢܐ ܠܟܘܢ ܐܪܓܫܬܝ G [= **22d**].

21 ACDFH

a ܕܐܢܐ ܗܘ ܓܒܪ ܘܠܐ ܡܬܓܠܐ ADF [= **20a**]. | ܕܪܚܡܐ H. |

d ܪܓܠܘܗܝ ܢܡܘܣܐ H.

22 ACFG

a ܗܘ ܡܕܝܢܐ AFG. |

b ܕܦܘܡܗ ܗܘ ܡܫܦܥ AF. | ܡܫܦܥ ܗܘ G. |

c ܐܝܬ ܒܢܝܫܐ ܗܘ AF. | ܠܒܝ ܡܫܦܥܐ ܐܦ ܚܫܒܐ G. |

d ܠܟܘܢ A. | ܘܡܢ ܠܠ ܗܘ ܡܢ ܒܥܘܬܐ G.

23 ACDFH

a ܘܡܕܝܢܐ ADF.

24 BCGJ

a ܣܛܢܐ G. |

b ܕܕܠܐ ܪܚܡܐ ܡܬܕܝܢܬ BGJ. |

c ܬ ܠܫܒܝܢܐ ܐܢܬ BJ. | ܬ ܠܫܒܝܢܐ ܬܪܥܣ ܐܢܬ ܠܗ G. |

d ܘܠܗܘܢ ܒܪܫܡ ܠܒܝ BJ. | ܠܒܝ B. | ܘܠܒܝ ܡܦܠ G.

25 ܚܛܝܬܐ

ܘܐܢܐ ܟܠܗ ܠܝ ܗܘ ܡܛܠܐ
ܬܪܥܘܪ ܬܐ ܠܬܚܒܝܢ ܕܐܝܬ ܠܗ
ܕܗܟܢ ܚܫܒܬ ܠܕܬܬܒܝܢ
ܣܠܩ ܡܚܫܒܢ ܠܗ ܠܬܪܥܘܗܝ ✥

26 ܣܛܢܐ

ܐܢܬܝ ܐܢܬܝ، ܐܢ ܚܒܝܒܬܝ،
ܐܪܐ ܠܘܬܟܐ ܡܫܒܚܐ ܥܒܕܬܝ،
ܘܠܐ ܢܓܪ ܠܡܠܐܟܐ ܡܬܥܗܕܬܝ،
ܘܢܓܪ ܡܢ ܐܠܗܬܝ، ܠܐ ܢܚܒܬܝ، ✥

27 ܚܛܝܬܐ

ܐܢܬܐ ܐܢܐ ܘܠܐ ܚܘܪܢ
ܘܡܥܒܕ ܒܪ ܢܘܢ ܦܘܡܗ ܠܗ،
ܫܬܗ ܕܪܚܡ ܕܐܙܕܕܩܬ
ܘܡܥܒܕ ܡܪܢ ܦܘܡ ܠܝ ✥

28 ܣܛܢܐ

ܫܢܐ ܐܢܐ ܠܟܝ ܕܥܒܕܬܝ، ܠܟܝ
ܒܬ̈ܘܠܐ ܡܬܒܬܘܟ ܠܐ ܩܐܡ ܠܟܝ
ܘܡܢܐ ܐܡܪܬܝ، ܠܐ ܢܚܒܬܝ،
ܘܡ̈ܠܐ ܕܒܬ̈ܘܠܐ ܡܬܪܓܫܬܝ، ✥

29 ܚܛܝܬܐ

ܚܙܐ ܐܢܐ ܠܝ ܕܒܗܬܬ ܠܝ
ܒܕܡܐ ܠܝܘܡ ܕܠܝ ܗܘܬ
ܒܪ ܐܠܗܐ ܗܘ ܚܢܢ
ܡܚܝܠ ܚܘܒܝ ܡܢ ܘܒܪ̈ܚܡܝܢ ✥

25 ABCFH(bis)

a ܘܐܢܐ ܪܒܐ F. | ܠܝ ܡܫܡܥ ABF; ܠܝ ܗܘ ܢܛܝܪ H. |

b ܠܕܬܒܥܝܢ AF. |

c ܬܪܬ ܪܥܘܪ H($_2$). | ܬܐ ܠܡܬܚܒܝܢܐ ܐܝܬ ABFH($_1$). |

d ܟܠ ܗܘ AF. | ܟܠ ܠܬܪܥܘܗܝ ܡܚܫܒܢ ܘܗܘ B; ܠܬܪܥܘܗܝ ܣܠܩ ܘܡܚܫܒܢ H($_1$).

26 ABCDEFGJ

a ܠܗܘ ܠܚܒܝܒܬܝ، EG. |

b ܘܠܐ ADF. | ܢܓܪ ܗܘ ܕܒܥܐ ܠܗܘ ܐܠܗܬܝ، BJ (ܢܓܪ ܡܥܒܕܐ); ܘܢܓܪ ܕܒܥܐ ܠܗܘ ܐܢܬܝ، ܬܬܡܛܠܝܢ E (sic); ܘܢܓܪ ܗܘ ܕܒܥܐ ܠܐ ܬܬܡܛܠܝܢ G. |

c ܥܒܕܬܝ ܐܗ B. | ܐܝܟ ܕܫܢܐ ܐܢܐ ܐܗ ܥܒܕܬܝ، ܠܟܝ EG. |

d ܘܡܢܐ ܐܡܪܐ ܐܢܬܝ، BJ. | ܘܡܢܐ ܡܬܠܠܬܝ، EG.

27 ABCEFHK

a ܕܙܢܝܬܐ EK. | ܗܘܬ AF. | ܘܠܟ ܢܚܒ B; ܠܐ ܠܚܒ EK. |

b ܐܝܟ ܗܝ ܪܚܒ BK; ܐܝܟ ܪܚܒ ܗܝ E. | ܕܐܙܕܕܩܬ ex ܕܐܙܕܩܬ E. |

c ܡܥܒܕ EHK. |

d ܘܡܪܢ ܡܥܒܕ BE. | ܡܪܢܐ AF. | ܠܝ ܡܫܡܥܐ AF; ܦܘܡܝ ܠܝ E; ܦܘܡ ܠܝ H.

28 ABCDEFGJ

a ܘܬܗܪܬ ܒܟ EG. |

b ܘܡܢܐ ܐܡܪܬ ܠܟܝ ܠܐ ܡܫܘܐ ܐܢܐ EG. |

c ܒܬܘܠܐ B; ܕܒܬ̈ܘܠܐ EG. | ܠܝ ܗܘܐ E. | ܠܟܝ ܠܐ ܩܐܡ ADF. | ܩܪܐ B; ܩܪܬ، EG. |

d ܘܡܢ ܡܬܠܬܘܗܝ ܠܐ ܡܬܪܓܫܬܝ، AD (ܠܐ erased) F (ܐܗ); ܘܡܬܠܠܬܐ ܕܒܬ̈ܘܠܐ ܐܡܪܬ، B. | ܕܒܬ̈ܘܠܐ ܬܚܬܝ، EGJ (ܐܡܪܬ،).

29 ABCEFHK

a ܕܒܗܬ B. | *om* ܠܝ [2] A. |

b ܕܒܪ ܡܪܐ ܟܠ AF; ܕܒܪܐ ܚܝܐ BEHK. | ܚܢܝܢ B. |

c ܒܕܡܐ ܠܝܘܡܐ ܠܝ ܥܒܕܬ AF; ܕܥܒܕܬ ܠܒܪܐ ܕܢܓܕܗ ܩܠܠ EK. |

d ܘܡܢ ܒܐܚܪܢܐ ܡܒܕܪ AF; ܘܚܘܪܩ ܥܡܐ ܟܠܗ ܕܫܛܝܢ، EK. ܚܘܒܝ ܡܢ ܡܚܝܠ B;
B; ܚܘܒܝ ܡܢ ܘܡܢ H.

ܛܘܒܝܟܝ ܛܠܝܬܐ ܐܢ ܦܪܝܫܬܐ ܐܢܬܝ، ܘܡܢ̇ ܒܪ ܡܪܝܡ ܠܐ ܐܬܪܝ، 30 ܡܠܐܟܐ
ܕܒܪܝ ܠܚܝܡ ܠܟܝ ܘܠܐ ܝܕܥܬܝ، ܘܐܢ ܗܘ ܕܫܪܝܐ ܠܟܝ ܡܬܦܪܝ ∻

ܛܘܒܝ ܢܘܡ ܐܢ ܐܙܠ ܘܠܒܪ ܡܪܝܡ ܡܬܦܘܪܢ 31 ܛܠܝܬܐ
ܦܘܫ ܗܘ ܠܝ ܕܗܘ ܢܫܠܠ ܘܡܢܝܢ ܐܝܟܢܐ ܗܘܝܐ ܕܐܒܠ ∻

ܘܠܐ ܦܐܬܐ ܡܠܐ ܗܘܝܢ ܘܡܢܗ ܫܒܠܝ ܘܡܢܗܕܬ، ܟܠ 32 ܡܠܐܟܐ
ܢܦܪܐ ܐܢܬ ܠܝ ܕܒܢܝ ܒܢܬܐ، ܘܐܝܟ ܕܫܪܝܐ ܐܝܟ ܗܘܐ ܫܡܠܬ، ∻

ܘܠܐ ܐܢܬܝ، ܬܡܝܗܬܐ ܘܡܢ ܟܠܗ ܠܦܪܝܢ ܐܬܦܠܠܬ 33 ܛܠܝܬܐ
ܢܦܪܐ ܡܫܝܚܐ ܗܘ ܐܒܪܟܝ ܘܬܫܘܬ ܒܢܦܫܗ، ܗܘ ܒܢܝܢ ∻

ܒܪܘܡܬܢܝܬܐ ܘܠܥܠܬܐ ܘܐܬܟܐ ܦܠܘܬܐ ܠܝ ܪܫܡܢ 34 ܡܠܐܟܐ
ܥܠܝܐ ܐܢܬܝ ܕܡܠܦܢܐ ܘܡܢ ܡܫܟܐ ܠܟܘܢ ܐܬܪܝ، ∻

30 ABCDEFG

a ܛܘܒܝܟܝ ܛܠܝܬܐ ܐ ADF. | ܐܢ ܬܫܡܥܝܢ EG. |
b ܘܠܒܪ E. | ܠܐ ܬܦܪܫܝܢ EG. |
c ܠܚܝܡ ܠܟܝ ܗܢܐ ܘܠܐ ܝܕܥܬܝ، A (ܠܚܝܡ) DF. | ܕܠܟܝ EG. |
d ܘܐܢ ܫܪܝܐ ܠܟܝ ܒܪ ܟܝ ADF; ܘܡܢܐ ܕܫܪܝܐ ܠܟܝ ܡܬܦܪܫ ܟܝ EG. | ܘܡܫܪܝܐ B.

31 ABCEFHK

a ܕܠܝܢ ܫܡܥܢ EK (ܫܡܥܬ). |
b ܘܠܡܫܡܥܐ ܟܠ AF; ܘܡܢ ܒܪ ܡܪܝܡ BH. |
c ܕܗܘ ܫܪܝܐ ܒܪ ܘܡܘܫܚ ܠܝ K. | ܕܡܢ ܫܪܝܐ ܒܪܬܚܡ E [= **11b**]; ܠܝ ܘܡܫܚ ܒܪ
d ܘܫܠܡܬ ܗܝ ܡܬܦܪܫ E; ܕܡܢ ܫܪܝܐ ܒܪܬܚܡ K [= **11b**]. | ܘܐܝܟܢܐ ܡܢܝܢ ABF. | ܕܠܝܢ ܗܘܝܢ B.

32 ABCDE^mg^FGJ

a ܡܢܗ C. |
b ܡܢܗ ܫܒܠܝ ADF. | ܘܡܢܗ G. |
c ܢܦܪܐ ܐܢܬ ܠܝ ܕܒܢܝ ܒܢܬܐ ADF. | ܕܢܦܪܐ EJ. | ܕܒܢܝ ܒܢܬܐ B; ܕܒܢܝ ܫܠܡܬ EG. |
d ܘܗܘܐ ADF. | ܐܝܟ ܐܝܟ ܕܫܪܝܐ ABDFJ (ܕܫܪܝܐ). | ܫܪܝܐ E. | ܘܫܪܝܐ ܐܝܟ ܠܝ ܕܫܪܝܐ ܐܫܠܡܬ، G.

33 ABCE^mg^FH

a ܐܢܐ BH. |
b ܬܡܝܗ E. |
c ܡܫܝܚܐ ܡܠܟܐ BEH (tp). | ܒܪܒܪܝܢ B; ܒܪܒܝܢ E. |
d ܘܡܢ ܟܠܗ ܐܬܦܠܝܢ ܐܬܦܠܠܬ BE. | ܐܬܦܠܠܬ AF. |

34 BE^mg^ (beginning of **a**) GJ

a ܡܫܒܚܬܐ ܐܢܬܝ، [= G] ܒܪܘܡܬܢܝܬܐ BEJ. |
b ܘܥܠܝܐ ܗܘܬ ܕܡܠܦܢܐ G. |
c ܕܡܠܦܢܐ EJ. | ܪܫܡܬ ܐܢܬ ܠܝ ܕܠܐ ܡܬܦܪܫܢ G [= **36c**]. |
d ܘܡܢ ܗܘ ܕܡܫܟܐ ܠܟܘܢ ܒܪܬ، J.

ܚܛܝܬܐ	35	ܒܪܘܡܬܢܝܬܐ ܘܛܠܝܬܐ	ܘܐܢܫܐ ܦܬܢܐ ܠܝ ܙܘܚܝܢ
		ܚܬܢܐ ܡܫܝܚܐ ܡܒܪܟ ܠܗ	ܘܚܒܪܝ ܥܡܗ ܡܙܡܢܬܐ ❖
ܣܛܢܐ	36	ܠܥܘܡܐ ܒܠܚܘܕ ܗܘܝܬܝ ܢܦܩܐ	ܘܒܢ̈ܬܐ ܒܡܛܪܐ ܡܫܒܚܬܝ
		ܙ̈ܘܢܐ ܐܝܬ ܠܟܝ ܕܠܐ ܡܬܡܢܝܢ	ܘܝܚܝܕ ܒܪ ܡܪܝܡ ܠܐ ܬܐܙܠܝܢ ❖
ܚܛܝܬܐ	37	ܠܥ̈ܘܡܐ ܒܠܚܘܕ ܗܘܝܬ ܢܦܩܐ	ܘܝܘܡ ܠܒܝܬ ܫܡܥܘܢ ܐܙܠ
		ܠܝ ܗܟܢܐ ܐܢܐ ܘܠܙ̈ܘܚܝ	ܘܠܥܘܒ ܒܠܚܘܕ ܙܘܚܝ ❖
ܣܛܢܐ	38	ܡܪܝ ܐܢܐ ܘܠܝ ܡܫܒܚܬܝ	ܘܡܛܠ ܡܢܐ ܒܠܝ ܡܪܕܬܝ
		ܘܢܓܪܐ ܐܝܬ ܠܟܝ ܕܒܝܬ ܦܠܢܝܬܝ	ܘܚܕ ܠܐ ܫܠܡܬܝ ܫܢܬ̈ܝ ܠܝ ❖
ܚܛܝܬܐ	39	ܡܪܐ ܗܘܝܬ ܠܝ ܘܡܪܕܬ ܠܝ	ܘܠܗܘ ܠܐܠܗܐ ܕܠܝ ܦܠܚܝ
		ܠܒܪ ܐܠܗܐ ܡܫܬܒܚܢܐ	ܘܦܠܚܬ ܚܪܘܗ ܠܕܚܠܬܝ ❖
ܣܛܢܐ	40	ܢܦܩ ܦܓܪܐ ܒܟܘ ܒܠܚܡܐ	ܒܐܬܐ ܕܪܘܓܙܐ ܕܒܝ ܗܘܐ
		ܕܐܘܬܒܬܝ ܬܘܒ ܠܐ ܢܚܪܘܣ	ܬ̈ܠܡܐܐ ܘܡܢܕܘܗܝ ܢܬܦܪܥ ❖

35 BH
a ܒܪܘܡܬܢܝܬܐ = H] ܡܚܡܬܡܬܐ ܐܢܐ B. |
b ܘܥܠܝܡܬܐ ܬܘܒ ܕܡܦܠܓܢܐ H. |
c ܘܚܬܢܐ ܕܪܘܡܐ H. |
d ܒܠܬܐ H.

36 BG
a ܢܦܩܐ ܗܘܝܬܝ G. |
b ܘܐܢܫܐ ܒܥܘܦܪܐ ܗܘܘ ܬܗܪܝܢ G. |
c ܣܓܝܐܐ ܐܝܬ ܠܟܝ ܦܓܪ̈ܐ G. |
d ܝܚܝܕ ܘܡܫܝܚܐ ܗܘ ܐܙܠܬܝ G. |

37 BH
a ܠܥܘܡܐ H. | ܢܦܩܐ ܗܘܝܬ H. |
c ܘܚܣܝܐ ܐܢܐ ܠܝ H. |
d ܘܐܢܐ ܠܥܘܒ ܗܘ ܙܘܚܝܢ H.

38 BEG
b ܒܠܝ ܗܐ ܡܪܕܬܝ E; ܒܠܝ ܡܪܕܬܝ ܗܐ G.

39 BEHK
a ܘܡܪܝܪ ܗܘܝܬ H. |
b ܠܗܘ ܠܒܪܐ H. | ܕܦܠܚܝ ܠܝ EK. |
d ܕܦܠܚܬ EHK.

40 BCEGJ
a ܒܟܝ E. | ܕܡܚܪ ܒܟܝ G. |
b ܡܚܪܝܣ BE. |
d ܐܢܐ J. | ܕܡܐܕܘܗܝ BEGJ. | ܡܬܦܪܥ BE.

41 ܠܣܛܐ	ܢܦܩ ܛܒܐ ܒܗܘ ܒܥܠܡܐ ܘܗܦܟ ܦܪܘܩܢ ܘܠܐ ܕܚܠܝ	ܕܒܪ ܐܠܗܐ ܣܘܟ̈ܝ ܥܡܡ ܫ̈ܛܝܐ ܒܥܘܡܐ ܕܐܬܒܥܝ ❖
42 ܟܪܘܒܐ	ܚܪܒܝ ܕܟܠܗܘܢ ܡܚܒܫܐ ܗܘܐ ܗܫܐ ܐܢܐ ܠܗ ܕܒܚܪܒܐ ܡܠܟܐ	ܒܡܫܝܚܐ ܠܒܪܐ ܕܢܚܬܗ ܗܘܐ ܦܢܐ ܐܝܟ ܐܢܫ ܕܢܚܬܗ ܡܚܪ ❖
43 ܠܣܛܐ	ܚܪܒܐ ܕܟܠܗܘܢ ܡܚܒܫܐ ܗܘܐ ܘܡܢ ܚܪܒܐ ܒܠܘܗܝ ܥܒܪܬ	ܘܐܢܐ ܒܫܘܦܪܗ ܐܬܐܕ ܗܘܐ ܘܐܢܐ ܠܛܘܒܝ ܒܗ ܝܗܒܬ ❖
44 ܟܪܘܒܐ	ܒܢܝܒܬܗ ܒܘܣܡܐ ܫ̈ܠܝ ܗ̈ܘܝ ܗܫܐ ܐܢܐ ܠܗܝ ܕܗܘܐ ܫ̈ܡܠܝ	ܘܐܢܐ ܒܫܘܦܪܝ ܡܬܕܡܪܢ ܕܒ̈ܚܟܐ ܘܡܢ ܘܠܐ ܫ̈ܠܝ ❖
45 ܠܣܛܐ	ܒܢ̈ܝ ܕܦܢܝܐ ܒܒܢ̈ܝܢ ܗ̈ܘܝ ܥܡܪܐ ܛܒܢ̈ܝ ܕܢܦܫܝ	ܘܠܬܡܢܚܐ ܗ̈ܘܝ ܢܒ̈ܝܢ ܠܟܠܐ ܕܚܫܟܐ ܕܢܥܒܘܫ ܠܗܝ ❖

41 BCEH
b ܕܣܒܪܬܐ E; ܣܒܪܬܐ H. |
c ܕܗܘܘ BE. |
d ܠܗ ܡܢܐ BE.

42 BCEGJ
a ܡܚܒܫܬܐ ܗܘܬ B; ܡܚܒܫܐ ܗܘܬ E (ܡܚܒܫܬ) GJ. |
b ܛܒܐ G. |
d ܒܕܒܘܬ ܐܢܫܐ ܕܢܛܪܝܗ ܡܚܪ B; ܐܝܟ ܐܢܫܐ ܕܢܚܬܗ ܡܚܪ EGJ.

43 BCEHK
a ܡܚܒܫܬܐ ܗܘܬ BK; ܡܚܒܫܬ ܗܘܐ EH. |
b ܠܡܗܝܢܐ ܝܕ ܗܘܐ B (ܝܐܕ) EHK. |
c ܚܪܒܐ ܘܡܢ B; ܛܠܡܐ ܘܡܢ EK. |
d ܝܗܒܬ ܒܗ BEK (ܒܝ).

44 BCEGJ
a ܕܒܘܣܡܐ BEGJ. |
b ܬܘܪܝܢ ܗܘܘ EG (*tp*). | ܘܐܢܐ ܒܫܘܦܪܐ ܝܗܒܬ ܗܘܝ J. |
c ܒܪ ܫܘܠܛ BEGJ (ܫܘܒܚ). |
d ܘܡܢ ܕܒ̈ܚܟܐ G.

45 BCEHK
a ܒܢ̈ܝܐ EK. | ܕܦܣܝܐ E. | ܒܒܢ̈ܝܢ BE. |
b ܢܒ̈ܝܢ ܗ̈ܘܝ BEK. |
d ܠܒܪ ܐܠܗܐ BEK.

ܣܛܢܐ 46 ܦܘܡܟܝ ܕܟܠܗܘܢ ܙܢܝ̈ ܗܘܐ ܘܐܢܫܐ ܒܩ̈ܘܠܐ ܗܘܘ ܬܗܪܝܢ
ܫܐܠܐ ܐܢܐ ܠܗ ܕܢܫܐ ܟܠܗ ܘܡܢ ܠܘ̈ܬܐ ܒܗ ܙܒܢܝܢ ܀

ܚܛܝܬܐ 47 ܦܘܡܟܐ ܕܟܠܗܘܢ ܙܢܝ̈ ܗܘܐ ܒܟܝܐ ܙܙܘ ܠܗ ܕܢܬܟܠܐ
ܘܣܠܩ ܠܫܡܝܐ ܕܚܣܝܢ ܗܘܐ ܢܙܡܪ ܫܘܒܚܐ ܠܡܪܝܡܐ ܀

ܣܛܢܐ 48 ܝܬܝܪ ܒܣܡܐ ܡܢܗܘܢ ܐܝܠܝ ܘܗܝ ܫܦܝܪܬܐ ܡܛܠ ܡܢ
ܕܠܒܐ ܪ̈ܚܡܝܢ ܝܬܝܪܝܢ ܐܬܘ ܘܡܢ ܟܢ̈ܫܐ ܐܢܬܝ ܕܒܣܡܝܗܘܢ ܬܬܒܣܡܝܢ ܀

ܚܛܝܬܐ 49 ܝܬܝܪ ܐܠܗܐ ܗܘܐ ܐܝܠܝ ܘܗܕ ܫܦܝܪܬܐ ܒܟܝ ܥܡܠܝ
ܘܪܫܐ ܕܢܫܐ ܒܗ ܡܟܝܟ ܘܫܒܩ ܠܝ ܚܘ̈ܒܝ ܘܐܬܝܬ ܀

ܣܛܢܐ 50 ܡܢ ܠܟܝ ܦܐܪܬܐ ܡܢ ܟܠܗ ܗܘܐ ܒܒ̈ܩܐ ܕܕܗܒܐ ܘܐܘܪ̈ܙܒܐ
ܐܝܟ ܕܐܪܡܠܬܐ ܢܦܩ ܒܒܝܬ ܘܒܠܐ ܥܫܩܐ ܠܐ ܐܝܬ ܒܗ ܀

46 BCE[mg]GJ

b ܗܘܐ ܬܗܪܐ BE; ܗܘܘ ܬܗܪܝܢ GJ. |

c ܗܐ ܫܐܠܐ ܐܢܐ ܕܒܢܝܐ ܟܠܗ BEGJ. |

d ܠܛܪ̈ܐ BEGJ.

47 BCEHK

b ܠܗ] ܗܘ B.

48 BCEGJ

a ܠܗܘܢ EJ. | ܡܢܟܝ EG. |

b ܘܗܕ B. |

c ܠܟܝ ܐܬܘ EG; ܐܬܘ ܝܬܝܪܝܢ J. |

d ܘܒܣܡܝܗܘܢ ܡܬܒܣܡܬ BGJ. |

49 BCEHK

a ܚܣܝܐ B; ܒܣܡܐ EHK. | ܡܢܟ EK. |

b ܗܘܝ EHK. | ܟܠ BEHK. |

c ܠܪܫܐ BEHK. | ܠܗ BEK. |

d *om* ܠܝ BEHK. | ܘܡܢ ܐܬܝܬ BEHK.

50-53 C. EG(*om* **51 53**) H(*om* **50 52**) J(*om* **51 53**) K(*om* **50 52**) have a completely different text:

50 EGJ

ܡܛܪܗ ܕܫܡܫܐ ܗܘ ܠܐ ܚܝܒܐ ܕܕܒܝܐ ܗܘ ܘܠܕ̈ܢܚܐ ܡܬܕܢܚܐ
ܘܡܕܡ ܕܛܠܝܐܐ ܪܫܝܡ ܗܘ ܡܢ ܡܕܢܚܐ ܠܐ ܬܬܟܣܝܢ ܀

a *om* ܗܘ J. | ܕܒܪܟ J. |

b ܕܗܘ ܡܢܫܐ ܗܘ ܒܚܝܠܗ J. | ܪܫܝܡ G. |

d ܒܐܢܐ ܗܘ J. | ܬܬܟܣܝܢ J.

51 ܚܛܝܬܐ ܩܕܠܐ ܕܠܒܫܬ ܡܢ ܓܢܬ ܗܘܐ
ܕܐܝܠܢ ܢܦܩܬ. ܠܦܪܕܝܣܐ
ܢܦܩ ܙܕܩ ܠܗ ܕܢܬܟܦܦ
ܕܗܘ ܢܚܒܘܫ ܠܝ ܟܠ ܕܐܬܦܚܠܬ ܀

52 ܣܛܢܐ ܙܘܡܪܐ ܘܒܘܣܡܐ ܘܟܠ ܕܐܝܬ ܒܗܘܢ
ܕܠܐ ܡܦܩܠ ܠܒܝ ܐܢ ܐܪܥܬܝ,
ܢܗܘܘܢ ܗܘܕܝܢ ܒܗܝ; ܥܒܕܬܐ
ܘܗܘܝܬܝ, ܒܗܬܬܐ ܒܝ ܦܢܝܬܝ, ܀

53 ܚܛܝܬܐ ܙܘܡܪܐ ܘܒܘܣܡܐ ܘܟܠ ܕܐܝܬ ܒܗܘܢ
ܕܐܢ ܐܠܐ ܐܢܐ ܡܦܩܠ ܠܝ
ܢܗܘܘܢ ܗܘܕܝܢ ܒܗ. ܥܒܕܬܐ
ܘܥܒܘ ܠܝ ܚ̈ܘܒܝ ܘܐܬܝܢ ܀

54 ܣܛܢܐ ܫܡܫܐ ܘܣܗܪܐ ܟ̈ܘܟܒܐ ܟܠܗܘܢ
ܐܪܥܬܝ, ܘܐܬܬܝ, ܒܝ ܒܗܬܬܝ,
ܕܠܐ ܡܠܬܝ ܕܐܡܪܬ ܠܒܝ
ܘܡܢܐ ܐܝܬ ܠܝ ܘܠܐ ܡܬܒܥܝܢ ܀

51 EHK

ܦܬܓܡܐ ܕܝܚܝܪ ܗܘ ܕܒܪܝ
ܝܫ. ܡܫܝܚܐ ܡܬܦܪܢܣ
ܕܢܦܠܬ ܒܒܘܣܡܐ ܕܟܠ ܒܢܫܬܐ
ܕܒܗ. ܙܢܘܗ ܡܕܒܪܐ ܠܝ ܀

a ܦܬܓܡܗ K. | ܐܘܪܚܝ H. |
b ܘܢܦܠܬ HK. | ܒܒܘܣܡܐ ܕܦܬܓܡܐ H. | ܒܢܫܝܢ K. |
c ܘܙܢܝ H. |
d ܠܝ] ܒܠ K.

52 EGJ

ܪܒ ܗܘ ܒܘܣܡܐ ܕܗܘܐ ܒܠ
ܕܐܝܬ, ܘܢܬܐ ܡܬܦܪܫܬ,
ܐܢ ܪܚܝܢ ܡܫܬܡܠܝܐ
ܘܐܢܐ ܒܘܣܡܐ ܒܠܒܐ ܗܘܝܬ ܀

a ܟܠܗܝܢ J. |
b ܡܫܬܠܡ J.

53 EHK

ܪܒ ܗܘ ܚܘܒܝ ܕܡܪܕܝܐ
ܕܢܘܪܐ ܛܠܢܐ ܠܝ ܒܫܡܐ
ܘܠܣܛܢܐ ܪܒܐ ܕܢܚܘܢ
ܘܐܢܐ ܒܕܝܢ ܡܬܒܥܝܢ ܀

c ܘܢܘܪܐ H. | ܕܘܢܐ E[mg]. |
d ܒܡܠܘܬܐ ܚܕܝܢ H.

54 CEG

a ܒܠ ܢܒܘܢ EG (ܢܒܚܝܢ). |
b ܐܢܘܢ ܕܠܦܫܝ ܠܐ ܥܒܕܬ, EG. |
c ܕܐܢܘܢ ܕܐܪܥܬܝ, ܘܡܢ ܡܠܬܝ, EG (ܕܐ ܢ ܐܪܥܐ ܐܢܬ,). |
d ܒܡ ܗܓܢܐ ܡܬܦܣܝܢ EG.

55 ܣܛܢܐ
ܫܡܥܝ ܘܐܘܪܚܐ ܢܟܣܟܝܢ ܟܠ
ܐܝܬ ܠܝ ܥܒܕܐ ܡܢ ܡܪܢܐ
ܐܢ ܗܘ ܕܠܢܦܫܟܝ ܥܫܩܬܝ
ܕܐܘܪܚܟܝ ܘܐܬܬܝ ܒܗ ܢܗܝܪ ⁘

56 ܚܛܝܐ
ܬܗܪܐ ܪܒܐ ܐܢ ܡܬܬܦܝܣ
ܘܗܟܢ ܪܒܐ ܐܢ ܬܪܥܐ
ܘܡܡܠܠ ܠܟ ܐܢܐ ܕܐܡܪܬܝ
ܦܠܛ ܗܘ ܕܡܒܟܝܢ ܣܛܢܐ ⁘

57 ܣܛܢܐ
ܬܪܥܐ ܪܒܐ ܦܬܚ ܠܟܠ
ܕܥܒܕ ܚܘܒܐ ܠܐܪܥܐ ܢܚܬ
ܘܡܟܐ ܒܚܛܝܐ ܕܬܒܥܝܢ
ܘܚܙܝܐ ܘܪܘܪ ܒܕܬܒܥܝܢ ⁘

58
ܫܠܘܬ ܡܫܝܚܐ ܒܫܠܝܚܘܬܐ
ܒܠܬ ܡܪܘܗܝ ܒܕ ܟܐܒܐ
ܘܡܢ ܐܠܗܐ ܒܚܘܒܐ ܪܕܬ
ܘܫܠܘܬ ܘܦܫܬ ܒܕ ܚܕܝܐ ⁘

59
ܒܪ ܐܠܗܐ ܕܦܘܡܗ ܦܬܚ
ܫܒܘܩ ܠܝ ܐܦ ܠܝ ܐܡܪ ܕܠܗ
ܘܠܚܛܝܬܐ ܚܘܒܝܗ ܫܒܩ
ܕܚܛܝܬܐ ܚܝ ܐܡܪ ܕܗܝ ⁘

60
ܘܐܦܢ ܕܐܬܚܫܒܬ ܚܛܝܬܐ
ܚܘܒܐ ܠܒܪܬܟ ܕܗܘܐ ܐܟܠܐ
ܕܪܚܡܟ ܒܗ ܫܒܩܘ ܢܚܘܒܬ
ܦܘܪܩܢ ܘܕܟܝܟ ܡܢ ܡܪܒܝܐ ⁘

55 BCEHK

a ܟܠ ܢܟܣܟܝܢ EK (ܢܟܣ̈ܝܟܝ). |

b ܐܬܬܦܝܣ K. |

c ܒܕ ܐܝܬ ܗܘ ܠܝ ܥܒܕܐ ܟܠܗܘܢ B; ܒܕ ܐܝܬ ܠܝ ܥܒܕܐ ܟܠ ܡܪܝ E; ܒܕ ܟܝܪ ܐܝܬ ܠܝ ܥܒܕܐ ܒܡܪܝ H; ܕܐܝܬ ܠܝ ܥܒܕܐ ܘܠܐ ܒܗܬܢ K. |

d ܕܐܪܟܝ ܐܪܘܗܝ ܐܦ B.

56 G

57 H

a ܦܬܚܬ ed. (cf. metre)] ܦܬܚ H.

58 BCEG

a ܘܫܠܝܚܘܬܐ G. |

b ܘܠܘܬ ܡܪܗ BEG. | ܒܪܘܚܐ G. |

c ܘܠܫܠܝܚܘܬܐ ܟܠܗܘܢ ܢܣܒܬ BE (ܫܩܠܬ) G (*id.*). |

d ܘܗܦܟܬ ܬܐܬܐ BE (ܘܐܬܬ). | ܘܡܪܢ ܒܚܘܒܗ ܪܒܐ ܚܘܒ̈ܝܗ G.

59 BCEJK

a ܬܪܥܗ B; ܦܘܡܗ EK. |

c ܫܒܘܩ ܠܝ ܚܘܒ̈ܝ ܐܡܪ ܕܠܗ BE (ܠܝ ܚܘ̈ܒܝ) JK (ܠܝ ܚܘ̈ܒܝ). |

d ܕܚܛܝܬܐ ܠܟܝ ܡܪܝ ܐܡܪ ܕܗܝ BJ (ܠܟܝ ܕܐܦ ܗܝ) K (ܠܟܝ ܐܡܪ ܕܗܝ); ܕܚܛܝܬܐ ܠܟܝ ܫܒܩܬ ܡܢ ܗܝ ܕܗܝ E.

60 BCEGH

a ܘܐܟܙܢܐ ܕܐܬܚܫܒܬ ܠܗ ܚܘܒ̈ܝܗ EG (ܘܐܡܬܝ). | ܐܬܬܚܫܒܬ B. |

b ܘܠܚܘܒ̈ܝܗ ܒܚܘܒܟ ܪܚܡܬ EG. |

c ܫܘܠܐ G.

Appendix: Additional stanzas to be found in Bodleian ms Marsh 201 (cp n. 8).

After **47** a second pair of stanzas for *pe* is given:

ܦܘܫܝ ܠܟܝ ܐܢܬܬܐ ܘܠܐ ܬܐܙܠܝܢ ܘܠܡܪܝܐ ܠܐ ܬܬܟܫܦܝܢ
ܐܝܟ ܕܐܡܪܬ ܡܕܒܪܐ ܘܡܢ ܛܠܝܘܬܟܝ ܠܝ ܦܠܚܬܝ ܀

ܦܘܫܝ ܠܟܝ ܒܫܝܢܐ ܡܢ ܥܕ̈ܠܝܢ ܚܦ̈ܝ ܒܟܝ ܗܫܐ ܘܒܪ̈ܫܟܝ
ܕܐܝܟ ܡܢ ܗܪ̈ܟܝ ܐܙܠܐ ܐܢܐ ܘܡܟܒܐ ܘܠܗܠ ܠܗ ܦܠܚܝܢ ܀

After **49** a second pair of stanzas for *ṣade* is given:

ܨܝܬܝ ܬܝ ܠܟܝ ܐܘ ܐܢܬܬܐ ܕܕܗܒܐ ܘܡܘܬܪܐ ܠܟܝ ܐܦܝܣܬ
ܘܨܝܬܝ ܒܪ ܡܪܝܡ ܠܐ ܬܐܙܠܝܢ ܕܐ ܫܢܐ ܠܟܝ ܪܓܙ ܚܠܝܡܝ ܀

ܨܒܝܢܟܝ ܒܫܝܢܐ ܠܟܝ ܐܬܝܬ ܘܕܗܒܐ ܕܝܗܒܬ ܠܝ ܗܘܐ ܥܒܕܝܢ
ܘܨܝܬܝ ܒܪ ܡܪܝܡ ܐܘܪܚܟܝ ܬܪܕܝܢ ܕܟܠ ܛܒ̈ܢ ܒܗܘܢ ܡܬܥܒܕܢ ܀

After **51** a second pair of stanzas for *qoph* is given:

ܩܕܝܫܐ ܗܘ ܒܪ ܡܪܝܡ ܘܩܠ ܫܠܝܐ ܠܐ ܥܒܕ
ܦܘܫܝ ܠܟܝ ܐܢܬܬܐ ܘܠܐ ܬܐܙܠܝܢ ܕܐ ܫܢܐ ܠܟܝ ܛܪ̈ܝ ܠܟܝ ܀

ܩܕܝܫܐ ܠܗ ܢܒܝܐ ܐܢܐ ܘܐܬܐ ܕܫܠܝܐ ܢܒܟܐ
ܘܗܫܐ ܨܝܕܘܗܝ ܐܙܠܐ ܐܢܐ ܘܡܢ ܚܬܗ ܡܬܚܫܚܐ ܀

After **53** (in the version of EHK) the following is given (compare **53** in C):

ܪܘܡܐ ܘܥܘܡܩܐ ܘܟܠ ܕܒܗܘܢ ܛܘܒܐ ܪܒܐ ܢܬܠܘܢ ܠܗ
ܕܥܒܕܬ ܒܠܒܐ ܘܢܦܫܬܗ ܠܒܪ ܡܪܝܐ ܟܠ ܕܗܘ ܪܚܡܢ ܀

After **58** a second pair of stanzas for *tau* is given:

ܬܘܕܝܬܐ ܒܦܘܡܢ ܠܚܝܬ ܘܗܝܡܢܘܬܐ ܕܠܒܗ ܡܠܬ
ܘܒܬܪܗ ܕܐܦܣܐ ܢܦܫܬ ܘܣܘܓܐܐ ܕܣܘ̈ܟܝܗ ܥܠܬ ܀

ܬܫܒܘܚܬܐ ܗܘܐ ܠܡܚܝܢ ܠܒܪ ܐܠܗܐ ܕܣܘܦܝܢ ܥܒܕ
ܘܡܢ ܒܪܬ ܕܘܝܕ ܦܪܘܩܐ ܠܟܠ ܫܠܡ ܫܠܝܐ ܕܢܬܘܒܘܢ ܀

Translation

1. He who forgives debts (*or* sins) came down to earth
and, as David's son, was clothed in a body.
His compassion compelled Him and His love forced Him,
and so, Lord of All, He came to birth.

2. The Compassionate Doctor turned aside;
towards sinners did He direct His path,
showing humility towards them
so that they might come to Him without fear.

3. The body's sores He bound up with His mercy,
the soul's stains He cleansed by His sanctity,
visiting both living and dead with His love,
being God, the Lord of all.

4. The blind met Him and received light[27],
the paralytic who saw Him carried[28] his bed,
the lame leapt like deer,
entering with Him into the temple[29].

5. He caught Zakkai from the fig tree[30]
and Zebedee's sons in the boat[31],
likewise the Samaritan woman beside the well[32],
and the sinful one from Simon's house[33].

1 b and put on a body from the daughter of David BEK.
3 d for He is Son of God BEK.
4 a and they saw the light BE.
d having acquired firm feet H.
5 b and Zebedee's sons he summoned and they came forth EK.

27 Although all manuscripts have *seyame* on *smy'*, "blind" (i.e. plural), the accompanying verbs are singular in B and C; thus the reference is probably to Mark 8:22-5, 10:46-52, or John 9:1-7, rather than to Matthew 9:27-30. The variant in BEGH "*saw* the light" corresponds to Ephrem, line 6, and may be original.
28 Matthew 9:6 = Mark 2:9-12 = Luke 5:24-5, or John 5:9; since *šqal* is used in all these passages in the Old Syriac and Peshitta, it is possible that the reading of C has been assimilated to the biblical text here: BEGH have *ṭ'en*, which reflects Ephrem, line 8.
29 Cf Matthew 11:5, 15:31, Luke 7:22. The reference to the temple appears to be based on Acts 3:8, though this is in the context of Peter and John, not Jesus.
30 Luke 19:2-6.
31 Matthew 4:21-2, Mark 1:19-20.
32 John 4:6-30.
33 Luke 7:36-50.

6. The sinful woman heard the report
that He was dining in Simon's house;
she said in her heart 'I will go along,
and He will forgive me all I have done wrong.

7. I am yearning actually to see
the Son of God who has clothed himself in a body.
Just as he forgives Zakkai his sins[34],
so in his grace he will have compassion on me.

8. If a robber who is apprehended should see the king
he is not put to death.
I am guilty of death, but if I behold
the King of kings I shall not die'.

9. Satan saw and realized
she was on the point of repentance.
In his craftiness he approached her
and began to speak as follows.

Satan **10.** Tell me, my child, why are you weeping?
Disclose and explain to me all that has happened.
Are your lovers cross with you?
I will make things up, why do you weep?

Woman **11.** It is God whom I love,
for He greatly delights in those who repent;
but you I reject, and your lovers,
for you are deceitful just like them.

Satan **12.** I spoke out of love to you;
you know very well that I love you.
In return for all the good turns I have done for you
here you are now reviling me and my friends.

6 a She heard a report full of life EG (miracles).
c If I go along BHJ; if I see him EG.
d maybe he will forgive me ADF.
8 cd so I, who have seen the face of the King of Kings, will not die BEGHJ.
9 c He approached her in order to wheedle her EK.
10 bc Are your lovers cross with you? I will go along to them BEJ.
11 a It is Jesus ABDEFHK.
b For He greatly loves EK.

34 Cf Luke 19:9.

Woman **13.** Of a truth I have rejected you,
and I do not want any of your good turns.
Happy the person whom you hate:
he becomes a friend to the Most High.

Satan **14.** If you listen to my advice you will not go
and disturb that gentleman:
he is sitting with the nobility,
and if he sees you he may well be angry.

Woman **15.** I am not listening to your advice
for you greatly dislike those who repent.
Up till today I was with you,
but from today on it is to Mary's son that I belong.

Satan **16.** He is God's son, and if you go in
he will not receive you as you have said.
He will hold you in abhorrence because of your deeds,
and you will be an object of shame when you return.

Woman **17.** He is God's son, and he will not be angry:
he greatly delights in those who repent.
He is like his Father, full of compassion,
and wishes sinners to return.

Satan **18.** You will be an object of laughter in the whole world:
he will not forgive you if you go:
your measure is full and overflows,
of forgiveness you are not worthy.

14 a you will not leave me EG.
b and approach that gentleman AF (EG).
d he will be (+ very AF) angry ABEFG.
15 a to your words ABDFHK.
b *or* for you are greatly disliked by those who repent.
c I was yours ABDEFK.
d to the Son of God ADF.
16 a He is son of the Mighty One AF.
cd Your measure is full and you have made it overflow; henceforth there is no forgiveness for you AF (cf. **18cd**).
17 d and greatly delights in those who repent ADF (cf **17b**).
18 b he will not receive you as you have said AF (cf **166**, **24b**).
cd he will hold you in abhorrence because of your deeds; you will be a laughing stock when you return AF (cf **16cd**).
d henceforth there is no forgiveness for you G (cf **16d** in AF).

Woman **19.** I shall be a laughing stock to all the world
if I listen to what you are saying.
His mercy is much greater than the world,
and my sin is a small thing for him to forgive.

Satan **20.** He is a judge who cannot be swayed:
with a just sentence will he condemn you.
He will not consent to take any bribes.
If you go in you will be condemned.

Woman **21.** He is indeed judge, but full of compassion:
for sinners his door is still open.
Whether I live or am about to die,
I am going to kiss his feet this very day.

Satan **22.** He is holy, while you are unclean;
with the breath of his mouth he will finish you off.
You are entirely befouled with sin:
why are you going to this holy man?

Woman **23.** He is indeed holy and pure,
there is nothing evil abiding in him.
It is precisely because I am unclean that I go
to this holy man, so that he will make me holy too.

Satan **24.** Woe to you, my girl, if you go:
he will not receive you as you have said:
the twelve disciples he has
are all threatening to kill you.

Woman **25.** All woe is your due
seeing that you so hate those who repent.
The twelve disciples he has
will supplicate their master on my behalf.

20 b and he will decree a just sentence against you AF.
cd You are entirely befouled in sins, so why are you going to the holy man? G (cf **22cd**).
21 a He is indeed a judge who cannot be swayed ADF (cf **20a**).
22 b by the breath of your mouth he will convince you AF (arising out of corruption of *msyp* into *mpys*).
cd You are all blemishes and sins, whereas he is pure of all evil G.
23 a holy and glorious ADF.
24 a o sinful woman G.
b for you will get a merciless beating BGJ.
25 b those who are diligent AF.

Satan **26.** You are a prostitute, if only you would recognize it:
it is not some unclean man that you are approaching.
You are quite out of your mind, girl;
you do not realize to whom you are going.

Woman **27.** A prostitute I am, I do not deny it —
a sister of Rahab who was put on the right path[35]:
Jesus (Joshua) son of Nun saved her,
Jesus our Lord will save me.

Satan **28.** I can see you have gone out of your mind,
you do not know what you are saying:
you have never read the Scriptures,
and here you are expounding Scripture's words[36].

Woman **29.** I can see that you are ashamed,
for the Son of God has condemned you.
Up till today I belonged to you,
but henceforth I reject you and your friends.

Satan **30.** You would be better off, my girl, if you stayed
and did not go off to Mary's son.
Maybe he is already scowling at you without your being aware,
and if he sees you he will be angry.

26 a why do you err? EG.
b why are you off to that chaste (holy J) man? BJ; do not approach that pure man EG.
c as I observe, you are out of your mind EG.
d do you not realize what you are saying (speaking EG)? BEGJ (cf **28b**).
27 a I know it very well B; I do not forget EK.
b like Rahab BEK.
d will forgive me AF.
28 a I see you and am amazed at you EG.
b I am at a loss what to say to you EG.
d and you are not going to expound (*or* be stoned at) their words A; and you will be stoned at their words DF.
29 b the son of the Lord of all AF; the living son BEHK.
c Up till now I have listened to you AF; you are like a man whose catch got away EK.
d but today I acknowledge somebody else AF; but all that he met with was gnashing of teeth EK.
30 a if you listen to me EG.
b and do not approach EG.
c Now he is scowling ADF.
d and the moment he sees you B; and when he sees you EG.

35 Joshua 2. Lit. "who was justified".
36 There is an ambiguity in the text for *mtrgmty* can be derived from *targem*, "expound", or *'etrgem* "be stoned"; the former seems to be the sense originally intended.

Woman **31.** What could be happier than today
if I go and approach Mary's son?
I would be better off even if he killed me,
for I would escape from you, the enemy of all.

Satan **32.** My pretty dove, what is up with you?
Who has wheedled you so that you are rebelling against me?
It is a long time since you have been living with me,
and do you now take wing, as I look on?

Woman **33.** I am a guileless dove,
and I have escaped from your claws:
Christ the eagle has rescued me
and I live under his wings.

Satan **34.** You are brazen and impudent
and only debauched men love you;
you are an unclean corpse,
so why are you off to this holy man?

Woman **35.** Yes, I am brazen and impudent
and debauched men love me,
but Christ the Bridegroom has betrothed me
and he has made me holy, to be with himself.

31 a because I am leaving you EK.
b and approach him who forgives all AF.
c for he greatly rejoices in those who repent E (cf **11b**, **17b**); for he rejoices in me and I long for him K.
d and his hosts rejoice E; for he greatly rejoices in those who repent K (cf. **11b**, **17b**).
32 b who has disturbed you ADF.
33 b your teeth E.
c Christ the king BEH.
d and I have found refuge AF (cf Ps 91:4); and I have escaped from your hands BE.
34 a You are befouled BEJ.
b and an unclean corpse G (cf **b**).
c you have lovers innumerable G (cf **36c**).
d and what are you doing with that pure man? J.
35 a I am befouled B.
b and an unclean corpse H.
c but the Bridegroom from on high H.
d a holy bride H.

Satan **36.** You used to go out to the street every day
and enslave men by force;
you have lovers innumerable,
and you should not be going to Mary's son.

Woman **37.** Yes, I went out to the streets every day,
but today I am off to Simon's house.
I hate you and your friends:
it is only Jesus I love.

Satan **38.** I am your master and you are enslaved to me;
why have you rebelled?
You have been in service a long time with me,
and though I have no hate for you, you now hate me.

Woman **39.** My master you were, but I have rebelled:
woe to those who are in service to you.
I am enslaved to God's Son:
his yoke is light for those who repent.

Satan **40.** The report has gone out to all the world
of the mark of wrath that is laid upon you.
No one else unclean like you
will ever dare to draw near to him again.

Woman **41.** The report has gone out to all the world
that the Son of God has forgiven my sins,
for sinners may approach without fear
on the day they repent.

Satan **42.** Your hair that every day was scented
with the finest fragrant oil
is now, I observe, full of dust,
like someone who has buried his only child.

Woman **43.** My hair was indeed scented every day
and with its beauty it ensnared many a man,

36 b and men would be amazed at your beauty G.
c you have many associates G.
d so why are you off to the holy man? G.
39 a and you were bitter H.
b woe to the slaves H.
42 a which you embellished every day B; which you dyed every day EGJ.
43 a I used to embellish my hair every day BK (EH).
b and it ensnared many a man to hell BEHK.

but today I sprinkle it with dust,
  snaring myself with it.

Satan **44.** Your eyes were made up with eye-black
  and people would wonder at your beauty,
but today I observe tears
  gushing forth without a stop.

Woman **45.** My eyes were made into traps
  which would snare the innocent;
now they carry a bribe to him
  who is full of mercy, so that he may forgive them.

Satan **46.** Your mouth used daily to sing
  and people would admire in the streets;
now I see it is full of suffering
  and in it prayers resound.

Woman **47.** It is proper that the mouth which daily sang
  should (now) be filled with weeping;
and instead of its former laughter
  it should sing praise to (God) Most High.

Satan **48.** Why did you go[37] to the merchant of ungents,
  what is that jar for?
Have your lovers come to visit you?
  Are you wanting to have a fine time with them?

Woman **49.** I am off to God,
  and I am taking this jar with me
to anoint that Head[38] of life:
  he will then forgive me my sins and I will come back.

c ashes EK.
44 b and they would ensnare people in the streets J.
45 d to the Son of God BEK.
46 c full of weeping BEGJ.
d rise up BEGJ.
49 a to the Compassionate One B; to the merchant of unguents EHK.

37 The form *'zlty* could be read either as a perfect or as a participle (no distinguishing point is given in C). I take it as a perfect on the basis of the scenario in Ephrem, where Satan meets the woman after she has been to the unguent merchant; the variant at **49a** in EHK, however, shows clearly that they took *'zlty* in **48a** as a participle, "Why are you going...?".
38 Matthew 26:7 and Mark 14:3.

Satan **50.** Your neck, fair lady, you used to adorn
with necklaces of gold and emerald,
but today you are like a widow
without even a plain necklace.

Woman **51.** The neck that was daily adorned
should today be bowed,
ready to go off and worship the Most High,
for he will forgive me all that I have done wrong.

Satan **52.** Height and depth and all they contain
shall be witness at that hour
that he will not receive you if you go,
and you will be an object of shame when you come back.

Woman **53.** Height and depth and all they contain
shall be witness at that hour
that if I go he will receive me
and forgive me my sins, and I will come back.

Satan **54.** Heaven and earth will weep for you
because you did not accept what I told you.
You will go and come back all ashamed;
what is it to me if I am not heard?

50-53 EGHJK substitute the following (HK *om* **50 52**; GJ *om* **51 53**):
50 Jesus has no compulsion over you,
for he is pure and loves the pure;
anything unclean is alien to that holy man:
do not cause trouble any longer.
b for he is holy in his nature J.
c that upright man J.
51 The compulsion of my own will has impelled me
for I have fallen into the depth of all evil;
now I am approaching this holy man
for with his hyssop he will purify me (cf Ps 51:9).
b a sea of sins H.
52 Great will be my grief
if your wish is fulfilled.
If you, a prostitute, turn holy,
then I am a laughing stock to all the world.
53 Great is the Most High's compassion
and he wills that sinners should live (or be saved);
for fire is reserved for you, Evil One,
whereas I shall find delight in Eden.
d I shall rejoice in the Kingdom H.
54 ab will weep for me if you do not listen to what I urge EG.
cd for if you go and are received, then many will imitate you EG.

Woman **55.** Heaven and earth will weep for me
if I listen to what you are urging.
I have hope with the Lord,
for I am off and will return rejoicing.

Satan **56.** It will be a great wonder if he is won over
and receives you as you suppose;
yes, truly great, if he opens up a door
before you, a sinful woman.

Woman **57.** A great door he opens for all,
and he wills that sinners should repent.
For he who forgives sins has come down to earth
and in those who repent he rejoices and exults.

58. She took the unguent in the jar
and set off lovingly to God.
She entered His presence all in tears,
she received (what she wanted) and returned in joy.

59. O Son of God, who opened His mouth
and forgave the sinner her sins,
forgive us our sins too, just as you did her,
for we have sinned just as did she.

60. And as the sinful woman was forgiven
because she kissed Your feet[39] in Simon's house,
do You forgive Your church
which consumes Your Body and Blood at the altar.

55 c for I have hope and will not be ashamed K.
58 b to her Lord BEG. rejoicing G.
c and she emptied (poured B) the jar over him BEG.
d and turned round to come back in joy BE; and our Lord in his love forgave her sins G.
59 a opened his door B.
c forgive me my sins EK.
d for I have sinned, Lord E. more than did she B.
60 a And as you forgave her her sins EG. was healed B.
b and inscribed her valiant deed in your book EG.
d which receives G.

39 Luke 7:38.

Appendix: Additional stanzas to be found in Bodleian ms Marsh 201 (cp n. 8)

After **47** a second pair of stanzas for *pē* is given:

(Satan) Stop here, woman, and do not go off,
do not trouble the holy man.
I am your first lover,
and from your youth you have served me.
(Woman) Stop your enticements, Evil One;
I reject you and your friends now,
for I am off to my Lord
and from henceforth I am serving him.

After **49** a second pair of stanzas for *ṣādē* is given:

(Satan) Come to me, woman,
for I have provided you with much gold and wealth.
Do not go to Mary's son,
for if he sees you he will be angry with you.
(Woman) I am not coming to you, Evil One;
see, I am abandoning the gold you gave me.
I am making my way straight to Mary's son,
for with him are all benefits to be found.

After **51** a second pair of stanzas for *qōph* is given:

(Satan) Mary's son is a holy man
and he will not listen to the voice of sinners.
Stay here, woman, and do not go off,
for if he sees you he will drive you out.
(Woman) Holy is he, that I know,
but he has come to seek sinners,
so now it is to him that I go
and at the sight of him I shall be forgiven.

After **53** (in the version of EHK) the following is given (compare **53** in C):

(Woman) Height and depth and all they contain
will account me greatly blessed
since I have abandoned the world and joined
the son of the Lord of all, for he has had pity on me.

After **58** a second pair of stanzas for *tau* is given:

She bore gratitude in her mouth
and acquired faith in her heart.

At the door of the doctor she knocked
  and received forgiveness for the sins.

Praise do we offer
  to the Son of God who forgave our sins,
and from David's daughter he put on a body
  for sinners' sakes, so that they might repent.

Excursus: parallels with "Ephrem" and Jacob of Serugh

In the *soghitha*, as in the Gospel text, the woman is normally called *ḥaṭṭāytā*, whereas Ephrem frequently, and Jacob preponderantly, uses *zānītā*, "prostitute" (so Soghitha I at **26a**, **27a** only; for the sake of the acrostic). Small parallels in phraseology, cumulatively significant, are as follows:

1a, **57c** *šabeq ḥawbē*: so Ephrem 321; Jacob p. 410, *19*.

2a *āsyā*: so Ephrem 14.

4ab The same biblical exempla occur in Ephrem 5-6 (and in Soghitha II 3ab).

6b *b-šārōteh d-šemʿōn*: so Jacob, p. 415, *20*.

gnē: so Ephrem 18 (Luke 7:37 OS *ʾestmek*, Pe *smīk*).

10b *glāy*: so Ephrem 174.

17c, **21a** *raḥmē mlē*; **45d** *mlē raḥmē*: so Jacob, p. 407, *4 da-mlē raḥmē (h)u.*

20c, **45c** *šuḥdā*: similarly Jacob, p. 403, *19*.

21b, cp **57a** *tarʿeh ptīḥ*: cp Jacob 426, *20* and 428. *1*.

32a *yawnā*: so Jacob, p. 409, *12*; 422, *8*.

33c *nešrā mšīḥā*: cf Ephrem 58 *nešrā šmayyānā*, and especially Jacob, p. 422, *8 nešrā mšīḥā ʿabdāh yawnā men da-ḥzātāh*, "Christ the Eagle made her a dove the moment he saw her".

34a, **35a** *zallīltā*: *zallīlūtā* occurs frequently in Ephrem (30, 81, 88, 110 etc); *zallīltā* is found in Ephrem ms B line 243. (For *mkattamtā* in BE in these stanzas, and its possible source in Jacob, see above note 19).

34c *šladdā*: cf Jacob, p. 425, *11*.

39d *nīreh*: cf Ephrem 293.

44a *kuḥlā*: cf Ephrem 48.

45a *paḥḥē*: cf Jacob, p. 408, *4*.

48a *bassāmā*: Ephrem 72.

58c *neskat* (variant in B): cf Jacob, p. 414, *6*.

60d *pagrāk wa-dmāk*: cf Ephrem 10.

SOGHITHA II

The presence of an end rhyme (in *-nā*) at once indicates that Soghitha II must belong to the Middle Ages (rhyme was adopted into Syriac verse under the influence of Arabic verse). The author probably knew both the *memra* attributed to Ephrem (**3ab** is based on the *memra* lines 5-6 — though Soghitha I **4ab** could have been the intermediary), and Soghitha I (II **2a** reflects I **1c**; II **4b** reflects I **6a**; II **5cd** may reflect I **10ab**; II **22c** reflects I **31c**; II **23abc** reflect I **22a**, **24cd**).

The text of Soghitha II appears to be better preserved, and there is very little variation between the two complete manuscripts which have been used for this edition. A third manuscript is considerably older, but it contains only stanzas 5-18; this manuscript indeed offers a number of variants, but several of these seem definitely to be secondary in character[40].

The manuscripts employed for the edition below are:

— A = Cambridge, Add. 1983, ff. 120b-121a; AD 1549/50, written in the village of Basuri. This contains stanzas 5-18 only.
— B = Mingana syr. 129, ff. 71b-73b; Sept. 1849, written in the village of Ashitha in the Ṭiyare district.
— C = Cambridge, Add. 2820, ff. 68b-70b; Sept. 1881[41].

The text of the edition is basically that of B, although in a few places where B's text is clearly erroneous its reading has been relegated to the apparatus.

Orthography

Attention may be drawn to the following features, not incorporated into the apparatus:

— f. sg. part. with 1 sg. pronoun is always treated as a trisyllable, normally written in full (e.g. *bky' 'n'*); shortened forms are found in A at **8c** (*b'yn'*), and at **10c** (*mtrḥmn'*), in B at **24b** (*yd'n'*).
— 2 f. sg. verbal forms are correctly given (with final *yodh*). At **16a**, where the context requires a masculine, C erroneously has *yhbty*. Probably *mlyty* and *ḥšlty* in A at **7ab** should be regarded as true variants (though they probably started as an orthographical error), since 2 f. sg. makes some sense in the context.

40 E.g. at **7ab**, **8d** and the name "Mary" in **13c**.
41 For the date (incorrectly given in the catalogue), see my remarks in "A dispute of the months and some related Syriac texts", *JSSt* 30 (1985), 182.

— C provides *šbyḥw* (for *šbyḥ hw*) at **26b**; this is a spelling found quite frequently, especially in recent East Syrian manuscripts[42].
— In C several *a* vowels which are long according to standard Syriac grammar are vocalized with *ptāḥā*, not *zqāpā*; this is expecially common in participles, e.g. **5d** *d-bakyat(y)*, instead of *d-bākyat(y)*. This feature occurs in a number of late East Syrian manuscripts.
— There are two erroneous spellings: B has *dhy'* (for *dhwy'*) in **5b**, and C has *brwhwm'* in **15a**.

1 ܡܪܝܐ ܕܐܬܐ ܠܐܢܫܘܬܐ
ܘܐܦ ܡܛܠ ܗܕܐ ܐܬܟܠ
ܕܢܚܪܪܢ ܡܢ ܥܒܕܘܬܐ
ܕܚܘܝܐ ܠܐܢܫܐ ܡܫܪܪܐ ܀

2 ܙܡܪܘܗܝ ܐܬܝܘܗܝ ܕܐܢܫܗܘܢ
ܘܐܦ ܡܪܝܘܬܗܘܢ ܫܠ
ܡܛܠ ܕܢܦܫ ܟܠ ܢܫܡܬܗܘܢ
ܒܠܒܒܐ ܕܢܦܫܗܘܢ ܡܫܠܝܢܐ ܀

3 ܝܗܒ ܠܡܫܝܚܐ ܒܒܝܬܐ
ܘܠܐܢܫܐ ܕܒܥܠܐ ܐܬܗܠܟ
ܘܠܡܥܕܪܢܐ ܗܠܟܬܐ
ܒܣܘܟܗ ܗܘܐ ܠܗ ܡܕܒܪܢܐ ܀

4 ܡܢ ܕܐܬܐ ܠܥܠܡ ܡܕܒܪܢܬܐ
ܘܐܦ ܣܘܟܗ ܒܣܘܟܗ ܐܬܟܠ
ܥܒܕܬ ܠܟܘܢ ܫܠܝܬܐ
ܕܬܒܥܐ ܡܢܗ ܥܒܘܕܐ ܀

5 ܐܪܥܐ ܒܥܒܕܐ ܒܫܠܝܬܐ
ܘܐܡܪ ܠܗ ܠܫܠܝܬܐ ܟܠ ܠܝ
ܕܒܟܝܐ ܕܗܘܝܐ ܬܒܥܬܐ
ܡܢܐ ܠܟܝ ܕܒܟܝܬܝ ܘܡܟܝܐ ܀

6 ܒܬܝܐ ܐܢܐ ܘܡܪܝܪܐ ܠܝ
ܒܠܒܒܐ ܘܫܢܝܐ ܗܘܝܬ ܠܝ
ܕܡܢ ܕܒܢܐ ܕܫܒܪܐ ܗܘܝܬ ܠܝ
ܘܠܡܣܝܢ ܠܐ ܡܒܝܐ ܐܢܐ ܀

7 ܟܬܒܝ ܕܗܕܐ ܡܠܝܬܐ ܐܢܘܢ
ܘܠܡܢܐ ܗܘܐ ܡܫܒܬܝ ܠܝ
ܟܠܗܘܢ ܦܩܕܝ ܗܐܡܪܐ ܒܥܒܕܬ ܐܢܘܢ
ܘܦܪܫܬܝ ܠܝ ܡܫܠܝܢܐ

8 ܕܗܘܝܢ ܒܗܝܢ ܠܐܒܕܢܐ
ܠܐ ܒܥܝܐ ܐܢܐ ܕܬܬܠ ܠܝ
ܘܫܡܥܝܢ ܒܗܝܢ ܠܢܦܫܢܐ
ܘܠܐ ܕܐܢܐ ܠܝ ܢܥܒܐ ܐܢܐ ܀

6 b ܡܢ A. |
c ܒܠܒܒܐ ܫܢܝܐ ܘܐܢܐ ܠܝ A. |
d ܒܥܝܐ A.
7 a ܡܠܝܬܝ A. |
b ܕܗܕܐ C. | ܫܠܝܬܝ A. |
c ܠܡܢܐ ܗܘܝ A.
8 d ܘܠܐ C. | ܘܠܐ ܐܢܐ ܠܝ ܫܪܝܐ ܐܢܐ A.

42 Sporadically it occurs in much earlier manuscripts.

ܚܛܝܬܐ 9 ܗܕܐ ܟܠܗ̇ ܫܢܐܬܐ
ܠܡܢܐ ܦܫܬܝ ܘܫܡܪܬܝ ܠܝ
ܘܒܥܠܕܒܒܘܬܐ ܕܟܠܬܐ
ܟܕ ܐܢܐ ܠܒܝ ܐܫܡܪ ܐܢܐ ܀

ܣܛܢܐ 10 ܦܠܐ ܕܬܕܒ ܕܫܢܐܬܟܝ
ܕܐܢ ܐܫܢܝܟܝ ܡܢܝ ܪܫܡ ܠܝ
ܠܒܢܐ ܗܘ ܠܝ ܡܢ ܕܢܣܒܬܟܝ
ܘܐܢ ܐܪܫܝܟܝ ܒܡܫܬܝܢܘܬܐ ܐܢܐ ܀

ܚܛܝܬܐ 11 ܘܣܘܪܚܬܐ ܕܟܠ ܓ̈ܠܠܬܐ
ܬܣܝܡ ܬ̈ܓܠܝܬܝ ܗܘܐ ܦܪܘܫ ܠܝ
ܘܐܪ̈ܓܘܢܐ ܕܟܠ ܡܠܟ̈ܬܐ
ܘܐܢܬܝ ܡܢ ܓܢܬܝ ܠܝ ܗܘܝܢܐ ܀

ܣܛܢܐ 12 ܣܠܐ ܘܡܠܟܐ ܠܒܢ ܠܝ
ܠܒ̈ܥܝܟܝ ܘܐܪ̈ܓܘܢܝܟܝ ܗܘܝܢ ܠܝ
ܦܪܘܣܐ ܘܗܘܝܐ ܪ̈ܒܒܢ ܠܝ
ܕܟܠ ܒܠܗܘܢ ܫܘܦ̈ܪܐ ܀

ܚܛܝܬܐ 13 ܠܒ̈ܢܐ ܕܟܠܗ̇ ܫܘܪܢܐ
ܠܒܫܬ ܠܝ ܘܐܢܬܝ ܫܠܚܬܝ ܠܝ
ܘܣܒܪܐ ܕܡܘܦܪܘܣ ܪܥܝܐ
ܒܠܥܝܟܝ ܢܒܘܠܬܐ ܀

ܣܛܢܐ 14 ܐܦ ܡܢ ܠܒ̈ܢܝܟܝ ܒܡܢܐ ܒܥܝܢ
ܠܒ̈ܢܝܟܝ ܘܐܢܐ ܣܥܝܢ ܠܝ
ܘܡܢ ܣܡ̈ܝܩܝܟܝ ܒܡܢܐ ܨܒܥܝܢ
ܘܣܡ̈ܝܩܝܟܝ ܒܡܫܚܐ ܕܫܝܢܐ ܀

ܚܛܝܬܐ 15 ܒܠܝܠ̈ܝܟܝ ܒܢܗܘܪܐ ܓܕܠܢ ܠܝ
ܫܐܪ̈ܝܟܝ ܒܒܒܠ ܣܥܠܝܢ ܠܝ
ܠܒܘ̈ܫܝܟܝ ܒܡܣܘܪܩ ܐܣܪܢ ܠܝ
ܘܦܪܟܬ̇ ܠܝ ܗܘ ܦܘܪܟܢܐ

ܣܛܢܐ 16 ܠܐ ܢܗܒܬ ܠܐܠܐ ܣܗܕܐ
ܒܠܠܝܟܝ ܘܣ̈ܓܠܬܟܝ ܗܘܝܢ ܠܝ
ܘܡܢܘܢ ܒܝ ܡܢܐ ܘܡܒܕܐ
ܫܡܘܠ ܐܢܘܢ ܘܠܐ ܠܐܒܕܢܐ ܀

9 a ܗܢܐ ܗܘ A. |
c ܘܐܢ ܫܡܪܬܝ ܠܝ ܘܫܡܪܬܝ ܠܝ A. |
d *fin.* + ܠܒܝ C.
10 a ܫܢܝܬܐ A. |
b *om* ܗܘ AC. | ܕܢܣܒܬܐ A. |
c ܐܢ ܫܡܪܬܟܝ ܒܡܫܬܡܪܢܘܬܐ A. |
d ܘܠܘܬܟܝ ܠܐ ܐܬܐ ܐܢܐ A.
11 b ܒܠܒܘ̈ܬܐ B. |
d ܘܦܪܟܬ̇ ܠܝ ܗܘ ܦܘܪܟܢܐ A [cf. **15d**].
12 b ܦܪܘܣܐ ܘܫ̈ܘܩܐ A.
13 b ܘܣܒܪܐ ܕܡܘܦܘܣܐ A. |
c ܠܒܫܬ ܡܪܝ ܘܐܬܬ ܠܝ A. |
d ܘܦܪܟܬ̇ ܠܝ ܗܘ ܦܘܪܟܢܐ A [= **11d**].
14 d ܘܣܪܝܩܝܟܝ ܒܡܫܚ̈ܐ A.
15 c ܒܒܠ C.
16 a ܢܗܒܬܝ C. |
b ܕܒܝܫ A. |
c ܠܒ̈ܥܝܟܝ ܘܟܠ ܠܒ̈ܢܝܟܝ ܗܘܝܢ ܠܝ A.

17 ܬ̈ܠܡܐ ܐܬܝܬ ܠܐܘܪܚܝ
ܒܒܥܘܬܐ ܕܠܝ ܦܠܚܐ ܠܝ
ܬܘܒ ܬ̈ܠܡܐ ܠܓܒܪܐ ܕܡܣܦܪ
ܠܐ ܦܠܚܐ ܠܐܢܫ ܡܢ ܐܒܢܐ ✣

18 ܢܗܘܐ ܦܘܠܚܢܟ ܕܝܠܟ
ܒܒܥܘܬܟ ܠܐ ܢܚܫܐ ܠܝ
ܘܬܬܝܗܒ ܠܟ ܦܘܪܥܢܟ
ܕܐܡܬܐ ܠܥܒܕ ܗܘܝܐ ܐܢܐ ✣

19 ܫܘܦܠܬܐ ܚܝܠܬܐ ܘܪܚܡܬܐ
ܒܗܬ ܡܫ̈ܝܚܐ ܒܥܒܕܬܝ ܠܝ
ܥܒܝܕܬܐ ܡܪܝܪܬܐ ܘܢܗܝܪܬܐ
ܘܐܢܬ ܠܢܛܪܬܝ ܠܝ ܗܒܢܐ ✣

20 ܒ̈ܢܝ ܠܐ ܚܙܝ ܐܒܘܬܟ
ܒܗܕܐ ܬ̈ܠܡܐ ܡܫܥܒܕ ܐܢܬ ܠܝ
ܒܗܕܐ ܡܥܢܐ ܚܨܝܦܘܬܟ
ܠܐ ܐܢܬ ܠܝ ܒܟ ܡܒܝܢܐ ✣

21 ܟܕ ܡܢ ܒܬܪܗ ܕܗ ܒܪܢܫܐ
ܐܢ ܚܙܐ ܠܟܝ ܒܪܢܫܐ ܠܝ
ܒܪܢܫܐ ܗܘ ܕܠܐ ܟܠܝܡ ܡܢ ܒܪܢܫܐ
ܕܡܥܒܕ ܠܟܝ ܒܪܘܦ ܚܝܠܐ ✣

22 ܐܝܟܘܬܗ ܕܗܢܐ ܪܗܛܐ ܐܢܐ
ܘܐܢܗܘ ܕܡܛܠܠ ܦܠܠ ܠܝ
ܘܡܢ ܒܬܪܗ ܠܐ ܦܢܝܐ ܐܢܐ
ܗܦܟ ܡܢܗ ܠܐ ܡܨܝܐ ܐܢܐ ✣

23 ܡܕܝܢ ܡܢ ܟܠ ܒ̈ܢܝܢܫܐ
ܦܠܠܝܢ ܠܟܝ ܘܐܢ ܦܪܚܬܝ ܠܝ
ܘܐܢܬ ܠܗ ܬܪܒܝܬ ܬܠܡ̈ܝܕܐ
ܕܐܬܐ ܠܬܘܒܟ ܠܐ ܡܨܐ ܐܢܐ ✣

24 ܪܘܚܡܬܟ ܠܐ ܚܝܒܐ ܐܢܐ
ܢܥܒܕ ܠܝ ܘܗܘ ܗܘܐ ܠܝ
ܒܥܠܕܒܒܐ ܐܢܬ ܠܝ ܕܝܢܐ
ܗܘܐ ܠܝ ܘܠܗ ܗܘܝܐ ܐܢܐ ✣

25 ܫܘܒܚܐ ܠܗ ܕܒܗܕܐ ܫܦܝܪ
ܕܐܦܝܣ ܕܢܛܪܬ ܘܡܪܐ ܠܝ
ܘܡܢ ܟܠ ܢܗܘܐ ܗܘ ܢܗܝܪ
ܡܢ ܡܦܘܠܬܐ ܕܫܘܢܝܐ ✣

26 ܬܘܕܝܬܐ ܠܫܡܗ ܕܒܪܐ
ܕܫܘܚ ܠܡܟܠ ܘܐܡܪ ܠܝ
ܕܒܗܕܐ ܥܒܝܕ ܗܘ ܟܠ ܛܒܐ
ܕܬ ܐܬܟܫܪ ܒܚܘܒܐ ✣

17 **a** ܘܬܐ A. |
c *om* ܠܝ C. | ܘܒܒܥܘܬܐ ܕܠܝ ܠܟ ܦܠܚܐ A.
18 **a** ܒܟ C. |
b ܫܘܦܠܟ C. | ܘܦܘܪܥܢܟ ܢܬܬܗܒ ܠܟ A. |
c ܘܒܒܥܘܬܟ A. |
d ܐܡܬܐ A.
25a, 26b ܐܡܬܐ B.

Translation

1. The Lord, who came to humanity
to free us from slavery,
for this reason too was revealed,
in order to become a liberator for the human race.

2. Compassion brought Him to them,
for He had pity upon their lives:
He made sweet their bitter state
with the taste of His love that brings sweetness.

3. He gave sight to the blind,
movement to the paralysed[43],
and whoever yesterday was evil
in His love He put him to right.

4. When He came to the town of Nain[44]
a sinful woman heard report of Him.
In His love was her love revealed,
so that she asked of Him forgiveness.

Evil One **5.** The Evil One became aware
that the sinner wished to become a penitent;
he said to her, "My girl,
reveal to me why it is you weep today"?

Woman **6.** I weep and feel bitter
because ever since you became my companion
you have been my enemy and hated me:
I do not want to see you.

Evil One **7.** I filled your treasure store with gold,
I piled silver into your caskets;
why are you reviling me,
crying out that I lead you astray?

6c I have acquired a cunning enemy A.
7a You have filled A.
b You have fashioned A. gold C.

43 See notes to Soghitha I **4ab**.
44 Luke 7:11.

Woman **8.** (Take) your gold with you to perdition
and your silver with you to burn (in hell).
I do not want you to give me (anything),
or that I should give you (in return).

Evil One **9.** With all this hostility
and such great enmity
why is it you hate and abhor me,
seeing that I love you?

Woman **10.** You should realize that your hatred
is preferable to me than your love,
for if I hate you, my Lord will love me,
whereas if I love you, I shall be hated.

Evil One **11.** The scarlet of brides
and the purple of queens
have I spread beneath your feet,
and do you thus revile me?

Woman **12.** Dust and ashes are preferable to me,
a sackclothe garment is what I desire;
your clothing and purple are hateful to me
for they come with every kind of disadvantage.

Evil One **13.** All of Syria's luxuries,
Cyprus' finest wine
have I got ready for you, but now you hate me,
(using) that deceitful tongue of yours.

Woman **14.** Fie upon your luxuries, how evil they are;
fie on your wines, how they unsettle one.
Your luxuries I consider a calamity,
your wine a fountain of filth.

Evil One **15.** Your crowns were plaited in Rome,
your garments were woven in Egypt,

8d and I will not love you A.
10c if I have hated you, (then) I shall be loved A.
d and I shall not come to you A.
11b of kingdoms B.
d and do you reward me this reward? A.
13b wine of Cappadocia A.
c have I carried, Mary, and brought to you A.
d and do you reward me this reward? A.

your silks were fashioned in Babylon
— and is this the reward you give me?

Woman **16.** You have given me only shame:
master and servant have mocked me.
I hate your crowns and trinkets,
take them away and be off to perdition.

Evil One **17.** I brought kings along in your honour
and princes at the report of your beauty:
the service that I have rendered you
was never at any time rendered for another.

Woman **18.** Keep your affairs to yourself,
let your payment be returned to you.
Servitude to you is not advantageous to me,
for I am becoming Jesus' maid.

Evil One **19.** Polished, made up and lovely,
glorious, elegant and resplendent
have I made you amongst many,
and now you just curse me.

Woman **20.** My eyes have not beheld the like of you,
how brazen is your impudence!
How many words will you make me listen to?
I have no desire for you.

Evil One **21.** Turn back from following this man:
he is a man who was not conceived in wedlock with man;
if he sees you, I will feel sorry,
for he will destroy you with the twinkling of an eye.

Woman **22.** It is to this man that I run,
and I will not turn back from him.
Even if he actually kills me,
I do not want anything apart from him.

Evil One **23.** He is holier than all created things,
and he has twelve disciples:
they will kill you, and if you call out to me
I will not be able to come to your rescue.

16c I hate all your garments and benefits A.
17a kings have come A.
18b your sway C.

Woman **24.** I do not want your friendship,
you are my enemy, that I know.
Jesus is mine, and he will belong to me:
he will be mine, and I will be his.

25. Praise to him — how beautiful he is,
radiant above all light.
He turned me back, for I had sinned;
he called me (and rescued me) from Satan's fall.

26. Thanksgiving to his great name,
how glorious he is in all that is good!
He desired me and said to me,
"Come, find your delight in the bridal chamber".

DANIEL L. MCCONAUGHY

An Old Syriac Reading of Acts 1:4 and More Light on Jesus' Last Meal before His Ascension

Much ado has been made concerning the "Last Supper" which, in fact, was not the last meal Jesus partook before His Ascension. This great event has overshadowed the last meal that the Master ate with His apostles some time shortly before His Ascension from the Mount of Olives, ten days before Pentecost. This article will bring forward for the first time the evidence of the Old Syriac version of Acts 1:4 and then further elucidate the significance of this final meal before the Ascension.

This event is recorded in Acts 1:4a by a problematic *kai sunalizomenos*. A note in *The Translators' New Testament* sums up the situation: "Translators will find a puzzling variety of translations in existing English versions. This is partly because there are variant readings in the Greek text"[1]. The variants in the Greek, which Metzger considers to be "less perplexing than the lexical considerations concerning the meaning of the word"[2], are simply a symptom of a later misunderstanding. The major variant to be considered for *sunalizomenos* is *sunaulizomenos* which is attested by about thirty-five minuscule MSS and many patristic writers[3]. The word means "to spend the night with, to be with, to stay with".

This variant is easy to comprehend to be an explanatory emendation in light of the ambiguity of *sunalizomenos*, which can mean either of two things. With a long *a*, this word commonly meant "collect" or "assemble" in Classical and Hellenistic Greek. With a short *a*, this word literally meant "eat salt with one another", which was usually consumed during a meal, and thus it can be

1 *The Translators' New Testament* (London: British and Foreign Bible Society, 1973) 459.

2 Bruce Metzger, *A Textual Commentary on the Greek New Testament* (United Bible Societies, 1973) 278.

3 Ibid. F.F. Bruce in his *The Acts of the Apostles: The Greek Text with Introduction and Commentary* (Grand Rapids, 1951) on 68 states: "Ephrem Syrus also understood it thus". This is not true if one examines Bruce's source for Ephrem, which he mentions on 5 n. 1, 42 n. 1 of the same book as Ephrem's commentary on Acts. For Acts 1:4, the citation is in the Armenian catena, but according to James H. Ropes, *The Text of Acts* being vol. 3 of *The Beginnings of Christianity*, ed. by F.J. Foakes, Jackson and Kirsopp Lake, reprint ed. (Grand Rapids, 1979) 385, n. 1, this section is from "Chrys. 7 D. E." However, even if this section were from Ephrem, it witnesses to neither *sunalizomenos* nor *sunaulizomenos*, being a rather vague allusion.

translated "eat"[4]. Metzger mentions that the second meaning is extremely rare and does not appear before the end of the second century A.D. However, he does mention that many of the early versions took *sunalizomenos* in the sense of "eat"[5]. Among these are the OL, the Vg, the Coptic, the Syriac Peshitta and Harklean versions, the Armenian, the Ethiopic and the Georgian. Professor Metzger and the U.B.S. Committee preferred the meaning of "collect" or "assemble" because of the predominant evidence of Greek literature. Though not all scholars would agree with this rendering of *sunalizomenos*, the position of the U.B.S. Committee most likely represents a majority opinion today. It must be mentioned, however, that the issue is not yet closed with the decision of the U.B.S. Committee. The logic and evidence of the Committee, though reasonable when viewed only from the Greek perspective, is still not conclusive.

Though the lack of evidence for *sunalizomenos* meaning "eat salt with one another" at the time of the writing of Acts is weighty, it is not absolutely conclusive due to the fragmentary nature of extant ancient literature. And, when viewed in the broader perspective of the evidence of the ancient versions, the choice of the meaning for *sunalizomenos* adopted by the U.B.S. Committee becomes doubtful. When the huge majority of the early versions speaks as with one mouth that this word has to do with the act of eating, one must listen. When the best of ancient scholarship so unitedly agrees on a point of Greek usage in a certain text, the evidence must be regarded very highly. Since there is no good reason to reject the evidence of the versions, "eat (salt with one another)" must be considered as the most likely explanation of the meaning of *sunalizomenos* as used here in Acts 1:4.

This is not all, to the above evidence, the author would like to add a new witness to the chorus of the above mentioned versions. This is the Old Syriac version, possibly the most venerable of all the ancient versions. The text used by Ephrem in hymn XXXVI in his hymns on virginity reads *'etmelaḥ*[6], "he was salted" or "ate", literally rendering *sunalizomenos* with a short *a*. This reading is not unique in the Syriac realm, though. It is very similar to the *metmelaḥ* of the Harklean version, which was literally translated from the Greek. The Peshitta reads *'ekal laḥmā'*, "he ate bread". At first glance, since Ephrem and the Harklean version agree, one might think that Ephrem was influenced here by the Greek. This is virtually impossible since there has never been any evidence brought forth that Ephrem ever knew Greek.

4 Haenchen cites examples from *Clem. Rec.* 7.2 and *Clem. Hom.* 13.4 where the word denotes the evening meal which consisted of bread and salt. Ernst Haenchen, *The Acts of the Apostles: A Commentary* (Philadelphia, 1971) 141, n. 3.

5 Metzger, 278.

6 Edmund Beck, ed., *Des Heiligen Ephraem des Syrers de Virginitate*, CSCO Scriptores Syri 94 (Louvain, 1964) 132.

Thus, since Ephrem diverges from the text of the Peshitta, it is quite possible that here he was influenced by the now lost Old Syriac version of Acts. This is likely since Ephrem is one of the best witnesses to the Old Syriac version of Acts[7]. Unfortunately this verse was infrequently quoted among the early Syrian fathers and not at all by Aphrahat or in *Liber Graduum*[8]; so up to now, Ephrem is the only witness to this Old Syriac reading[9]. In light of the Syriac evidence, one can say that here, the Old Syriac followed the Greek more closely than the Peshitta and that the Syrians, from at least the second to the seventh centuries, understood *sunalizomenos* to mean "be salted together with" or "eat".

All of this evidence from the early versions is as significant as it is unified. If one chooses to follow the united chorus of the ancient versions, a very interesting scenario presents itself, and the character of this event, set in its proper milieu, will help explain the later confusion among the Greek witnesses.

It is not the purpose of this article to detailedly enumerate the positions of the various scholars or discuss the syntactical problem associated with the interpretation of *sunalizomenos* with a long *a*[10]. From here on, this article will attempt to elucidate the significance of this solemn, final meal that Jesus had with the apostles. First of all, the fact that Luke used *sunalizomenos*, an uncommon word for "eat", must be investigated. Since there are much more common words for "eat" in the Greek New Testament such as *phagō* and *esthiō* and their cognates, there must be a deliberate purpose for the choice of such an odd word. The reason must lie in the fact that this was no ordinary meal. Torrey, Black, Wilcox[11], and others have discussed the use of *sunalizomenos* and the possible influence of Syriac, Aramaic or Hebrew usage. Regardless of the fascinating linguistic arguments, it cannot be denied that the whole milieu is typically Jewish Palestinian. For that matter, the characters are Galileans. Therefore one would expect this record to be typically Semitic in flavor. There is no reason to believe that Acts 1:4 is set in a hellenistic situation. Two of the top leaders of this group are considered "unlearned and ignorant men" (Acts 4:13), certainly not a description of Galilean hellenists.

7 Ropes, *The Text of Acts*, cxlviii.

8 For a full listing of the variants see: Daniel L. McConaughy, *Research on the Early History of the Syriac Text of Acts Chapters One and Two*, unpublished dissertation (University of Chicago, 1985) 164. It is interesting to note, though, that Polycarp, in producing the Philoxenian version, interpreted *sunalizomenos* as though it had a long *a*.

9 This term was used by Ephrem elsewhere with the same meaning; Robert Payne Smith, *Thesaurus Syriacus*, 2 vols. (Oxford, 1879-1901) 2:2133 cites "Ov.300.19".

10 Metzger, 279.

11 Charles C. Torrey, *The Composition and Date of Acts* (Cambridge, Mass., 1916) 23. Matthew Black, *An Aramaic Approach to the Gospels and Acts*, 3rd ed. (Oxford, 1967) 141. Max Wilcox, *Semitisms in Acts* (Oxford, 1965) 106-9.

Viewing the situation of Acts 1:4 from this perspective is quite helpful. Among the Semites, the covenant of salt was practiced and apparently well known. Num 18:19 and 2 Chr 13:5 are two early references to this practice.

> Num 18:19
> All the heave offerings of the holy things,
> which the children of Israel offer unto the
> Lord, have I given thee, and thy sons and thy
> daughter with thee, by a statute for ever:
> it *is* a covenant of salt for ever before the
> Lord unto thee and to thy seed with thee.
>
> 2 Chr 13:5
> Ought ye not to know that the Lord God of
> Israel gave the kingdom over Israel to David
> for ever, *even* to him and to his sons by a
> covenant of salt?

Another Biblical reference to this practice is in Ezra 4:14 where the text reads: *melaḥ heykla' melaḥna'*, "the salt of the palace we have eaten". In the context here in Ezra 4:14, this consumption of salt produced a binding relationship of mutual trust and support between the partaking parties, here Artaxerxes and some of his top advisors. Since salt was most frequently consumed during a meal, "to be salted" in Syriac came to mean, "to eat with"[12]. The connection between salt and eating and friendship is even clearer when one considers the meanings of *malaḥa*, "saltiness", in Arabic. This word can also mean "gracefulness, elegance, kindness, kindliness, friendliness and amiability"[13]. Even in modern times, the Arabs have regarded the partaking of salt by different persons as a most solemn covenant and pledge of friendship[14]. This illustrates why oriental hosts did not always eat with their guests for fear of becoming entangled in an unwanted relationship. Thomson mentions the significance of bread and salt among the Bedouin[15], reminding us of Haenchen's reference to the pseudo-Clementines, which probably were written in Syria[16] where the author very well could have been familiar with such Near Eastern practices.

Since the Old Syriac version has presented this unusual word rather than using some other word for "eat", as do the other early versions, including the Peshitta, possibly the early Syrian translators were more familiar with this feature of oriental culture and endeavored to preserve the flavor of the original

12 Jessie Payne Smith, *A Compendious Syriac Dictionary* (Oxford, 1903) 276.

13 Hans Wehr, *A Dictionary of Modern Written Arabic* (Ithaca, New York, 1976) 920.

14 James H. Freeman, *Manners and Customs of the Bible*, reprint (Plainfield, NJ, 1972) p. 80, cf. p. 34.

15 W. M. Thomson, *The Land and the Book*, reprint (Grand Rapids, 1954) 380.

16 Johannes Quasten, *Patrology*, 3 vols. (Utrecht, 1966-75) 1:62.

text. Later, since the topic of a covenant of salt is not mentioned among the later Syriac writers, Thomas of Harkel, motivated to literally render the Greek as closely as possible, chose the wording of the *Vetus Syra* on a more lingustic than cultural basis.

In light of the above comments on this common feature of oriental culture, the choice of *sunalizomenos* by Luke takes on a much greater significance. Jesus did not simply eat a common meal with the apostles; this meal was one of great solemnitude. This last meal was, for the apostles, a time of renewed commitment to their Master. For Jesus, it was a fitting final confirmation of His love to His chosen apostles before He ascended.

SIEGBERT UHLIG

Ein syrisches Fragment über die »Nestorianisierung« Persiens in Mingana Syr. 548*

* *Abkürzungsverzeichnis häufiger benutzter Literatur*

Abbeloos, Chronicon ecclesiasticum = J. B. Abbeloos-T. J. Lamy, Gregorii Barhebraei chronicon ecclesiasticum, I (Louvain 1872), II (Louvain-Paris 1874), III (Louvain-Paris 1877)
Braun, Synhados = O. Braun, Das Buch der Synhados nach einer Handschrift des Museo Borgiano (Stuttgart-Wien 1900, Nachdruck Amsterdam 1975)
Chabot, Chronique de Michel = J.—B. Chabot, Chronique de Michel le Syrien, patriarche jacobite d'Antioche (1166-1199) 1-4 (Paris 1899-1910)
Chabot, Lettre = J.-B. Chabot, Une lettre de Bar Hébréus au catholicos Denḥa I[er] = Journal Asiatique[9] 11 (1898), 75-128
Fiey, Tagrit = J. M. Fiey, Tagrit, esquisse d'histoire chrétienne = OrSyr 8 (1963) 289-341
Gerö, Barṣauma = St. Gero, Barsauma of Nisibis and Persian Christianity in the Fifth Century = CSCO 426 (1981)
Lübeck, Missionskirche = K. Lübeck, Die altpersiche Missionskirche. Ein geschichtlicher Überblick = Abhandlungen aus Missionskunde und Missionsgeschichte 5 (Aachen 1919)
Mingana I = A. Mingana, Catalogue of the Mingana Collection of Manuscripts I (Cambridge 1933)
Sachau, Berlin = Eduard Sachau, Die Handschriftenverzeichnisse der Königlichen Bibliothek zu Berlin, 23: Verzeichnis der syrischen Handschriften (Berlin 1899) 537-43
Vööbus, School = A. Vööbus, History of the School of Nisibis = CSCO 266 (1965)
Wigram, History = W. A. Wigram, An Introduction to the History of the Assyrian Church or the Church of the Sassanid Persian Empire 100-640 A.D. (London 1910)

Die kleine, bisher unveröffentlichte Handschrift Ming. 548[1] enthält zwei kurze literarische Einheiten, von denen die erste (Bl. 1v-5v) dadurch gekennzeichnet ist, daß zwei ursprünglich nicht zusammengehörige Texte — und dies ohne Stichwortanschluß oder Verknüpfung — miteinander verbunden wurden. Mitten in einen Traktat über die Geschichte der Oberhäupter der Nestorianischen Kirche (= Berlin, Syr. 170, Bl. 7-13) hat der Abschreiber auf den Bl. 2v-4vb das Fragment (Ming. 548 enthält nur Chabot Zl. 455-501) eines chronistischen Textes eingeschoben, der das Wirken Barṣaumas, Narsais, Aqāqs, Bābais und Šilas in Persien »in versöhnlichem Geiste« (Sachau) beschreibt.

Die undatierte Handschrift aus der Zeit um 1800[2] wurde von einem Jakobiten in Westsyrisch abgefaßt. Wie der folgende Abdruck zeigt, ist der

1 25 Blätter, Format: 210:153 mm; Beschreibung der Handschrift in Mingana I 1016f.
2 Mingana I 1017.

Text ohne große Sorgfalt abgeschrieben. Mühe bereiten auch einige grammatische Fehler und eine unregelmäßige und gemischte (west-ost-syrische) Vokalisation. In manchem Fall ist die Lesung nur mit Hilfe des Kontextes oder der Texte von Chabot und Sachau möglich.

Es handelt sich um die Version eines Schreibens des jakobitischen Enzyklopädisten Barhebräus (1225/26-86) an den nestorianischen Patriarchen Mar  Denḥā I. (1265-81); dieses wiederum stellt die Antwort auf ein Schreiben von Mar Denḥā I. an Barhebräus dar. Der Inhalt des Schreibens basiert auf der Kirchlichen Chronik des Barhebräus[3], die ihrerseits wieder von der Chronik Michael des Syrers abhängig ist[4]. Literarisch ist der Text dem zuzuordnen, der uns z.B. durch die Editionen von Chabot [nach einer aus Mosul stammenden Handschrift (Chabot, Lettre 76)] und Sachau bekannt ist[5].

Von diesem Schreiben sind einige Kopien vorhanden[6], deren Alter und textkritische Relevanz hier aber mit Ausnahme von Sachau, Berlin, Syr. 170 nicht zur Diskussion stehen. Wenngleich der Minganatext keinen besonderen Neuheitswert beansprucht[7], kann mit Hilfe des Vergleichs der Texte von Chabot, Sachau und Mingana die Frage beantwortet werden, welche textkritische Bedeutung diese Minganahandschrift hat.

Der Inhalt ist für die Geschichte des Nestorianismus im 5. und 6. Jahrhundert von nicht unerheblicher Bedeutung — in gewisser Weise ergänzt er Gerös Untersuchungen[8], weshalb ein Abdruck nebst textkritischen Bemerkungen (Vergleich mit Chabots und Sachaus Ausgaben[9]), einer Übersetzung und Kommentierung angebracht sein mag[10]. Die Metrik, die dem Text zugrundeliegt[11], wird hier nicht herausgehoben.

3 Herausgegeben von Abbeloos-Lamy, Chronicon ecclesiasticum.

4 Herausgegeben von J.-B. Chabot, Chronique de Michel le Syrien, patriarche jacobite d'Antioche (1166-1199), Bd. 4 (1910); zum Abhängigkeitsverhältnis vgl. den kurzen Überblick bei Gerö, Barṣauma 10f.; vgl. auch Baumstark, GSL 320; Patriarch I. E. Barsum, Histoire des Sciences et de la littérature syriaque ([2]Aleppo 1956) 532, Anm. 1.

5 Chabot, Lettre; Sachau, Berlin; zu Barhebräus allgemein vgl. auch Wigram, History 153ff.

6 Vgl. dazu z.B. Sachau, Berlin: Hs. 170.

7 Vgl. Gerö, Barṣauma 11, Anm. 61: »... is of no independent value, but clearly is derived from Bar Hebraeus«. Stephan Gerö hat mich durch die Zusendung einer Kopie der fraglichen Blätter der Minganahandschrift auf diesen Text aufmerksam gemacht.

8 Vgl. z.B. Gerö, Barṣauma 1-13.

9 Hierbei finden orthographische Varianten keine Beachtung.

10 Der Selly Oak Colleges Library sei für die Genehmigung gedankt, die Handschrift auszugsweise abdrucken zu dürfen.

11 Mingana I 1016. Es handelt sich um einen in der klassischen syrischen Dichtung nicht üblichen arabisierenden Reim (Hinweis von Michael Breydy), bei dem die letzten beiden der jeweils sieben Silben zweier aufeinander folgender Sätze identisch sind (bei Sachau, Berlin, gut zu überprüfen).

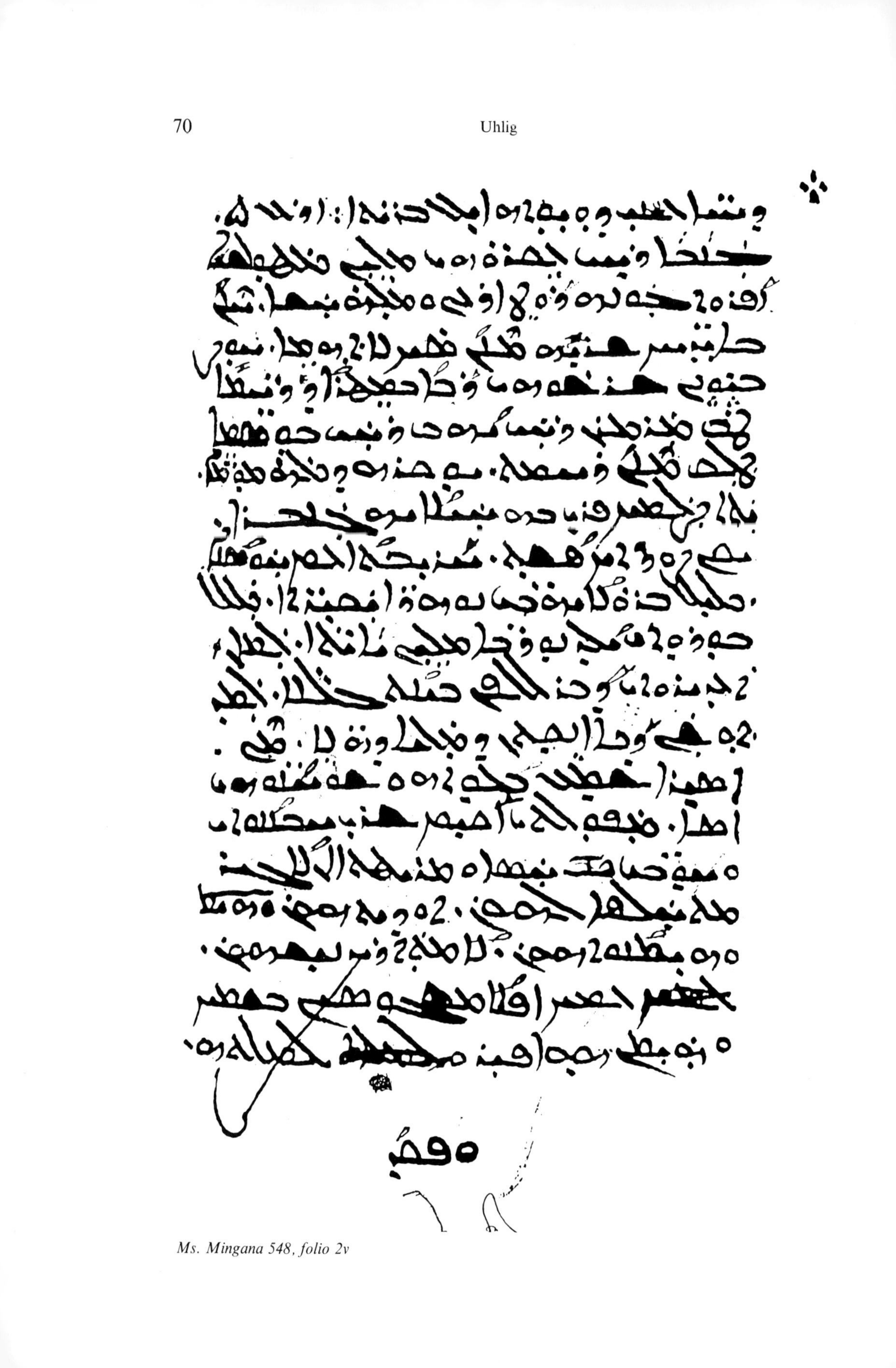

Ms. Mingana 548, folio 2v

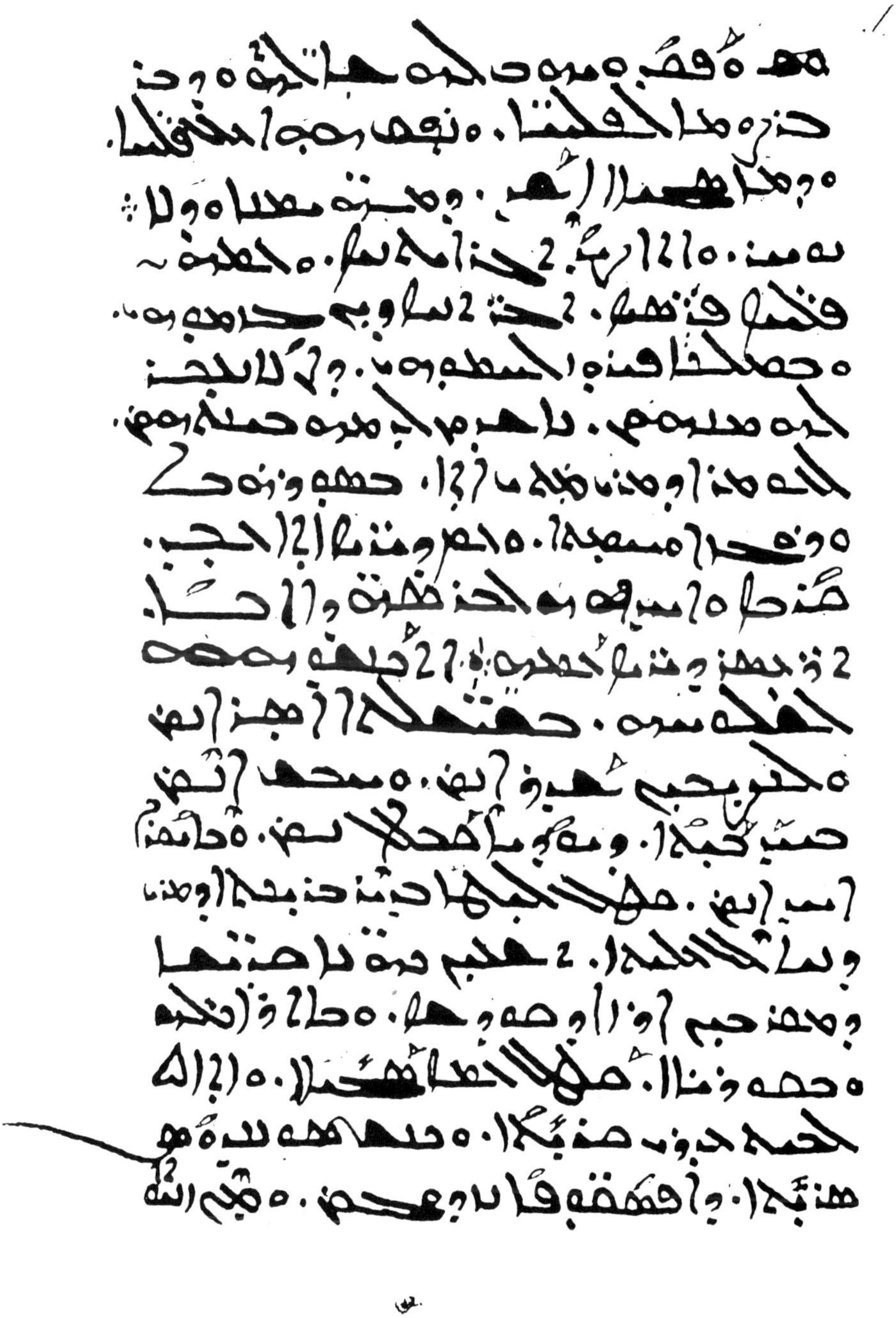

Ms. Mingana 548, folio 3r

Ms. Mingana 548, folio 3v

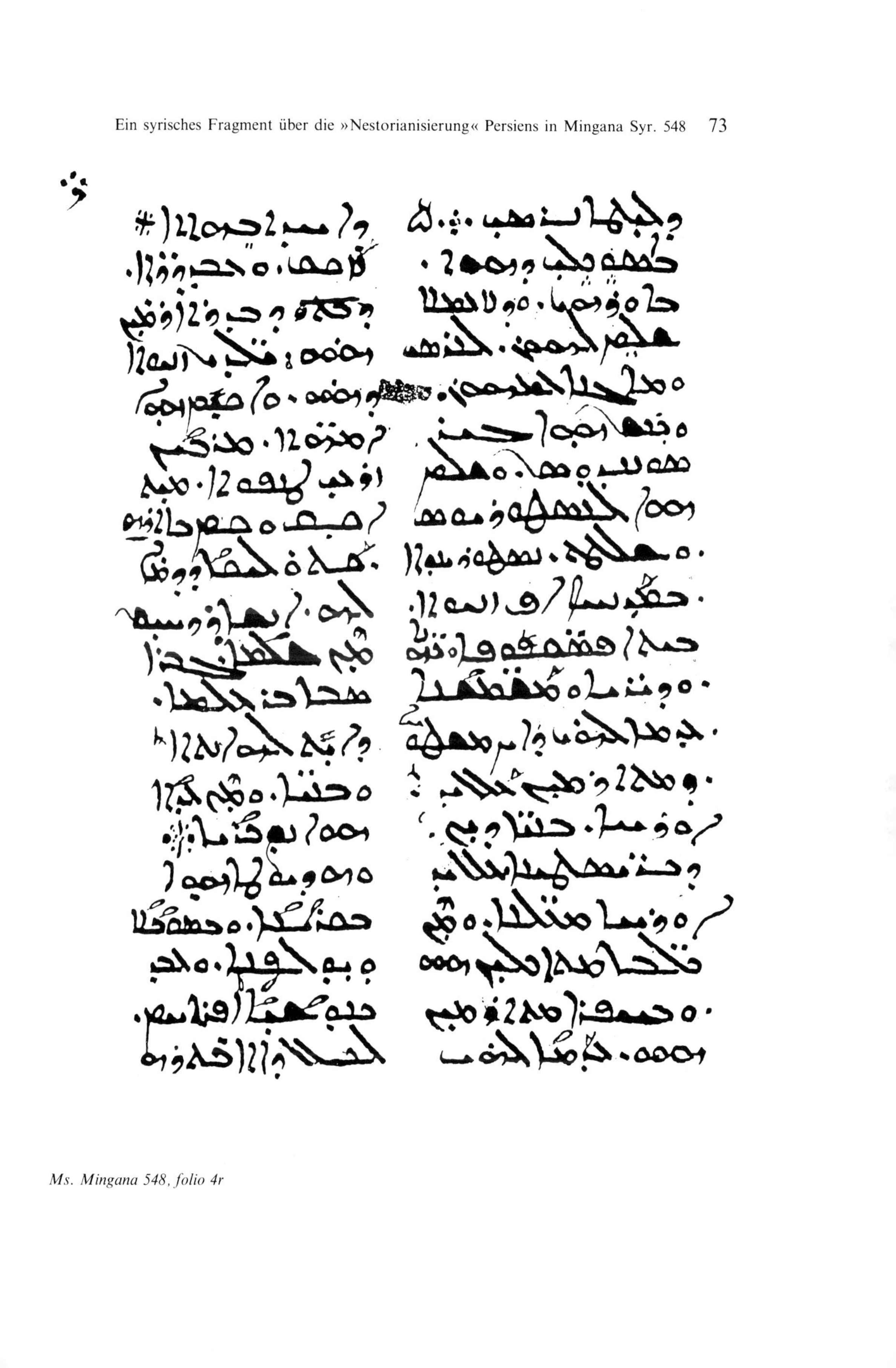

Ms. Mingana 548, folio 4r

Ms. Mingana 548, folio 4v

Textkritischer Apparat

3r 1 Statt ܐܚܠܗ richtig ܐܚܬܗ (vgl. Chab. Zl. 753) zu lesen (vgl. Anm. 29), schon mit Rücksicht auf den Reim (Chab. Zl. 752: ܠܟܠܬܗ).

2 Statt ܗܘܐ liest Chab. irrtümlich ܕܗܘܐ (Sach. Bl. 10b wie Ming.)

4 Statt ܚܘܫ richtig ܚܘܫ (Chab., Sach.).

9 ܐܬܐ om. Chab. (Zl. 766) und Sach.; dies erfordert auch das Metrum.

12 Statt ܠܥܠܘܗܝ haben Chab. und Sach. ܠܥܠܡܗ.

14 Nach ܕܗܘܢܐ (Chab. Zl. 773) add. Chab. und Sach. ܒܪ ܟܝܢܬܐ ܘܕܗܘܢܐ, was zum Original gehört. (vgl. Anm. 36).

16 In Ming. fehlt ein ܐ am Wortende von ܒܪܢܐ und also eine Silbe.

18 Michael Breydy, dem ich für Literaturhinweise, aber auch für Bemerkungen zur Textkritik und für Vorschläge zur Übersetzung danke, meint, daß in ܘܒܦܘܪܫܢܐ das ܒ, das in allen drei Fassungen steht, überflüssig sei und gegen das Metrum verstoße.

3v 6 Chab. add. ܘ vor ܪܒܐ und ܥܡ, aber om. ܘ vor ܐܠܗܐ; Breydy rät, den Satz wie folgt zu lesen: ܘܥܡܐ ܡܠܟܐ ܘܐܠܗܐ.

11 Statt ܡܚܣܢܐ lesen Chab. und Sach. ܕܠܐ ܚܠܝܨܐ; Sinn: »Ohne Hindernis (oder: Schwierigkeit«; zur Emendation in ܡܚܣܢܐ vgl. Anm. 43).

17 Chab. und Sach. haben ܐܬܟܢܫ statt der schwerfälligen Lesung der Ming. Allenfalls könnte ܕܐܬܟܢܫܘ bei folgender Interpretation sinnvoll sein: »... stellten einen Katholikos auf, indem sie sich unter einem nutzlozen Namen versammelten« (vgl. Matth. 18,20; von Breydy erörterte Möglichkeit).

20 Statt ܪܚܡܐ (Ming.) lesen Chab. und Sach. ܪܚܡܗ »*sein* Freund«.

4ra 10 Vor ܐܦ liest Chab. (Zl. 821) ܘ.

12 Statt ܘ vor ܡܫܡܫܢܐ liest Chab. (Zl. 823) ܥܡ.

4rb 5 Statt ܗܘܐ liest Chab. irrtümlich (Zl. 834) ܠܗ.

7-10 In diesem Doppelvers stimmt der Reim nicht (Hinweis von Breydy).

4va 17 Chab. (Zl. 859) add. ܘ vor ܕܠܐ.

4vb 1f. Chab. und Sach. add. ܕ vor ܠܐ, was nicht erforderlich ist.

2 Chab. (Zl. 863) liest ܚܠܝܐ, Sach. (542a) ܚܠܐ (vgl. Anm. 66).

3-5 Chab. (Zl. 864) hat statt dieser Zeilen den Satz: ܠܚܒܪܐ ܕܡ ܥܡܘܪܝܢܐ und schließt dann mit ܘܐܬܝܬ an. Die Lesung der Ming.: ܘܐܬܐ ist Teil des Namens ܐܬܐܢܣܝܘܣ, aus dessen Traktat über die Menschwerdung (Chab. Zl. 455-501; Sachau Nr. 170, Bl. 66) der Text übernommen wurde.

Wie der Apparat beweist, halten sich die Varianten im Rahmen dessen, was in Editionen üblicherweise zu beobachten ist. Die einzige größere Abweichung steht auf Bl. 3r, Zl. 14; sie findet ihre Erklärung in einem Homoioteleuton. Auf Bl. 2v, Zl. 16 beginnt die Einheit ohne Zäsur; nach Chabot lauten die letzten Sätze zuvor (Zl. 744-47):

ܘܐܡܪ ܒܪ ܢܘܡܐ ܠܐܠܗܐ : ܠܦܘܪܢ ܡܠܟܐ ܘܥܠܬܐ.

ܕܗܠܝܢ ܒܣܦܪܐ ܕܐܬܪܢ : ܕܗܘܢܬܢ ܐܬܡܢܥܬ ܘܥܡܪܗܘܢ.

»und der verfluchte Barṣauma sprach zu dem König und Herrn Pērōz: Was die Christen in deinem Land betrifft — sie sind der Abhängigkeit von dir unterworfen«[13]. Unvermittelt, wie das Stück einsetzt, bricht es ab.

Das Antwortschreiben, das uns in Ming. 548 begegnet, bietet nur einen kurzen Ausschnitt aus Chabots Text (Chabot Zl. 455-501), und selbst jener (Chabots) Text ist keinesfalls vollständig, wie ein Vergleich mit Sachau, Syr. 170, 1r-7v zeigt[14]. Offensichtlich ist das Fragment in Ming. 548 durch äußere Umstände, durch in Unordnung geratene Blätter einerseits und die mangelhafte Aufmerksamkeit oder Kenntnis des Kopisten andererseits, zwischen zwei verschiedene Traktate geraten, wie der Übergang am Ende und der Beginn des Namens Athanasios nahelegen[14a].

Die Version der Minganahandschrift bietet an manchen Stellen den flüchtigeren Text, wie die Schreibfehler[15] zeigen; andererseits ist ihr mitunter der Vorzug zu geben[16]. Den zahlreichen unbedeutenden Varianten nach zu urteilen, steht der textkritische Wert der Handschrift Ming. 548 aber kaum hinter den Texten zurück, die Chabot und Sachau veröffentlicht haben[17].

Ming. 548, Bl. 2v (Zl. 16) - 4vb (Zl. 5)[18]

Gegenüber dem in Ming. 548 eingeschobenen Textstück wird an entsprechender Stelle bei Chabot zuvor Katholikos Māgnā erwähnt — »dieser Name ist ein persischer Name«[19] —, der zusammen mit Barṣauma und Narsai an der Schule in Edessa seine Ausbildung erhielt.

Im Zusammenhang mit ihm wird behauptet, daß die Orientalen bis zu seiner Zeit keine schismatische Trennung[20] vom Westen kannten[21].

12 Zum Kontext vgl. die kurze Inhaltsübersicht, die der Übersetzung vorangestellt ist, vollständig bei Sachau, Berlin 537.

13 S. u. den ersten Satz der Übersetzung.

14 Vgl. die Stichworte bei Sachau, Berlin 537. Im übrigen wäre eine textkritische Edition und Übersetzung des gesamten Schreibens an Mar Denḥā für die Geschichte Syriens hilfreich.

14a Vgl. den textkritischen Apparat zu 4vb, Zl. 3-5.

15 Vgl. z.B. 3r, Zl. 1.12.16; 3v, Zl. 11.17.

16 So bei 4rb, Zl. 5; 4vb, Zl. 2.

17 Da ein umfassender textkritischer Vergleich aller Barhebräus-Handschriften zu diesem Brief nicht die Aufgabe eines knappen Artikels sein kann, soll hier weitergehenden Fragen wie der nach dem Grundtext oder der nach der Abhängigkeit der von Chabot und Sachau edierten Texte nicht nachgegangen werden.

18 Abweichungen vom Mingana-Text, die dem ursprünglichen Wortlaut zu entsprechen scheinen, werden kursiv gesetzt.

19 ܦܪܣܝܐ ܫܡܐ (Chab. Zl. 634).

20 ܡܕܢܚܝܐ ܠܐ ܡܬܦܠܓܝܢ ܗܘܘ: (Chab. Zl. 648).

21 Zu Māgnā s.u. auf Bl. 4ra (vgl. Anm. 51).

Vor Barṣauma wird Katholikos Babowai erwähnt und in diesem Zusammenhang vor allem seine standhafte Haltung und sein Martyrium beschrieben[22]. Sehr breit fällt die Schilderung von Barṣaumas »Untaten«[23] aus: Er führte im Orient (= Persien) die Zweinaturenlehre (ܬܪܝܢܘܬܐ) ein[24]; er erlaubte Priestern und Episkopen, sich Frauen zu nehmen und nahm selbst eine Frau, die er seine (Ehe)Gefährtin (ܫܘܬܦܬܐ) nannte[25]; als der Katholikos Babowai in einem Brief an Kaiser Zenon über die Lage der Christen berichtet und Klage über die »ungerechte Herrschaft« führt, wird das Schreiben abgefangen, und Barṣauma erhebt gegenüber Pērōz den Vorwurf: ܓܫܘܫܐ ܗ̇ܘ ܕܝܘܢ̈ܝܐ : ܘܣܢܐܐ ܪܒܐ ܕܦܪ̈ܣܝܐ »dieser ist ein Spion der Griechen und ein großer Feind der Perser«[26]. Der Katholikos wird zum Tode verurteilt[27].

Im Anschluß an die Erwähnung des Todesurteils führt Ming. 548 die rechtfertigende Rede Barṣaumas an: »Was die Christen in deinem Land betrifft — sie sind der Abhängigkeit von dir unterworfen ...«.

> [2v] »... es sei denn, daß sich ihr Bekenntnis und ihr Glaube geändert haben (und) sie nicht mehr zu dir stehen noch deinem Namen vertrauen. Und Pērōz[28] glaubte seiner Rede, [3r] und er gebot und erfüllte ihm *seine Bitten*[29]. Und Barṣauma[29a] organisierte Soldaten und zog gegen die Diener (Gottes) und vergoß viel Blut der Gläubigen, ohne sich zu schämen. Er kam auch zu den Leuten von Tagrīt[30] und mit ihm die persischen Soldaten. Die Leute von Tagrīt aber warnten ihn (und) drohten, (ihn) beim König Pērōz zu denunzieren und — falls er nicht von

22 Chab. Zl. 664-79.

23 Das einführende Attribut für sie ist ܛܠܘܡܐ (Chab. Zl. 680).

24 Chab. Zl. 702.

25 Chab. Zl. 721.

26 Chab. Zl. 736f.

27 Chab. Zl. 740-44. Zu seinem Martyrium vgl. P. Bedjan, Acta martyrum et sanctorum 2 (Paris 1891) 631-34; Baumstark 107; zur Rolle Barṣaumas vgl. Gerö, Barṣauma, Appendix I, wo auch Fragen der Historizität behandelt werden; A. Christensen, L'Iran sous les Sassanides (Kopenhagen-Paris 1936) 286f.; ein Überblick bei Wigram, History 142ff., besonders 151.

28 Zur Regierung des Pērōz vgl. Th. Nöldeke, Geschichte der Perser und Araber zur Zeit der Sasaniden (Leiden 1879) 117-33.

29 Ming. kaum sinnvoll: ܫܐܠ̈ܗ »seine Spione« (oder: »Inquisitoren«), doch liegt eindeutig ein Versehen des Schreibers vor.

29a Allgemein zu Barṣauma und seinen Aktivitäten vgl. Gerö, Barṣauma; zu einzelnen Aspekten seiner Wirkungsweise Vööbus, School, passim.

30 Am Tigris; zur Geschichte vgl. Vööbus, Syrische Kanonessammlungen I, Westsyrische Originalurkunden 1A = CSCO 307 (1970) 90, Anm. 7.

ihnen abzöge — sein Blut untereinander (gemeinsam) zu vergießen[31]. Er kam zum Kloster Mar Mattai[32] in Erregung, Zorn und Wut, und er führte mit den Mönchen einen Kampf[33] und nahm den Abba Bar Sāhdē gefangen[34] (und) zwölf Mönche mit ihm, die sich versammelt hatten, um ihn zu *begrüßen*[35]. Er legte sie in Ketten und schickte sie nach Nisibis und hielt sie gefangen in dem Haus eines Juden, *des Sohnes einer Hebräerin. Und der Jude*[36] empfing sie und nahm sie mit Ehren auf. Der Verfluchte (= Barṣauma) tötete im gesegneten, hohen Kloster von Mar Daniel neunzig heilige (= geweihte) Priester[37], die das heilige Mysterium darbringen. Und im ganzen Land und in den Städten tötete er viel Volk. Und er kam zur Stadt Bet ʿEdrai[38] und versammelte eine schändliche Synode[39], (die beschloß,) daß die Episkopen heiraten und nicht von der Unkeuschheit [3v] verzehrt werden sollen. Auch der Katholikos sollte als Genossin eine Ehefrau haben[40].

Der verbrecherische Barsauma tötete 7800[41] Presbyter, Diakone, Priester und Lektoren und *5 000 000*[42] Greise, Große und Kleine, auch Frauen, junge Leute und Kinder - christliche, göttliche Leute.

31 Vgl. Wigram, History 154; Fiey, Tagrit 297f.

32 Zu diesem Kloster vgl. Gerö, Barṣauma 111, Anm. 12.

33 Damit steht nicht im Widerspruch, daß Barṣauma eine rege Agitation unter den syrischen Mönchen betrieb (vgl. Vööbus, School 27f.).

34 Bar Sāhdē = Sahdōnā (oder: Mār Ṭūrīs = μαρτύριος). Zu seinem Werk vgl. Vööbus, School 321-23; Gerö, Barṣauma 111.

35 Ming. ܠܫܠܚܘܗܝ »ihn auszusenden« geht auf einen Lese- oder Schreibfehler zurück.

36 Gegenüber Ming. Zusatz in Chab. und Sach. ܒܪ ܥܒܪܝܬܐ. ܘܝܗܘܕܝܐ bei Sachau 540b, 21f. ist nachzuvollziehen, daß der Blick des Kopisten durch Homoioteleuton den Text einer Zeile übersah.

37 Nach dem Chronicon ecclesiasticum (II 70) müssen das alle Bewohner der Klosters gewesen sein (vgl. auch Chabot, Lettre 123, Anm. 2).

38 Nördlich von Mosul; vgl. E. Hammerschmidt in LThK 2 (1958) 305; Gerö, Berṣauma 50, Anm. 147, auch 112; zur Etymologie G. Hoffmann, Auszüge aus syrischen Akten persischer Märtyrer (Leipzig 1880) 208, Anm. 1645.

39 Zur Synode des Barṣauma (Herbst 485) vgl. Braun, Synhados 74-83; Gerö, Barṣauma 50f. Barṣauma hatte bereits 484 eine Synode nach Bet Lapaṭ einberufen (vgl. dazu z.B. Gerö, Barṣauma 39ff. und 73-78).

40 Vgl. dazu Anm. 54. Die hier erwähnten Beschlüsse wurden bereits auf der Synode von 484 gefaßt; monophysitische Quellen verwechseln nicht selten diese beiden Synoden in Bet Lapaṭ (Hinweis von Michael Breydy).

41 Nach dem Chronicon ecclesiasticum (II 70) 7700 Kleriker insgesamt. Zu den schwankenden Zahlenangaben vgl. auch Gerö, Barṣauma 113.115f.; zu der Ansicht, daß auch dies noch zu hoch gegriffen ist, vgl. z.B. Lübeck, Missionskirche 71; 7000 Opfer Barṣaumas werden erwähnt bei A. Mingana, The Early Spread of Christianity in Central Asia and the Far East: A New Document = Bulletin of the John Rylands Library Manchester 9 (Manchester 1925) 371; vgl. dagegen Fiey, Tagrit 297f.

42 Nach Ming.: 5000; vgl. zu der Zahlenangabe auch Gerö, Barṣauma 115f.

Und er ging zur Stadt Nisibis und tötete den gesegneten Bar Sāhdē. Und der Jude, in dessen Haus der heilige Abba Bar Sāhdē gefangen war, war gläubig und christlich geworden, er und sein *kleines* Haus[43]. Und er hob (den Leichnam) des Heiligen auf und brachte ihn nach Mar Mattai[44], wie er (es) ihm befohlen hatte[45].

Und die Episkopen, die geflüchtet waren und schon früher vor Barṣauma geflohen waren, versammelten sich in der Stadt Seleukia (-Ktesiphon)[46], um zu sehen, wie sie einen (zum Katholikos) ernennen könnten. Und sie stellten einen Katholikos auf, der mit einem leeren Namen *benannt (?) wurde*[47]: Aqāq, einen verschlagenen Mann, der krank an Häresien war[48]. Und als Barṣauma (davon) hörte, maßregelte er ihn, weil sie Freunde waren[49], und er (= Aqāq) war ein Genosse [4ra] des verfluchten Narsai in der Schule von Urhai (= Edessa)[50], und ohne Mühe schloß er sich dem Narsai und dem Māgnā[51] an (= unterwarf sich ihnen).

Und er rief eine Synode zusammen[52] und beugte sich dem Nestorius (= Nestorianismus), und der Nestorianismus gewann an Macht im Osten[53], ebenso die Hurerei (= Priesterehe) unter den Episkopen, den Priestern, den Mönchen und den Diakonen[54].

43 Ist mit Chabot (Zl. 801) zu ergänzen: »ohne Schwierigkeit«? ܡܟܝܢܐ (muß vielleicht ܡܟܝܟܐ 'bescheiden' oder ܡܟܝܟܝܐ 'klein' gelesen werden?) ist nach ܒܝܬܗ schwerfällig; vielleicht fiel zunächst ܕܠܐ weg, wonach ein Abschreiber meinte, ܡܟܝܢܐ statt ܚܠܝܢܐ lesen zu müssen. Zu dem Juden vgl. Gerö, Barṣauma 112f.

44 In der Nähe von Mosul. Bar Sāhdē war Abt dieses Klosters.

45 Zu den verschiedenen Traditionen vgl. Gerö, Barṣauma 113 und 116.

46 Damit ist die von ihm geleitete Synode vom Februar 486 gemeint, von der auch unten die Rede ist (vgl. Anm. 52). Zu dieser Synode vgl. W. F. Macomber, The Christology of the Synod of Seleucia-Ctesiphon, A. D. 486 = Orientalia Christiana Periodica 24 (1958) 142-54. Damit aber ist die Wahl Aqāqs auf dieser Synode schlechterdings ausgeschlossen, der bereits seit etwa 1 1/2 Jahren das Amt des Katholikos innehatte (vgl. Anm. 48).

47 So nach Chabot und Sachau; Ming. nicht zweifelsfrei zu entziffern (ܐܬܟܢܝܘ?).

48 Zu Aqāq vgl. Braun, Synhados 59-64; Wigram, History 161ff.; Baumstark 109. Aqāq wurde 484 zum Katholikos gewählt.

49 Zum Verhältnis Barṣaumas zu Aqāq vgl. Lübeck, Missionskirche 73f.; Gerö, Barṣauma 50-56.

50 Barṣauma, Aqāq und Narsai waren Schulgenossen in Edessa gewesen; zu Narsai vgl. Baumstark 109-13.

51 Dieser Māgnā ist wohl mit dem Maʿnā zu identifizieren, der in einem Schreiben Barṣaumas an Aqāq zweimal erwähnt wird (Text bei Braun, Synhados 82f.); er erscheint auch auf der Liste der Teilnehmer der Synode von Bet Lapaṭ (vgl. Gerö, Barṣauma 43, dort auch Anm. 96; vgl. auch J. M. Fiey, Diocèses syriens orientaux du Golfe persique = Mémorial Mgr. G. Khouri-Sarkis (Louvain 1969, 183).

52 Zur Synode des Aqāq vgl. Braun, Synhados 64-74.

53 Gemeint ist natürlich Persien; vgl. J. P. Smith, A Compendious Syriac Dictionary (Oxford 1957) 254: »in a narrower sense the Persian empire«. Zur Christologie vgl. den ersten Kanon der Synode (Braun, Synhados 67). Aqāq, von Gegnern Barṣaumas gewählt, beruft eine Synode ein und schlägt sich — so zumindest der Verfasser — auf die Seite des Nestorianismus.

54 Allerdings wurde bereits während der Synode in Bet Lapaṭ im April 484 die Aufhebung des

Es ging soweit, daß sie (= die Christen?) an den Weg und die Kinder der Christen an die Straßenränder geworfen und von den Hunden gefressen und in Gruben geworfen wurden[55], bis [4rb] Aqāq Scham ergriff und er Häuser machte, damit man in die Häuser die Kinder der Hurerei, die sie waren, warf. Und er bestellte Mütter, die die unreinen Sprößlinge erzogen.

Aqāq starb[56], und an seiner Stelle stand ein Katholikos auf, der ihm ähnlich war: ein Mann, fern vom Frieden, ein weltlicher Greis, der eine Frau und Kinder hatte. Und er war der Kirche fremd und hatte keine Kenntnis vom Studium[57], vom Verstehen und[58] der Lehre[59]. Und er hielt eine Versammlung und entschied für alle, die nach ihm kommen, [4va] und erzwang (= bestimmte?), daß die Katholikoi sich vermählen und Ehefrauen nehmen sollten[60], (daß) auch ein Presbyter, dessen Frau gestorben ist, nach ihr eine zweite, eine dritte — bis zur siebenten — nehmen soll[61]. Als sie sich von den Christen der Welt im Glauben getrennt hatten, taten sie alles, was sie wollten, zur Erfüllung ihrer Leidenschaften.

Und als er (seine) Regierung vollendet hatte, ging der Katholikos Bābai mit unbegreiflicher Schande[62] aus dieser Welt[63]. Und es erhob sich ein

Zölibats beschlossen [vgl. Braun, Synhados 61; J. P. Asmussen, Das Christentum im Iran und sein Verhältnis zum Zoroastrismus = Studia Theologica 16 (1962) 7. Der Text des dritten Kanons der Synode bei Braun, Synhados 69-72; vgl. auch Gerö, Barṣauma 45, Anm. 121 und 50, Anm. 148]. Nach Asmussen (7) wurde damit dem »besonders in den Klöstern konzentrierten Monophysitismus ein empfindlicher Schlag« versetzt.

55 Diese Lesung auch bei Chabot 124 und bei J. S. Assemani in: Bibliotheca Orientalis III, 1,398. Nach A. Cardahi, Al-Lobab, Dictionarium Syriacum Arabicum II (Beirut 1891) 539 könnte man auch an Welpen denken, die weggeworfen werden, weil der Wurf zu zahlreich war (Hinweis von Michael Breydy): »Es ging soweit, daß die Säuglinge der Christen an den Straßenrändern wie Welpen lagen, die man in den Straßengraben geworfen hat.«

56 Nach Baumstark 109: im Jahr 496; vgl. Wigram, History 171.

57 ܩܪܝ eigentlich »Lesen«, was aber nicht gemeint sein dürfte.

58 Nach Chab. (Zl. 843) »Verstehen der Lehre«, was wohl zu bevorzugen ist.

59 Zu Bābai vgl. Lübeck, Missionskirche 76-80; Braun, Synhados 83-85. Seine Wahl fand 497/98 statt (vgl. Anm. 63). Zu seiner Synode (November 497) vgl. Braun, Synhados 83-92. Nach Bar ʿEbrāyā soll er er ein unwissender Mann gewesen sein (vgl. Braun 83).

60 Vgl. dazu Braun, Synhados 87f., womit Bestimmungen der Synode von Bet Lapaṭ bestätigt wurden.

61 Im dritten Kanon seiner Synode (vgl. Braun, Synhados 71f.) ist nur **eine** erneute Eheschließung nach dem Tode der (ersten) Ehefrau erwähnt. Zum geschichtlichen Hintergrund vgl. auch Wigram, History 156f.; Braun, Synhados 61, Anm. 1; W. M. Plöchl, Geschichte des Kirchenrechts 1 (Wien-München 1953) 167.

62 Nach Chabot (Zl. 859) ist ܒܗܬܬܐ ܘܚܨܝܘܬܐ »(Schande) und Schamlosigkeit (aus ...)« zu lesen.

63 Nach fünfjähriger Regierung starb Bābai 502/03. Damit begann in der persischen Kirche eine Zeit der Anarchie [vgl. E. Sachau, Die Chronik von Arbela. Ein Beitrag zur Kenntnis des ältesten Christentums im Orient = Abhandlungen der Preußischen Akademie der Wissenschaften, philosophisch-historische Klasse 6 (Berlin 1915) 91f.].

Mann, der hatte eine Frau und Söhne und Töchter, ein Mensch [4vb] namens Šila[64] ...«.

64 Šila, Bābais Archidiakon (vgl. die Liste bei Braun, Synhados 91) war Katholikos von 505 bis 523; vgl. Wigram, History 178-82. Seine Neigung zum Nepotismus - er bestimmte seinen Schwiegersohn Elišaʿ zum Nachfolger — führte zu beträchtlichen Spannungen in der Kirche (vgl. Lübeck, Missionskirche 80f.; Wigram, History 179f.). — Der folgende Text scheint nicht mehr in unseren Kontext zu gehören; entweder ist zu übersetzen: »... ohne Bildung und ohne Redekunst«, wobei dann aber die Relativpartikel ܕ zu erwarten wäre, oder es ist zu deuten: »... denn (für Gott) gibt es nicht die Trennung des Wortes (= Logos), das Mensch geworden ist«, was sich gut in den oben erwähnten Traktat des Athanasios einfügte (Hinweis von Julius Aßfalg).

ARTHUR VÖÖBUS

Die Entdeckung der großen Anaphoren-Sammlung des Zaʿfarān-Klosters

Eine systematisch ausgeführte Forschung hat im syrischen Orient viele Handschriftenverstecke aufgedeckt, deren reiche Schätze großes Erstaunen hervorrufen. Das bedeutendste davon ist das berühmte Kloster des Mār Ḥanānjā, besser bekannt als Zaʿfarān-Kloster. Es hat durch Jahrhunderte hindurch allen Stürmen der Verheerung und Vernichtung, die über dem Orient und seiner Christenheit tobten, widerstanden[1]. Dadurch sind die reichen Bestände an Handschriften, die im Laufe langer Zeit in der Klosterbibliothek gesammelt wurden, gerettet worden[2]. Darunter befinden sich viele Schätze, die anderswo nicht erhalten geblieben sind. Es sind zahlreiche Urkunden, die in den ruhmreichen literarischen Schatzkammern dieses mönchischen und kirchlichen Zentrums auftauchen[3].

Zu diesen Schätzen gehört auch eine umfangreiche Sammlung von Anaphoren. Es ist fast unglaublich, daß diese Sammlung trotz aller Bemühungen von J. S. Assemani[4], dem Verfasser des Catalogus Schultingii[5], A. Baumstark[6] und I. E. Rahmani[7] noch neue und wertvolle Beiträge bieten kann. Sie ist die wichtigste im ganzen syrischen Orient und auch A. Raes, dem wir das ausführlichste Korpus der Anaphoren verdanken[8], ungeachtet aller seiner Anstrengungen und Forschungen völlig unbekannt geblieben.

Unter allen Anaphoren-Sammlungen kommt derjenigen des Zaʿfarān-Klosters besondere Bedeutung zu. Zunächst überrascht sie durch ihren Umfang.

1 Über die Geschichte dieses berühmten Klosters siehe A. VÖÖBUS, *Syrische Kanonessammlungen: Ein Beitrag zur Quellenkunde*, I: *Westsyrische Originalurkunden* 1,A-1,B, CSCO Subsidia 35,38 (Louvain 1970). 113ff.; 375ff.

2 Der größere Teil wird jetzt in der Bibliothek des Erzbistums der Syrischen Orthodoxen Kirche in Mardin aufbewahrt.

3 Siehe A. VÖÖBUS, *Catalogues of Manuscripts of Unknown Collections in the Syrian Orient* III: *Syriac Manuscripts from the Treasure-House of the Monastery of Mār Ḥanānyā or Deir Zaʿfarān* (in Vorbereitung).

4 *Bibliotheca orientalis* (Romae 1721), 2,462ff.

5 Vgl. J. M. HANSSENS, »Un ancien catalogue d'anaphoras syriennes«, *Ephemerides liturgicae* 46,439ff.

6 *Geschichte der syrischen Literatur* (Bonn 1922), 362.

7 *Al-mabahit al-jaliyah* (Charfet 1924).

8 *Anaphorae syriacae* (Romae 1939), I,XIff.; XXXIXff.

Es gibt keine Ortschaft im ganzen syrischen Orient, deren Sammlung mit ihr in Bezug auf die Zahl der Handschriften wetteifern könnte. Darüber hinaus umfaßt die Sammlung auch alte, sonst seltene liturgische Handschriften. Außerdem enthält sie Bände, die sich durch ihren Umfang besonders auszeichnen. Weiterhin hat die Sammlung sogar Urkunden bewahrt, die in den bisher bekanntgewordenen Anaphoren-Sammlungen nicht vorkommen. Erwähnt seien die Anaphoren des Jōḥannān von Qartamīn[9] und des Mar Isḥāq[10]. Sie sind aber nicht die einzigen überraschenden Funde.

Es folgt eine Liste dieser neuerschlossenen handschriftlichen Schätze.

Hs. 613[11]: 1. Gregorius von Nazianz, 2. Philoxenos, 3. Dionysios Areopagita, 4. Dionysios bar Ṣalībī, 5. Mār Mārūtā, 6. Mār Petrā von Antiochien, 7. Clemens, 8. Jōḥannān bar Ma'danī, 9. Eustathius von Antiochien[12].

Hs. 614[13]: 1. Jakob der Herrenbruder, 2. Petrus der Apostel, 3. Johannes der Evangelist, 4. Die zwölf Apostel, 5. Markus der Evangelist, 6. Ignatius, 7. Cyrill von Alexandrien, 8. Ja'qōb von Serūg, 9. Petrā von Antiochien, 10. Eustathius von Antiochien, 11. Julius von Rom, 12. Mattai der Hirt, 13. Xystus von Rom, 14. Dionysios bar Ṣalībī, 15. Iwannīs, 16. Philoxenos[14].

Hs. 614a[16]: 1. Jakob der Herrenbruder, 2. Simon Petrus, 3. Johannes der Evangelist, 4. Die zwölf Apostel, 5. Mattai der Hirt, 6. Eustathius von Antiochien, 7. Jōḥannān[16], 8. Xystus von Rom, 9. Dionysios bar Ṣalībī, 10. Īwannīs von Ḥarrān, Ḥabbūrā und Nisibis, 11. Cyrill, 12. Ja'qōb von Serūg, 13. Petrā von Antiochien, 14. Mārūtā, 15. Ja'qōb von 'Ūrhāi, 16. Mōšē bar Kēphā[17].

Hs. 615[18]: 1. Jakob der Herrenbruder, 2. Simon Petrus, 3. Johannes der

9 A. VÖÖBUS, »Discovery of the Anaphora by Jōḥannān of Qartāmīn«, *Ephemerides liturgicae* 90 (1976), 197ff.

10 A. VÖÖBUS, »Discovery of Manuscripts of the Anaphora by Mār Isḥāq«, *Orientalia Christiana Periodica* (in Vorbereitung).

11 Die Hs., 17 × 12,5 cm., geschrieben mit großen Buchstaben, enthält 26 Lagen, gebunden in rotes Tuch. Die erste Hälfte, Fol. 1-32b, die die ersten sechs Anaphoren umfaßt, wurde aus verschiedenen Handschriften von Barṣaumā zusammengestellt. Über ihr Alter enthält sie keine direkten Nachrichten.

12 Die Art der Schrift berechtigt uns hier, mit dem 13. Jh. zu rechnen. Der letzte Teil dürfte in das 14. oder 15. Jh. gehören.

13 Die Hs., 16 × 18 cm., enthält 16 Lagen, gebunden in Tuch. Die zwei Lagen am Anfang sind später hergestellt worden.

14 Die Hs. scheint aus dem 15. Jh. zu stammen.

15 Die Hs., 21 × 15,5 cm., enthält 224 numerierte Folien; gebunden ist sie im graugrünes Tuch. Am Anfang sind 29 Folien hergestellt.

16 VÖÖBUS, »Discovery of the Anaphora by Jōḥannān of Qartāmīn«, p. 197ff.

17 Die Hs. scheint aus dem 16. oder 17. Jh. zu stammen.

18 Die Hs., 30 × 20,5 cm., geschrieben in großer Schrift, enthält 24 Lagen, gebunden in Tuch. Die ersten Folien am Anfang haben gelitten.

Evangelist, 4. Ignatius von Antiochien, 5. Markus der Evangelist, 6. Clemens, 7. Dionysios Areopagita, 8. Die zwölf Apostel, 9. Mattai der Hirt, 10. Eustathius, 11. Gregorius der Theologe, 12. Johannes Chrysostomus, 13. Jaʿqōb von Serūg, 14. Jōḥannān aus dem Kloster von Qartamīn[19], 15. Xystus von Rom, 16. Dionysios bar Ṣalībī, 17. Īwannīs von Ḥabbūrā, 18. Jakob der Herrenbruder (die kurze Fassung), 19. Cyrill von Alexandrien, 20. Jaʿqōb Būrdʿānā, 21 Jōḥannān bar Šūšan[20].

Hs. 616[21]: 1. Jakob der Herrenbruder, 2. Philoxenos, 3. Basilios von Bagdad, 4. Jaʿqōb von ʾŪrhāi, 5. Eustathius, 6. Mārūtā, 7. Masʿūd, 8. Cyrill von Alexandrien, 9. Ignatios bar Wahīb, 10. Jaʿqōb von Serūg, 11. Ignatius von Antiochien, 12. Tūmā von Germaniqeia, 13. Mōšē bar Kēphā, 14. Mattai der Hirt, 15. Xystus von Rom, 16. Jōḥannān bar Šūšan, 17. Īwannīs von Ḥarrān, Nisibis und Ḥabbūrā, 18. Dionysios bar Ṣalībī, 19. Simon Petrus, 20. Markus der Evangelist, 21. Petrā von Antiochien. 22 Severus, 23. Patriarch Quriaqos, 24. Proclus, 25. Clemens von Rom, 26. Maphrejan Grīgōr[22].

Hs. 617[23]: 1. Mārūtā, 2. Grīgōr der Maphrejan des Ostens, 3. Jōḥannān bar Maʿdanī, 4. Ignatios bar Wahīb, 5. Eustathius von Antiochien, 6. Julius von Rom, 7. Mōšē bar Kēphā, 8. Qyrillos, Bischof von Ḥāḥ[24].

Hs. 618[25]: 1. Jaʿqōb (in Karšūnī) 2. Markus der Evangelist, 3. Dionysios Areopagita, 4. Ignatius von Antiochien, 5. Clemens von Rom, 6. Cyrill von Alexandrien, 7. Julius von Rom, 8. Philoxenos, 9. Mōšē bar Kēphā, 10. Eustathius, 11. Mattai der Hirt, 12. Tūmā von Germaniqeia, 13. Jōḥannān bar Šūšan, 14. Dionysios bar Ṣalībī, 15. Īwannīs von Ḥarrān, 16. Xystus von Rom. 17. Mārūtā, 18. Jaʿqob Būrdʿānā, 19. Jaʿqōb von Serūg[26].

Hs. 618a[27]: 1. Jakob der Herrenbruder, 2. Johannes der Evangelist, 3. Simon Petrus, 4. Julius von Rom, 5. Mōšē bar Kēphā, 6. Īwannīs von Ḥarrān und Nisibis, 7. Mattai der Hirt, 8. Xystus von Rom, 9. Dionysios bar Ṣalībī, 10. Jōḥannān bar Šūšan, 11. Abraham der Jäger, 12. Mār ʾIsḥāq[28], 13.

19 VÖÖBUS, »Discovery of the Anaphora by Jōḥannān of Qartāmīn«, p. 197ff.

20 Die Sammlung wurde laut einer Notiz von Barṣaumā im Jahre 1929 A.Gr., d.h. 1617/18 n.Chr. bearbeitet.

21 Die Hs., 29 × 21 cm., enhält 33 Lagen in Leineneinband. Sie hat am Anfang und am Ende gelitten, auch weist sie gelegentlich Lücken auf.

22 Die Handschrift dürfte aus dem 17. oder 18. Jh. stammen.

23 Die Hs., 27,5 × 19,5 cm., umfaßt 17 Lagen, gebunden in Tuch. Am Anfang und am Ende hat sie gelitten.

24 Nach der Schriftart zu urteilen, dürfte sie aus dem 15. oder 16. Jh. herkommen.

25 Die Hs., 28 × 20,5 cm., umfaßt 158 numerierte Folien. Hinzu kommen noch 23 Folien in Karšūnī. Der Band ist in Leinen gebunden.

26 Die Hs. ist datiert: geschrieben im Jahre 2019 A.Gr., d.h. 1707/8 n.Chr.

27 Die Hs., 28 × 21 cm., geschrieben in großer Schrift, enthält 17 Lagen, gebunden in schwarzes Tuch.

28 VÖÖBUS, »Discovery of Manuscripts of the Anaphora by Mār Isḥāq«.

Tūmā von Germaniqeia, 14. Markus der Evangelist, 15. Eustathius von Antiochien[29].

Hs. 619[30]: 1. Jakob der Herrenbruder, 2. Johannes der Evangelist, 3. Simon Petrus, 4. Die zwölf Apostel, 5. Mattai der Hirt, 6. Xystus von Rom, 7. Dionysios bar Ṣalībī[31].

Hs. 620[32]: 1. Jakob der Herrenbruder, 2. Johannes der Evangelist, 3. Simon Petrus (die kurze Version), 4. Eustathius von Antiochien, 5. Simon Petrus, 6. Xystus von Rom, 7. Markus der Evangelist, 8. Lukas der Evangelist, 9. Johannes Chrysostomus[33].

Hs. 621[34]: 1. Jakob der Herrenbruder (die kurze Gestalt), 2. Johannes der Evangelist, 3. Simon Petrus, 4. Die zwölf Apostel, 5. Ja'qōb von Serūg, 6. Ja'qōb von 'Ūrhāi, 7. Philoxenos, 8. Mattai der Hirt, 9. Jōḥannān bar Šūšan, 10. Dionysios bar Ṣalībī, 11. Īwannīs von Ḥarrān, Ḥabbūrā und Nisibis, 12. Xystus von Rom, 13. Mārūtā, 14. Mōšē bar Kēphā, 15. Grīgōr der Maphrejan, 16. Ignatios bar Wahīb, 17. Markus der Evangelist, 18. Johannes Chrysostomus, 19. Julius von Rom, 20. Cyrill von Alexandrien, 21. Petrā von Antiochien. 22. Ja'qōb Būrd'ānā[35].

Hs. 622[36]: 1. Jōḥannān bar Ma'danī, 2. Simon Kepha, 3. Petrus, das Haupt der Apostel, 4. Die zwölf Apostel, 5. Johannes der Evangelist, 6. Markus der Evangelist, 7. Mattai der Hirt, 8. Xystus von Rom, 9. Dionysios bar Ṣalībī, 10. Īwannīs von Ḥarrān, Nisibis und Ḥabbūrā, 11. Ja'qōb von 'Ūrhāi, 12. Philoxenos, 13. Julius von Rom[37].

Hs. 623[38]: 1. Proclus (türkisch), 2. Julius (türkisch), 3. Eustathius[39] von Antiochien[40].

Hs. 624[41]: 1. Jakob der Herrenbruder, 2. Petrus der Apostel, 3. Johannes Chrysostomus, 4. Xystus von Rom. 5. Mattai der Hirt, 6. Basilius von Caesarea, 7. Johannes der Evangelist[42].

29 Laut einer Anmerkung wurde die Hs. im Jahre 2032 A.Gr., d.h. 1720/21 n.Chr., geschrieben.

30 Die Hs., 27 × 19 cm., gebunden in Tuch. Sie hat am Anfang gelitten, und die ersten Blätter sind von zwei Händen restauriert worden. Auch späterhin kommen noch einige Lücken vor.

31 Über ihr Alter bleibt die Handschrift stumm. Doch darf man sie in das 18. Jh. ansetzen.

32 Die Hs., 25 × 19,5 cm., enthält 19 Lagen, gebunden in Tuch.

33 Laut einer Notiz ist die Hs. im Jahre 2051 A.Gr., d.h. 1739/40 n.Chr., geschrieben worden.

34 Die Hs., 29 × 20,5 cm., enthält 192 numerierte Folioblätter, gebunden in Tuch. Die am Anfang verlorengegangenen Blätter sind wiederhergestellt worden.

35 Nach der Schriftart zu urteilen, dürfte sie aus dem 18. Jh. kommen.

36 Die Hs., 32,5 × 20 cm., enthält 441 numerierte Blätter, gebunden in Tuch.

37 Die Ausführung identifiziert die Hs. als eine späte Abschrift.

38 Die Hs., 27 × 19 cm., umfaßt 90 numerierte Seiten, gebunden in Tuch.

39 Seite 75-83.

40 Die Hs. enthält keine Notiz über ihre Herkunft. Jedenfalls haben wir es hier mit einer modernen Abschrift zu tun.

41 Die Hs., 35,5 × 25,5 cm., umfaßt 317 numerierte Blätter, gebunden in Leinen.

42 Die Ausführung identifiziert diesen Band als eine moderne Abschrift.

Hs. 625[43]: 1. Jakob der Herrenbruder, 2. Mōšē bar Kēphā, 3. Mōšē bar Kēphā (eine andere Fassung), 4. Ja'qōb Būrd'ānā, 5. Ja'qōb von Serūg, 6. Dioskurus von Alexandrien, 7. Ignatius von Antiochien[44].

Hs. 626[45]: 1. Jakob der Herrenbruder, 2. Die zwölf Apostel, 3. Ja'qōb von Serūg, 4. Philoxenos, 5. Jōḥannān bar Šūšan, 6. Mārūtā, 7. Ja'qōb Būrd'ānā, 8. Eustathius von Antiochien, 9. Mattai der Hirt, 10. Xystus von Rom, 11. Dionysios bar Ṣalībī[46].

Hs. 627[47]: 1. Jakob der Herrenbruder, 2. Johannes der Evangelist (Karšūnī), 3. Jakob der Herrenbruder, 4. Simon Petrus, 5. Johannes der Evangelist, 6. Die zwölf Apostel, 7. Xystus von Rom, 8. Dionysios bar Ṣalībī, 9. Jōḥannān bar Šūšan, 10. Īwannīs of Ḥarrān, Ḥabbūrā, Nisibis, 11. Abraham naḥšīrtānā, 12. Mār 'Isḥāq[48], 13. Ignatius von Antiochien, 14. Mārūtā von Tagrīt[49].

Hs. 628[50]: 1. Abraham naḥšīrtānā, 2. Dioskuros von Gāzartā, 3. Severus von Antiochien (Karšūnī)[51].

Hs. 629[52]: 1. Jakob der Herrenbruder, 2. Xystus von Rom, 3. Julius von Rom, 4. Cyrill von Alexandrien, 5. Philoxenos, 6. Mārūtā von Tagrīt, 7. Severus von Antiochien, 8. Mōšē bar Kēphā, 9. Īwannīs von Ḥarran, Ḥabbūrā und Nisibis, 10. Jōḥannān bar Ma'danī, 11. Ignatios bar Wahīb, 12. Grīgōr der Maphrejan[53].

Hs. 630[54]: 1. Jakob der Herrenbruder (die kurze Anaphora), 2. Petrus, das Haupt der Apostel, 3. Johannes der Evangelist, 4. Die zwölf Apostel, 5. Xystus von Rom, 6. Dionysius bar Ṣalībī, 7. Jōḥannān bar Šūšan, 8. Jōḥannān Ma'danī, 9. Patriarch Ignatius von Mardin, 10. Severus von Antiochien, 11. Mārūtā, 12. Mattai der Hirt[55].

43 Die Hs., 23 × 15,5 cm., ist gebunden in Tuch.

44 Eine Notiz unterrichtet uns über ihre Entstehung; sie berichtet, daß der Abschreiber seine Arbeit im Jahre 1790 n.Chr. vollendete.

45 Die Hs., 22,5 × 16,3 cm, umfaßt 17 Lagen, gebunden in Tuch. Die ersten Lagen sind später wiederhergestellt worden.

46 Paläographische Merkmale und die Art der Schrift in dem älteren Teil weisen auf das 17. oder 18. Jh. hin.

47 Die Hs., 22,5 × 16 cm., ist gebunden in Tuch.

48 VÖÖBUS, »Discovery of Manuscripts of the Anaphora of Mār Isḥāq«.

49 Die Subskription berichtet, daß die Hs. im Jahre 2083 A.Gr., d.h. 1771/2 n.Chr., geschrieben worden ist.

50 Die Hs., 19,5 × 15 cm., umfaßt 104 Folioblätter, gebunden in Tuch.

51 Am Ende der ersten Anaphora steht eine Subskription, nach der der Abschreiber seine Arbeit im Jahre 2023 A.Gr., d.h. 1711/12 n.Chr., vollendet hat.

52 Die Hs., 20,3 × 15,3 cm., umfaßt 298 numerierte Folioblätter, gebunden in Tuch. Sie hat gelitten und ist leider ohne Anfang und Ende.

53 Verschiedene Subskriptionen berichten, daß die Hs. im Jahre 1797 n.Chr. im Kloster von Za'farān verfertigt wurde.

54 Die Hs., 21,5 × 16 cm., enthält 21 Lagen, gebunden in Tuch. Sie hat am Anfang gelitten, und die ersten Blätter sind wiederhergestellt worden.

55 Die Hs. besitzt keinen Kolophon. Sie scheint aber aus dem 17. oder 18. Jh. zu stammen.

Hs. 631[56]: 1. Johannes der Evangelist, 2. Simon Petrus, 3. Die zwölf Apostel, 4. Markus der Evangelist, 5. Julius von Rom, 6. Īwannis von Ḥarrān und Nisibis, 7. Xystus von Rom, 8. Dionysius bar Ṣalībī, 9. Mārūtā, 10. Eine Anaphora in Karšūnī, 11. Jakob der Herrenbruder, 12. Die zwölf Apostel, 13. Markus der Evangelist, 14. Julius von Rom, 15. Eustathius von Antiochien, 16. Philoxenos, 17. Mattai der Hirt, 18. Mārūtā. Die letzten sieben Anaphoren sind in Karšūnī[57].

Hs. 632[58]: 1. Jakob der Herrenbruder, 2. Johannes der Evangelist, 3. Simon Petrus (die kurze Fassung), 4. Markus der Evangelist, 5. Die zwölf Apostel, 6. Mattai der Hirt, 7. Xystus von Rom, 8. Dionysius bar Ṣalībī, 9. Ignatius von Antiochien, 10. Petrā von Antiochien, 11. Ja'qōb von 'Ūrhāi, 12. Philoxenos, 13. Mārūtā, 14. Grīgōr der Maphrejan, 15. Ja'qob Būrd'ānā, 16. Jōḥannān Ma'danī[59].

Hs. 633[60]: 1. Jakob der Herrenbruder, 2. Die zwölf Apostel, 3. Xystus von Rom[61].

Hs. 634[62]: 1. Jakob der Herrenbruder, 2. Petrus, das Haupt der Apostel (eine kurze Gestalt), 3. Dionysios bar Ṣalībī, 4. Xystus von Rom, 5. Die zwölf Apostel, 6. Johannes der Evangelist[63].

Hs. 635[64]: nach den einführenden Texten und Lesungen bringt sie die Anaphora der zwölf Apostel. Das Ende der Handschrift ist verschollen[65].

Hs. 636[66]: 1. Jakob der Herrenbruder, 2. Johannes der Evangelist (mit Lücken), 3. Xystus von Rom, 4. Dionysios bar Ṣalībī, 5. Jōḥannān bar Šūšan[67].

Hs. 637[68]: 1. Jakob der Herrenbruder (die kurze Gestalt), 2. Johannes der

56 Die Handschrift, 23 × 17,8 cm., ist gebunden in Tuch.

57 Die Hs. enthält keine Notiz über ihr Alter. Paläographische Erwägungen deuten auf das 18. oder 19. Jh. hin.

58 Die Hs., 21 × 15,5 cm, enthält 257 numerierte Folien, gebunden in Tuch. Die ersten 11 Folien sind leider verschollen.

59 Nach der Ausführung zu urteilen, dürfte die Hs. aus dem 17. oder 18. Jh. stammen.

60 Die Hs., 22 × 16 cm., ist in Tuch gebunden. Die ersten Blätter sind verschollen, und auch sonst finden wir Lücken.

61 Die Hs. ist mit einer Subskription versehen, die uns berichtet, daß sie im Jahre 2025 A.Gr., d.h. 1713/14 n.Chr., vollendet worden ist.

62 Die Hs., 22 × 15,5 cm., ist in Tuch gebunden.

63 Die Schrift wirkt nachlässig, könnte jedoch aus dem 18. Jh. stammen.

64 Die Hs., 21,3 × 15 cm., ist gebunden in gelbes Leder.

65 Über die Herkunft gibt uns der Kodex keine Notiz; alles aber spricht dafür, daß die Abschrift vielleicht noch im 18. Jh. verfertigt worden ist.

66 Die Hs., 22,8 × 15,8 cm., ist in Tuch gebunden. Die ersten Blätter fehlen.

67 Laut einer Subskription wurde die Hs. im Jahre 2104 A.Gr., d.h. 1792/3 n.Chr., geschrieben.

68 Die Hs., 15,2 × 10,5 cm, ist in Tuch gebunden. Der Anfang fehlt gänzlich. Die Ecken der beschädigten Blätter sind repariert worden. Auch das Ende ist von einer späteren Hand restauriert worden.

Evangelist, 3. Simon Petrus (die kurze Gestalt), 4. Die zwölf Apostel, 5. Mattai der Hirt, 6. Xystus von Rom, 7. Dionysios bar Ṣalībī[69].

Hs. 638[70]: 1, Simon Kepha (die kurze Fassung), 2. Īwannīs von Ḥarrān, Ḥabbūrā und Nisibis, 3. Xystus von Rom, 4. Die Überschrift kann man nicht ausmachen, 5. Dionysios bar Ṣalībī. 6. Tūmā von Germaniqeia[71].

Hs. 639[72]: 1. Jakob der Herrenbruder, 2. Dionysios bar Ṣalībī[73].

Hs. 640[74]: 1. Jakob der Herrenbruder, 2. Johannes der Evangelist, 3. Dionysios bar Ṣalībī, 4. Jōḥannān bar Šūšan; die drei letzten in Karšūnī[75].

Hs. 641[76]: 1. Jakob der Herrenbruder, 2. Dionysios bar Ṣalībī, 3. Johannes der Evangelist[77].

Hs. 642[78]: 1. Jakob der Herrenbruder, 2. Simon Petrus, 3. Johannes der Evangelist, 4. Die zwölf Apostel, 5. Xystus von Rom, 6. Dionysios bar Ṣalībī, 7. Jōḥannān bar Šūšan, 8. Die zwölf Apostel, 9. Petrus der Apostel, 10. Markus der Evangelist, 11. Eustathius von Antiochien. Die letzten vier Anaphoren sind in Karšūnī[79].

Hs. 643[80]: 1. Jakob der Herrenbruder, 2. Mattai der Hirt, 3. Dionysios bar Ṣalībī, 4. Simon Petrus, 5. Īwannīs von Ḥarrān, Ḥabbūrā und Nisibis, 6. Jōḥannān bar Šūšan, 7. Xystus von Rom, 8. Julius von Rom. Die letzten zwei sind in Karšūnī[81].

Hs. 644[82]: hier ist nur wenig erhalten geblieben, nur die Anaphora von Petrus dem Apostel[83].

Hs. 646[84]: die Anaphora von Jakob dem Herrenbruder[85].

Ungeachtet der Fülle des bisher bekannt gewordenen Materials können die neuerschlossenen Urkunden noch tiefer in den Reichtum der Gattung der Anaphoren führen.

69 Nach ihrer Physiognomie zu urteilen, darf man die Hs. in das 18. Jh. setzen.

70 Die Hs., 15,5 × 10,8 cm., umfaßt 7 Lagen, gebunden in Tuch, Der Anfang ist verschollen, und auch sonst weist sie Lücken auf. Die Überschriften in roter Tinte sind so blaß, daß man sie nur mit großer Mühe entziffern kann.

71 Betreffs ihres Alters darf man mit dem vorigen Jh. rechnen.

72 Die Hs., 15,5 × 10,4 cm., ist in Tuch gebunden. Der Anfang ist verlorengegangen und auch sonst hat der Text gelitten. Das Ende kommt von einer anderen Hand.

73 Über ihre Entstehung unterrichtet uns eine Subskription, die berichtet, daß der Abschreiber seine Arbeit im Jahre 2138 A.Gr., d.h. 1826/27 n.Chr., vollendet hat.

74 Die Hs., 19 × 15 cm., ist in Tuch gebunden.

75 Betreffs ihres Alters muß man mit dem vorigen Jh. rechnen.

76 Die Hs., 22,5 × 17,8 cm., ist in Leinen gebunden.

77 Laut einer Notiz wurde diese Hs. im Jahre 1880 n.Chr. vollendet.

78 Die Hs., 22 × 16 cm., umfaßt 14 Lagen, gebunden in Tuch.

79 Über ihr Alter bietet die Hs. keine direkten Angaben. Allen Merkmalen nach kann sie nicht vor dem 18. Jh. geschrieben worden sein.

80 Die Hs., 21,5 × 16,5 cm, ist in Tuch gebunden.

81 Betreffs ihres Alters darf man mit dem vorigen Jh. rechnen.

82 Die Hs., 21 × 15,5 cm, ist in Tuch gebunden.

83 Betreffs ihres Alters darf man mit dem 18. Jh. rechnen, doch könnte sie auch etwas älter sein.

HUBERT KAUFHOLD

Die syrischen und christlich-arabischen Handschriften der Universitätsbibliothek in Münster

Die Universitätsbibliothek der Westfälischen Wilhelms-Universität Münster besitzt fünf christlich-orientalische Handschriften: drei syrische, eine karšūnische und eine arabisch-syrische (Ms. orient. 1 bis 5), ferner ein gedrucktes maronitisches Missale mit syrischen und karšūnischen handschriftlichen Ergänzungen (Ms. orient. 6). Als Ms. orient. 7 wird ein Konvolut von fünf Kladden gezählt, die Abschriften und Kollationen verschiedener syrischer Texte enthalten. Bei der Katalogisierung der orientalischen Handschriften in Deutschland sind diese Manuskripte unberücksichtigt geblieben[1].

Drei davon (Nr. 1, 3 und 4) sowie die fünf Kladden gehörten mit Sicherheit früher Adolf Rücker, der bis zu seiner Emeritierung im Jahre 1948 Professor für Kunde des christlichen Orients, alte Kirchengeschichte, Patrologie und Dogmengeschichte an der Universität Münster war und am 13.11.1948 starb[2]. Die beiden übrigen dürften ebenfalls aus seinem Nachlaß stammen, weil nach dem Akzessionsjournal 1953 insgesamt zehn Handschriften aus seinem Vorbesitz erworben wurden. Das Missale ist vermutlich 1949 mit zahlreichen anderen Büchern Rückers in die Universitätsbibliothek gekommen.

Aus verschiedenen Veröffentlichungen ist bekannt, daß Rücker weitere syrische Handschriften besaß[3]. Seine Wohnung wurde zwar 1944 bei einem

1 Vgl. J. Aßfalg, Syrische Handschriften, Wiesbaden 1963 (= Verzeichnis der orientalischen Handschriften in Deutschland. Band 5). Exzerpte aus syrischen Handschriften und Photokopien enthält auch der wissenschaftliche Nachlaß Paul Krügers († 30.6.1975), der in der Universitätsbibliothek in Münster aufbewahrt wird. Insoweit kann auf den Bericht von Peter Heine (OrChr 60, 1976, 175f.) verwiesen werden.

2 Nachrufe von H. Engberding, in: Ephemerides Liturgicae 63 (1949) 312-316 (mit Bibliographie); G. Graf, in: Historisches Jahrbuch 62-69 (1949) 968f.; dems., in: OrChr 37 (1953) 3f.; B. Kötting, in: Theologische Revue 45 (1949) 46f.; F. Taeschner, in: ZDMG 99 (1945-49 [1950]) 159-163 (mit Bibliographie).

3 Für seine Breslauer philosophische Dissertation (»Die Canones des Simeon von Rêvârdešîr«, Leipzig 1908) hatte er eine Abschrift der Hs. Séert 65 bekommen (ebenda S. 11). Er besaß ferner eine Abschrift von einem Pontifikale des Klosters Scharfeh, s. seinen Aufsatz »Der Ritus der Bekleidung mit dem ledernen Mönchsschema«, in: OrChr N.S. 4 (1915) 219-237. In seinem Beitrag »Über einige nestorianische Liederhandschriften ...« (OrChr N.S. 9, 1920, 107-123) teilt er mit, daß er in Beirut eine ostsyrische »Liederhandschrift« erworben habe (S. 108; Beschreibung: S. 121-123). 1927 beschrieb er ein westsyrisches Lektionar, das er 1913 gekauft hatte (»Bericht über einige syrische Handschriften«, in: OrChr, 3. Serie, Band 2, 1927, 159, unter

Bombenangriff auf Münster zerstört, doch »konnte seine reiche Bibliothek gerettet werden«, wie Franz Taeschner und ähnlich Bernhard Kötting in ihren Nachrufen[2] berichten. Die Handschriften müßten also noch vorhanden sein. Ihren Verbleib konnte ich aber nicht feststellen[4].

Die im folgenden beschriebenen Handschriften habe ich bei einem Besuch in Münster am 8.10.1986 eingesehen. Durch das dankenswerte Entgegenkommen des Leiters der Handschriftenabteilung der Universitätsbibliothek Münster, Herrn Dr. Haller, sowie von Herrn Dr. Arnold von der Handschriftenabteilung der Bayerischen Staatsbibliothek München konnte ich sie im Jahre 1987 längere Zeit in München benutzen. Sie waren in der Zwischenzeit restauriert worden. Herrn Dr. Haller und Frau Bibliotheksamtsrätin Kießling in Münster bin ich auch für Auskünfte über die Herkunft der Handschriften verpflichtet.

Ms. orient. 1

Gebunden, aber ohne Einbanddeckel und -rücken, in neuer grüner Ganzleinenmappe. Papier. 100 Blatt. 10 Lagen zu 10 Blatt. Format: 26,5 × 19,4 cm. Schriftspiegel: 20,5-22 × 13 cm. Zweispaltig (Blatt 96ᵛ-99ᵛ: einspaltig). 32-35 Zeilen. Kustoden. Rote Überschriften und Seitentitel. Syrisch. Serṭō eines geübten Schreibers.

Keine Lagenzählung. Seitenzählung am oberen äußeren Rand mit syrischen Buchstaben, am unteren äußeren Rand mit arabischen Zahlzeichen (Seite 1-196 = Blatt 2ʳ-99ᵛ), mit roter Tinte. Am oberen Rand außerdem Bleistift-Blattzählung mit europäischen Ziffern, die offenbar die Blattzahlen der Vorlage angibt (Blatt 92-190).

Durchgängig Wasserschäden. Die schwarze Tinte des Textes ist überall noch einwandfrei lesbar, die rote dagegen fast an allen Stellen bis hin zur Unleserlichkeit ausgewaschen. Papier in der Mitte des Vorderschnittes am Rand brüchig. Neben einigen syrischen Randbemerkungen, die vermutlich bereits in der Vorlage standen, finden sich zahlreiche

Nr. 1); ob er die weiteren Handschriften (Nr. 2-9), die ihm »in Jerusalem im Sommer 1926 ... zum Kaufe angeboten« wurden, tatsächlich erworben oder nur beschrieben hat, kann ich nicht sagen. Aus Baumstarks »Geschichte der syrischen Literatur« läßt sich entnehmen, daß Rücker zumindest noch einen (syrischen?) Katalog der Handschriften des Markusklosters in Jerusalem besaß (Vorwort S. VII; S. 344, zu S. 3 Ak. 5) sowie eine syrische Anaphorensammlung, Abschrift einer Handschrift des Klosters Kreim/Libanon (S. 353, zu S. 266 Ak. 10ff.). Letztere habe ich übrigens bei J. Nasrallah, Catalogue des manuscrits du Liban, II, Harissa 1963, 7-118, nicht finden können. Eine Handschrift des »Ordo iudiciorum ecclesiasticorum« des ʿAḇdīšōʿ von Nisibis aus dem Jahre 1898, die Bernhard Vandenhoff (später ebenfalls Professor in Münster) im selben Jahr in Rom erworben hatte (s. Vandenhoff, Ein Brief des Elias bar Šinaja ..., in OrChr N.S. 3, 1913, 61), soll nach dessen Tode (29.12.1929) — zusammen mit einer deutschen Übersetzung Vandenhoffs — in den Besitz Rückers übergegangen sein (s. J.M. Vosté, Ordo iudiciorum ecclesiasticorum, Vatikanstadt 1940, 14 und 16).

4 Für — leider negative — Auskünfte auf entsprechende Anfragen danke ich den Herren Professoren P. DDr. Ludger Bernhard OSB, Salzburg/Maria Laach, und P. Dr. Winfried Cramer OSB, Münster/Gerleve, sowie Herrn Archivoberrat Dr. Peter Löffler, Bistumsarchiv Münster.

nachträgliche Anmerkungen mit Tinte oder Bleistift von der Hand Rückers (Hinweise auf Quellen und deren Ausgaben, sonstige Literaturangaben u.ä.).
Schreiber: Mönch Yūḥannā Garūm aus Mardin (s. auch Ms. orient. 3). Beendet am 1.9.1915. Geschrieben im syrisch-orthodoxen Markuskloster in Jerusalem für Adolf Rücker.

Es handelt sich um eine Teilabschrift der aus dem Jahre 806 A.D. stammenden Handschrift Nr. 129 des Markusklosters, die beschrieben ist bei A. Baumstark - G. Graf - A. Rücker, Die literarischen Handschriften des jakobitischen Markusklosters in Jerusalem (OrChr N.S. 2, 1912, 125f., als Nr. 3*). Diese Vorlage besteht aus zwei Bänden von zusammen 192 Blatt mit durchgehender Bleistift-Folienzählung. Baumstark schreibt aaO S. 126: »Ich hatte in den ersten Monaten des Jahres 1905 mir ebenso genaue als ausführliche Notizien über die Hs. gemacht[5], die mir ... leider aber durch ein bedauerliches Mißgeschick verloren gingen. Herr Dr. Rücker, auf den die obigen Angaben demgemäß ausschließlich zurückgehen, hatte die Güte, sie aufs neue zu untersuchen. Doch fehlte ihm ... die Zeit, um auch seinerseits an die richtige Anordnung der Folien heranzutreten. Ich hielt es daher für geraten, auf eine weitere Verwertung der noch ungleich umfangreicheren mir von ihm zur Verfügung gestellten Aufzeichnungen zur verzichten, indem ich es ihm überlasse, nach einem sorgfältigeren Studium der Hs. selbständig über den in derselben erhaltenen Rest der literarischen Hinterlassenschaft des Kyriakos zu berichten, von der er soviel als möglich zwecks einer späteren Publikation zu kopieren gedenkt.« Ein Versuch Rückers, der sich von Frühjahr 1912 bis März 1914 als Stipendiat der Görresgesellschaft in Jerusalem aufhielt[6], die betreffende Handschrift abzuschreiben, muß jedoch gescheitert sein. In einem »Bericht über die Tätigkeit der orientalischen wissenschaftlichen Station der Görresgesellschaft in Jerusalem« (OrChr N.S. 3, 1913, 332) schreibt J.P. Kirsch: »... in die Bibliothek der Jakobiten in Jerusalem kam er [d.i. Rücker] nach der Union des ehemaligen syrischen Bischofs der Stadt mit Rom[7] überhaupt gar nicht mehr hinein, so daß er die begonnene Kopie der Homilien des Patriarchen Kyriakos aus der einzigen dort existierenden Handschrift nicht einmal vollenden konnte«. Rücker verpflichtete dann aber, wie die vorliegende

5 Baumstark sammelte sein Material für die Beschreibung der Hss. von Januar bis März und im Juli 1905 in Jerusalem, vgl. OrChr 5 (1905) 321; OrChr N.S. 1 (1911) 103. Auf Baumstark beruhen auch die Angaben über die Jerusalemer Hs. bei K. Kaiser, Die syrische »Liturgie« des Kyrikos von Antiochien, in: OrChr 5 (1905) 174-197, hier: 177.

6 Vgl. OrChr N.S. 2 (1912) 336; 3 (1913) 333; 4 (1914) 344.

7 Gemeint ist der Metropolit Johannes Elias Hallūlī, der 1912 von seinem Patriarchen abgesetzt wurde und am 21.12.1912 katholisch wurde. Die Union dauerte allerdings nur etwa ein Jahr. Ab 1918 war er auch wieder in seinem alten Amt, wurde aber 1922 erneut abgesetzt. Vgl. Das heilige Land 57, 1913, 166; 60, 1916, 187; 67, 1923, 39f.

Handschrift zeigt, einen Mönch des Markusklosters als Kopisten[8]. Es ist nicht bekannt, wann er die erst nach seiner Abreise fertiggestellte Abschrift bekam. Der Erste Weltkrieg wird eine sofortige Übermittlung kaum zugelassen haben. Aber bereits Baumstark spricht in seiner 1922 erschienenen »Geschichte der syrischen Literatur« von einer Abschrift der Jerusalemer Handschrift »im Privatbesitz AdRückers« (S. 353, Nachtrag zu S. 271 Ak. 1), bei der es sich um unsere Kopie handeln muß. Rücker selbst erwähnt in seinem Aufsatz »Das dritte Buch der Mēmrē des Kyriakos von Antiochien und seine Väterzitate« (OrChr, 3. Serie, Band 9, 1934, 107-115), in dem er näher auf den Inhalt der Jerusalemer Handschrift und das Werk des Kyriakos eingeht, überhaupt nichts davon, daß er eine Abschrift in Händen hatte. Zu einer weiteren Veröffentlichung im Zusammenhang mit der Handschrift ist Rücker nicht gekommen.

Der Mönch des Markusklosters hat nur den zweiten Band der Vorlage kopiert. Möglicherweise hatte Rücker den ersten bereits selbst abgeschrieben, worauf die zitierten Ausführungen von Kirsch hindeuten könnten. Hiervon scheint aber nichts erhalten zu sein. Vielleicht war Rücker aber auch an den ersten Texten, Auszügen aus dem »Liber Graduum« und Schriften des Isaias von Skete (vgl. Rücker ebda. 107f.), nicht so interessiert.

Inhalt der Handschrift: *Werke des Patriarchen Kyriakos von Antiocheia*, 793-817 A.D. (vgl. Baumstark, Geschichte 270f.; Barṣaum, Al-lu'lu' [oben Anm. 8] 329-331; A. Abūna, Adab al-luġa al-ārāmīya, Beirut 1970, 386f.).

1) Drittes Buch einer Sammlung von prosaischen Mēmrē über theologische Gegenstände.

Fol. 1r (angeordnet wie bei einem Titelblatt; die senkrechten Striche bezeichnen die Zeilenenden):

ܢܘܡܪܘ | ܩܟܛ | ١٢٩ | ܟܬܒܐ ܕܬܠܬܐ ܕܡ̈ܐܡܪܐ ܘܬܫܒܘܚܬܐ |
ܘܠܒܝܬ ܠܐܠܗܐ. ܡܪܝ ܩܘܪܝܩܘܣ | ܦܛܪܝܪܟܘܣ | ܕܐܢܛܝܘܟܝܐ |
ܕܣܘܪܝܐ | ⁘

»Nummer 129 [= der Bibliothek des Markusklosters[9]]. Drittes Buch des

8 Anscheinend wurde 1915 für den späteren Patriarchen Ignatios Afrām Barṣaum, der sich zu dieser Zeit wohl ebenfalls im Markuskloster aufhielt, eine zweite Abschrift angefertigt; er erwähnt sie in seiner syrischen Literaturgeschichte (Al-Lu'lu' al-manṯūr, Abschnitt 144, Fußn. 4 = S. 330 der 2. Aufl. und des seitengleichen Nachdrucks Bagdad 1976).

9 Die Signatur 129 kann wohl erst nach der Beschreibung von Baumstark/Rücker vergeben worden sein. Die Neuordnung der Bibliothek dürfte auf den Mönch Afrām Barṣaum, den späteren Patriarchen, zurückgehen, von dem auch der nicht veröffentlichte Katalog der Hss. des Markusklosters (vgl. oben Anm. 3) stammt (s. B. Ḥaddād, Mawātin al-maḫṭūṭāt as-suryānīya

heiligen, seligen und gottbekleideten Mār Kyriakos, des Patriarchen von Antiocheia in Syrien«.

Darunter auf arabisch in ähnlicher Anordnung wiederholt.

Fol. 2r: Beginn des Textes. Am Anfang unvollständig und einige vom Schreiber freigelassenen Stellen, die offenbar unleserliche Passagen der Vorlage kennzeichnen sollen. Die Anfangs- und Schlußnotizen der Mēmrē und Kapitel, mit roter Tinte geschrieben, sind infolge der Wasserschäden größtenteils nicht mehr lesbar. Die Einteilung läßt sich aber fast überall anhand der Bleistiftvermerke Rückers feststellen. Die Überschriften der erhaltenen Kapitel in den Mēmrē 6(?), 7 und 12-28 gibt Rücker in deutscher Übersetzung in seinem Aufsatz »Das dritte Buch der Mēmrē ...« (aaO 108-111) an, auf den auch wegen der fehlenden Blätter und Blattvertauschungen am Anfang verwiesen werden kann.

Fol. 94r (= S. 185): ܫܠܡ ܟܬܒܐ ܕܬܠܬܐ ܕܩܘܪܝܩܘܣ ܦܐܛܪܝܪܟܘܣ ܕܐܢܛܝܘܟܝܐ ܕܡܕܝܢܬܐ ܕܣܘܪܝܐ ܕܐܝܬ ܒܗ ܡܐܡܖ̈ܐ ܥܣܪܝܢ ܘܬܡܢܝܐ

»Zuende ist das dritte Buch des Kyriakos, des Patriarchen der Stadt Antiocheia in Syrien, worin achtundzwanzig Mēmrē (enthalten) sind«.

Der Text wurde bisher nicht veröffentlicht, mit Ausnahme einer arabischen Übersetzung von Kapitel 6 und 7 des 19. Mēmrā durch den Patriarchen Ignatios Afrām Barṣaum, in: Mağalla al-baṭriyarkīya as-suryānīya 5 (1938) 244-249, u.z. nach der Handschrift des Markusklosters (Hinweis auch bei Graf II 228). Bei den von Vööbus (OstkSt 25, 1976, 193-5) aufgezählten Mēmrē handelt es sich um andere Texte.

2) »Von demselben Patriarchen Kyriakos: Erläuterung von Fragen, die gestellt wurden von dem Diakon Yešūʿ, der in dem Dorf Tarmanaz wohnt«.

Fol. 94r: ܕܝܠܗ ܕܗܘ ܕܩܘܪܝܩܘܣ ܦܐܛܪܝܪܟܘܣ ܦܘܫܩܐ ܕܫܘ̈ܐܠܐ ܕܐܬܫܐܠ ܠܗ ܡܢ ܝܫܘܥ ܡܫܡܫܢܐ ܕܥܡܪ ܒܩܪܝܬܐ ܛܪܡܢܙ.

Fol. 95v: ܫܠܡ ܫܘ̈ܐܠܐ ܥܣܪܐ ܘܦܘܫܩܗܘܢ.

»Zuende sind die zehn Fragen und ihre Erläuterungen«.

fi'š-šarq al-ausaṭ, in: Journal of the Iraqi Academy, Syriac Corporation, vol. 6, Bagdad 1981/82, 341-361; hier: 345). Rücker gibt die neue Signatur nicht an. Möglicherweise wurden die nach der Beschreibung von Baumstark/Rücker zusammengehörigen Bände bei der Neuordnung getrennt. Für den ersten gibt M. Kmosko, Liber Graduum, Paris 1926 (Patrologia Syriaca I 3), S. CCXCIIIff. die Nummer 180 an. Nach Barṣaum aaO trägt die Jerusalemer Hs. aus dem Jahre 806 A.D. die Nummer 118; das ist aber wohl ein Irrtum, weil er auf S. 120f. die Hs. als Nummer 180 näher beschreibt.

Es handelt sich um zehn Fragen und Antworten theologisch-liturgischen Inhalts.

Weitere Handschriften (neben Jerusalem, Markuskloster 129 und der Handschrift des Patriarchen Barṣaum, oben Anm. 8): Damaskus, Syr.-orth. Patriarchat 8/11, fol. 191^{r}-192^{v} (1204 A.D.), Mardin, Syr.-orth. Metropolie 323, fol. 20^{v}-23^{r} (moderne Abschrift).

Ausgabe: A. Vööbus, The Synodicon in the West Syrian Tradition. II, Louvain 1976 (= CSCO 375), 180-184 (nach Damaskus 8/11, nur geringfügige Abweichungen).

Übersetzung: Vööbus ebda. (= CSCO 376) 185-188.

Vgl. auch A. Vööbus, Syrische Kanonessammlungen. Ein Beitrag zur Quellenkunde. I. Westsyrische Originalurkunden. 1, Louvain 1970 (= CSCO 307, 317), 298f. (zu Kyriakos vgl. auch S. 13-35).

Baumstark/Rücker nehmen in der erwähnten Beschreibung der Jerusalemer Handschrift zu Unrecht zwei Texte an: »3) Antworten des Kyriakos auf die Fragen eines Diakons Išôʿ aus dem Dorfe ܬܪܡܢܙ, 4) die zu Anfang unvollständige Beantwortung von zehn liturgischen Fragen«. So finden wir es auch bei Baumstark, Geschichte 271 Anm. 1. Richtig dann aber Rücker, Das dritte Buch der Mēmrē, aaO 111.

Der Diakon Yešūʿ (= Īšōʿ) aus Tarmanaz wird bereits in Mēmrā 26 des Kyriakos als Fragesteller erwähnt, vgl. Rücker ebda. 110f. Bei dem Dorf Tarmanaz dürfte es sich um den Ort im Gebiet von Kyrrhos handeln[10], in dem nach der Chronik Michaels des Großen[11] und der Kirchengeschichte des Barhebraeus[12] im Jahre 751/2 A.D. eine Synode stattfand, Nach diesen Quellen lautet der Name Tarmanā (ܬܪܡܢܐ), was im syrischen Schriftbild (Serṭō) kaum von Tarmanaz zu unterscheiden ist. In der Chronik Michaels findet sich an einer anderen Stelle in der Handschrift noch der graphisch ebenfalls ähnliche Name Tarmīzd (ܬܪܡܝܙܕ)[13]. Ob die drei Orte identisch sind und welche Form richtig ist, vermag ich nicht zu entscheiden[14].

10 J. Mounayer, Les synodes syriens jacobites, Beirut 1964, 37 beschreibt seine Lage näher: »Ville principale de la Cyrrhestique sur l'Afrin affluent de l'Oronte, à 20 Km. au nord-este de Killez et environ 70 Km. au nord-ouest d'Alep.«

11 J. B. Chabot, Chronique de Michel le Syrien, Bd. II, Paris 1901, 514-5 (Übersetzung), Bd. IV, Paris 1910, 470 (Text).

12 J. B. Abbeloos und Th. J. Lamy, Gregorii Barhebraei chronicon ecclesiasticum, tom. I, Löwen 1872, 311-314. Vgl. bereits J.S. Assemani, Bibliotheca Orientalis Clementino-Vaticana, tom. II, Rom 1721, 338.

13 AaO Bd. IV 488 bzw. Bd. III 19 und Anm. 2 (wo Chabot dafür Tarmanā lesen will; unentschieden Rücker, Das dritte Buch der Mēmrē, aaO 110, Fußn. 2).

14 Vööbus (Syrische Kanonessammlungen aaO 299, Fußn. 13) erwägt, ob Tarmanā mit dem Dorf Armanaz bei Apameia gleichzusetzen ist. Hier lag jedoch das Kloster des Mār Mārōn (Baumstark, Geschichte 177, zu Fußn. 15, verlegt es irrtümlich in die Nähe von Aleppo), das Zentrum der maronitischen Richtung (vgl. Graf I 65f.; M. Breydy, Geschichte der Syro-

3) Beginn des Kolophons der Vorlage (fol. 95ᵛ): ܟܠ ܕܩܪܐ ܒܟܬܒܐ ܗܢܐ.
ܢܨܠܐ ܥܠ ܛܝܕܘܣ ܒܨܝܪܐ ܕܟܬܒ ܐܝܟ ܚܝܠܗ.

»Jeder, der in diesem Buch liest, bete für den geringen Tīdōs, der es entsprechend seiner Kraft geschrieben hat«.

Ein ganz ähnlicher Vermerk eines Schreibers und Mönchs Tīdos (ܛܝܕܘܣ), d.i. Theodosios, findet sich in der Hs. Brit. Libr. Add, 14,659, die nach Wright aus dem 8. oder 9. Jhdt. stammt[15]. Dieser Tīdos könnte mit dem Schreiber der Jerusalemer Handschrift identisch sein.

Fortsetzung des Kolophons der Vorlage (fol. 96ʳ):

ܐܬܝܗ̇ܝ، ܟܬܒܐ ܗܢܐ ܕܦܘܠܘܣ ܒܪܗ ܕܒܪܫܒܥܝܢܐ ܒܪ ܐܢܫܐ ܡܢ
ܬܪܝܢܬ ܡܕܝܢܬܐ ܦܪܘܦܛܠܝܣ ܘܪܚܡܬ ܠܡܫܝܚܐ. ܕܡܫܝܚܗܝ، ܡܢ
ܝܠܝܬܐ ܕܐܠܗܐ ܘܡܒܪܟܬܐ ܕܐܪܝܘܗܝ.، ܘܐܝܟ ܕܠܡܬܝܪܢܘܬܐ ܕܢܦܫܗ.
ܘܕܟܠܗܘܢ ܐܝܠܝܢ ܕܦܓܥܝܢ ܒܗ ܒܟܬܒܐ. ܐܫܬܠܡ ܕܝܢ ܘܐܬܦܫܩ
ܒܫܢܬ ܐܠܦܐ ܘܡܐܐ ܘܬܡܢܝܢܐ ܕܝܘܢܝܐ ܕܝܢ ܕܡܩܕܘܢܝܐ. ܒܝܪܚܐ.
ܕܐܝܬܝܗ̇ ܒܕܡܗܓܪܝܐ. ܫܢܬ ܡܐܐ ܘܬܫܥܝܢ ܘܬܪܬܝܢ. ܒܐܝܪ
ܬܫܪܝܢ ܘܒܚܕ ܒܬܠܬܐ ܒܗ ܒܝܘܡ ܫܒܬܐ. ܒܡܕܝܢܬܐ ܩܕܝܫܬܐ
ܕܕܝܪܐ ܕܐܘܪܫܠܡ. ܕܥܠ ܦܠܝܛܘܣ ܡܕܝܢܬܐ. ܒܝܘܡܝ ܚܣܝܐ
ܘܦܛܪܝܪܟܐ. ܡܪܝ، ܬܐܘܕܘܪܘܣ ܦܛܪܝܪܟܐ ܗܢܘܢ ܕܒܡܕܝܢܬܐ ܩܕܝܫܬܐ.
ܘܡܢ ܬܚܝܬ ܡܕܝܢܬܐ ܡܕܒܪܬܐ. ܘܒܝܘܡܝ ܚܣܝܐ ܐܒܘܢ ܡܪܝ،
ܫܡܥܘܢ ܦܛܪܝܪܟܐ ܕܐܠܗ̇ ܕܬܚܝܬ ܗܢܘܢ ܕܒܡܕܝܢܬܐ ܕܐܢܛܝܘܟܝ.
ܘܐܦܣܩܘܦܐ ܕܐܠܗ̇ ܕܡܕܝܢܬܐ ܦܠܘܛܘܣ ܡܪܝ، ܬܐܘܕܘܣܝܘܣ
ܦܛܪܝܪܟܐ ܕܬܚܝܬ ܡܢ ܒܡܕܝܢܬܐ ܡܕܝܢܬܐ ܕܡܪܝ، ܐܬܘܣ.
ܘܒܝܘܡܝ ܦܘܠܘܣ ܐܪܝܟܐ. ܘܡܪܝ، ܫܡܥܘܢ ܘܡܦܪܢܐ. ܘܡܪܝ، ܬܐܘܕܘܣ
ܬܘܒ ܗܘܢ ܕܡܕܝܢܬܐ ܕܕܪܢܐ ܕܐܦܣܩܘܦܐ. ܕܡܪܝܐ ܗܘ̇ ܕܟܠ
(leg. ܕܟܠ) ܫܡܗ ܡܫܝܚܐ. ܐܬܚܙܝ ܘܦܘܫ ܠܡܫܝܚܘܬܐ ܗܕܐ
ܪܘܚܢܬܐ. ܗܘ̇ ܠܗ ܠܗ ܘܠܟܠܗܘܢ ܐܒܗ̈ܘܗܝ، ܘܠܟܠܗ ܒܢܝܢܘܗܝ.
ܘܠܟܠܗܘܢ ܚܝ̈ܢܘܗܝ. ܒܫܡܝܐ ܗܘ̇ ܕܠܐ ܒܟܪ ܘܠܐ ܡܥܫܢܐ.
ܒܝܠܕܬܐ ܘܬܫܒܘܚܬܐ ܕܟܠܗܘܢ. ܡܢܝܚܐ. ܟܠܗ ܕܢܝܬܐ ܐܠܗܐ
ܡܪܝܡ. ܘܐܒܘܗܝ ܥܘܬܕܢܐ ܘܫܘܒܚܐ ܟܠܗܘܢ ܠܥܠܡܝܢ ܐܡܝܢ ܀

Arabischen Literatur der Maroniten vom VII. bis XVI. Jahrhundert, Opladen 1985, 30ff.), wo wir den Diakon Yešūʿ wohl nicht zu suchen haben.

15 W. Wright, Catalogue of Syriac Manuscripts in the British Museum, 3 Bde., London 1870-72, 1163f. (Nr. 990).

ܟܠ ܕܩܪܐ ܢܨܠܐ ܥܠ ܗܘ ܕܐܬܥܣܩ. ܡܛܠ ܕܗܘܝܘ ܩܕܡܝܐ ܕܟܬܒܗ.
ܘܐܬܟܬܒ ܡܢ ܨܚܚܐ ܕܟܬܒܐ ܕܝܠܗ ܕܐܒܘܢ ܛܘܒܢܐ. ܡܢ
ܦܘܚܡܐ ܕܝܢ ܕܡܪܝ، ܬܐܘܕܘܪܘܣ ܩܫܝܫܐ ܬܓܪܝܬܢܝܐ ܡܢܗ̇ ܕܕܝܪܐ
ܕܐܣܛܘܢܐ ...

»Dieses Buch gehört Stephanos, dem Sohn des Barḥaḏbšabbō, dem Sohn des Aḥō, aus der christusliebenden Metropole Tagrit, durch die Gabe Gottes und die Arbeit seiner Hände, zum Nutzen seiner selbst und aller, die auf das Buch treffen. Es wurde beendet und kollationiert im Jahre 1118 der Griechen, in der ersten(?) Indiktion, das ist im Jahre 192 muslimischer (Zeitrechnung), dem dritten Tag des Monats Oktober, einem Dienstag, in dem heiligen Säulenkloster bei der Stadt Kallinikos, zur Zeit des ehrwürdigen und seligen Patriarchen Mōr Kyriakos, aus eben dem heiligen Kloster und aus der gesegneten Stadt Tagrit, und zur Zeit des ehrwürdigen Abtes (*abbās*) Mōr Simeon, des Metropoliten von Tagrit, aus dem genannten Kloster, und des Bischofs der Stadt Kallinikos Metropolit Mōr Theodosios aus Tagrit, aus dem heiligen Kloster des Mōr Atōnōs, und zur Zeit des Klostervorstehers Sergios, des Sakristans Mōr Simeon und des Schreibers Mōr Theodosios (*T'ydsy*) vom Säulenkloster. Der Herr möge demjenigen, der sich wegen seines heiligen Namens angestrengt hat und diesen geistlichen Schatz bereitgestellt hat, unvergängliche und unaufhörliche Wonne geben, ihm, allen seinen Vätern, ihrem ganzen Kloster und allen ihren Verstorbenen, durch die Gebete und Fürbitten aller Heiligen, vor allem der Muttergottes Maria, sowie unseres seligen Vaters und aller Bischöfe, in Ewigkeit, Amen.

Jeder, der es liest, bete für den, der sich angestrengt hat, denn er ist der erste, der es hat schreiben lassen. Es wurde (ab)geschrieben von einem Exemplar des Buches unseres seligen Vaters, von einer Kollation (Reinschrift?) des Priesters Mōr Theodoros aus Tagrit vom Säulenkloster.« (Es folgt eine der üblichen Verwünschungen gegen den, der die Handschrift unterschlägt oder beschädigt.)

Die Datierung ist nicht schlüssig. Der 3. Oktober 1118 Graec. (= 806 A.D.) war zwar tatsächlich ein Dienstag, fiel aber in das muslimische Jahr 190, nicht 192. Die in syrischen Handschriften selten vorkommende, aber in der Regel zutreffende Datierung nach Indiktionen[16] scheint ebenfalls falsch zu sein. Das dem Wort »Indiktion« (*d-ndqṭyōna*) folgende Attribut (*bdm'*) gibt keinen Sinn

16 L. Bernhard, Die Chronologie der syrischen Handschriften, Wiesbaden 1971, 134-138. Unrichtig ist die Indiktionsangabe (9. Indiktion) nur in der von Bernhard nicht erwähnten Hs. Brit. Libr. Add. 14,548 (= Wright aaO Nr. 558) vom Juli 1101 Graec. = 790 A.D., wo es 13. Indiktion heißen müßte. Weitere Belege für Indiktionsangaben im Thesaurus Syriacus, tom. I, Oxford 1879, Sp. 256f.

und muß auf jeden Fall verbessert werden. In den anderen bekannten Fällen wird das Indiktionsjahr nirgends mit einer syrischen Ordinalzahl angegeben, sondern einer griechischen Ordinal- oder (seltener) syrischen Kardinalzahl, beides aber im syrischen Genitiv (z.B. *indiqṭyōnā d-ṭriṭā*, *d-ḏeqaṭā* bzw. *da-ṯlāṯā*). Eine entsprechende, vom Schriftbild her passende Verbesserung ist nicht ersichtlich. Es bietet sich nur die syrische Ordinalzahl *qaḏmāyā* »erster« an. Allerdings gehört der 3. Oktober 806 in das letzte, fünfzehnte Indiktionsjahr, nicht in das erste. Die Angaben passen demnach alle nicht zusammen.

Die Entstehung der Vorlage fällt in eine Zeit innerkirchlicher Streitigkeiten[17], an denen auch im Kolophon erwähnte Personen beteiligt waren. Im Jahre 798 sollen der Metropolit Theodosios von Kallinikos und vier andere Bischöfe gegen den Patriarchen Kyriakos opponiert haben, als dieser sich mit der julianistischen Partei einigen wollte[18]. Auch wegen des Metropoliten Simeon von Tagrit gab es heftige Auseinandersetzungen.

Wie sich aus den Angaben zu den Personen ersehen läßt, bestanden offenbar enge Beziehungen zwischen Tagrit und dem Säulenkloster bei Kallinikos (vgl. dazu auch J. M. Fiey, Tagrît. Esquisse d'histoire chrétienne, in: OrSyr 8, 1963, 289-342; hier: 315f.).

Der Schluß des Kolophons ist nicht ganz klar. Die Jerusalemer Handschrift ist zu Lebzeiten des Patriarchen Kyriakos († 817 A.D.) entstanden. Es scheint die erste Abschrift nach einem Exemplar aus dem Besitz des Verfassers gewesen zu sein, aber wohl nicht eines Autographs, sondern eines *puḥōmō* eines Priestermönches Theodosios vom Säulenkloster[19]. Das Wort bedeutet im Zusammenhang mit Handschriften »Kollation« (eigentlich: »Vergleich«), was hier aber nicht recht paßt, weil ja gerade noch keine verschiedenen Handschriften vorgelegen haben sollen. Man denkt deshalb eher an eine Reinschrift nach dem Entwurf des Verfassers. Die Ausdrücke »der sich angestrengt hat« und »der es geschrieben hat« (in der Übersetzung oben: »der es hat schreiben lassen«) im Kolophon meinen nicht den Schreiber, sondern den Besteller (vgl. die eindeutigeren Parallelen in den Londoner Handschriften Wright Nr. 626 und 685 aus den Jahren 837 und 868 A.D.).

17 Zusammenfassende Darstellung bei Kaiser aaO 174-6 oder Vööbus, Syrische Kanonessammlungen, aaO 20-22 und 26-33.

18 So nach der bis zum Jahre 813 reichenden Chronik (Vööbus ebda. 28). Dazu paßt allerdings weniger, daß Theodosios das zwischen Kyriakos und den Julianisten vereinbarte Glaubensbekenntnis mit unterschrieben hat (vgl. R. Draguet, Le pacte d'union de 797 entre les Jacobites et les Julianistes, in: Le Muséon 54, 1941, 91-106). Möglicherweise ist er identisch mit dem Metropoliten Theodosios von Kallinikos der 833 A.D. geschriebenen Hs. Brit. Libr. Add. 12,171 (Wright Nr. 782).

19 Von ihm stammt vielleicht die Hs. Brit. Libr. Add. 17,172 (Wright Nr. 780), geschrieben zwischen 819 und 830 A.D. an einem nicht angegebenen Ort. Auch sie hat einen Bezug zu Tagrit, die Besteller stammten von dort.

4) Homologie[20] (fol. 96ᵛ-99ʳ = S. 190-195).

Fol. 96ᵛ: ܬܘܒ ܐܘܡܘܠܘܓܝܐ ܕܗܘ ܕܩܕܝܫܐ ܘܠܒܝܫ ܐܠܗܐ. ܡܪܝ,
ܩܘܪܝܩܘܣ ܦܛܪܝܪܟܐ ܕܐܢܛܝܘܟܝܐ ܕܣܘܪܝܐ.
ܠܩܕܝܫܐ ܘܛܘܒܢܐ ܐܒܐ ܕܐܒܗ̈ܬܐ. ܡܪܝ, ܩܘܪܝܩܘܣ ܪܝܫܐ
ܕܐܦܝ̈ܣܩܘܦܐ : ܐܘܟܝܬ ܦܛܪܝܪܟܐ ܕܝܠܢ. ܐܢܐ ܦܠ ܕܒܛܝܒܘܬܗ,
ܕܐܠܗܐ ܩܫܝܫܐ ܡܢ ܕܝܪܐ ܦܠ. ܨ̈ܠܘܬܟܘܢ ܩܕܝ̈ܫܬܐ ܒܥܐ
ܐܢܐ ...

»Ferner: Homologie desselben heiligen und gottbekleideten Mōr Kyriakos, des Patriarchen von Antiocheia in Syrien.

An den heiligen und seligen Vater der Väter, Mōr Kyriakos, das Haupt der Bischöfe, d.h. unseren Patriarchen. Ich, N.N., durch die Gnade Gottes Priester, vom Kloster N.N., erbitte eure heiligen Gebete ...«.

Es handelt sich um ein umfangreiches Blankettformular für das Weiheversprechen der Bischofskandidaten gegenüber dem Patriarchen, mit einer Festlegung auf zahlreiche dogmatische Aussagen. Es ist nicht identisch mit der »Homologie« des Jakob von Maiperqaṭ, die in das Pontifikale Michaels des Großen aufgenommen wurde und bei Denzinger in auszugsweiser Übersetzung abgedruckt ist[21]. Bei dieser handelt es sich auch umgekehrt um Ermahnungen des Patriarchen an die Kandidaten während der Bischofsweihe.

Laut Baumstark/Rücker aaO stammt dieser Text in der Jerusalemer Vorlage von jüngerer Hand. Auf einen anderen Schreiber deutet auch der Umstand, daß er einspaltig geschrieben ist.

Bisher nicht herausgegeben oder übersetzt. Weitere Handschriften sind mir nicht bekannt.

5) Kolophon der vorliegenden Handschrift (fol. 99ᵛ = S. 196)

a) In karšūnī: ܢܣܟ̇ ܗܕܐ ܐܠܟܬܐܒ ܠܟܢܝܣܐ ܚܠ ܢܣܟ̇ܬ ܐܠܐܟ̇ܝ ܠܥܢܗ :
ܒܐܝܕܝ، ܐܠܩܣܝܣ ܐܠܪܐܗܒ ܘܣܡܝܐ ܝܘܣܦ ܐܠܡܐܪܕܝܢܝ
ܐܠܣܪܝܐܢܝ ܡܕܝܢ ܐܠܐܪܬܘܕܘܟܣܝ، ܦܝ ܕܝܪ ܡܐܪ ܡܪܩܘܣ ܦܝ ܐܠܩܕܣ
ܐܠܣܪܝܐ ܐܠܡܕܝܢ. ܘܩܕ ܐܢܬܗܝ، ܢܣܟ̇ܗ ܦܝ ܐܘܠ ܝܘܡ ܡܢ ܫܗܪ
ܐܝܠܘܠ ܐܠܡܒܐܪܟ ܣܢܗ̈ ܐܠܦ ܘܬܣܥܡܐܝܗ̈ ܘܚܡܣܗ̈ ܥܫܪ
ܠܠܡܣܝܚ : ܘܟܐܢ ܕܠܟ ܦܝ ܪܐܣܗ̈ ܓܝܘܪܓܝܘܣ ܐܠܡܛܪܐܢ

20 Baumstark, Geschichte 271 fälschlich »Apologie«.

21 H. Denzinger, Ritus orientalium, Band 2, Würzburg 1883, 100-6 und 106-8. Vgl. Baumstark, Geschichte 312, zu Anm. 6. H. Teule, der von diesem Text einen Mikrofilm der Jerusalemer Hs. besitzt, hält ihn zu Unrecht für ein Glaubensbekenntnis »composée à l'occasion de l'accession de Cyriaque au trône patriarcal en 793 ... adressée aux évêques qui l'ont élu« (Orientalia Lovaniensia Periodica 9, 1978, 121-140, hier: S. 122).

ܐܦܪܐܡ. ܘܒܘܩܬܗܐ ܟܐܢ ܡܘܓܘܕ. ܒܐܠܕ.ܝܪ ܓܢܐܒ ܩܕܣܗ ܐܠܒܛܪܝܪܟ
ܥܒܕ. ܐܠܠܗ ܐܠܬܐܢܝ : ܘܩܕ. ܢܣܟܢܐܗ ܐܠ ܣܢܝܘܪ ܐܠܐܒ ܐܠܕ.ܟܬܘܪ
ܐܕ.ܘܠܦ ܪܘܟܪ ܐܠܐܠܡܐܢܝ ܐܠܡܚܬܪܡ.

»Dieses Buch wurde originalgetreu (*ṭibqan*) kopiert nach der Vorlage durch den armseligen altsyrisch-orthodoxen Mönch Yūḥannā Garūm aus Mardin im altsyrischen Kloster des Mār Markus in Jerusalem. Sein Abschreiben endete am ersten Tag des gesegneten Monats Ēlūl (= September) des Jahres eintausendneunhundertundfünfzehn der christlichen (Zeitrechnung). Dies geschah unter der Regierung des Metropoliten Gregorios Afrām. Und zu dieser Zeit war im Kloster anwesend Seine Heiligkeit der Patriarch ʿAbdallāh II[22]. Und wir kopierten es für den hochwürdigen Herrn Doktor Adolf Rücker, den hochgeachteten Deutschen.«

b) Der Schreiber wiederholt darunter fast gleichlautend den Kolophon in arabischer Sprache. Seinen Namen schreibt er »Karūm« und gibt ausdrücklich an, daß er einer der Mönche des Markusklosters ist. Er nennt ferner noch die Jahreszahl der Seleukidenära (2226 A. Graec.).

Ms. orient. 2

Der wohl ursprüngliche Ledereinband wurde bei der Restaurierung 1987 durch einen neuen, grünen Ganzleineneinband ersetzt. Papier. 151 Blatt. Soweit noch feststellbar: 19 Lagen zu 8 Blatt. Format: 21,8 × 15,2 cm. Schriftspiegel: 17,5 × 12 cm. Einspaltig. 25 Zeilen. Kustoden. Angabe der Kapitelnummern in größerer Schrift. Überschriften mit roter Tinte. Karšūnī. Serṭō.

Ohne ursprüngliche Lagen-, Blatt- oder Seitenzählung. Die Reihenfolge der Blätter ist teilweise falsch. Richtig: 1-25, 40, 26-39, 41-55, 80-86, Lücke von einem Blatt, 87-110, 122-137, 56-79, 111-121, 138-151.

Die vor der Restaurierung zum großen Teil zusammengeklebten Blätter sind alle mit Seidenpapier überzogen. Durchgängig Wasserflecken; die Schrift ist aber überall noch einwandfrei zu lesen. In einigen Blättern sind kleine Löcher, die letzten teilweise an den Rändern zerfleddert, aber ohne nennenswerten Textverlust.

Schreiber: Ḫūrī Germanos, Sohn des Ḫūrī Elias. Beendet am 22.3.1817.

Inhalt: Arabische Übersetzung von Jean Claude de la Poype de Vertrieu (1702-1732 Bischof von Poitiers), Compendiosae institutiones theologicae ad usum seminarii pictaviensis, Pictavii 1708 (und öfter), Buch 5, Kapitel 12-16. Mir nicht zugänglich, nach Graf III 431 (»Das theologische Lehrbuch ...

22 Gestorben am 26.11.1915 in Jerusalem. Der Metropolit Gregorios Afrām war 1912 an die Stelle des abgesetzten Metropoliten Johannes Elias Hallūlī (s. oben Fußn. 7) getreten, wurde aber 1918 von diesem wieder abgelöst und lebte weiter als Mönch im Markuskloster (Das heilige Land 67, 1923, 40).

wurde bis in die neueste Zeit in den theologischen Schulen Syriens, wie in ʿAin Trāz, ʿAin Warqa und Šarfeh, viel benützt«).

Fol. 1v: ܒܣܡ ܐܠܐܒ ܘܐܠܐܒܢ ܘܐܠܪܘܚ ܐܠܩܕܣ ܐܠܐܠܗ ܐܠܘܐܚܕ. ܐܡܝܢ ܢܒܬܕܝ، ܒܥܘܢ ܐܠܠܗ ܬܥ̄ܠ ܘܚܣܢ ܬܘܦܝܩܗ ܒܢܣܟ ܐܠܟܬܐܒ ܐܠܟܐܡܣ ܡܢ ܐܠܥܠܡ ܐܠܠܐܗܘܬܝ، ܠܠܡܥܠܡ ܐܠܦܐܨܠ ܘܐܠܠܐܗܘܬܝ، ܝܘܚܢܐ ܩܠܐܘܕܝܘܣ ܦܝܪܬܪܝܘ ܐܣܩܘܦ ܡܕܝܢܗ ܡܢ ܡܡܠܟ̈ܗ ܦܪܢܣܐ ܓܐܙܐܗ ܐܠܠܗ ܬܘܐܒܗ: ܐܫܬܡܠ ܥܠܝ ܐܠܓ̈ܙܘ ܐܠܬܐܢܝ ܥܫܪ ܘܐܠܬܐܠܬ ܥܫܪ ܘܐܠܪܐܒܥ ܥܫܪ ܘܐܠܟܐܡܣ ܥܫܪ ܘܐܠܣܐܕܣ ܥܫܪ ܡܢ ܐܠܥܠܡ ܐܠܡܕܟܘܪ ...

»Im Namen des Vaters und des Sohnes und des Heiligen Geistes, des einigen Gottes. Amen. Wir beginnen mit der Hilfe Gottes des Erhabenen und seiner guten Leitung mit dem Abschreiben des fünften Buches der »Theologischen Wissenschaft« des ausgezeichneten Lehrers und Theologen Yūḥannā Qlaudios Fīrtrīū, des Bischofs einer Stadt des Königreichs Frankreich, Gott schenke ihm sein Erbarmen. Es umfaßt den zwölften, dreizehnten, vierzehnten, fünfzehnten und sechzehnten Teil der genannten Wissenschaft ...«.

Fol. 1v-7v: Inhaltsverzeichnis.
Fol. 8r: leer.
Fol. 8v-151r: Text.

Fol. 151r: Kolophon (am linken Rand beschädigt): ܬܡ ܘܠܠܗ ܡܕܝ̈ܚܐ ܕܐܝܡܐ ܦܝ ܐܬܢܝܢ ܘܥܫܪܝܢ ܝܘܡ ܟܠܬ ܡܢ ܫܗܪ ܐܕܐܪ ܐܠܡܒܐܪܟ ܦܝ ܣܢ̈ܗ ܐܠܦ ܘܬܡܐܢܡܐܝܗ ܘܣܒܥ ܐܥܫܪ ܡܣ̄ܚ ܥܠܝ. ܐܚܩܪ ܐܠܢܐܣ ܐܠܓ̈ܝ [ܠܐ] ܝܣܬܚܩ ܐܢ ܝܕܟܪ ܐܣܡܗ ܦܝ ܐܠܟܬܐܒ ܐܠܡ[ܩܕܣ] ܐܠܚܘܪܝ، ܓܪܡܐܢܘܣ ܐܒܢ ܐܠܚܘܪܝ، ܐܠܝܐܣ ܡ[...]

»Beendet — Gott sei unaufhörliches Lob — am 22. Tag des gesegneten Monats Ādār (= März) des Jahres 1817 nach Christus durch den geringsten der Menschen, der [nicht] wert ist, daß sein Name in dem [heiligen?] Buch erwähnt wird, den Ḫūrī (= Pfarrer) Germānos, den Sohn des Ḫūrī Elias ... (Textverlust, vom folgenden nur Reste erhalten).

Fol. 151v: leer. Stempel mit Inschrift (nur teilweise erhalten): المكتبة العمومية ال[...] »Öffentliche Bibliothek von ...«.

Auf einem bei der Restaurierung entfernten Vorsatzblatt waren folgende Angaben zu finden: »Syrisches Manuscript von 1817 / Jean Claude de Vertrieu / B. v. Poitiers 1702-32 / Ms 6«.

Der Name des arabischen Übersetzers wird — wie in einem Teil der anderen

Handschriften auch — nicht genannt. Vgl. dazu J. Nasrallah, Catalogue des Manuscrits du Liban, I, Harissa/Libanon 1958, 120f. Weitere Handschriften: Graf aaO; Nasrallah ebda. I-III (passim); Paris arab. 5080 (s. G. Troupeau, Catalogue des manuscrits arabes. Ire Partie. tome II, Paris 1974, 78).

Über den Schreiber ist mir nichts weiter bekannt. Es dürfte sich um einen Maroniten gehandelt haben.

Ms. orient. 3

Der wohl ursprüngliche, beschädigte Ledereinband wurde 1987 durch einen grünen Ganzleineneinband ersetzt. Papier. 156 Blatt. 18 Lagen, meist zu 10 Blatt (Lage 1: 4; 2: 9; 3: 6; 8: 7, 16: 4; 18: 6 Blatt). Format: 20 × 16 cm. Schriftspiegel: 16 × 11 cm. Einspaltig. 15 Zeilen. Kustoden. Rote Überschriften und Rubriken. Rotschnitt. Lateinisch, Deutsch und Syrisch (Serṭō).

Ursprünglich keine Lagen-, Blatt- oder Seitenzählung. Spätere, aber nicht durchgehende Seitenzählung mit Bleistift.

Wasserschäden. Die rote Tinte ist ausgewaschen, aber noch lesbar. Schrift teilweise auf der gegenüberliegenden Seite abgedrückt.

Schreiber: Adolf Rücker und der Priestermönch Yōḥannān, Sohn des Malkē Garūm (s. auch oben Ms. orient. 1). Mehrere Daten: 10.1.1914, 29.1.1914, 1.2.1914 und allgemein 1914 A.D. Syrischer Text geschrieben im Markuskloster in Jerusalem für Dr. Adolf Rücker.

Inhalt: *Anaphoren.*

Fol. 1^r.v: leer.

Fol. 2^r (von der Hand Rückers, in der Art eines Titelblatts mit schwarzer und roter [im folgenden kursiv] Tinte):

»*IX Anaphorae* / Syrorum Jacobitarum / ex cod. ms. Conv. Sti. Marci Hierosolym. / unacum / *Consignatione Calicis* / ex alio codice«.

Fol. 2^v, 3^r: leer.

Fol. 5^r, 4^v, 4^r, 3^v (in dieser Reihenfolge, alles von Rücker geschrieben):

»Anaphora d. Patr. Timotheos v Alexandr.

Anaphoratexte / nach einem Missale des Markusklosters in Jerusalem, das nicht in Bmstks Verzeichnis[23] aufgenommen ist. Papier, 21,5 × 16 cm. 287 Bl. Leinwand über Holzdeckeln. Anfang u Ende unvollständig. Ohne jede Datierung, nur Schreibernotiz von späterer Hand auf S. 2 (Rand): ܘܩܦ ܥܠܝ ܡܘܕܗ ܐܠܥܙܪ ܐܠ ܒܡܩܕܣ ܕܝܪ، ܡܪܩܘܣ ܐܠܐܢܓܝܠܝ. ܕܐܟܠ ܒܡܩܕܣ

23 D.i. A. Baumstark, Die liturgischen Handschriften des jakobitischen Markusklosters in Jerusalem, in: OrChr N.S. 1 (1911) 103-115, 286-314. Die Hs. ist nicht identisch mit der von Kaiser aaO erwähnten Anaphorenhandschrift des Markusklosters aus dem Jahre 1729 Graec. (= Baumstark ebda. Nr. 10).

ܫܘܪܝܐ. ܟܠܗܘܢ ܡܢ ܦܡ ܐܠܗܐ ܟܠܟ ܦܝܫ ܐܘ ܦܝܫܗ ܡܚܦܝܫܗ ܡ
ܘܡܚܦܝܬܗܐ.

Schrift: Serto 16-17 Jhrhdts.
Inhalt: 31 Anaphoratexte; davon sind in folg. kopiert
1. Timotheos v. Alexandreia (17) ...
2. Simeon Kepha I (3)
3. Severus v. Antiocheia (18)
4. Jakub Malfana (II) (21)
5. Johannes Patr. Katoba u. Aksenaja (8)
6. Jakob v. Edessa, Maphašqana d^{e}Ketabe (22)
7. Basilius v. Baġdad, welcher ist Lazar bar Sabta (24)
8. Thomas v. Harkel, B. v. Germanikia (25)
9. Johannes Episcopus (26)
10. Consignatio Calicis (aus einer anderen Hs, v. J. 1819 Graec.)

Die Handschrift, aus der 1-9 entnommen sind, enthält folgende Anaphoratexte:

Bl. 1-32: Proemien u. Sedra, Episteln u. Evangelien für die Wochentage (von Mittwoch ab, weil Anfang unvollständig), dann solche für einige Hochfeste und die letzten Tage der Karwoche.
1. fol. 32^{b}: Jakob, Herrenbruder (gr)
2. fol. 40^{a}: Jakob, Herrenbruder (kl)
3. fol. 46^{a}: Simon Kepha I
4. fol. 53^{a}: Simon Kepha II ...« (der deutsche Text Rückers in der Handschrift setzt sich noch fort, im gleichen Wortlaut wie in seinem Aufsatz »Über zwei syrische Anaphorensammlungen. — II. Jakobitisches Missale des Markusklosters in Jerusalem«, in: OrChr N.S. 10/11 (1923) 156f. Rücker erwähnt dort seine Abschrift nicht).

In der Aufzählung sind die Nummern 3, 8, 17, 18, 21, 24, 25 und 26 angekreuzt, d.h. die Anaphoren, die kopiert sind (s.o.). Am Schluß findet sich noch folgender Bleistiftvermerk Rückers: »Initien in einem bes. Verzeichnis«. Dessen Verbleib ist mir nicht bekannt.

Ab fol. 5^{v} beginnt eine Seitenzählung mit Bleistift:
S. 1-29: Anaphora des Timotheos (Bleistiftvermerke Rückers am Rand). Schlußvermerk des Schreibers auf S. 29 unleserlich.
S. 30: leer.
S. 31-54: Anaphora des Simon Kepha. S. 54 syrischer Schreibervermerk: »Von der Hand des armseligen und sündigen Knechtes, des Mönches Yōḥannān, Sohn des Garūm, aus Mardin, im Jahre 1914 nach Christus. Betet für ihn.«
S. 55-82: Anaphora des Severos. S. 82: ähnlicher Schreibervermerk wie S. 54, zusätzlich werden Ort und genaues Datum angegeben (»... im Kloster des Mōr

Markos des Evangelisten in der gesegneten Stadt Jerusalem, am 10. Januar des Jahres 1914 nach Christus«).

S. 83-122: Anaphora des Jakob. S. 122: ähnlicher Schreibervermerk wie S. 54.

Es folgen zwei nicht gezählte, leere Seiten. Dann beginnt eine neue Zählung:

S. 1-50: Anaphora des Johannes. S. 50: Schreibervermerk vom 29.1.1914.

S. 51-80: Anaphora des Jakob von Edessa. S. 80: Vermerk, in dem der Schreiber seinen Namen am vollständigsten angibt (Yōḥannān bar Malkē Garūm). Arabische Datierung: 1.2.1914.

S. 81-107: Anaphora des Basileios. S. 107: kurzer Schreibervermerk.

S. 108-126: Anaphora des Thomas von Ḥarqel. In dem Vermerk auf S. 126 bezeichnet sich der Schreiber als »Mönch und Priester« und gibt den Besteller an (»... für den gelehrten und weisen Doktor Adolf Rücker, den geehrten Deutschen«).

S. 127-141: Anaphora des Johannes Episkopos. S. 141: Schreibervermerk ohne neue Angaben.

Es folgen fünf ungezählte leere Seiten, dann 28 ungezählte Seiten mit nachstehendem Text, der mit Randnotizen von Rücker versehen ist:

ܬܘܒ ܛܟܣܐ ܕܪܘܫܡܐ ܟܣܐ ܕܗܘ ܩܕܝܫܐ ܘܠܒܝܫ ܐܠܗܐ ܡܪܝ،
ܣܘܝܪܐ ܦܛܪܝܪܟܐ ܕܐܢܛܝܘܟܝܐ : ܕܡܬܬܥܒܕ ܒܝܘܡܬܐ ܩܕܝܫܬܐ
ܕܨܘܡܐ ܕܐܪܒܥܝܢ ܐܝܟ ܛܟܣܐ ܕܩܘܪܒ ܩܘܪܒܢܐ ܕܣܘܪܝܝܐ
ܒܟܠܗܝܢ ܡܕܝܢܬܐ ܘܥܕܬܐ ...

»Ferner: Ordnung der Bezeichnung des Kelches des heiligen und gottbekleideten Mōr Severos, des Patriarchen von Antiocheia, die verrichtet wird an den heiligen Tagen des vierzigtägigen Fastens, nach der Ordnung der Darbringung des Opfers der Syrer in allen Städten und Kirchen ...«

Der anschließende Schreibervermerk ähnelt den vorhergehenden (Datum: 1914). Am unteren Rand ist mit Bleistift das Datum der Vorlage für den letzten Text genannt: 1819 Graec. (= 1507/8 A.D.), dahinter mit arabischen Zahlzeichen wohl irrtümlich »1818«.

Den Schluß bilden zwei leere Blätter.

Die Vorlage, aus der die Anaphoren entnommen sind, ist die Handschrift Jerusalem, Markuskloster 97, vgl. A. Raes, Anaphorae Syriacae, vol. I, fasc. 1, Rom 1939, S. XXIf. Dieses Werk enthält kritische Ausgaben verschiedener Anaphoren, die Raes und andere veranstaltet haben. Rücker gibt in dem von ihm bearbeiteten Teil (Anaphora syriaca Timothei Alexandrini, Rom 1939) auf S. 5 bei der Handschrift Jerusalem 97 an: »Anaphora Timothei (fol. 165r-174v) inter alias ex hoc codice pro me exscripsit Johannan Garum, monachus illius conventus anno 1914.« In dieser Abschrift finden sich bei der Anaphora des Timotheos einige Randbemerkungen Rückers, er hat sie also wohl bei der

Vorbereitung der Ausgabe benutzt. Ob er dabei die Jerusalemer Vorlage selbst überhaupt heranziehen konnte, läßt sich dem Vorwort nicht zweifelsfrei entnehmen. H. W. Codrington gibt in seiner Ausgabe der Anaphora des Severos von Antiocheia ausdrücklich an, daß er Photographien davon erhalten hat. Die anderen Herausgeber verwenden aber, soweit ich sehe, weder die Jerusalemer Handschrift noch Rückers Abschrift. In einer früheren einschlägigen Veröffentlichung (Die syrische Jakobosanaphora nach der Rezension des Ja'qôb(h) von Edessa, Münster 1923) erwähnt Rücker nur die Jerusalemer Vorlage.

Zur »Ordnung der Bezeichnung des Kelches«, einer Präsanktifikatenliturgie, vgl. Baumstark 266f; J. M. Hanssens, Institutiones liturgicae de ritibus orientalibus, III, 2, Rom 1932, 552f. (Nr. 1455), 555f. (Nr. 1459), 616f. (Nr. 1522); W. de Vries, Sakramententheologie bei den syrischen Monophysiten, Rom 1940, 170f. Die von H. W. Codrington, The Syrian Liturgies of the Presanctified (JThS 4, 1903, 69-82), und M. Rajji, Une anaphore syriaque de Sévère pour la messe des présanctifiés (ROC 21, 1908/9, 25-39) veröffentlichten Texte stimmen mit dem der Münsteraner Handschrift nur teilweise überein (es finden sich entsprechende Randbemerkungen Rückers).

Ms. orient. 4

Einband: Leder auf Karton, mit geprägten Ornamenten. Auf dem vorderen Innendeckel Exlibris von Adolf Rücker (»Oremus cum ecclesia sancta Dei. Pax. Ex libris Adolphi Rücker«). Papier. 176 Blatt. 22 Lagen zu 8 Blatt und am Schluß ein Doppelblatt. Format: 14 × 9,2 cm. Schriftspiegel: 9,5 × 6,5 cm. Einspaltig. 12 Zeilen. Kustoden. Rote/Seitentitel. Rote Überschriften und Rubriken. Arabisch und Syrisch (Serṭō). Seitenzählung ab fol. 1^{v} mit arabischen Zahlzeichen von 1 bis 337, Die Seitenzahlen 63 und 80 sind doppelt vergeben (8 und 80), 103 und 202 ausgelassen, nach 209 folgt wieder 200ff. Gebrauchsspuren. Das Blatt mit den Seiten 12/13 fehlt (letztes Blatt der ersten Lage).
Schreiber: Petros Diyarbakirli und Michael, Sohn des Elias Sabbāġ aus Bagdad. Beendet am 9. Mai [18]61. Geschrieben in der Schule der »Muttergottes von der Rettung« (Kloster Scharfeh im Libanon).

Inhalt: *Westsyrisches (uniertes) Rituale.*
S. 1-132 ausschließlich arabisch, dann arabisch mit zahlreichen eingestreuten syrischen Gebetsformeln und Gebeten sowie einigen Überschriften. Die Texte stimmen nur teilweise mit denen bei I. E. Rahmani, Liber ritualis usui ecclesiae Antiochenae Syrorum, Scharfeh 1922, überein.
Fol. 1^{r}: leer.
Fol. 1^{v} (= S. 1): »Ritus der Wasserweihe nach dem Brauch der heiligen römischen Kirche«.

S. 14-25: Gebet für einen Kranken (am Anfang unvollständig, weil die Seiten 12 und 13 fehlen).
S. 26-28: Gebet für ein Kleinkind allgemein.
S. 28-31: Gebet für ein krankes Kleinkind.
S. 31-40: Verschiedene Gebete (für Reisende, sich Streitende, Besessene u.a.).
S. 40-79: »Ritus der Letzten Ölung für die Kranken«, »Ritus für die mit dem Tode Ringenden«.
S. 8 (sic! = zwischen 79 und 80) - 99: Texte für die Rosenkranzbruderschaft (*farā'id aḫwīya al-wardīya*).
S. 99-102: Katholisches Glaubensbekenntnis (für übertretende Jakobiten).
S. 102-105: Lossprechungsformel.
S. 105-132: Gebete über eine Frau, die Geburtswehen hat; an der Haustür einer Wöchnerin; über die Wöchnerin; beim Eintritt der Frau in die Kirche vierzig Tage nach der Geburt.
S. 132-190: Ritus der Taufe.
S. 191-242: Ritus der Eheschließung (einschließlich der von Verwitweten).
S. 242-272: Begräbnisritus für Männer.
S. 272-292: Begräbnisritus für Frauen.
S. 293-309: Begräbnisritus für Kinder.
S. 309: Gebete für Verstorbene.
S. 317: Kolophon ܩܕ ܬܡ ܢܣܟ ܗܕܐ ܐܠܟܬܐܒ ܥܠ ܝܕ ܐܠܐܟ
ܒܛܪܣ ܕܝܐܪܒܟܪܠܝ ܘܥܠ ܝܕ ܐܠܐܟ ܡܝܟܐܝܠ ܐܒܢ ܐܠܝܐܣ
ܨܒܐܓ ܒܓܕܐܕܝ، ܬܠܡܝܕ ܡܕܪܣܗ ܣܝܕܗ ܐܠܢܓܐܗ ٦١ ايار
سنة ٩

»Beendet wurde das Schreiben dieses Buches durch den Bruder Petros Diyarbakirli und durch den Bruder Michael, Sohn des Elias Sabbāġ aus Baġdād, Schüler der Schule der Herrin der Rettung. 9. Iyār (= Mai) des Jahres 61«.

Den Namen »Herrin der Rettung« (*Saiyida an-naǧā*) gab der syrisch-katholische Patriarch Michael Ǧarweh um 1785 dem Kloster Scharfeh (Graf IV 64); er eröffnete dort auch ein Seminar für die Heranbildung des Klerus (ebda. 61). Mit der im Kolophon angegebenen Jahreszahl kann deshalb nur 1861 gemeint sein. Regelungen für das Seminar finden sich in den Beschlüssen der Synode von Scharfeh (1853/4), s.Ch. de Clercq, Conciles des orientaux catholiques (= Hefele-Leclercq, Histoire des Conciles, tome XI), Paris 1952, 584f.; desgleichen in den Beschlüssen der Synode von Aleppo im Jahre 1866 (ebda. 595f.). Die Schreiber waren offenbar Seminaristen. Der Erstgenannte stammte vielleicht aus derselben Familie wie der syrisch-katholische Bischof Julius Anton Diyarbakirli von Diyarbakir (1792[?]-1816) bzw. von Beirut (mit dem Bischofsnamen Quartus statt Julius, 1817-1841). Über die Schreiber ist mir weiter nichts bekannt.
S. 318-331: »Vigil gemäß dem syrischen Ritus«.

S. 332-336: Gebet und Exorzismus des Papstes Benedikt XIV. gegen schädliches Ungeziefer.
S. 336-337: Gebet nach dem Begräbnis.

Die letzten drei Blätter sind leer und nicht gezählt.

Ms. orient. 5

Brauner Halbledereinband. Papier. 84 Blatt. 12 Lagen mit unterschiedlicher Blattzahl (von 2 bis 12, meist 6 Blatt). Format: 27,1 × 20 cm. Schriftspiegel: 22,5 × 10 cm. Einspaltig, jeweils nur die äußere Blatthälfte beschrieben, auf der inneren gelegentliche Bemerkungen in deutscher Sprache, mit schwarzer und roter Tinte oder Bleistift, wohl alle vom Schreiber der Handschrift, aber aus verschiedenen Zeiten; sie bezeichnen vor allem stichwortartig den jeweiligen Inhalt des syrischen Textes, es finden sich aber auch griechische und arabische Zitate. 22-23 Zeilen. Überschriften durch Unterstreichung gekennzeichnet. Syrisch und Deutsch. Unschöne Schrift (Mischung aus Esṭranglā und Serṭō) eines Europäers, lateinische Schrift, teilweise auch Stenographie.
Keine Blatt- oder Seitenzählung. Auf der inneren Blatthälfte ist die Seitenzählung der Vorlage mit arabischen Zahlzeichen angegeben.
Schreiber und Ort nicht angegeben. Die Handschrift ist vermutlich im Frühjahr 1893 in Rom entstanden (s.u.).

Inhalt: Auszug aus der Sammlung der *Synoden der ostsyrischen Kirche* (»Synodicon orientale«).
Fol. 1^r-3^v: leer.
Fol. 4^r-8^v: Synode des Yahballāhā (= S. 264-270 der Vorlage).
Fol. 8^v-17^r: Synode des Dādīšōʿ (= S. 271 Mitte-282).
Fol. 17^v-19^v: leer (die leeren Blätter sind im folgenden nicht mehr vermerkt).
Fol. 20^r-25^r: Synode des Aqāq (= S. 283 Mitte-290).
Fol. 26^r-30^v: Synode des Barṣaumā (= S. 292 Mitte-298).
Fol. 31^r-33^r: Synode des Bābai (= S. 300 Mitte-303).
Fol. 34^r-43^r: Synode des Mār Aḇā (= S. 306 Mitte-321).
Fol. 44^r-55^r: Synode des Joseph (= S. 336-355).
Fol. 56^r-71^v: Synode des Ezechiel (= S. 355-383).
Fol. 72^r-79^r: Vierter und fünfter Brief des Mār Aḇā (= S. 321 Mitte-333).
Fol. 79^r: Schluß der Kanones des Mār Aḇā, Nr. (38)-40 (= S. 334-335).
Fol. 82$^{r.v}$: »p. ٤٤٣ Ergaenzung der folie«. Es folgt eine Reihe untereinandergeschriebener syrischer Wörter, u.a. die Seiten 503 und 481 betreffend.

Die Abschrift ist nicht ganz vollständig. Im syrischen Text finden sich Vermerke wie »folgen d. Unterschriften«, »folgen die Namen der uebrigen Teilnehmer«, »u.s.f. vide Guidi« (fol. 60^r), »Guidi p. 402« (fol. 79^r), aber auch längere stenographische Passagen (vor allem fol. 65^{r}ff.), bei denen jedoch teilweise der syrische Text auf der inneren Blatthälfte steht (nachgetragen?).

Mit dem Hinweis auf Guidi ist dessen Aufsatz »Ostsyrische Bischöfe und Bischofssitze im V., VI. und VII. Jahrhundert« (ZDMG 43, 1889, 388-414) gemeint.

Vorlage war, wie die Blattangaben in unserer Handschrift zeigen, eindeutig die Handschrift Borgiano Siriaco 82 der vatikanischen Bibliothek. Sie kam bald nach ihrer Entstehung nach Rom (1869), zunächst in das Museo Borgiano der Propagandakongregation (Signatur: K VI 4)[24] und 1899 in die Vaticana (Signatur: Borg. Sir. 82)[25]. Die vorliegende Abschrift kann, da in ihr der Aufsatz Guidis zitiert wird, frühestens 1889 entstanden sein. Die syrischen Texte wurden 1902 von J. B. Chabot nach der römischen Handschrift u.a. herausgegeben (Synodicon orientale ou Recueil de Synodes Nestoriens, Paris). Danach wird wohl niemand mehr auf den Gedanken gekommen sein, die Handschrift abzuschreiben. Unsere Kopie dürfte deshalb im letzten Jahrzehnt des 19. Jhdts. entstanden sein. Die darin enthaltenen Texte (und andere aus der römischen Handschrift) übersetzte Oscar Braun ins deutsche (Das Buch der Synhados, Stuttgart und Wien 1900). Er benutzte die Vorlage aber auch schon für eine frühere Arbeit: »Der Briefwechsel des Katholikos Papa von Seleucia« (Zeitschrift für katholische Theologie, 18. Jahrgang, Innsbruck 1894, S. 163-182, 546-565). Er schreibt dort auf S. 163: »Durch meinen verehrten Lehrer Professor Guidi auf diese ... Sammlung [d.h. die Handschrift K VI 4] aufmerksam gemacht ... habe ich nun dieses Synodikon im vergangenen Frühjahr zum Theil copiert, zum Theil excerpiert, eine Arbeit, von der im folgenden als erste Probe der Briefwechsel des Katholikos Papa von Seleucia geboten werden soll.«[26] Möglicherweise handelt es sich bei der Münsteraner Handschrift um einen Teil dieser Abschrift Brauns. Sie wäre dann im Frühjahr 1893 in Rom entstanden[27]. Auf welchem Weg sie in die Universitätsbibliothek Münster kam, ist mir nicht bekannt. Oscar Braun, geboren am 26.1.1862 und gestorben am 11.8.1931, war seit 1894 Professor für Patrologie an der Universität Würzburg. Vielleicht war Adolf Rücker Zwischenbesitzer. Für die Annahme, daß die Abschrift von Braun stammt, spricht noch, daß nicht nur die darin vermerkten Seitenzahlen der Vorlage in der Übersetzung Brauns zu finden sind[28], sondern daß auch einige Randbemerkungen als Fußnoten in

24 Beschreibung der Hs. von P. Cersoy in: Zeitschrift für Assyriologie 8, 1894, 368-372; ferner von Chabot aaO 4-10.

25 Vgl. Addai Scher in: Journal Asiatique 10, 13, 1902, 268.

26 Vgl. auch O. Braun, De Sancta Nicaena Synodo, Münster 1898, 12: »Als ich nun vor einiger Zeit in Rom weilte, um auf der Propaganda eine Sammlung ostsyrischer Synodalakten aus zwei gewaltigen Quarthandschriften K VI 3 und 4 zu kopieren, ...«

27 Braun hatte offenbar den Text der Synoden 1894 bereits vorliegen, weil er in seinem Aufsatz auch schon aus der Synode des Dādīšō' zitiert (ebda. S. 550ff.).

28 Die Synode des Dādīšō' schließt erst auf S. 283 der Vorlage; der Umstand, daß diese Seitenzahl in der Münsteraner Hs. fehlt, in der Übersetzung Brauns (S. 59) aber richtig vermerkt ist,

»Das Buch der Synhados« Eingang gefunden haben. Beweiskräftig erscheinen mir vor allem zwei Literaturhinweise. Auf S. 109, Fußn. 1 zitiert Braun eine Stelle aus dem Thesaurus Syriacus von Payne Smith, die auch in der Münsteraner Handschrift angegeben ist (zu S. 317 der Vorlage: »V. Payne S. col. 1912«). Auf S. 113, Fußn. 1 gibt er eine Stelle aus G. Hoffmann, Auszüge aus syrischen Akten persischer Märtyrer, Leipzig 1880, an; sie steht auch in der Handschrift (zu S. 321 der Vorlage: »Hoffmann Acten 89«).

Mit syrischen Rechtstexten befaßte sich auch noch der Münsteraner katholische Theologe und Professor für Semitistik Bernhard Vandenhoff (geboren 3.7.1868; Diss. phil, Berlin 1895). Er erwarb 1898 in Rom eine Handschrift des »Ordo iudiciorum ecclesiasticorum«, die nach seinem Tod in den Besitz Rückers gelangte (s. oben Fußn. 3). Es ist denkbar, daß er sich auch für die ostsyrischen Synoden interessierte, die im »Ordo iudiciorum« reichlich zitiert sind, und eine Abschrift herstellte. Sie könnte ebenfalls an Rücker übergegangen sein. Mangels Vergleichsmaterials kann ich die Frage nach dem Schreiber der Kopie letztlich nicht entscheiden.

Ms. orient. 6

Gedrucktes *syrisches Missale* mit handschriftliche Ergänzungen (karšūnī und syrisch).

Einband: Leder mit goldfarbigem Blinddruck (Blumenmuster; in der Mitte des Vorderdeckels »IHS«). Rückentitel: »Missale Syriac.«. Auf dem vorderen Einbanddeckel innen Exlibris von Adolf Rücker (wie bei Ms. orient. 4). Am Vorderschnitt sind einige kleine Stoffstücke eingeklebt (zum besseren Auffinden von Texten).

a) Druck:

Missale Syriacum Juxta Ritum Ecclesiae Antiochenae Nationis Maronitarum, Romae, Typis Sac. Congregationis de Prop. Fide. An. 1716.

Beim Binden stark beschnitten (Buchblock: 25,5 × 18,5 cm), aber ohne Verlust. Papier leicht gebräunt, aber noch gut erhalten. Zahlreiche Blätter fehlen:

Beide Titelblätter:	fehlen
Dedikation an Papst Clemens XI. von Andreas Scandar:	fehlt
Vorworte (lateinisch bzw. karšūnī)	fehlen
Kalendarium:	vorhanden

spricht gegen meine im Text vertretene Annahme. Doch da Braun den vollständigen Text übersetzt (also auch die in der Abschrift ausgelassenen Passagen), kann er sich ohnehin nicht nur auf die Kopie gestützt haben.

Generalrubriken:	nur Anfang (bis Ende von Lage c)

Bis hierher finden sich keine Seitenzahlen. Im folgenden Seitenzählung mit syrischen Buchstaben.

Meßordo (*ṭaksō ḏ-qurrōḇ qurbōnō*), S. 1-8:	fehlt
S. 9-10:	vorhanden
S. 11-38:	fehlt
Evangelienperikopen, S. 39-134:	vorhanden
Schluß des Meßordo, S. 135-138:	fehlt
Anaphora des Petrus, S. 139-168:	fehlt
Anaphora der Zwölf Apostel, S. 169-181:	nur S. 181 vorhanden
Anaphora des Jakob, des Herrenbruders, S. 182-207:	vorhanden
Anaphora des Johannes, des Apostels und Evangelisten, S. 208-227:	vorhanden
Anaphora des Markus, des Evangelisten, S. 228-250:	vorhanden
Anaphora des Matthaios des Hirten, d.i. Hermas, S. 250-263:	vorhancen
Anaphora des Dionysios, des Paulusschülers, S. 264-293:	fehlt
Anaphora des Papstes Xystus, S. 294-306:	vorhanden
Anaphora nach der Ordnung der hl. katholischen Kirche von Rom, der Mutter aller Kirchen, S. 307-316:	fehlt (S. 307 ist mit einem Kupferstich beklebt)
Anaphora des Patriarchen Eustathios von Antiocheia, S. 317-331:	vorhanden
Anaphora des Johannes Chrysostomos, S. 332-366:	fehlt
Anaphora des Patriarchen Kyrillos von Alexandreia, S. 366-395:	fehlt
Anaphora des Patriarchen Johannes Maron von Antiocheia, S. 396-418:	fehlt
Anaphora der Bezeichnung des Kelches am Karfreitag, S. 419-415:	fehlt
Lesungen aus Paulusbriefen, S. 452-457:	fehlen
Schlußgebet nach der Messe, S. 458-465:	vorhanden
Dankgebet des Priesters nach der Messe, S. 466-473:	vorhanden
Verschiedene Gebete und Segnungen für Priester, S. 474-500:	vorhanden bis S. 499, das letzte Blatt fehlt

Die letzte Seite des Buches (Rückseite von S. 500) ist leer und nicht gezählt.

Wie die vorstehende Aufstellung zeigt, sind nicht einzelne Lagen verlorengegangen, sondern es wurden offenbar bestimmte Texte herausgetrennt, wohl solche, die der Eigentümer nicht benötigte. Die erhaltenen Seiten 181-263 sind an einer falschen Stelle eingebunden (zwischen Seite 331 und 458).

Zu der Ausgabe vgl. Graf I 658 und III 393 (Nr. 6); Raes aaO S. XLV.

b) Handschriftliche Ergänzungen

Papier. An verschiedenen Stellen in das gedruckte Buch eingebunden. Fast überall einspaltig. 19 Zeilen. Format etwa wie die Druckseiten; Schriftspiegel: 20,5 × 13,5 cm. Rote Überschriften. Serṭō. Kein Kolophon. Keine Blatt- oder Seitenzählung.

Es handelt sich nicht um Abschriften der fehlenden Teile des Drucks, sondern um andere Texte.

1. Vorsatzblatt (verso): Gebetsformeln vor und bei der Austeilung der hl. Kommunion an Kleriker und Laien, vielleicht vom Schreiber der sonstigen

handschriftlichen Teile (karšūnī): »Gott erbarme sich deiner, vergebe dir deine Sünden und führe dich zum ewigen Leben ...«.

2. Vorsatzblatt (recto): Bitte des Priesters Ǧirǧis Nīqūdīmū (früherer Eigentümer des Buches?) an Priester, die mithilfe des Missale zelebrieren, seiner bei der Messe zu gedenken (in arabischer Sprache und Schrift).

Vor S. 9 des Druckes:

Nach einem leeren Blatt 19 Blätter mit geringfügig kleinerem Format (ein 20. Blatt ist weggeschnitten): Lesungen für die Fastenzeit aus Paulusbriefen und Evangelien (karšūnī).

38 Blätter (normales Format): Lesungen für Feste und Wochentage.

1 leere Seite, auf der Rückseite Kupferstich (Kreuzdarstellung), darunter Gebet in französischer Sprache (gedruckt, nicht aus dem Missale).

2 Blätter mit Gebeten aus der Vormesse (syrisch), beginnend mit »Gedächtnis unseres Herrn, Gottes und Erlösers Jesus Christus und seines ganzen erlösenden Heilsplans für uns ...« Während das Missale von 1716, die meisten Handschriften und auch das heutige Meßformular der Maroniten eine kürzere Form der Kommemoration bieten (vgl. P.-E. Gemayel, Avant-messe Maronite, Rom 1965 [OrChrA 174], 17, 297f.), stellt unser handschriftlicher Text eine Fassung dar, die nach Gemayel (aaO 298) jakobitischen Einfluß verrät; sie ist — soweit ich sehe — auch im heutigen jakobitischen Missale üblich (Übersetzung der längeren Version etwa bei E. Renaudot, Liturgiarum orientalium collectio, 2. Aufl., Frankfurt und London 1847, Bd. 2, 16f.). Die Aufnahme dieses Textes bestätigt die Vermutung, daß sich jemand aus dem Druck und handschriftlichen Teilen ein Missale nach seinen Vorstellungen zusammenstellte. Die Aufnahme eines jakobitischen Textes und die Verdeckung des Beginns des lateinischen Meßtextes (S. 307 des Drucks, s. oben), könnten darauf hindeuten, daß er der syrisch-orthodoxen Kirche angehörte.

S. 9/10 des Drucks stehen nicht in Zusammenhang mit dem Voraufgehenden und dem Folgenden; vielleicht ist das Blatt versehentlich mit eingebunden worden. Nach S. 10:

5 Blätter: Prooimien, Sed̲rē, Ḥuttāmā (syrisch). Nach S. 307:

8 Blätter: »Anaphora der Zwölf Apostel, die angeordnet hat der Apostel Lukas«. Zweispaltig (syrisch und karšūnī). Von der Druckausgabe (S. 169-181) abweichender Text. Nach S. 499:

3 Blätter: verschiedene Lesungen; Gebet, das nur am »Sonnabend des Evangeliums« (Sonnabend vor Ostern) gesprochen wird. Es folgt 1 leeres Blatt.

Anschließend ist ein kleinformatiges Doppelblatt mit deutschem Inhaltsverzeichnis (Bleistift) eingeklebt, wohl von einem Vorbesitzer stammend. Eine Inhaltsangabe Rückers ist auf einem losen Blatt (Rückseite eines Vordrucks der theologischen Fakultät in Münster) erhalten: »Inhalt des Bandes / Maronitisches Missale 2 ed. 1716 ...«

Ms. orient. 7

Konvolut von 5 Heften

A. Betreffend Homilien des Kyrill von Alexandreia:

1) Geheftete Lage von 5 unlinierten Doppelblättern ohne Umschlag. Papier. 27,6 × 22,1 cm; Schriftspiegel: ca. 23 × 14 cm.

Inhalt: Fragments of the Homilies of Cyril of Alexandreia on the Gospel of S. Luke edited from a Nitrian Ms. by W. Wright, London [1874]. Vermerk am Schluß: »Abgeschrieben u. collationiert. Breslau, 19. Jan. 1909 Adolf Rücker, D^{r}. phil.«

Es handelt sich um eine sorgfältige Abschrift des in einer Auflage von 100 Stück erschienenen Privatdrucks von William Wright (laut einem Vermerk Rückers nach einem Exemplar der Universitätsbibliothek zu Berlin), mit einigen Randbemerkungen des Kopisten.

2) 1 Doppelblatt und 3 aneinandergeheftete linierte Blätter ohne Umschlag. Papier. 27,7 × 22 cm; Schriftspiegel: ca. 24 × 16 cm. Einspaltig.

Inhalt: Teilabschrift Rückers aus der Handschrift Sachau 220 der Preußischen Staatsbibliothek in Berlin (fol. 49a bis 50b), mit einigen Randbemerkungen Rückers. Der Text enthält die 27. bis 29. und die 33. Homilie des Kyrill (nicht vollständig), vgl. E. Sachau, Verzeichnis der syrischen Handschriften der Königlichen Bibliothek zu Berlin, Erste Abtheilung, Berlin 1899, 120 (= Nr. 28).

Zu den Homilien Kyrills vgl. etwa Baumstark 161 und zuletzt J.-M. Sauget, Nouvelles homélies du Commentaire sur l'Evangile de S. Luc de Cyrille d'Alexandrie dans leur traduction syriaque, in: Symposium Syriacum 1972, Rom 1974 (= OrChrAn 197) 439-456; A. Vööbus, Discoveries of Great Import on the Commentary on Luke by Cyril of Alexandria, Stockholm 1973.

Die Texte waren Gegenstand der zweiten Dissertation Rückers, s. A. Rücker, Die Lukas-Homilien des hl. Cyrill von Alexandrien, Diss. theol. Breslau 1911 (56 Seiten), unter demselben Titel in erweiterter Form (102 Seiten, mit Ausgabe der fol. 49 und 50 der Handschrift Sachau 220) auch als Buch erschienen (Breslau 1911). Die vorliegende Abschrift aus dem Berliner Codex dürfte deshalb ebenfalls etwa 1909 entstanden sein.

B. Betreffend ostsyrische Liturgietexte:

3 Kladden mit blauem Umschlag. Papier. 27,5 × 22 cm. Blätter jeweils nur einseitig beschrieben. Erhebliche Wasserschäden. Die rote Tinte der Rubriken

ist stark ausgewaschen, aber noch lesbar; die Schrift scheint teilweise auf der Rückseite der Blätter stark durch. Sertō von der Hand Rückers, zum Teil mit zahlreichen Randbemerkungen von ihm. Es handelt sich offenbar um Arbeitsmaterialien.

Inhalt: Abschriften aus syrischen Handschriften.

1) Aufschrift auf dem Umschlagetikett der ersten Kladde: »I. Liturgia Apostolor. Addai et Maris. Cod. Berl. syr. 167 anni 1496«.

a) 56 teilweise jetzt lose, linierte Blätter mit Seiten- und Zeilenzählung. Jeweils auf der linken Seite der syrische Text nach der genannten Berliner Handschrift (vgl. Sachau aaO 143-146 [= Hs. Nr. 38, fol. 77ff.]) und auf der rechten Seite eine lateinische Übersetzung Rückers (S. 1-26 bzw. 1*-26*), mit einigen Anmerkungen und Korrekturen. Die Vorlage ist am Anfang unvollständig; nach einer Bemerkung auf S. 1 der Abschrift stammt der Text der Zeilen 2-12 aus der Handschrift Seert 38 (vgl. A. Scher, Catalogue des manuscrits syriaques et arabes conservés dans la bibliothèque épiscopale de Seert (Kurdistan), Mossoul 1905, 26; die Handschrift, ein Missale und Rituale, wurde 1915 wahrscheinlich zerstört). Die Seiten 26-28 enthalten weitere kurze liturgische Stücke (ohne lateinische Übersetzung).

Auf vier zusätzlichen losen (Doppel-)blättern finden sich Anmerkungen Rückers.

b) In der Kladde liegt ferner eine geheftete Lage von 5 unlinierten Doppelblättern im Format 27 × 21 cm mit der Überschrift: »Jerusalem griech. Patriarchat nach Chabot[?] Nro. 22« mit abweichenden Lesarten der Jerusalemer Handschrift (vgl. J.-B. Chabot, Notice sur les manuscrits syriaques conservés dans la bibliothèque du patriarcat grec orthodoxe de Jérusalem, in: Journal Asiatique, 9. Sér., Bd. 3, Paris 1894, 115), ebenfalls von Rücker geschrieben, bezogen auf die Abschrift der Berliner Handschrift.

2) Aufschrift auf dem Umschlagetikett der zweiten Kladde: »II. Liturgia Theodori Mops. Cod. Berl. orient. quart. 804 XVI-XVII s.«.

a) 21 linierte Blätter. Jeweils auf der linken Seite der syrische Text nach der genannten Berliner Handschrift (vgl. Sachau aaO 146-150 [= Hs. Nr. 39, fol. 32a-40a]), Seite 1-11. Die rechten Seiten sind leer und sollten vermutlich wie bei der Liturgie der Apostel Addai und Mari die Übersetzung aufnehmen.

b) Auf 12 losen, unlinierten Blättern finden sich Varianten aus den Handschriften Mosul 36, 38 (geschrieben 1696), 39a, 39b (vgl. A. Scher, Notice sur les manuscrits syriaques conservés dans la bibliothèque du patriarcat chaldéen de Mossoul, in: Revue des Bibliothèques 17, Paris 1907, 237f.), 231 (oder 213? Nicht mehr von Addai Scher katalogisiert) und Beirut 449.

3) Dritte Kladde, ohne Etikett auf dem Umschlag.

a) 44 unlinierte Blätter. Auf der ersten Seite Hinweis auf die Handschrift Sachau 167 (s. oben). Nochmalige, seitenkonforme Abschrift der Anaphora der Apostel nach der Berliner Handschrift (fol. 77a-96b). Ohne Übersetzung oder freien Raum dafür. Die letzte Seite eines vorn einliegenden linierten Doppelblattes enthält den Beginn nach der Handschrift Seert 38, deren Varianten anfangs bei der Berliner Handschrift notiert sind. Ab fol. 96b (des Codex Sachau 167) nur noch Auszüge (Incipit verschiedener Ḥuttāmē).

b) Lage von 3 linierten Doppelblättern, von denen nur die letzte Seite zur Hälfte mit liturgischem Text beschrieben ist.

c) Lage von 5 unlinierten Doppelblättern. Nochmals Abschrift der Hs. Sachau 167, fol. 77a-85a.

Zu den Anaphoren der Apostel Addai und Mari sowie des Theodor von Mopsuestia vgl. etwa Baumstark 199 und viele andere (zu ersterer vgl. etwa die Literaturangaben bei J. Magne, L'anaphore nestorienne dite d'Addée et Mari et l'anaphore maronite dite de Pierre III, in OrChrP 53, 1987, 107ff., Fußn. 1).

Wann die Abschriften der Berliner Handschriften entstanden sind, läßt sich schwer sagen. Die abweichenden Lesarten der orientalischen Codices (mit Ausnahme der wohl schon zerstörten Hs. Seert 38) hat Rücker vermutlich bei seiner Reise in den Iraq notiert, die im Anschluß an seinen zweiten Studienaufenthalt in Jerusalem im Jahre 1926 stattfand. Von der Hs. Seert 38 könnte er vor dem Ersten Weltkrieg eine Abschrift erhalten haben (vgl. oben Fußn. 3).

ANDREW PALMER

The Epigraphic Diction of Ṭūr ʿAbdīn and Environs

In *OC* 71 (1987), pp. 53-139 I published a corpus of inscriptions from Ṭūr ʿAbdīn and environs (reference-numbers A. 1-20, B. 1-13, C. 1-14 and D. 1-15) which was intended as a complement to H. Pognon, *Inscriptions sémitiques de la Syrie, de la Mésopotamie et de la région de Mossoul* (Paris, 1907) (reference-numbers P. 22-35, P. 53, P. 54, P. 65-71, P. 92-5 and P. 97-116); there I promised two further studies, of which this is the first.

Of these 109 inscriptions at least 43 commemorate material products, mostly buildings, whereas 57 are epitaphs; C. 2 combines both functions. The remaining 8 may come in the first category, except for three which definitely commemorate another kind of event. The following analysis takes first those aspects shared by the two main categories: dating formulae, abbreviation, economy of expression, prayers; then examines dedications, doxologies and other opening texts of good omen, establishing one distinction between the building and the funerary genres; and finally takes in turn the diction specific to each genre. The exceptional inscriptions are treated incidentally; it is impossible to say, on the basis of such a small sample, what is conventional in their diction. Concluding this provisional survey is a glossary of those words which are not treated in it.

Dating formulae

Some inscriptions are dated by the reign of patriarch, bishop, abbot etc. (later by that of local Muslim emirs), others by the Seleucid era, i.e. from 1 October 312 B.C. (to convert to the Christian era, subtract 312 and add the following year after a slash: e.g. A(nno) G(raecorum) 1312 = A.D. 1000/1, *viz.* 1.10.1000-30.9.1001). When the two methods are used together, the Seleucid year usually comes first. A. 11 and A. 13, both of the tenth century, use the era of the Hijra (ܕܛܝܝܐ / ܕܛܝܝ̈ܐ), for the conversion of which one may use B. Spuler's revised third edition of the *Wüstenfeld-Mahler'sche Vergleichungstabellen zur muslimischen und iranischen Zeitrechnung* (Wiesbaden, 1961).

The first of these systems is usually put into words as follows: "in the days of (ܒܝܘ̈ܡܝ) X, the patriarch, and of Y, our bishop" (the supplementary glossary below enables the epithets ܡܪ̈ܝ, ܩܕܝܫܐ, ܛܘܒܬܢܐ, ܚܣܝܐ to be located), whereby the Syrian Orthodox patriarch of Antioch and the bishop of the place concerned (usually Ṭūr ʿAbdīn) should be understood. Only B. 11 and B. 13, which were set up by bishops, and some epitaphs of bishops refer to their title by name. B. 9 goes on to name the abbot, the sacristan, the head of the brothers and the administrator of the monastery and B. 1 may have done something similar, though there the formula ܒܝܘ̈ܡܝ is reiterated before the list of monastic officers. (Monastic officers are also included in the glossary.)

The Seleucid era is sometimes called the "year of Alexander" (cf. I Maccabees 1:1; not attested in the inscriptions after the ninth century), but more usually the "year of the Greeks" ܕܝܘ̈ܢܝܐ), or "of Greece" (ܕܝܘܢ: not an abbreviation, *pace* Pognon, who has misread the horizontal NUN). D. 11 and D. 12 (ca. A.D. 1125) have "of the blessed Greeks (ܡܒܪ̈ܟܐ)". The phrase ܒܕܝܘ̈ܢܝܐ (cf. Pognon, *Inscriptions*, p. 194), "in (the reckoning) of the Greeks", occurs in B. 10, P. 99 and A. 16. One might think it could usually be taken for granted that the Seleucid era is meant (as it is in A. 1, A. 3 and A. 17, for example); yet most inscriptions do not and A. 7 puts in ܕܝܘ̈ܢܝܐ above the date, rectifying an accidental omission. The formula was obviously part of the magic of the medium.

The month and the day of the month are seldom referred to in the building inscriptions and suchlike (B. 1 does have the month and A. 1 had both), but often in epitaphs, where the day of the week can also be commemorated (A. 10: ܒܐܕܐ ܕܒ⟨ܝ⟩ܬ ܠܕܗ ܕܡܪܢ). The form of words is: "on the day X in Y", or "in the month Y on the day X in it / in this / in the same month". Sometimes the month-date is placed before the year and is followed by ܕܫܢܬ. Elsewhere we find ܒܫܢܬ or, more rarely, ܫܢܬ (e.g. A. 11, 12, 19).

Abbreviation

The magic of the medium may also explain why so little use is made of abbreviation, less than in most manuscripts of the Syrians. The year is normally written out in full, though tens and units are often abbreviated, regularly indeed, when they stand for the day of the month. ܐܠܦܐ (sometimes written ܐܠܦ) is only abbreviated once or twice, and then not before the twelfth century. The hundreds are rarely abbreviated. (By abbreviation of numerals, I mean the use of the Syriac alphabetic system of numerotation.)

Ecclesiastical titles, particularly ܩܫܝܫܐ and ܡܫܡܫܢܐ, are sometimes abbreviated; yet B. 9, ending a line with ܐܦܝܣ, which is an accepted abbreviation of ܐܦܝܣܩܘܦܐ, completes the word on the next line. Stock epithets (ܛܘܒܬܢܐ for patriarch, ܚܣܝܐ for bishop) are not abbreviated, though ܩܕܝܫܐ sometimes is.

Many abbreviations were clearly not conventional but were forced upon the cutter by lack of space at the end of the line, or, after the calligraphic revival of ca. 1000, by the desire for lines of equal length, coûte-que-coûte. Here is a list of the few conventional abbreviations: ܗܘܡܢ̄ for ܗܘܡܢܝܐ (P. 34, A. 16);

ܡܥܡܕ̄ for ܡܥܡܘܕܝܬܐ (P. 35, not recognized by Pognon); ܬܫܪ̄ ܩܕ̄ for ܬܫܪܝܢ ܩܕܝܡ (P. 99); ܣܒܝܪ̄ and ܡܣܟܡ̄ for ܣܒܝܪܢܝܐ and ܡܣܟܡܢܐ (B. 13); ܟܠܗ̄ for ܟܠܗܘܢ; ܩܕ̄ for ܩܕܝܫܐ; and ܘܐܫܬ̄ (*vel sim.*) for ܐܫܬܘܬܦ (these last three are quite common).

P. 104 is exceptional in attempting to abbreviate formulaic language although this should be a natural tendency in epigraphy (for the formulae, see the section on epitaphs, below):

ܢܚܚ. ܠܗ ܕܗܘܐ ܠܓܒܐ ܟܡܝܡ ܕܐܬܘܡܐ ܟܝ ܕܐܠܗ. ܘܕܩ̈ܪ. ܩܪܐ ܠܐܟܘ.

Economy of expression

Where the epigraphers of our region do economize is in making a simple verb or noun do service for a longer expression. Thus ܥܒܕ. means "he initiated / funded / supervised the making / building (even renovation: A. 5) of"; ܢܚܣܐ means "let him say 'The Lord pardon him!'"; ܐܫܬܘܬܦ covers participation of every kind; and ܒܝܬܐ can (but does not always) stand for any building. In B. 13 ܕܒܬܪ expresses "those who arose after the year" *vel sim.* and ܩܡ stands for ܗܘ ܕܩܡ. Particles are generally avoided and the only conjunctions used are ܘ and ܕܝܢ. The latter always has an inaugurative, rather than adversative, value, although it retains its normal position after the first word (in A. 2, after two verbs which complement each other.) Where the text so inaugurated does not itself open the inscription, it is preceded by the dating formula (A. 8, B. 12, C. 2). Most inscriptions begin either with a dating formula or with a verb describing an event. Prayers etc. usually come at the end, though a handful of inscriptions begin with a pious phrase (see below).

Prayers

These take two basic forms: direct or indirect appeals to the readers for their prayers; and optatives involving God as agent. The former can be studied in this general perspective; the latter is specific to its genre.

The simplest direct appeal is ܨܠܘ ܥܠܝ (B. 5) or ܨܠܘ / ܨܠܘ ܥܠܘܗܝ ܥܠܝܗܘܢ (C. 5, 11, P. 30, 100-4, 110), combined in C. 14: ܨܠܘ ܥܠܘܗܝ ܘܥܠܝ ܕܟܬܒܬ. To this can be added ܡܛܠ ܡܪܢ (A. 2, P. 95, 105) or ܚܒܝܒܘ (P. 34a); P. 34a also adds: ܘܥܠ ܟܠ ܕܐܫܬܘܬܦ ܒܥܡܠܗ ܘܥܠ ܐܒܗ̈ܘܗܝ and A. 5 has ܨܠܘ ܥܠ ܟܠ ܕܐܫܬܘܬܦ. The beneficiaries of direct appeals seem to have been alive at the time of writing; indeed the cutter often appeals in this way on his own behalf.

Indirect appeals take the form: "Let the one who reads (this) pray". At its simplest: ܕܩܪܐ ܢܨܠܐ (P. 111) or ܕܩܪܐ ܢܨܠܐ ܥܠܘܗܝ (A. 11; cf. P. 68); but it is more usual to begin with ܟܠ. In epitaphs ܢܚܣܐ ܠܗ (see above) may be substituted for ܢܨܠܐ ܥܠܘܗܝ. P. 100 and P. 110 write in full: ܟܠ ܕܩܪܐ

ܢܐܡܪ ܡܪܝܐ ܢܚܣܐ ܠܗ / ܠܗܘܢ. P. 26 and B. 12 use ܢܚܣܐ in contexts other than funerary, where at least some of the beneficiaries were alive at the time of writing:

P. 26: ܟܠ ܕܩܪܐ ܢܐܡܪ ܘܢܚܣܐ ܠܟܠ ܕܐܫܬܘܬܦ

B. 12: ܟܠ ܕܩܪܐ ܢܐܡܪ ܟܠ ܟܠ ܚܕ ܕܐܫܬܘܬܦ ܘܢܚܣܐ ܠܗܘܢ ܘܠܡܝ̈ܬܝܗܘܢ ܘܠܟܠܗܠܝܢ ܕܝܗܒ ܐܓ̈ܪܐ

Here ܢܚܣܐ is a short-hand for "let him say: 'The Lord pardon him when he dies!'". The "departed ones" (ܡܝ̈ܬܐ) of the beneficiary, his parents (ܐܒ̈ܗܐ), and those who "participated" (ܐܫܬܘܬܦ) are sometimes included in the prayer, even if it is an epitaph (e.g. P. 30, P. 28); this last is expanded in B. 8: ܐ ܡܫܠܡܬܐ ܐܘ ܡܚܒ̈ܒܐ and in A. 19: ܐ ܡܫܠܡܬܐ ܐܘ ܡܚܒ̈ܒܐ. ܡܛܠ ܡܢ or ܡܚܒܒܘ is often used to strengthen the appeal. Only A. 20 has: ܟܠ ܕܩܪܐ ܢܐܡܪ ܥܠܘܗܝ، [ܘܢܦ]ܠܚ ܡܛܠ ܡܫܝܚܐ. Also unique is the addition in P. 69, though no doubt it is conventional in another medium: ܟܠ ܕܡܚܣܐ ܢܬܚܣܐ. This, incidentally, shows that the elliptic usage of the verb had the same "status" as the normal usage, i.e. that the devout wish that another be pardoned was treated as an effective act.

Dedications, doxologies, epitaphial preambles

A few inscriptions begin with words of good omen. A. 13, probably under Islamic influence, begins: ܒܫܡ ܐܠܗܐ, and likewise P. 92 begins: ܒܫܡܐ ܕܐܠܗܐ ܡܪܐ ܟܠ. The westerly geographical position shared by these two inscriptions may have made them more susceptible to external culture.

Others begin with a doxology. B. 10 has: ܠܫܘܒܚܬܐ ܘܠܩܘܠܣܐ ܘܠܐܝܩܪܐ ܕܬܠܝܬܝܘܬܐ ܡܫܒܚܬܐ (cf. C. 3).

P. 34: ܠܫܘܒܚܬܐ ܘܠܐܝܩܪܐ ܕܐܒܐ ܘܕܒܪܐ ܘܕܪܘܚܐ ܡܫܒܚܐ ܚܕ ܐܠܗܐ ܫܪܝܪܐ

P. 35: ܠܐܝܩܪܐ ܘܠܫܘܒܚܬܐ ܕܬܠܝܬܝܘܬܐ ܡܫܒܚܬܐ ܕܐܒܐ ܘܕܒܪܐ ܘܕܪܘܚܐ ܡܫܒܚܐ ܚܕ ܐܠܗܐ ܫܪܝܪܐ

P. 54: ܐܝܟ ܕܠܫܘܒܚܬܐ ܕܐܠܗܐ ܘܠܐܝܩܪܐ ܕܫܡܗ ܡܫܒܚܐ ܘܠܒܘܪܟܐ ܕܡܫܒܚܐ ܡܪܝ، ܡܪܩܘܣ ܣܗܕܐ ܩܕܝܫܐ

Such dedications and doxologies only stand at the beginning and are always followed by a record of building in a monastery or church.

The genre of epitaphs occasionally shows a comparable preamble (P. 107 and P. 116 of the 11th and 12th centuries, respectively): ܠܬܫܒܘܚܬܐ ܕܡܚ ܚܬ̈ܠܐ ܘܠܬܘܕܝܬܐ ܕܚܒܫ ܡܚ̈ܝܐ. I have seen another inscription in Qeleth, on an outside wall of the church, which began in this way; but it was not legible far beyond the opening words.

Buildings records

The specific diction of this genre can best be divided into three categories: 1. the work; 2. the product; 3. the motive.

1) The most common verbs are ܥܒܕ and ܐܬܥܒܕ. ܫܬܣܬ and ܐܬܫܬܣܬ are also used where appropriate. ܫܬܣܬ ܘܒܢܝܐ appears to be attested (C. 11) and the same combination of verbs in the passive is found in P. 53. ܥܒܕ is sometimes combined with another verb for greater emphasis: ܐܬܚܦܛ ܘܥܒܕ (A. 2); ܢܦܩ ܘܥܒܕ (P. 34, 54). A. 13 has ܐܢܦܩ ܕܟܝܣܗ (see below, on ܒܢܦܩܬܐ), where the subject is a monk. ܥܡܠ and (ܒ) ܐܬܠܐܝ, are both attested (P. 33, B. 7). In A. 6 ܝܗܒ ܒܢܦܩܬܗ ܐܝܟ ܚܝܠܗ refers to the financial contribution of a bishop. Accordingly, the words: ܘܠܐ ܝܗܒܗ ܐܢܫ in A. 2 probably amount to a denial that there were other financial sources apart from the author. A pious gift, e.g. of land or of a cistern, is expressed with the verb ܫܒܩ; the gift of a sum of money with (ܒ) ܐܫܬܘܬܦ or ܝܗܒ ܒܘܪܟܬܐ (B. 3). To the passive verbs may be added the unparalleled ܐܬܩܘܡ of A. 5 and the late ܐܫܬܟܠܠ (P. 33, of the fourteenth century) and ܐܬܣܝܡ ܘܐܫܬܟܠܠ (P. 35, of the sixteenth century), both at Ṣalaḥ.

Under this heading come also instrumental expressions, such as: ܡܢ ܦܘܠܚܢܗ (A. 2); ܒܦܫܝܛܘܬܐ (also A. 2); (ܕ) ܒܢܦܩܬܐ (A. 16, B. 10, C. 14, D. 14); ܒܢܦܩܬܐ ܘܒܡܥܦܛܠܢܐ (P. 53); ܒܐܬܪܝ, (A. 16). A. 16 has no verb expressing the work done (cf. B. 12, which may, however, originally have had one). B. 4 and B. 5 use the first person singular pronoun, ܐܢܐ, with the name in apposition to it, but have no verb expressing what that person did. Finally A. 6 has a whole series of verbs, understanding ܟܐܦܐ as object: ܐܬܝܗ̇ ܘܦܣܠܗ̇ ܘܫܘܝܗ̇ ܒܕܘܟܬܗ̇.

2) The most common description of a product is ܒܝܬܐ ܗܢܐ (ܒܢܝܢܐ in A. 13 is a *nomen actionis*); A. 3 may have added: ܒܪܝܐ. ܒܝܬܐ covers both liturgical and non-liturgical buildings. In A. 6 the product (a stone slab on which the inscription is engraved) is implied, but not described; A. 16 also has no description, but in this case the product (a building) can no longer be recognized. In the list which follows it will be noticed that the name of the product is almost invariably followed by the demonstrative, "this/these". In a similar way the local bishop is called ܐܦܝܣܩܘܦܐ ܕܝܠܢ and villages and monasteries are referred to with a demonstrative, not a name, if that is where the inscription stands (a fourteenth and a sixteenth-century inscription at Ṣalaḥ are the only exceptions).

P. 53: ܐܣܐ ܠܪܒܝܬܐ ܘܦܛܪܝܐ ܕܥܒܕܝ̈ ܥܒܕܬܐ

C. 1, ?C. 5: ܐܣܛܘܐ ܗܢܐ

A. 9, A, 13: ܐܣܛܘܢܐ ܗܢܐ

B. 3, 6, 7, 11, C. 1; cf. C. 8, ?C. 9: ܒܝܬܐ ܗܢܐ

A. 12, C. 3: ܒܝܬ ܨܠܘܬܐ ܗܕܐ

B. 9: ܒܝܬ ܩܕ̈ܝܫܐ ܗܢܐ

A. 15: ܬ̈ܠܬܐ ܗܠܝܢ ܩ̈ܕܝܫܐ

P. 34: ܕܘܟܬܐ ܗܕܐ ܘܩܕܝܫܬܐ ܕܥܕܬܐ ܕܝܠܕܬ ܐܠܗܐ ܡܪܬ ܡܪܝܡ

D. 14, 15: ܕܝܪܐ ܗܕܐ

B. 10: ܗܝܟܠܐ ܗܢܐ

A. 2: ܗܝܟܠܐ ܗܢܐ ܕܒܝܬ ܝܠܕܬ ܐܠܗܐ

P. 54: ܗܢܐ ܡܕܒܚܐ

P. 115: ܠܘܚܐ ܗܢܐ

P. 35: ܠܘܚܐ ܗܢܐ ܥܠ ܗܕܐ ܥܕܬܐ ܕܒܝܬ ܝܠܕܬ ܐܠܗܐ ܡܪܬ ܡܪܝܡ ܘܕܡܪܝ، ܒܪܨܘܡ ܕܥܠ ܓܢܒ ܡܐܦܪܝܐ ܡܕܒܚܬܐ ܕܐܠܝܫܥ ܘܡܪܝ، ܝܥܩܘܒ ܚܒܝܫܝܐ

A.8: ܡܥܪܬܐ ܗܕܐ

P. 33: ܡܫܟܢܐ ܗܢܐ

A. 5, ?B. 1: ܟܘܬܐ ܗܕܐ

A. 19: ܟܘܬܐ ܗܕܐ ܘܕܪܬܐ ܕܡܕܒܚܗ

P. 34, B. 13, D. 9: ܒܘܗܕܢܐ ܗܢܐ

A. 18, C. 14: ܦܠܢܝܬܐ ܗܕܐ

C. 2: ܡܓܪܕܐ ܗܢܐ

Two inscriptions record pious gifts, as follows (the latter with a prohibition of sale, as so frequently in Greco-Roman epigraphy):

A. 19: ܟܠܐ ܘܐܦ ܠܘܒܐ ܕܒܢܬܐ

P. 26: ܬܠܬܐ ܦ̄ܕܢ ܐܪܥܐ ܒܣܬܪ ܕܕܝܪܐ ܥܠ ܐܘܪܚܐ ܕܢܨܝܒܝܢ ... ܘܠܐ ܫܠܝܛ ܠܐܢܫ ܗܘ ܕܢܙܒܢܝܗ̇، (ܕܢܙܒܢܝܗ̇)

3) P. 26 begins with a motive for the gift of land to the church: ܐܝܟ ܕܠܦ⟨ܘ⟩ܩܕܢܐ ܕܡܫܝܚܗ ܘܡܕܒܪܢܐ ܕܫ̈ܠܝܚܘܗܝ،.

Such expressions are also found in the following:

P. 34: ܐܝܟ ܕܐܬܗܘܐ ܠܦܘܪܩܢܐ (ܠܦܘܪܩܢܐ) ܘܠܫܘܒܚܐ ܠܢܦܫ̈ܬܗܘܢ ܘܠܚܘܣܝܐ ܕܚ̈ܛܗܝܗܘܢ

P. 53: ܐܠܗܐ ܢܚܣܐ ܢܦܫ̈ܬܗܘܢ ܘܢܦܫ̈ܬܐ ܕܟܠܗܘܢ ܕܐܫܬܬܦܘ ܒܗܘܢ ܐܡܝܢ ܘܐܡܝܢ

A. 2: ܕܐܠܗܐ ܕܢܛܪ ܥܡܗ ܒܗܘ ܢܚ⟨ܝ⟩ܘܗܝ، ܠܬܫܒܘܚܬܐ ܕܫܡܗ ܘܠܚ̈ܝܐ[ܕܗܘܢ، ܢܦܫܬܐ]

B.3: ܢܗܘܐ ܡܪܝܐ ܦܘܪܥܢܐ ܕܥܒ̈ܕܘܬܐ ܠܟܠ ܡܢ ܕܗܘܬ ܠܗ ܫܘܬܦܘܬܐ ܘܡܣܝܥ ܒܡܘܪܟܒܘܬܐ ܒܥܒܝܕܬܐ ܗܢܐ ܘܬܪܐܬ ܠܗ̇ܘܢ ܁ ܕܡܢ ܡܘܬܪܐ ܗܕܐ ... ܘܟܠ ܕܐܫܬܘܬܦ ܒܗ ܐܠܗܐ ܢܒܪܟܗ

B.8: ܟܠ ܡܢ ܕܐܫܬܘܬܦ ܒܗ ܐ ܁ ܒܡܠܬܐ ܐܘ ܁ ܒܥܒܕܐ ܐܠܗܐ ܢܦܪܥ⟨ܝ⟩ܘܗܝ, ܦܘܪܥܢܐ ܛܒܐ ܒܡܠܟܘܬܗ ܁ ܘܕܠܗ ܁ ܘܫܘܒܚܐ ܠܥܠܡܥܠܡܝܢ

B.9: [...] ܕܐܠܗܐ ܢܛܘܪܐ ܐܢܘܢ ܁ ܠܫܠܡܘܬܐ ܕܥܡܪܝܢܐ

Epitaphs

In most of the epitaphs, and usually at the beginning, we find the words: ܢܦܩ ܡܢ ܥܠܡܐ ܗܢܐ (with feminine or plural variants): see A.4, 10, 11, 17, 20; C.26; D.1, 8, 10, 11, 12 (D.13, a graffito, has ܢܦܩ, *tout court*); P.22-4, 27-32, 65-7, 69-71, 95, 97, 98, 100, 106, 107, 111a, 112, 114-6. The last word, ܗܢܐ, is omitted from D. 1, 8, 10, P. 67, A. 11 and A. 17.

After this the majority of the epitaphs at Ṣalaḥ add: ܡܚܝܠܐ ܥܢܘܝܐ (A. 20, P. 22 and P. 29 do not). An alternative epithet is ܡܚܝܠܐ ܚܛܝܬܐ (cf. B. 13, in another context), which is found in many of the epitaphs at Heshterek and at Ḥaḥ, though not in the cluster from the monastery of Sts. Sergius and Bacchus, near the latter village. A. 17, from a monastery near Heshterek, expands for the sake of the metre: ܡܚܝܠܐ ܚܛܝܬܐ ܘܟܠ ܢܩܘܦܘܢܐ and A. 10, from Midun, has the alternative epithet: ܡܣܟܢܐ.

After this, in the majority of epitaphs, come the words: ܘܥܢܕ ܠܘܬ ܡܪܗ (with feminine or plural variants). This phrase is absent from P. 98, 100, 107, 111, 115, 116c (all from Heshterek), A. 4 and A. 10 (from Amida and Midun, respectively). A. 17 has (again, *metri causa*) an expanded version: ܘܥܢܕ ܘܣܠܩ ܠܐܬܪܐ ܕܢܘܚܐ ܘܕܠܐܟܘܬܐ. P. 106 has: ܘܥܢܕ ܠܢܝܚܐ ܫܪܝܪܬܐ ܘܠܬܒܥܬܐ ܗ̇ܝ ܕܠܐ ܚܪܬܐ and P. 110 paraphrases all the matter summed up thus far: ܥܒܕ ܠܢܝܚܐ ܕܚܝܐ ܘܥܢܕ ܠܢܝܚܐ ܫܪܝܪܬܐ.

Of the epitaphs which do not use ܢܦܩ ܡܢ ܥܠܡܐ only one, A. 7, is earlier than the late tenth century, and that is a rather special case, concerning the entombment of a priest in the church at Kfarbe: ܐܬܬ[ܣܝܡ] ܒܥܕܬܐ ܗܕܐ.

Four inscriptions diverge from the norm to use: ܐܬܦܛܪ (P. 31, 68, 108, 112), although P. 100 has: ܢܦܩ ܡܢ ܥܠܡܐ ... ܟܕ ܐܬܦܛܪ. Thirteen others use the space-saving alternative ܚܒܪ (D. 5, P. 99-105, 108, 109, 111b, 113; P. 99 adds ܥܢܕ further down, for variety).

Corresponding to the "motive" given in some building records and memorials of pious gifts, the epitaphs sometimes include optatives with God as agent, expressing good wishes for the departed soul. The earliest example is also the longest, A. 4: ... ܘܥܘܢܝܐ ܠܢܘܪܝܐ ܛܒܐ ... ܕܐܠܗܐ ܗܘ̇ ܕܢܫܪܐ ܘܢܪܒܐ ܗ̇ ...

ܡܢ ܥܠܡܐ ܗܢܐ ܗ̇ܘ ܢܦܫܗ̇ ܕܬܩܒܠ ܠܚܝܘܬܐ ܥܡ ܐܒܗ̈ܬܐ ܒ̈ܢܝ ܡܫܝܚܐ ܕܠܗ ܘܥܡ ܗܠܝܢ ܒܬܘ̈ܠܬܐ ܚܟ̈ܝܡܢ ܕܥܐ̈ܠܢ ܥܡ ܚܬܢܐ ܠܚܝܘܬܐ ܘܢܫܡܥܝܗ̇ ܐܠܗܐ ܗ̇ܝ, ܒܪܬ ܩܠܐ ܛܘܒܢܝܬܐ ܕܐܡܪܐ ܕܬܘ ܒܪ̈ܝܟܘܗܝ, ܕܐܒܝ, ܐܪܬܘ ܡܠܟܘܬܐ ܕܡܫܒܚܐ ܗ̇ܝ, ܕܡܛܝܒܐ ܠܟܘܢ ܡܢ ܩܕܡ ܬܪܡܝܬܗ ܕܥܠܡܐ ܐܡܝܢ . Here the medium, paint on plastered brick, was no deterrent to length; yet the stone-cut A.10 is not so much shorter: ܕܐܠܗܐ ܗ̇ܘ ܕܛܥܢܬ ܠܒܪܗ ܒܡܫܟܢܐ ܢܦܫܗ̇ ܠܚܝܘܬܗ ܡܠܟܐ ܫܘ̈ܬܐ ܥܡ ܗܠܝܢ ܚܡܫ ܒܬܘ̈ܠܬܐ ܚܟܝ̈ܡܬܐ ܕܝܪ̈ܬܢ ܘܠܚܕܘܬܗܘܢ ܒܡܫܟܢܐ ܕܗܘܢ ܒܨܠܘ̈ܬܗ̇ ܕܝܠܕܬܗ ܘܩܕ̈ܝܫܘܗܝ, ܐܡܝܢ.

A. 17 has a metrical variant, once more:

ܡܪܝܐ ܢܬܒܣܡܘܗܝ, ܥܡ ܙܕܝ̈ܩܐ ܘܥܡ ܬ̈ܠܡܝܕܐ
ܘܥܡ ܡܠ̈ܐܟܐ ܢܚܕܐ ܥܘܒܕܢܐ ܠܡܪܝܐ ܡܫܝܚܐ

C. 2, probably copied from a hand-written original of the eighth century, has: ܢܗܘܐ ܢܝܚ ܡܫܟܢܗ ܥܡ ܙܕܘܩܐ (ܙܕ̈ܝܩܐ) ܠܥܠܡ⟨ܥ⟩ܠܡ ܐܡܝܢ.

We have already seen that there were local fashions in the choice of an epithet for the world from which souls depart; under the present rubric it should be noted that Ṣalaḥ and Ḥaḥ, which use no optatives in epitaphs, are ranged against Heshterek, which frequently does: see P.95, 96, 99, 101-4, 106, 107, 111, 116. With the exception of the last two, all these use a formula like that at the end of A. 10: ܒܨܠܘ̈ܬܗ̇ (or ܒܝܕ ܨܠܘ̈ܬܗ̇) ܕܝܠܕܬ ܐܠܗܐ (or ܕܝܠܕܬܗ ܘܩܕ̈ܝܫܘܗܝ,) with or without ܐܡܝܢ.

A recurring motif is the "bosom of Abraham": ܕܐܠܗܐ (or ܕܡܪܝܐ) ܢܬܒܣܡ (or ܢܢܝܚܐ) ܐܢܘܢ ܒܥܘ̈ܒܐ ܐܒܪܗܡ, to which P. 99 adds: ܥܡ ܟܠ ܕ[ܥܒ]ܕ ܨܒܝܢܗ. Another motif, the most popular, concerns the "propitious commemoration" of which Mary of Dara (A.4) was considered worthy: ܕܐܠܗܐ (once: ܕܡܫܝܚܐ) ܢܥܒܕ ܠܗ ܕܘܟܪܢܐ ܒܡܫܟܢܐ ܕܙܕ̈ܝܩܐ (once without ܛܒܐ) ܛܒܐ. Both these motifs were used in P. 107: ܕܐܠܗܐ ܢܥܒܕ ܕܘܟܪܢܗ ܒܡܫܟܢܐ ܕܙܕ̈ܝܩܐ ܘܢܢ⟨ܝ⟩ܚܘܗܝ, ܠܢܦܫܬܐ ܕܒܥܘ̈ܒܐ ܐܒܪܗܡ ܒܨܠܘ̈ܬܗ̇ ܕܝܠܕܬ ܐܠܗܐ. P. 111 has two prayers not found elsewhere in the corpus: ܚܕܘܬܐ ܘܪܘܝܘܬܐ ܥܡ ܢܬܠ ܠܗ ܡܪܝܐ ܐܠܗܐ ܡܢ̈ܝܐ and: ܠܢܦܫܗ ܒܐܘܪܚܐ ܠܢܦܩ, ܢܗܘܪܐ ܢܗܪܐ.

Expressions of grief are, by contrast with the above, very rare. Only in the self-consciously literary A. 17 do we find both together. But the inflated laments of this verse-epitaph are anaemic compared to P. 109, a father's poignant memorial of his young son: ܘܥܡܡ ܐܒܐ ܡܪܝܪ ܫܢܝܩܐ ܒܪ ܠܚܒܝܒ ܒܫܠܗܒܐ. Even starker is the single word ܘܝ (cf. Greek οὐαί), found in A. 7 and A. 11.

The cutters

We have seen that the cutter of an inscription can appeal directly (less often by way of an optative) to the reader for his prayers. He refers to the inscription either as ܠܘܚܐ ܗܢܐ (P. 115, 35; note the gender) or as ܟܘܗܕܢܐ ܗܢܐ (P. 34, B. 13, D. 9). His own activity he describes with the verb ܨܪܛ, ܣܪܛ or ܟܬܒ. ܓܠܦ (P. 115) refers to the carving of a frame. Occasionally an inscription ends with an isolated name, which may be assumed to be that of the cutter (e.g. A. 7, B. 11).

Supplementary glossary

The aim of this article has been to provide epigraphers with useful instruments, so that the study of Syriac Christian inscriptions is given a sounder methodological basis. It is to be hoped that further activity in this field will make the publication of a comprehensive corpus with exhaustive indexing possible. As for the present survey, it is perhaps short enough to be used as a repertory of epigraphic diction even without an index. The short glossary which follows includes words not (or insufficiently) treated in the survey. Personal names can be found through the indexes of my *Monk and Mason* and of Pognon's *Inscriptions*.

ܐܒܐ P. 33
ܐܒܣ A. 3
ܐܚܐ D. 15, P. 29
ܐܚܘܢܐ P. 33
ܐ⟨ܝ⟩ܣܢܝܕܝܐ D. 8
ܐܝܬ B. 3
ܐܡܪ A. 1
ܐܫ B. 3
ܐܣܟܘܠܐ P. 105, 109
ܐܪܕܝܟܠܐ A. 8
ܐܣܟܦܐ B. 3
ܒܝܕ D. 14
ܒܝܬ ܫܠܕܐ A. 10
ܒܢܝܐ B. 12
ܒܪܐ ܕܝܠܗ P. 106, 115
ܒܪ ܚܬܐ P. 22
ܒܪ ܬܘܬܠܡܕܐ A. 20
ܒ̈ܢܝ ܕܝܪܐ A. 6
ܒ̈ܢܝ ܟܘܡܪܐ B. 9
ܒ̈ܢܝ ܩܣܛܪܐ P. 33
ܕܪܐ A. 18
ܕܝܪܐ A. 6, 16, D. 14, 15, P. 26
ܕܝܪܝܐ A. 10 (fem.), 13, 16, 18, 20, C. 11, D. 1, 5, 11, 12, 14, P. 22, 25, 28-32
ܙܒܢܐ B. 13
ܙܘܓܐ B. 3, 8
ܙܒܘܪܐ P. 109
ܚܛܝܐ passim
ܢܦܫܐ A. 2, B. 1, 8, 9, 11, C. 2, D. 14, P. 24, 33
ܚܪܒܐ B. 13
ܚܪܝܐ B. 13
ܛܘܒܬܢܐ B. 1, C. 2
ܛܠܠܐ P. 109, 116
ܝܘܡܐ A. 1, B. 13, D. 4, 6, P. 24, 30, 65, 67-71, 99
ܝܪܚܐ A. 4, 20, B. 1, C. 2, D. 4, P. 23, 24, 30, (31), (65), (67), (68), 69, 70, (71), (99), (112)†
(?) ܟܒܕܝܢܐ A. 11
ܟܠܕܝܐ P. 100
ܟܣܐ P. 68

ܟܬܘܒܐ P. 115
ܡܥܪܐ A. 17
ܡܠܦܢܐ A. 17, P. 115
ܡܢ ܐܕ̈ܝ P. 108, 112
ܡܢ (ܕ) A. 6
ܡܫܚܐ C. 2, P. 95
ܡܪܝܐ P. 100
ܡܪܬܝ / ܡܪܝ A. 1-4, 8, 12, 15, 16, B. 1, 8, 9, P. 69, 71
ܡܪܝܪܐ B. 13
ܡܫܡܫܢܐ A. 18, B. 4-6, 7, D. 14, P. 66-8, 98, 107, 111, 112, 116b
ܢܦܫܐ D. 8, 14
ܢܦܩܐ C. 2
(Afʿel) ܣܐܒ A. 6
ܣܒܐ A. 18, C. 11
ܣܥܘܪܐ A. 1, B. 1
ܥܐܕܐ A. 10
ܥܘܡܪܐ B. 1, 7, 9, 13, P. 22-4, 27-9, 31, 32*
ܦܪܢܣܐ A. 8, B. 1, 9, C. 7
ܦܪܣܝܐ B. 13
ܨܕܝܐ B. 13
ܩܕܫܐ A. 15, B. 8, P. 26
ܩܘܢܝܐ B. 9
(?) ܩܘܪܕܝܐ P. 112
ܩܫܝܐ B. 3
ܩܪܝܬܐ B. 3, 8
ܩܪܩܐ A. 8
ܩܫܝܫܐ A. 1, 5, 7, 16, 18, 20, B. 3, 5, C. 2, 3, D. 14, P. 22, 23, 27, 28, 30-3, 65, 66, 70, 95, 97, 99-105, 107, 108, 110, 111, 113-6
ܪܒܐ / ܪܒ A. 17, 19, 20, C. 11, 14, D. 3, 5, 8, P. 33, 70, 92, 114, 115
ܪܒܬܐ A. 8
ܪܘܚܐ D. 15
ܪܫܐ̈ܢܐ B. 9, 12, C. 5
ܪܫܕܝܪܐ A. 1, 3, 8, B. 1-3, 7, 9, C. 7, 10, P. 22
ܪܫܢܐ P. 33
ܪܫܕܝܪܬܐ A. 5, 12, C. 2, P. 65, 97, 99-103, 105, 107, 116b
ܫܘܒܚܐ A. 6
ܫܢܐ A. 13, B. 3, B. 13, P. 92
ܫܦܝܪ ܚܕ̈ܬܐ D. 8
ܫܪܝܪܐ D. 14
ܫܪܐ B. 13
ܫܪܒܐ A. 4, B. 9, D. 4

† The inscriptions numbered in brackets have a month-name, but not the word "month" itself.

* The epitaphs at Ṣalaḥ frequently use ܡܢܗ ܕܥܘܡܪܐ ܗܢܐ to mean "from this monastery", rather than "from the same monastery" (or "above-mentioned"). This may be a solecism, due to copying the phrase from B. 7 without understanding that ܡܢܗ ܕܥܘܡܪܐ there refers back to an implicit previous reference to the monastery in the word ܪܫܕܝܪܐ; the error was then perpetuated unthinkingly as part of the epigraphic "convention" of Ṣalaḥ.

KHALIL SAMIR, SJ

Date de la mort d'Elie de Nisibe*

En 1332, Ṣalībā Ibn Yūḥannā composa une vaste encyclopédie intitulée Asfār al-Asrār[1]. Le chapitre (*faṣl*) premier de la deuxième partie (*aṣl*) du livre (*sifr*) cinquième est une histoire des patriarches nestoriens. Ce texte a été édité et traduit en latin par le P. Enrico Gismondi[2]. Parlant du catholicos Elie Ier, élu le 16 juin 1028 et mort le 6 mai 1049, Ṣalībā ajoute une importante notice sur Elie de Nisibe. La voici avec sa traduction[3]:

وفي أيّامه استناح الأب القدّيس مار إيليّا مطران نصيبين، المعروف بابن السينيّ[4]، صاحب «كتاب المجالس» و«كتاب دفع الهمّ» و«التراجيم». وذلك في نهار الجمعة لعَشْرٍ

* ABRÉVIATIONS UTILISÉES

Pour alléger les références et éviter d'inutiles répétitions, nous utilisons les abréviations suivantes:

ASSEMANI = Joseph Simonius ASSEMANUS, *Bibliotheca Orientalis Clementino-Vaticana*, 4 volumes parus à Rome: tome I (1719), II (1721), III.1 (1725) et III.2 (1728); reproduction anastatique par la Georg Olms Verlag (Hildesheim et New York), en 1975; en voir le compte rendu par SAMIR Khalil, dans *OrChrPer* 44 (1978), p. 527-529.

DELLY = Emmanuel-Karim DELLY, *La Théologie d'Élie bar-Šénaya. Étude et traduction de* [deux de] *ses entretiens*, coll. *Studia Urbaniana* 1 (Rome 1957).

GISMONDI (texte) = Henricus GISMONDI, *Maris Amri et Slibae De patriarchis Nestorianorum Commentaria*, Pars altera, *Amri et Slibae textus* (Rome 1896).

GISMONDI (version) = Henricus GISMONDI, *Maris Amri et Slibae De Patriarchis Nestorianorum Commentaria*, Pars altera, *Amri et Slibae versio latina* (Rome 1897).

KWCO = *Kleines Wörterbuch des Christlichen Orients*, hrsg. von Julius ASSFALG in Verbindung mit Paul KRÜGER (Wiesbaden 1975).

SAMIR, *Bibliographie Élie* = SAMIR Khalil, *Bibliographie du dialogue islamo-chrétien. Élie de Nisibe (975-1046)*, dans *Islamochristiana* 3 (1977), p. 257-286. J'indique toujours la double pagination: celle de la revue, et entre crochets celle du tiré-à-part.

1 Sur cet ouvrage, voir GRAF, II 216-218.

2 Cf. GISMONDI.

3 GISMONDI (texte), p. 99, lignes 2-6.

4 Nous avons corrigé ici le texte de l'édition, qui porte السنّي En effet, al-Sinnī signifie «originaire d'al-Sinn» (en syriaque ܫܢܐ Šennā), petite ville sur le Tigre, à une cinquantaine de kilomètres au nord de Takrīt, un peu au-dessous de l'embouchure du petit Zāb. Or, Elie de Nisibe est connu en syriaque sous le nom de Bar Šīnāyā (ܫܝܢܝܐ), ce qui n'a rien à voir avec Šennā, dont la *nisbah* serait Šennayā (ܫܢܝܐ).

خَلَوْنَ[5] من المحرَّم، سنةَ ثمانٍ وثلاثين وأربعمائةٍ هلاليّة. ودُفن في بيعة ميّافارقين[6]، إلى جانب قبر أخيه أبي سعيدٍ (رضي اللّهُ عنهما !).

«De son temps mourut le Père saint Mar Īliyyā, métropolite de Nisibe, connu sous le nom d'Ibn al-Sini, l'auteur du Livre des Entretiens[7], du Livre pour classer les soucis[8] et des Homélies[9]. Cela eut lieu dans la journée du vendredi 10 muḥarram de l'année 438 de l'hégire[10]. Il fut enterré dans l'église de Mayyāfāriqīn, à côté du tombeau de son frère Abū Sa'īd[11]. La complaisance de Dieu soit sur eux deux!»[12].

Ce texte est le seul à nous fournir la date de la mort d'Elie de Nisibe, qui correspond au 18 juillet 1046, lequel tombe bien un vendredi. Assemani, et après lui la majorité des chercheurs, ont rejeté cette date. Nous voudrions, dans cette étude, examiner les motifs en faveur ou en défaveur de Ṣalībā. Peut-on accepter cette date, ou y a-t-il d'autres données qui obligent à la remettre en question?

Il y a une trentaine d'années, le P. Emmanuel-Karim Delly consacra une page à la date de la mort d'Elie[13], mais elle passa inaperçue, et la majorité des chercheurs continuent d'adopter une datation erronée. De là l'importance de revenir sur la question.

I. *Position de Joseph Simon Assemani*

En 1721, Joseph Simon Assemani, se basant sur le texte de Ṣalībā (sans cependant le citer) écrivait, en parlant du patriarche nestorien Elie Ier mort le 7 mai 1049: «Sub eo decesserunt Elias Metropolita Nisibis auctor libri Sessionum, et Abdalla Abulpharagius Benattibus Presbyter»[14].

5 GISMONDI (texte): خلوان.
6 GISMONDI (texte): ميافرقين.
7 Pour le *Kitāb al-Maǧālis* d'Elie de Nisibe, voir GRAF, II 178-180; à compléter par SAMIR, *Bibliographie Elie*, p. 259-267.
8 Pour le *Daf' al-Hamm*, voir GRAF, II 185-186; à compléter par SAMIR, *Bibliographie Elie*, p. 279-281.
9 S'agit-il d'une erreur de Ṣalībā, qui attribuerait à Elie de Nisibe le *Kitāb al-Tarāǧīm* du catholicos Elie III Ibn al-Ḥadīṯī (1176-1190), ou bien Elie aurait-il effectivement composé des homélies qui ne nous seraient pas parvenues?
10 Littéralement: 438 lunaire.
11 Il s'agit d'Abū Sa'īd Manṣūr Ibn 'Īsā, surnommé Zāhid al-'Ulamā'. Cf. KHALIL SAMIR, *Note sur le médecin Zahid al-'Ulama', frère d'Elie de Nisibe*, in *OrChr* 69 (1985) 168-183.
12 Voici la traduction latine d'Enrico Gismondi (P. 57, lignes 35-39), où il faut corriger les deux dernières œuvres d'Elie: «Eius tempore e vivis excessit pater sanctus Mār Elias metropolita Nisibis cognomine notus Ben-senni, auctor libri Sessionum et libri De Consolatione(!), et interpretationum(!), feria sexta, 10 mensis muharram anno lunari 438 et sepultus est in ecclesia Majāpharāqīn a latere sepulcri fratris sui Abu Sa'id, utrumque Deus gratum habeat».
13 DELLY, p. 14-15.
14 ASSEMANI, II 447A, premier paragraphe.

Mais quatre ans plus tard, Assemani changea d'avis. Voici pourquoi. Publiant le catalogue des auteurs syriaques de ʿAbdīšūʿ de Nisibe, où il est question d'Elie de Nisibe à la section 183, il rédigea une note de plusieurs pages consacrée au Recueil canonique en 4 livres. Il écrit: «Ejusdem Eliae *Tractatum de haereditatibus* ex Arabico Syriacè reddidit, suoque operi inseruit idem Ebedjesu in epitome Canonum Par 3. cui hanc praefationem praemisit»[15]. Il reproduit alors le texte syriaque de la préface de *ʿAbdīšūʿ*, accompagnée d'une traduction latine annotée[16].

Or cette préface comprend en réalité deux parties: la première est de ʿAbdīšūʿ, comme on le voit de ce qu'il dit d'Elie de Nisibe: «Adeò ut etiam religiosissimo ELIAE Sobensi, viro nempe accuratissimo et acutissimo, visum fuerit praecipere, ut omissis caeteris de divisione haereditatum tractatibus, omnes qui veritatem amarent, hanc unam sequerentur semitam»[17]; et le deuxième, d'Elie de Nisibe lui-même, est introduite par les mots suivants: «Quae ut planiora fiant, Sobensis (Eliae) verba hic attexenda duximus»[18]. Les deux parties se suivent sans séparation nette.

C'est dans la deuxième partie que se trouve l'incise sur la mort d'Elie Ier. On y lit: «Quum verò Deus spirituali Patri Mar Eliae Patriarchae, *cujus animae requiem oramus*, hanc contulisset gratiam, istorum beatorum Patrum de ea materia sententias exploravit, et diligenter expendit ...». Assemani commenta les mots en italiques en corrigeant ce qu'il avait écrit précédemment, disant: «Ex quo liquet hunc Tractatum ab Elia Nisibensi post obitum Eliae Patriarchae compositum fuisse: atque adeò quod tom. 2. pag. 447. ex quodam Amri[19] ms. Codice de obitu eiusdem Eliae Nisibeni sub cognomine Patriarcha dictum est, libenter emendamus»[20].

D'autre part, ʿAbdīšūʿ affirme expressément que le traité qui suit a été traduit de l'arabe en syriaque: «Ipsamque ejusdem Epistolam, quae in quinque et viginti capita dividitur, integra fide in Syriacum sermonem ex Arabico vertam»[21].

En conséquence, traitant de la vie d'Elie de Nisibe, Assemani écrit: «Obiit magnam apud suos doctrinae famam adeptus, post ejusdem Eliae primi obitum, hoc est, post annum Graecorum 1360, ut ex ipsius Praefatione in libros de Decisione iudiciorum ecclesiasticorum, quam ex Ebedjesu Sobensi mox referimus»[22].

15 ASSEMANI, III 1 267B (en note).
16 ASSEMANI, III 1 267B-270A (en note).
17 ASSEMANI, III 1 269B, lignes 18-23.
18 ASSEMANI, III 1 269B, lignes 41-42.
19 Il s'agit en réalité du texte de Ṣalībā Ibn Yūḥannā qu'Assemani appelle toujours ʿAmr [Ibn Mattā], suivi en ceci par beaucoup, y compris par Emmanuel-Karim Delly.
20 ASSEMANI, III 1 269B, lines 58-66.
21 *Ibidem*, lignes 27-29.
22 ASSEMANI, III 1 266B, note 3.

L'erreur d'Assemani vient de ce qu'il a attribué cette incise à Elie de Nisibe, et non pas au traducteur ʿUbaydallāh.

II. *Position des chercheurs*

Depuis lors, l'ensemble des chercheurs adopta l'opinion d'Assemani, affirmant qu'Elie de Nisibe était mort après (ou autour de) l'année 1049 (correspondant à 1360 des Grecs), date de la mort du catholicos Elie Ier. Certains précisèrent qu'il mourut en 1056, sans fournir la moindre preuve.

Sans prétendre nullement être exhaustif, nous mentionnons pour mémoire quelques chercheurs qui se sont intéressés à Elie de Nisibe, en les classant par ordre chronologique: Moritz Steinschneider[23] en 1877, Gabriel Qardāḥī[24] en 1878, Charles Clermont-Ganneau[25] en 1879, Friedrich Baethgen[26] en 1884, Ludwig Horst[27] en 1886, William Wright[28] en 1894, Theodor Nöldeke[29] en 1899, Rubens Duval[30] en 1907, Louis Delaporte[31] en 1910, François Nau[32] en 1911, Anton Baumstark[44] en 1922, Louis Cheikho[34] en 1924, Eugène Tisserant[35] en 1931, Jean-Baptiste Chabot[36] en 1935, Martin Jugie[37] en 1935, et surtout Georg Graf en 1947.

Etant donné que l'ouvrage de Graf est désormais la référence de base, il

23 Cf. MORITZ STEINSCHNEIDER, *Polemische und apologetische Literatur in arabischer Sprache* (Leipzig 1877; reprint Hildesheim: Olms 1966), p. 29.

24 Cf. GABRIEL QARDAHI, *Liber Thesauri de arte poetica Syrorum* (Rome 1878) p. 84.

25 Cf. CHARLES CLERMONT-GANNEAU, compte-rendu de H. M. SAUVAIRE (*On a Treatise on Weights and Measures, by Eliya Archbishop of Nisibin*), in *Revue Critique d'Histoire et de Littérature*, N° 26 (juin 1879) 477-480, ici 477.

26 Cf. FRIEDRICH BAETHGEN, *Fragmente syrischer und arabischer Historiker* (Leipzig 1884) p. 1.

27 Cf. LUDWIG HORST, *Des Metropoliten Elias von Nisibis Buch der Wahrheit des Glaubens* (Colmar 1886) p. XXIV.

28 Cf. WILLIAM WRIGHT, *A Short History of Syriac Literature* (London 1894) p. 236.

29 Cf. THEODOR NOELDEKE, *Die semitischen Sprachen. Eine Squizze*, 2e éd. (Leipzig 1898, reprint: Darmstadt 1966), p. 43: «Schon der gelehrte Metropolit von Nisibis, Elias bar Schinnaja, 975 bis gegen 1050 n. Chr., schreibt seine, für Christen bestimmten, Werke entweder arabisch oder in parallelen Columnen arabisch und syrisch, d.h. in der gesprochenen und in der gelehrten Sprache.»

30 Cf. RUBENS DUVAL, *La littérature syriaque* (Paris 1907), p. 395.

31 Cf. LOUIS J. DELAPORTE, *La chronographie d'Elie bar-Šinaya, Métropolitain de Nisibe, traduite*, coll. *Bibliothèque de l'Ecole des Hautes Etudes ... Sciences historiques et philologiques*, fasc. 181 (Paris 1910), p. III.

32 Cf. FRANÇOIS NAU, art. Elie Bar-Šinaya, in *DThC* IV,2 (Paris 1911) 2330-2331.

33 Cf. ANTON BAUMSTARK, GSL (Bonn 1922), p. 287 §c.

34 Cf. LOUIS CHEIKHO, *Catalogue des manuscrits des auteurs arabes chrétiens depuis l'Islam* (en arabe) (Beyrouth 1924), p. 49, N° 160.

35 Cf. EUGÈNE TISSERANT, art. Nestorienne (Eglise), in DThC 11 (1931) 282.

36 Cf. JEAN-BAPTISTE CHABOT, *Littérature syriaque* (Paris 1936) p. 118.

37 Cf. MARTIN JUGIE, *Theologia dogmatica christianorum orientalium*, t. 5 (Paris 1935) p. 35.

convient d'en rapporter le texte. Graf écrit: «Die Zeit seines Todes ist nach 1049 anzusetzen»[38]. Et il ajoute en note: «D.i. nach dem Ableben des Patr. Elias I., dessen Tod Elias von Nisibis nach seinem Selbstzeugnisse (in seinen «Kirchlichen Entscheidungen» über die Erbschaften, *B. or.* III, 1, 269) noch erlebte»[39].

Dix pages plus loin, traitant du livre canonique sur les héritages composé par Elie de Nisibe, Graf écrit: «Da Elias in der Vorrede u. a. Vorgängern in der kirchlichen Rechtsliteratur mit besonderem Lobe des bereits verstorbenen Patriarchen Elias I. gedenkt, auf dessen Werk er auch seine eigene Epitome aufbaut, so ist das Original des Nisibiners erst nach dem Mai 1049 entstanden»[40]. Il a donc repris la thèse erronée d'Assemani, y ajoutant ce que nous pensons être une nouvelle erreur, basée sur une hypothèse, comme nous allons le voir.

III. *Un ou deux traités d'Élie de Nisibe sur les héritages?*

Position du problème

ʿAbdīšūʿ de Nisibe affirme, dans son catalogue des ouvrages syriaques, qu'Élie de Nisibe composa en syriaque un recueil canonique de «Jugements ecclésiastiques», en quatre parties. Cet ouvrage n'a pas encore été retrouvé.

Nous savons d'autre part que l'ouvrage fut traduit en arabe par Abū Saʿīd ʿUbaydallāh Ibn Ǧibrāʾīl Ibn ʿUbaydallāh Ibn Baḫtīšūʿ, un contemporain d'Élie de Nisibe mort entre 1058 et 1068[41]. Cette version est également perdue, mais nous en possédons aujourd'hui la *quatrième* partie, celle sur les héritages, divisée en 25 chapitres. Elle nous est conservée dans un unique manuscrit, le *Vatican arabe 160*, copié au Caire en 1230 sur un manuscrit transcrit à Damas en 1220; ce Vaticanus a probablement appartenu à la famille copte des Awlad al-ʿAssāl.

Par ailleurs, ʿAbdīšūʿ a composé en syriaque un recueil canonique en neuf parties. Il est conservé dans le *Vatican syriaque 129*, transcrit en 1332. Or, la *troisième* partie en 25 chapitres[42] est traduite de l'arabe d'Élie de Nisibe et semble correspondre au texte du *Vatican arabe 160*.

Comment interpréter ce faits?

38 II 177, lignes 15-16.

39 II 177, note 3.

40 II 187 §2.

41 Sur ce médecin nestorien, voir CARL BROCKELMANN, *GAL*, I (Weimar 1898) p. 483; Supplementband I (Leyde 1937) p. 885-886; GRAF, II 111-112 et 186-187; MANFRED ULLMANN, *Die Medizin im Islam* (Leyde 1970), p. 110-111.

42 On en trouvera l'analyse, avec reproduction des 25 titres syriaques et de leur traduction latine, dans ASSEMANI, III 1 338A-339A. Edition: A. Mai, Scriptorum Veterum Nova Collectio, tome X (Rome 1838), p. 220-231 (p. 54-65: traduction latine).

3.2. Les interprétations de Baumstark et de Graf

En 1922, traitant des œuvres d'Élie de Nisibe, Baumstark écrivait: «Eine augenscheinlich syrische Sammlung kirchlicher Rechtsentscheidungen in 4 Büchern ist zu unterscheiden von einem auf dem Werke Elijās I. beruhenden arabisch abgefaßten Kompendium des Erbrechts in 25 Kapp.»[43]. Il distinguait donc deux ouvrages canoniques d'Élie de Nisibe: l'un en syriaque en quatre parties, et l'autre en arabe.

En 1947, Graf proposa une autre solution, sans se référer cependant à l'opinion de Baumstark. Il écrivit: «ʿAbdīšūʿ, der die 'vier Bücher der kirchlichen Entscheidungen' in seinem Nomokanon ausgiebig benützt, übernimmt den 'Traktat über die Erbschaften' mit seinen 25 Kapiteln vollständig, übersetzt ihn aber merkwürdigerweise aus dem Arabischen. Demnach muss ihm das syrische Original gefehlt haben. Als Vorlage seiner Rückübersetzung diente ihm wahrscheinlich der Text des ʿUbaidallāh ibn Baḫtīšūʿ, der inhaltlich mit der Version des ʿAbdīšūʿ übereinstimmt»[44].

Ainsi donc, selon Graf, ʿAbdīšūʿ aurait largement utilisé dans son Nomocanon l'ouvrage d'Élie de Nisibe, et en aurait même retraduit en syriaque le 4e livre (qui serait devenu chez lui le troisième), d'après la version arabe de ʿUbaydallāh Ibn Ǧibrāʾīl. Cette anomalie serait due à la perte de l'original syriaque d'Élie de Nisibe. Dans cette hypothèse, Élie n'aurait composé qu'*un* ouvrage canonique, en syriaque, contenant une partie sur les héritages.

3.3. Notre position

1. Il fallait tout d'abord comparer mot à mot les deux textes: l'arabe du *Vatican arabe 160* (attribué dans la suscription à ʿUbaydallāh) et le syriaque du *Vatican syriaque 129* (de ʿAbdīšūʿ). Grâce à l'amabilité du Dr Hubert Kaufhold, qui nous a envoyé une photocopie du *Vatican arabe 160*, nous avons pu en préparer l'édition et le comparer avec le texte édité par Angelo Mai. Cette comparaison nous amène à conclure qu'il s'agit de deux textes plus ou moins identiques, malgré des lacunes plus ou moins importantes (tantôt en syriaque et tantôt en arabe) dues aux manuscrits existants.

Nous n'avons pu encore étudier la langue de ce traité arabe pour la comparer avec celle d'autres traités d'Élie de Nisibe, afin de savoir si ce texte arabe est de lui ou du traducteur présumé ʿUbaydallāh.

2. Cependant, malgré la très grande similitude des textes arabe et syriaque, on ne peut conclure avec certitude qu'Élie de Nisibe n'a composé qu'un seul

43 BAUMSTARK, p. 288, lignes 1-3.
44 II 187 §2.

traité, qui aurait été traduit en arabe par ʿUbaydallāh et retraduit ensuite en syriaque par ʿAbdīšūʿ. Et effet, nous savons qu'Élie n'hésitait pas à se répéter souvent dans ses ouvrages arabes, allant jusqu'à composer *sept traités presque identiques sur la Trinité*[45].

À plus forte raison a-t-il pu écrire deux ouvrages: d'une part, un traité sur les héritages, en arabe, destiné à un assez large public; d'autre part, un recueil canonique en syriaque, destiné aux canonistes, intégrant dans sa quatrième partie le précédent traité. Ces deux ouvrages n'ont pas encore été retrouvés.

On notera toutefois que Paul Sbath avait signalé un manuscrit contenant un traité d'Élie de Nisibe intitulé *Risālah fī al-Mawārīṯ*, ce qui correspond au titre d'*Epistola* indiqué par ʿAbdīšūʿ. C'est le Sbath Fihris 244, manuscrit ayant appartenu aux héritiers d'Antoun Daher, notable syrien catholique[46]. Ce pourrait être ce traité, *composé directement en arabe* par Élie de Nisibe, que ʿAbdīšūʿ aurait traduit vers 1300, l'intégrant dans son Nomocanon syriaque et y ajoutant la préface publiée par Assemani, dans laquelle se trouve l'incise syriaque *nenīḥ Māran nafšeh*, insérée après le nom du catholicos Elie Ier.

3. En conclusion, nous pouvons affirmer que les deux textes (l'arabe et le syriaque) sont très semblables. Ils ont la même origine, le syriaque étant probablement traduit de l'arabe. De plus, les deux manuscrits vaticanais (l'arabe et le syriaque) se complètent de manière heureuse et permettent de reconstituer le texte complet d'Élie de Nisibe.

Quant à savoir si le texte arabe du *Vatican arabe 160* a été composé directement en arabe par Élie de Nisibe, ou est une traduction faite sur le syriaque d'Élie par ʿUbaydallāh (comme l'affirme la suscription du manuscrit), cela devrait faire l'objet d'une étude séparée.

Enfin, quant à savoir si Élie de Nisibe a composé deux ouvrages sur les héritages (opinion de Baumstark) ou un seul (opinion de Graf), les données actuellement à notre disposition ne nous permettent pas de trancher la question.

IV. *L'argument d'Emmanuel-Karim Delly*[48]

Se basant sur la remarque de Graf qui ne distinguait pas les deux traités sur les héritages, le P. Delly a examiné le texte du *Vatican arabe 160,* pour essayer de

45 Cf. KHALIL SAMIR, *L'exposé sur la Trinité du Kitāb al-Kamāl. Edition critique*, in *Parole de l'Orient* 6-7 (1975-1976), p. 257-279, ici p. 258 et 266; SAMIR, *Bibliographie Elie*, p. 270 [16] N° 10); IDEM, *Un traité nouveau d'Élie de Nisibe sur le sens des mots kiyān et ilāh*, in *Journal of Arab Christian Studies* 1 (1987) p. 109-153, ici p. 115-128.

46 Cf. PAUL SBATH, *Al-Fihris (Catalogue de manuscrits arabes)*, I. Ouvrages des auteurs antérieurs au XVIIe siècle (Le Caire 1938), p. 34 (N° 244).

47 Cf. plus haut, au paragraphe 1.

48 Cf. DELLY, p. 15-17.

résoudre la difficulté soulevée par Assemani. Au folio 9 verso, après la mention d'Elie Ier, se trouve ici aussi la formule: *nayyaḥa Allāh nafsahu* = Que Dieu donne le repos à son âme!

Cependant, Emmanuel-Karim Delly a fait remarquer avec justesse que cette formule a de fortes chances d'être du traducteur arabe, ʿUbaydallāh Ibn Ǧibrāʾīl, plutôt que de l'auteur (Elie de Nisibe). Il fournit deux arguments.

D'une part, on trouve dans le texte même des passages contredisant celui-ci. Ainsi, au folio 23 verso, le nom du catholicos Elie Ier apparaît de nouveau, mais cette fois sans aucune formule additionnelle. Plus loin, au folio 25 verso (dans le colophon), parlant d'Elie de Nisibe, le traducteur ajoute la même formule: *Nayyaḥa Allāh nafsahu*, qui ne peut évidemment pas être d'Elie de Nisibe.

D'autre part, et cela nous semble décisif, Elie de Nisibe n'utilise jamais dans ses écrits la formule: *Nayyaḥa Allāh nafsahu.* Il utilise en revanche toujours (selon le P. Delly) une autre formule, à savoir: *Raḥimahu Allāh*!

Ceci montre clairement qu'Elie Ier n'était pas mort quand notre auteur écrivait, mais que la formule rencontrée une fois (et non pas toujours) a été ajoutée par le traducteur ʿUbaydallāh.

Aux arguments avancés par Emmanuel-Karim Delly, aujourd'hui vicaire patriarcal chaldéen de Bagdad, ajoutons un argument de bon sens. On aura noté l'extraordinaire précision des renseignements fournis par Ṣalībā au sujet de la mort d'Elie de Nisibe. Il indique non seulement la date, mais encore le jour de la semaine et même la période du jour (*fī nahār* = dans la journée, par opposition à la nuit), ainsi que le lieu où il fut enterré et près de quel tombeau. Ce luxe de détails nous fait penser que Ṣalībā disposait de quelque document aujourd'hui perdu, ou peut-être d'une inscription tombale.

V. *Permanence de l'erreur d'Assemani*

Pourtant, malgré le texte de Ṣalībā Ibn Yūḥannā et l'étude d'Emmanuel-Karim Delly parue en 1957, beaucoup d'orientalistes continuent d'affirmer qu'Elie de Nisibe mourut après Elie Ier, c'est-à-dire après le 7 mai 1049; tandis que certains orientaux situent sa mort en 1056.

Ainsi, Klaus Deppe[49] et Joseph Nasrallah[50] le font mourir en 1049; Albert

49 Cf. KLAUS DEPPE, art. Syrische Literatur, in KWCO 336-340, ici 337 in fine.

50 Cf. JOSEPH NASRALLAH, *Histoire du mouvement littéraire dans l'Église melchite du Ve au XXe siècle*, III 1 (969-1250) (Louvain 1983), p. 167 §2, ligne 2.

van Roey[51], Ignace Ortiz de Urbina[52], Julius Aßfalg[53] et Berthold Spuler[54] le font mourir après 1049. Peter Kawerau[55] en 1050, probablement par simplification de l'affirmation de Theodor Nöldeke[56]. Plus prudent, Walter Selb parle de notre auteur comme «d'un contemporain d'Elie Ier»[57].

Quant à l'année 1056 suggérée par quelques-uns, elle voudrait concilier la date de Ṣalībā (1046) avec la position d'Assemani. Elle est soutenue par les PP. Gabriel Qardāḥī[58], Albert van Roey[59] et Albert Abūnā[60].

Conclusion

Comme on peut le constater, ici comme ailleurs, les recherches du grand savant maronite, Joseph Simon Assemani, continuent de dominer le secteur de l'orientalisme chrétien, après plus de 260 ans. Cela dit assez la grandeur de cet homme extraordinaire, à qui l'on peut pardonner une bévue.

Par ailleurs, il faut reconnaître aussi que, dans le domaine des études arabes chrétiennes, l'information se répand très lentement: après plus d'un quart de siècle, on continue d'ignorer certains points acquis. Espérons que cette note n'aie pas le même sort que la page du P. Delly!

51 Cf. ALBERT VAN ROEY, art. Elie de Nisibe, in DHGE 15 (1963) 192-194, ici 192.

52 Cf. IGNATIUS ORTIZ DE URBINA, *Patrologia Syriaca*, 2° éd. (Rome 1965) 218 (§ 159).

53 Cf. JULIUS ASSFALG, art. *Arabisch-christliche Literatur*, in KWCO 20-22, ici 121 (N° 4).

54 BERTHOLD SPULER, art. *Arabisch-christliche Literatur*, in Theologische Realenzyklopädie 3 (Berlin-New York 1978) 577-587, ici 581, lignes 31-32.

55 Cf. PETER KAWERAU, *Christlich-arabische Chrestomathie aus historischen Schriftstellern des Mittelalters*, II. Uebersetzung mit philologischen Kommentar, coll. CSCO 385/Subsidia 53 (Louvain 1977) 64: «Elias von Nisibis (975-1050 A.D.)».

56 Voir le texte de la note 28, rapporté aussi par KAWERAU (note précédente) p. 66 note 8.

57 Cf. WALTER SELB, art. *Kirchenrecht, orientalisches* in KWCO 168-179, ici 170: «ein Zeitgenosse des Elias I.»; et art. Rechtsbücher, in KWCO 307-31 2, ici 308 ligne 3: «um dieselbe Zeit [wie Elias I.]».

58 Cf. GABRIEL QARDAHI, *Liber Thesauri de arte poetica Syrorum* (Rome 1878) 84.

59 Voir la note 46, où l'auteur écrit: «Peut-être faut-il dans le texte de Saliba 1056, à la place de 1046».

60 Cf. ALBĒR ABŪNĀ, *Adab al-Luġah al-Arāmiyyah* (Beyrouth 1970-1971) 420.

ANTON SCHALL

Zu Bedeutung und Herkunft von äthiopisch *'angebenay*[1]

August Dillmann verzeichnet in seinem Lexicon linguae Aethiopicae in Spalte 1405 das Wort 'angebenay und auch die Form 'angebenawi.

In Band 4 von Deutsche Aksumexpedition, S. 93 ist zu lesen: 'Angäbenawi nomen proprium masculinum oder Amts- oder Herkunftsbezeichnung, vgl. Inschrift Nr. 11, Zeile 25 auf S. 39 a.a.O. Enno Littmann schreibt dazu:

> »Ob angäbenawi nun Bezeichnung einer Würde oder ein Gentilicium, das etwa mit 'Αγγαβέ (Adulitana Z. 6) zusammenhängt, kann ich nicht entscheiden ... Vielleicht bildeten die * Angaben den Adel unter den Nōbā, wie z.B. heute die Nattāb unter den Mīn 'Āmer. Der Zusatz Kabra deutet auf einen angesehenen Mann, den gefangengenommen zu haben der König für besonders erwähnenswert hält.«

Auf S. 93 des betreffenden Bandes wird der Landesname Angäbo erwähnt, vgl. 'Αγγαβε in der Adulitana Z. 6.

> »'Angäbo aber soll der Name eines Mannes sein, der den Drachen tötete, welcher vierhundert Jahre über Äthiopien herrschte. Enno Littmann hält ihn DAE 1, S. 39 für einen afrikanischen Namen, der an das Nomen loci 'Angäbo und an den 'Angäbenawi in der 'Ezana-Inschrift (DAE 4, Nr. 11, Z. 25) anklingt.«

Damit bewegen wir uns kräftig im Kreise herum, ein wahrer circulus vitiosus.

Mit der Bedeutung von 'angebenay hat sich bereits Ignazio Guidi, Sopra due degli »Aethiopische Lesestücke« del Dr. Bachmann (ZA 11, 1896, S. 401-416) S. 413 befaßt. Das äthiopische Wort bedeutet nach Guidi »principe, nobile, di grande lignaggio« und wird von ihm durchaus fraglich mit lateinischem ingenuus verbunden.

Zur Erschließung der Bedeutung dieses 'angebenay nahm ich den Beleg Dillmanns aus dem äthiopischen Synaxar, dem Senkessar, zu Hilfe. Unter dem 5. Mäskäräm ist bei der gewiß nicht allen Anforderungen entsprechenden Übersetzung von Ernest A. Wallis Budge, The Book of the Saints of the Ethiopian Church, Vol. 1/2, Reprint Hildesheim 1976, S. 16 zu lesen:

> »And she exhorted them to be patient and said into them: Be strong, my daughters, and endure like the daughters of Sofyâ, my lady Angebenay. I am her kinswoman and ye are ...«.

1 Erweiterte Fassung eines Referates, das am 29. November 1984 auf der 8th International Conference of Ethiopian Studies in Addis Ababa gehalten wurde.

Roger Schneider teilte mir aus Addis Ababa einen weiteren Beleg mit:

> ወፈነወ ፡ እግዚአብሔር ፡ መልአኮ ፡ ኀቤሆሙ ፡ እስመ ፡ ርቱዕ ፡ ፍኖቶሙ ፡ ወኅቡር ፡ ልቦሙ ፡ ወከመ ፡ ፩ መንፈሶሙ ፡ ወቅዱስ ፡ ቂርቆስ ፡ ምስሌሆሙ ፡ እንዘ ፡ ይመርሖሙ ፡ እንዘ ፡ ሕፃን ፡ ወልደ ፡ ፫ ፡ ዓም ፡ ወልደ ፡ ኢየሉጣ ፡ ቅድስት ፡ እም ፡ አንገቤናይ ፡ ዕፀ ፡ ዘይት ፡ ልምሉም ።[2]
>
> »Und Gott sandte seinen Engel zu ihnen, denn rechtschaffen war ihr Weg und einmütig ihr Herz und wie einer ihr Geist, und der heilige Kyriakos war mit ihnen, indem er sie führte als Kind im Alter von drei Jahren, Sohn der heiligen Julitta, der edlen Mutter, des grünenden Ölbaums.« Vgl. Julitta und Kyriakos, in: LThK 5, Sp. 1203, ferner BHO S. 46.

Im folgenden behaupte ich nicht, daß der syrische Text der Heiligenbiographie etwa eine Vorlage des äthiopischen wäre. Aber der syrische Text ist in der Geschichte der Synaxarversionen ein überaus wichtiger Zeuge. Die Geschichte der hl. Sophia steht in den syrischen Acta Martyrum et Sanctorum, herausgegeben von Paulus Bedjan, Tomus 6. In Rückerinnerung an die englische Übersetzung von Budge habe ich nun den ganzen syrischen Text der Heiligenbiographie sorgfältig durchgelesen. S. 34, vorletzte Zeile gehört Sophia—ich zitiere syrisch—ܠܫܪܒܬܐ ܕܪ̈ܝܫܢܐ ܘܕܪܘܪ̈ܒܢܐ ܕܐܝܛܠܝܐ ܕܡܕܝܢܬܐ »zu dem Geschlecht der Häupter und der Großen des Staates Italien (oder des Bezirkes Italien)«.

S. 40, 6. Zeile von unten, gehört Sophia zu den ܚܐܪ̈ܬܐ ܕܪܗܘܡܐ »zu den Freien (Edlen) von Rom«.

Alle ܚܐܪ̈ܬܐ »Vornehmen« von Rom aber gehen nach S. 50, Zeile 6 v. unten, mit Sophia hinaus zum Begräbnisort ihrer drei Töchter.

Aus dem syrischen Text erschließe ich somit für *angebenay* etwa die Bedeutung:

»*Vornehmer, Edler, einer von den Notablen*«.

Die Bedeutung des Wortes dürfte damit geklärt sein.

'Angebenay ist von August Dillmann unter die schwer erklärbaren Wörter eingeordnet worden. Nach annähernder Erschließung des Sinnes drängt sich nun die Frage nach der sprachlichen Stellung des Wortes auf.

Das oben erwähnte lat. ingenuus paßt der Bedeutung nach gut, erinnert aber an Etymologien, über die ich mich in meinem Beitrag »Eine anscheinend übersehene ugaritisch-libysche Wortgleichung« (Current Progress in Afro-Asiatic Linguistics. Papers of the Third International Hamito-Semitic Congress, edited by James Bynon, Amsterdam 1984, S. 399-403) S. 401 geäußert habe. Ignazio Guidi ist hier wohl der Verführung des Gleichklangs erlegen. Der Bedeutung von 'angebenay ist auch Jacqueline Pirenne in Verbindung mit

2 Histoire des martyrs de Fanqalet ፈንቃሌት. Ms. de D. Ṣeyon Kidāna Meḥrat, de Ger'alta, parmi des textes à la suite du gadla Abrehām, fondateur du couvent.

Gigar Tesfaye-Pirenne in der Abhandlung »Deux Inscriptions du Negus Kaleb en Arabie du Sud« (Journal of Ethiopian Studies, Vol. 15, Addis Ababa 1982, S. 105-122) S. 113-115 nachgegangen. Danach hätte der äthiopische König Kaleb Ellä Aṣbeḥa den Namen 'Angebenay erhalten als Verstümmelung aus 'angäbo-nay = »Angabo da ist er«. Es handelt sich um 'Angäbo, den oben erwähnten Drachentöter. Diese Grundbedeutung hätte sich später auf einfaches »edel, vornehm« reduziert. Abgesehen von lautlichen Schwierigkeiten, die sich aus dem Verlust des auslautenden -o ergeben, spricht der Zusammenhang in der ʿEzana-Inschrift DAE 4, Nr. 11, Z. 25, strikt gegen diese Herleitung von 'angebenawi. Es wäre schon merkwürdig, wenn ein Feind aus dem Volke der Noba mit einem Ehrentitel dieser Art versehen würde. Enno Littmann belegt das Wort in seinem Beitrag »Äthiopische Inschriften« (Miscellanea Academica Berolinensia, Berlin 1950, S. 97-127) S. 121f. in der Literatur, deutet es als »adlig«, bekennt jedoch unumwunden: »Aber die Etymologie dieses Wortes ist unklar«.

Schließlich gibt es einen Namen Zä-'Angäb DAE 4, S. 72, Nr. 86 Graffito aus altchristlicher Zeit bei Qoḥaito (Cohaito).

Zwei Möglichkeiten bieten sich für eine Lösung an:

1. Wir bleiben im Bereiche des Südwestsemitischen und können im Nordarabischen die Radikale von Angebenay in der Wurzel n-ǧ-b wiedererkennen. Ein Paradigma dieser arabischen Wurzel ist naǧībun, jedermann erinnert sich noch des ersten Präsidenten der Ägyptischen Arabischen Republik, des Generals Mohammed Nagib. Naǧībun aber heißt »vortrefflich«, die Wurzel wäre um im Geʿez gebräuchliche Bildungssuffixe erweitert.
2. Eine kuschitische Herkunft von angebenay läßt ein Vergleich mit dem Oromo-Wort hangaf, mit wechselndem Anlaut auch angaf, »erster« vermuten, siehe Franz Prätorius, Zur Grammatik der Galla-Sprache, Berlin 1893, S. 15, belegt auch bei Gaetano da Thiene, Dizionario della lingua Galla, Harar 1939, angaf-a »primogenito«. Für die Erweiterung des Wortes im Geʿez würde das Vorhergesagte gelten.

Kenner der Kuschitischen Sprachen aber möchte ich zum Abschluß dieser knappen Bemerkungen um ihr Urteil bitten darüber, ob diese Sicht vertretbar und damit die von Enno Littmann vermutete »afrikanische« Herkunft des Wortes *'angebenay* verifizierbar ist.

MICHEL VAN ESBROECK

Une propagande chalcédonienne du début du VIe siècle: l'histoire des saints Nisthéréon et Katianos

Comme la plupart des textes entièrement neufs, la Vie des saints Nisthéréon et Katianos pose une série de problèmes et doit répondre à plusieurs questions: quelle est le milieu qui a produit ce texte en géorgien, et à travers quelles langues a-t-il abouti jusque là? A quel genre littéraire se rattache-t-il et quelle est la date ou l'époque d'éclosion de la légende dans sa langue originale? Nous tenterons tout d'abord d'en donner une description succincte permettant de bien mesurer la teneur du récit.

Afin de faciliter l'analyse du contenu de la légende, nous l'avons dotée de paragraphes numérotés. En en décrivant brièvement le contenu, nous obtenons le tableau suivant:

I. *Adresse du narrateur annonçant le récit* (1).

II. *Activité conjointe des deux frères jusqu'à l'exorcisme* (2 à 5).
Enfance des deux frères et leur éducation (2), Vocation monastique et rencontre du possédé d'Idthamou (3), prière de Nisthéréon (4), déclaration du démon avant son départ pour Constantinople.

III. *Exorcisme du démon à Constantinople par Nisthéréon* (6 à 26).
Discours du démon à travers la fille de Marcien (6), calomnie du démon qui accuse les Pères de l'avoir envoyé à Constantinople (7), délégation de Marcien à Alexandrie (8), Anastase l'envoyé est frustré de la bénédiction (9), ruse des saints face à la convocation (10), récit intégral des envoyés de l'empereur (11), Nisthéréon se résigne à partir pour Constantinople car il est le plus âgé (12), acquiescement de Nisthéréon à l'invitation de l'empereur (13), retour des envoyés à Constantinople et maintien des frères en Égypte (14), prière mutuelle des deux frères pour le départ à Constantinople et le maintien en Égypte (15), Nisthéreon est emporté à Constantinople par la nuée de lumière (16), réception de Nisthéréon à Constantinople (17), l'empereur demande sous serment comment il a voyagé (18), prière de la fille de Marcien à Nisthéréon (19), prière de Nisthéréon sur la fille (20), dernière déclaration du démon chassé (21), invitation à résider à Constantinople (22), refus de Nisthéréon (23), demande d'une citerne sur l'insistance des offres impériales (24), interro-

gation d'Anastase sur son exclusion passée (25), réponse explicite de Nisthéréon (26).

IV. *Exploits de Katianos resté en Égypte* (27-31).
Dès le départ, projet de Nisthéréon pour une nouvelle cellule (27), Katianos reçoit l'aide d'un mort ressuscité pour construire la cellule (28), le ressuscité déclare sous serment qu'il est mort depuis 178 ans (29), retour de Nisthéréon et récit du cadet à l'aîné (30), récit de l'aîné au cadet et construction de la citerne exempte d'impôts (31).

V. *Épilogue. Décès des deux frères* (32-33).
Maintien de la fondation tout au long du règne de Marcien et mort de Katianos (32), mort de Nisthéréon peu après (33).

Les quatre divisions ici proposées définissent déjà le champ à explorer. D'abord la position du narrateur vis-à-vis de l'histoire qu'il rapporte comme déjà toute faite, ensuite l'éducation commune dans un exorcisme commun, enfin l'activité concertée mais séparée des deux frères, avant la réunion jusqu'à la tombe où fleurit leur culte près de leur cellule devenue un monastère.

L'auteur du récit répond à une demande d'une communauté près de Manzaleh (2). C'est vraisemblablement le monastère même où les deux frères Nisthéréon et Katianos ont fondé leur cellule, comme le récit entend le rappeler. Grâce à la citerne, l'endroit s'est développé assez pour soutenir une communauté. Mais ceux-ci ne connaissent plus l'origine de la fondation. Le narrateur a donc recours à un récit qu'il utilise. Ses réflexions personnelles affleurent çà et là. Face à la perversité du démon, on trouve une exclamation (7). Au moment de passer d'un frère à l'autre, le passage est explicité (26) et (27). Un point important est de savoir s'il faut assimiler à un réflexe analogue l'incise qui suit la réponse à Anastase (25). Le passage à la troisième personne annoncé uniquement par un «mais», et l'utilisation du passé rompt à ce point l'ensemble du récit qu'on hésite à endosser au narrateur cette réflexion sur le sort final de l'empereur Anastase. La réflexion paraît plutôt une digression d'un copiste informé par la légende selon laquelle Anastase a été foudroyé[1]. De l'interprétation de cette phrase dépend la date de la légende. S'il s'agit d'une interpolation, le texte peut se lire sans elle, et il est alors vraisemblable qu'il ait été provoqué par l'accession au siège d'Antioche de Sévère en 512. Dans le cas contraire, si cette phrase faisait vraiment corps avec le récit, on serait obligé de rapporter l'initiative du narrateur à une période probablement antérieure à l'Islâm, mais qui peut facilement aller jusqu'au VIIe siècle.

De toute manière, l'histoire de Nisthéréon et Katianos existe déjà à la

1 Pour tous les développements concernant la manière dont Anastase est mort, et comment peu à peu il a été considéré comme poursuivi par la foudre dans son palais, voir C. CAPIZZI, *L'imperatore Anastasio I* (491-518), Rome 1969, p. 256-293.

disposition du narrateur, et sa diffusion a été trop petite pour que les membres de la communauté à laquelle il s'adresse aient eu le loisir d'être informés. Le narrateur peut bien être très près de la naissance de la légende. C'est pourquoi il y a lieu de passer à l'examen des autres parties du récit.

L'histoire elle-même des saints Nisthéréon et Katianos s'inspire de trois types de légendes antérieures: celle des saints Anargyres Côme et Damien qui lui fournit le modèle de la fraternité à la fois selon la chair et l'esprit[2], celle qui est commune à l'ensemble des fondateurs des Apophtegmes classiques[3], et enfin celle de sainte Hilaria fille de Zénon[4]. L'inspiration affleure parfois les récits qui le précèdent, mais l'influence s' exerce beaucoup plus en profondeur par le maniement des catégories spirituelles liées à ces répertoires sûrement bien en place au moment où la légende se construit.

A la légende de Côme et Damien se rattache la sainteté de la mère et la vocation religieuse jumelée des deux frères (2-3), la complémentarité de la prévalence du plus âgé sur le plus jeune (12, 15, 27, 30), la mort du cadet avant celle de l'aîné (32, 33), et l'usage du serment pour innocenter les réponses (13, 18, 29). Aux Apophtegmes se rattachent la recherche des anachorètes au désert (2), le refus d'aller à Constantinople (12), et la capacité de ressusciter les morts (28, 30). Au cycle de sainte Hilaria appartient la guérison de la fille de l'empereur, et la portée d'un exorcisme diabolique où le sens de l'hérésie est premier (3, 19, 21). C'est la partie centrale du récit auquel appartient également la double prédiction touchant Anastase (9, 25), bien que celles-ci seraient plutôt à rapprocher des Plérophories de Jean Rufus[5]. L'âpreté de ce dossier hyper-monophysite n'est certainement pas ignorée du narrateur, et on peut admirer la modération dans le rejet d'Anastase.

Dans la légende de Côme et Damien, l'éducation soignée, par la mère seulement, et la vocation commune est d'abord médicale; chez Katianos et Nisthéréon elle est d'abord anachorétique. Mais leur activité commune est soulignée par tout le récit. Chez Côme et Damien, l'admission d'un don de trois œufs par le cadet n'est réellement une faute qu'aux yeux de Côme, car la femme guérie qui les avait donnés avait fait des serments. Aussi, le refus d'une

2 Surtout dans la légende «asiate» de Pheremma, cf. L. DEUBNER, *Kosmas und Damian*, Leipzig 1907, p. 87. Pour la problématique d'ensemble, voir M. VAN ESBROECK, *La diffusion orientale de la légende des saints Cosme et Damien*, dans *Hagiographie, cultures et sociétés. IVe-XIIe siècles*, Paris 1981, p. 61-77.

3 En particulier Macaire l'Égyptien, *Apophtegme 7*, PG 65, col. 265 et PG 34, col. 213.

4 J. DRESCHER, *Three Coptic Legends. Hilaria * Archellites * The Seven Sleepers*. Le Caire 1947, p. 1-13 et 139-148. Cette légende doit être lue dans son contexte littéraire, dans le sillage des légendes d'Irène, Christine, Barbe, Sophie, etc.: M. VAN ESBROECK, *Le saint comme symbole*, dans *The Byzantine Saint*, ed. S. HACKEL, Chester 1981, p. 128-140.

5 F. NAU, *Jean Rufus, évêque de Maïouma. Phérophories,* c'est-à-dire témoignages et révélations (contre le concile de Chalcédoine), dans PO, t. 8 (Paris 1912), p. 5-161.

sépulture commune par Côme n'a-t-il pas de fondement à cause du serment[6]. Il y a trois serments dans le récit de Nisthéréon et Katianos. Le premier innocente la réponse positive de Nisthéréon pour le voyage à Constantinople. Les envoyés font en effet serment de ne pas permettre qu'ils soient disqualifiés aux yeux de l'empereur (13). Le deuxième serment est proféré par l'empereur Marcien: il adjure Nisthéréon d'expliquer comment il est arrivé à la Ville. C'est ce qui innocente la réponse du saint, qui n'a pas à se vanter d'emprunter un mode de déplacement déjà largement accrédité par les Transitus de la Vierge qui ont circulé à la faveur du régime hénotique[7] (18). Le troisième serment est le plus curieux: Katianos conjure le ressuscité d'exprimer la grandeur de son miracle par la date de son décès: 178 ans (29). Il exprime implicitement que la grandeur du miracle se trouve du côté du miraculé, mais surtout il produit un parallèle remarquable à la demande de l'empereur. D'un côté, un instant seul supprime l'espace par la présence de Nisthéréon, de l'autre près de deux siècles abolissent le temps en faveur de Katianos: aucun des deux frères n'a donc la préséance sur l'autre. Ceci d'autant moins que les nombreuses prières des deux frères alternent: la construction de la cellule est le projet plus de Nisthéreon que celui de Katianos, et de toute manière chacun prie pour la réussite de l'autre, étant donné que c'est, selon l'ensemble des apophtegmes en la matière, toujours la prière qui est première, et non la réalisation. Le récit mutuel n'en fait que confirmer le fonctionnement. Bien que non exprimé explicitement, on voit que la tombe commune des frères est appelée à prolonger les prières en faveur de Marcien aussi longtemps que possible, et toujours comme Côme et Damien, c'est le cadet qui le premier passe dans l'au-delà.

Le cycle de Hilaria fille de Zénon s'inscrit lui-même dans une manière de parler bien propre au Ve siècle finissant. La fille aînée de l'empereur Zénon reçoit directement la vocation anachorétique, et pour la réaliser sans se faire reconnaître, se laisse devenir eunuque Hilarion dans le désert d'Égypte. Aussitôt la fille cadette Theopistè tombe malade. Devant l'impossibilité de la guérir, l'empereur Zénon finit par avoir recours à l'eunuque Hilarion devenu célèbre pour ses guérisons. La guérison se fait en Égypte dix ans après la maladie de Theopistè, et Hilarion reconnue en secret par Zénon regagne son désert où elle meurt une douzaine d'années plus tard, à la date du 21 Tobe (16 janvier)[8]. Cette histoire est, à l'analyse, hautement symbolique. L'orthodoxie

6 L. DEUBNER, *op. cit.*, p. 89-90.

7 Exemple le plus classique dans le Transitus attribué à Jean l'évangéliste dans C. TISCHENDORF, *Apocalypses apocryphae ... item Mariae Dormitio*, Leipzig 1866, p. 99-100.

8 Sur le symbolisme anti-chalcédonien de cette date liturgique du 21 Tobi, voir M. VAN ESBROECK, *Les textes littéraires sur l'Assomption avant le Xe siècle* dans F. BOVON, et alii, *Les Actes Apocryphes des Apôtres*, Genève 1881, p. 279 ainsi que du même, *Le saint comme symbole* (cité note 4), p. 137.

antichalcédonienne se réfugie en Égypte, tandis que la fille de Zénon, de 474 à 484, c'est-à-dire jusqu'à la date de la création et de la promulgation de l'Hénoticon à Antioche, est malade du chalcédonisme honni. La guérison intervient grâce aux fanatiques d'Égypte dont l'écho nous parvient aujourd'hui surtout à travers les Plérophories de Jean Rufus[9]. La fille de l'empereur est, comme dans une série de légendes parallèles, la personnification de la communauté dont l'empereur a la charge. L'Hénotique est ainsi entièrement reçue comme une guérison des méfaits doctrinaux de Chalcédoine.

C'est à cette légende que celle de Nisthéréon et Katianos se rattache principalement. Le démon, déjà présent en Égypte et finalement réfugié à Constantinople, est cette fois l'opposition à Chalcédoine. L'empereur devient Marcien, qui a son avènement hérite du Brigandage d'Éphèse en 449. La guérison est évidemment le concile de Chalcédoine lui-même en 451, et le fait que les moines et leur fondation continuent encore tout au long du règne de Marcien montre que la guérison ne peut se placer que vers le début du règne, puisque l'empereur est décédé en 457. Le toponyme si difficile à interpréter IDTHAMOU où a lieu l'exorcisme du démon qui se réfugie à Constantinople est nécessairement en relation avec les excès du concile de 449. On observera que parmi les neuf évêques égyptiens qui ont été simultanément présents en 449 et en 451 figurent les évêques de Tanis et de Paralos[10]. C'est bien là la région où se situe notre histoire. Mais les sept autres évêchés tenus par des évêques qui ont été présents à la fois à Éphèse et Chalcédoine se répartissent d'une manière assez égale dans l'ensemble du Delta: sauf Barkès en Cyrénaïque, on a à l'Ouest Damanhour ou Hermoupolis mikra, Tava plus au sud et Kleopatris encore plus au sud près de Menouf[11]. En repartant vers l'Est depuis Tava, on a Bousiris puis Sebennytis ou Samannoud, et enfin tout à fait à l'Ouest Tesila qui doit être le tell entre Péluse et Thaubastum. Cette représentation ne touche clairement que la Basse-Égypte, et dans un nombre d'évêchés qui ne sont pas nécessairement les plus importants. L'affront fait à Dioscore n'est manifestement pas éliminé dans cette représentation restreinte. Pour notre propos, il en ressort qu'il est difficile d'accorder par priorité à IDTHAMOU une place du côté de Tanis ou de Manzaleh. La ville doit avoir été assez importante pour porter ce nom dans la légende. Il est plus que probable que ID représente l'arabe مينة souvent réduit à ميت pour désigner n'importe quel point d'accostage. La chute du *M* initial a pu se faire au moment du passage en géorgien. Pour *Thamou*, nous voyons deux possibilités.

9 F. NAU, *op. cit.*, p. 27-32.

10 E. HONIGMANN, *The Original Lists of the Members of the Council of Nicaea, the Robber-Synod and the Council of Chalcedon*, dans *Byzantion*, t. 1 (1942-1943), p. 41, note 75 et 36-37.

11 C'est la Sersinâ d'E. AMÉLINEAU, *La géographie de l'Égypte à l'époque copte*, Paris 1893, p. 461-462.

L'une est l'ancienne ville de Thmuis, régulièrement translittérée طموية en arabe. Cette orthographe a l'avantage de rendre nécessaire un *ou* final clairement présent en géorgien. Mais on ne voit aucune raison particulière de faire partir de Thmuis un mouvement de guérison dû aux frères anachorètes. N'oublions pas qu'ils nous disent eux-mêmes le danger que court le genre humain tout entier à cause de la nature du démon à l'œuvre chez le possédé (3). Aussi il y a une autre possibilité que nous tirons de l'histoire des Patriarches d'Alexandrie de Sévère ibn al-Moqaffah. L'histoire est particulièrement réticente au moment de parler de Pierre III (480-488) ou de son prédécesseur Timothée II (458-480)[12]. Mais elle nous dit que, lorsque Pierre et Acace échangèrent leur correspondance pour aboutir à l'acceptation de l'hénotique de Zénon, deux évêques s'opposèrent à tant de concession: Jacques de Sa ou Saïs et Ménas de *Munyat Tâmah* منية طامية remontant à un ϯⲙⲱⲛⲏ copte, le nom propre de la ville étant Tâmeh. Il est peu probable que les évêchés soient assez éloignés l'un de l'autre. Nous trouvons un peu au sud de Naucratis à la fois Saïs et Koutâmeh se succédant dans la direction de Samanoud. L'absence des voyelles expliquerait facilement une lecture *<m>iṯ Tamhou. Mais nous aurions du même coup une raison de voir ce nom émerger dans la légende, dont la pointe n'est pas dirigée directement contre l'Hénotique, mais contre son interprétation antichalcédonienne. La figure d'Anastase l'empereur est certainement la première visée dans ce processus, et le report de la fondation des frères à une période plus ancienne constitue un rouage classique de toutes les chartes de monastères. Or, si Anastase n'est pas encore mort au moment où la légende s'écrit, en omettant l'interpolation à la fin de (25), et si les Acéphales avec Sévère à leur tête sont les premiers visés (9), on peut estimer que le jeune homme saisi par le démon se trouve très opportunément placé. La fuite du démon à Constantinople actualise les événements sous Anastase, qui, vraisemblablement vient de placer Sévère sur le siège d'Antioche. Ceci, la légende ne pouvait l'écrire, car concéder ce titre à Sévère aurait déjà été avouer sa validité. Cette discrétion vis-à-vis d'Anastase nous fait considérer la petite phrase sur sa mort comme une interpolation. La légende entière se justifie moins si Anastase est déjà mort.

En reprenant la propagande hénotique représentée par la légende d'Hilaria, le narrateur réussit ce tour de force d'en maintenir la portée sémiotique tout en récupérant sa valeur probatoire, non pas cette fois pour un Henoticon qui s'accomode d'attaques contre Chalcédoine, mais pour un Chalcédonisme intégral sans faille, antérieur à l'Hénotique, et qui en plus, grâce à la construction simultanée de la cellule, se rattache directement à la période

12 B. EVETTS, *History of the Patriarchs of the Coptic Church of Alexandria*, fasc. II, Peter I to Benjamin 1 (661), PO, t. 1 (Paris 1907), p. 445-448.

13 Ibid., p. 446. La vocalisation est celle de Evetts.

naissante de l'anachorèse, aux temps du grand Antoine, dont les apophtegmes nous racontent que Nistherous le Grand était le disciple direct[14].

Que Marcien soit dès lors l'origine même de l'exemption d'impôts (31) dont jouit le monastère, personne ne s'en étonnera. Là aussi, il se peut qu'une interpolation ait été faite à une période sous Justinien. Les avantages à en tirer étaient trop manifestes. Mais une si belle construction n'a pu résister à l'envahissement successif des sièges monophysites, des sables du Delta et de l'Islâm. Comment se fait-il que nous ne trouvions plus cette histoire que dans un manuscrit géorgien du Xe siècle, conservé au Mont Athos? Voilà ce qu'il faut maintenant tenter d'esquisser.

Dès le début du VIIIe siècle, la hiérarchie monophysite de Damîrah nous présente Jean d'Arwâṭ et ensuite Épimaque d'Arwâṭ qui fit des miracles au détriment des chalcédoniens, et devint évêque de Tinnis et Farama[15]. C'est dire que la version arabe a dû se faire avant que l'influence ne fût prépondérante du côté monophysite. Toutefois les noms propres gardent leur air parfaitement grec. C'est pourquoi nous croyons que le premier texte a été écrit en grec, tout comme d'ailleurs la légende d'Hilaria que nous ne connaissons plus qu'en copte. Il y a cependant des traces coptes dans l'usage démesuré du numéral *ert'i*, un, au sens de l'article indéfini comme en copte. Sans doute une version du grec en copte, puis en arabe, a-t-elle de quoi expliquer cette rémanence bien contraire au génie de la langue géorgienne.

La transmission de textes hyper-chalcédoniens à partir de l'arabe en géorgien, alors qu'ils sont perdus dans toute autre langue, n'est pas un fait isolé: on compte ainsi la légende de la construction de l'Église de la Vierge à Lydda, et la lettre du pseudo-Jérôme à Eustochius[16]. De surcroît, la présence de cette conjonction entre la littérature arabe chrétienne et les vieilles traductions géorgiennes s'explique par les communautés de Saint-Chariton en Palestine, celle de la Vieille Laure et celle de Choziba, où l'on traduisit sans doute plus tôt encore de l'arabe qu'on ne le fit dans la suite à Saint-Sabas. C'est dans le même sillage qu'il faut situer la lettre de Dorothée à Marcel et Mari, conservée uniquement en arabe à partir d'un modèle perdu syriaque chalcédonien[17], et la conjonction remarquable de l'homélie sur le bon Larron attribuée à Éphrem, où se devine en amont du géorgien et de l'arabe un texte copte dérivant d'un grec perdu partout ailleurs[18].

14 Apophtegmes, dans PG 65, col. 305-309.

15 Cf. M. VAN ESBROECK, *Saint Épimaque de Péluse. Les fragments coptes BHO 274*, dans *Analecta Bollandiana*, t. 100 (1982), p. 134-135.

16 M. VAN ESBROECK, *L'histoire de l'église de Lydda dans deux textes géorgiens*, dans *Bedi Kartlisa*, t. 35 (1977), p. 109-131.

17 M. VAN ESBROECK, *Une lettre de Dorothée comte de Palestine à Marcel et Mari en 452*, dans *Analecta Bollandiana*, t. 104 (1986), p. 145-159.

18 M. VAN ESBROECK, *Homélie éphrémienne sur le bon Larron en grec, géorgien et arabe*, dans *Analecta Bollandiana*, t. 101 (1983), p. 327-362.

Le manuscrit qui a préservé ce joyau de littérature ascétique de propagande, est le codex 41 du Mont Athos à la Laure des Ibères, fol. 114^r-124^r. Ce parchemin est considéré comme du début du Xe siècle par R. P. Blake[19] ainsi que par M. Dvali tout récemment[20]. Le texte de notre légende est coincé entre les œuvres de Dorothée de Gaza et une *Margarita* d'extraits de Jean Chrysostome. L'ensemble de la collection est évidemment, comme on pouvait s'y attendre, entièrement orthodoxe.

Une fête liturgique des saints Nisthéréon et Katianos a été insérée au 31 mai par Jean Zosime dans son calendrier de la fin du Xe siècle, ainsi que secondairement au 30 mai[21]. Un canon liturgique complet existe en leur honneur dans le codex géorgien n° 14, fol. 218^r-220^r, du Xe siècle[22], ainsi que dans le codex 64, aussi ancien, fol. 182^v-183^r[23], toujours au 31 mai. Par contre, le Ménée sinaïtique géorgien n° 1, à la même date, fol. 170^v-171^v, renvoie opportunément à l'hymne des saints Côme et Damien[24]. Des indices de l'ancienneté de ces insertions hymniques apparaissent dans un cas également copte-géorgien, celui de Saint Philotheos d'Antioche[25]. Mais les modèles primitifs, probablement antérieurs à la forme canonique d'André de Crète, ont disparu.

Dans l'édition qui suit, nous reproduisons scrupuleusement le texte du manuscrit. Toutes les difficultés sont reportées à l'apparat de la traduction, où on trouvera également les principales références scripturaires, et l'indication de quelques parallèles littéraires.

19 R. P. BLAKE, *Catalogue des manuscrits géorgiens de la laure d'Iviron au Mont Athos*, dans *Revue de l'Orient Chrétien*, t. 29 (1934), p. 232-234.
20 L. AKHOBADZE et alii, *K'art'ul xelnacert'a aġceriloba. At'onuri kolek'c'ia*, fasc. 1 (Tbilissi 1986), p. 112.
21 G. GARITTE, *Le calendrier palestino-géorgien du Sinaïticus 34*, Bruxelles 1958, p. 237.
22 E. METREVELI et alii, *K'art'ul xelnacert'a aġceriloba. Sinuri kolek'c'ia*, fasc. 1 (Tbilissi 1978), p. 49.
23 Id., p. 204, décrit par TS. ČANKIEVI.
24 Id., p. 25.
25 M. VAN ESBROECK, *Saint Philotheos d'Antioche*, dans *Analecta Bollandiana*, t. 94 (1976), p. 125-134.

ცხორებაჲ და განგებაჲ წმიდათა და ნეტართა განშორებულთა მამათაჲ კატიანოს და ნისთერეონისი

1. ვიწყოთ შეწევნითა ღმრთისაჲთა აღწერად ჭეშმარიტად და მოკსენებად ცხორებასა წმიდათა მამათასა კატიანოს და ნისთე-
რეონისსა, რაჲმეთუ ჯერ არს მოკსენებად თქუენდა საქებელი იგი
ცხორებაჲ მათი, ძმანო ჩემნო საყუარელნო, ვინაჲთგან სიბრძნით
განმგებელმან ღმერთმან ცხორებისა ჩუენისა მან არა დავიწყებულ ყო
ცხორებაჲ წმიდათა მისთაჲ, და არცა დაფარა განგებაჲ მათი. და მე
აღმძრა რაჲთა მიგითხრა ცხორებაჲ ნეტართა მამათა განშორებულთა
114v / სადიდებელად ღმრთისა და საქებელად მათა და სარგებელად
თქუენ ყოველთა.

2. ესე ნეტარნი იყვნეს მოქალაქენი ქალაქისა გან ერთისა რომელ არს ეგჳპტისაჲ რომელსა ეწოდების პანეფოსო, ადგილსა მას ტანეოჲსასა. ხოლო ძმათა ვიეთმე ღმრთისმოყუარეთა, რომელნი მკჳდრ იყვნეს ადგილსა მას, მოგჳთხრეს ჩუენ ჭეშმარიტი ცხორებაჲ წმიდათაჲ მათ. და რაჲმეთუ ძმანი იყვნეს იგინი კორციელად ძენი დედაკაცისა ღმრთისმოყუარისა ქრისტიანისანი, რომელსა სახელი ერქუა თეოღნია, და ნებითა სულისა წმიდისაჲთა იშვნეს ესე მისგან, რომელმან განწმიდნა ესენი საშოჲთგანვე, დედის მუცლით გან. და აღზარდნა იგინი ღმრთისმსახურებითა, და ასწავა მათ შიში ღმრთისაჲ მკურვალჱ. და ვითარცა აღესრულა დედაჲ მათი შემურეს იგი ჯერისა ებრ და დადვეს საფლავსა წმიდათასა, სოფელსა შინა რომელსა ეწო-დება ახალ დაბა, და ჰმადლობდეს ღმერთსა. და მიერითგან იწყეს სლვად გზასა წმიდათა მამათასა, და მკურვალედ ჰკრძალეს ცხორე-ბასა მონაზონთასა. და შეიმოსეს სქემაჲ ანგელოზრივი, და ვიდოდეს იგინი უდაბნოთა, და ეძიებდეს წმიდათა მამათა მოხუცებულთა, და

Vie et destinée[1] *des saints et bienheureux anachorètes les Pères Katianos et Nisthéréon*

1. Avec l'aide de Dieu nous commençons d'écrire[2] pour la mémoire de la vérité, la vie des saints Pères Katianos et Nisthéréon, car il est opportun de vous commémorer leur vie digne d'éloges, ô frères bien-aimés, car Dieu qui dispose notre vie avec sagesse[3] n'a pas livré à l'oubli la vie de ses saints, ni n'a caché leur destinée. Il m'a incité à vous raconter la vie des bienheureux Pères anachorètes à la gloire de Dieu, à leur louange et à notre profit à tous[4].

2. Ces bienheureux étaient citoyens d'une ville d'Égypte qui s'appelle Panephos, dans un lieu de la Tanéotide[5]. Or, quelques frères aimés de Dieu qui habitaient à cet endroit nous ont demandé leur histoire véridique. Et comme ces frères étaient charnellement les fils d'une femme chrétienne aimée de Dieu, dont le nom était Theognia[6], ils naquirent également d'elle par la volonté de l'Esprit saint qui les sanctifia ainsi dès le sein dans le ventre maternel. Et elle les éleva dans l'adoration de Dieu et leur enseigna une ardente crainte de Dieu[7]. Et lorsque leur mère décéda, ils l'embaumèrent comme il convenait et la déposèrent dans le tombeau des saints, dans un champ qui s'appelait «nouveau village»[8], et ils rendirent gloire à Dieu. Et à partir de ce moment, ils commencèrent de suivre le chemin des saints Pères, ils se fixèrent avec zèle dans la vie monastique, et ils revêtirent l'habit angélique, et ils allaient dans

1 Que ce mot rende un grec πολιτεία ou un latin «conversation» n'offre guère de doute, car c'est le mot *gangebay* qui est utilisé dans le titre du *Pratum Spirituale* de JEAN MOSCHOS (ed. I. ABULADZE, *Limonari*, Tbilissi 1960, p. 1, ligne 2), correspondant au titre grec transcrit dans CPG 7376, qui s'inspire du prologue et emploie bien πολιτεία. Mais dans les textes directement traduits du grec, on attendrait მოქალაქობაჲ. Mais *gangebay* chez Moschos dépend d'un modèle arabe تدبير, comme on le voit dans la Passion de S. Cyriaque, cf. G. GARITTE, *Une version arabe de l'Agathange grec*, dans *Le Muséon*, t. 63 (1950), p. 236 et V. IMNAÏSVILI, *Mamat'a c'xorebani*, Tbilissi 1975, p. 256.

2 Ce type d'incipit est fréquent en arabe: «نبتدى بعون الله ونكتب».

3 En dépit du style scripturaire, on trouve tout au plus une similitude avec *Sag.* 7,15.

4 Le narrateur se détache nettement de la narration, ici et aux chap. 2. 25, 26 et 27.

5 Il s'agit clairement de Manzaleh, l'ancienne Panephysis dans la région du lac Manzaleh, là où passait autre fois la branche Tanitique du Nil dont le nom provient de l'ancienne Tanis ou San (E. AMÉLINEAU, *La géographie de l'Égypte à l'époque copte*, Paris 1893, p. 301, 535 et 413-414).

6 Le nom Theognia est quasi sûrement symbolique comme l'est celui de Theognôsta dans la forme copte de la légende de sainte Nino: W. TILL, *Koptische Pergamente Theologischen Inhalts*, t. 1 (1934), p. 49.

7 Le parallèle est ici évident avec celui de Côme et Damien élevés par Théodote à la «Theognosia»: L. DEUBNER, *Kosmas un Damian*, Leipzig 1907, p. 87.

8 Les tombeaux des saints, à l'extérieur des villes, ont été souvent l'origine ensuite d'une extension urbaine, cf. H. DELEHAYE, *Les origines du culte des martyrs*, Bruxelles 1933, p. 36-47. Le géorgien «akhal daba» doit correspondre à quelque toponyme grèco-copte.

მათგან ისწავლენ ყოველთა სათნოებათა ვიდრემდის სრულ იქმნნეს იგინი ყოვლითა სიბრძნითა ღმრთისა მიერითა.

115ʳ **3.** დღესა ერთსა ვიდოდეს რაჲ / იგინი მიიწინეს ქალაქსა ერთსა რომელსა ეწოდა იდთამუ, და პოვეს ჭაბუკი ერთი მდებარე გზასა ზედა რომელი შეეპყრა ეშმაკსა და აშთობდა უწყალოდ. და ვითარცა იხილეს იგი წმიდათა მათ, შეწუხნეს ფრიად მის თჳს რაჲმეთუ ბოროტმან ეშმაკმან ვითარცა იხილნა წმიდანი იგინი მომავალად, დასცა იგი სასტიკად და სტანჯვიდა მძჳნვარედ, და ჭამდა იგი სკორე-სა თჳსსა. და ვითარცა იხილეს წმიდათა მათ სიბოროტჱ იგი სულისა მის უკეთურისაჲ, ტკინვეულ იქმნეს იგინი კაცთა ნათესავისა თჳს და ლმობიერად ევედრნეს ღმერთსა რაჲთა განათავისუფლოს ჭაბუკი იგი ეშმაკისა მის გან ბოროტისა. და აღიპყრნა კელნი თჳსნი ნეტარმან ნისთერეონ, ილოცვიდა და იტყოდა ესრეთ:

4. «გევედრები შენ, უფალო იესჳ ქრისტე დამბადებელო ყოველთა დაბადებულთაო, რომელი პირველად გამოუჩნდი სამთა ყრმათა ბაბილონს სიკუმილსა მას შინა, და დანიელს მღჳმესა შინა და განარინნა იგინი, აწცა იკსენ ქმნული ესე კელთა შენთაჲ რომელი დაჰბადე ხატად და მსგავსად შენდა. და ნუ ახარებ მტერთა ამისთა ამის ზედა, არამედ შემეწე მონასა შენსა რაჲთა სახელითა შენითა განვკადო ბოროტი ესე ვეშაპი წარწყმედელი სადიდებელად სახე-ლისა შენისა წმიდისა უკუნითი უკუნისამდე!» და ვითარცა აღესრულა წმიდამან ლოცვაჲ, დასწერა მას ზედა სამგზის სახე ჯუა-რისაჲ.

115ᵛ **5.** და კმა ყო კმითა დიდითა / სულმან მან ბოროტმან, და ჰრქუა: «ჵ მოხუცებულნო კატიანოს და ნისთერეონ, მრავალი ჟამი მაქუს მე ვინაჲთგან მკჳდრ ვარ მე ჭაბუკსა ამას შინა, და ვერვინ შემძლებელ იქმნა განრებად ჩემდა მისგან. ესე უწყოდეთ რაჲმეთუ აწვე წარვიდე კოსტანტინეპოლი ქალაქად სამეუფოდ, და შევიდე ასულსა მარ-კიანე მეფისასა, და მიგიყვანნე თქუენ მუნ პალატად.» და ვითარცა ესე თქუა, სულმან ბოროტმან დასცა ჭაბუკი იგი ქუეშე ფერკთა

les lieux inhabités, et ils recherchaient les saints Pères vieillards[9], et ils apprenaient d'eux toutes les vertus jusqu'à ce qu'ils soient devenus eux-mêmes accomplis dans toute la sagesse qui vient de Dieu.

3. Un jour qu'ils allaient, ils atteignirent une ville qui s'appelait Idthamou[10], et ils trouvèrent étendu sur le chemin un jeune homme qu'avait saisi le démon, lequel le tourmentait sans pitié. Et quand les saints le virent, ils furent grandement attristés pour lui, car le démon mauvais en voyant ces saints arriver, le frappa violemment et le déchira cruellement, et il dévorait ses excréments[11]. Et quand les saints eurent vu la méchanceté de cet esprit mauvais, ils devinrent inquiets pour la communauté humaine[12], et il demandèrent avec douleur à Dieu qu'il délivre le jeune homme du démon mauvais. Et le bienheureux Nisthéréon éleva les mains, pria et dit ainsi:

4. «Je te prie, ô Seigneur Jésus-Christ, créateur de toutes les créatures, qui apparus une première fois aux trois enfants de Babylone dans la fournaise[13], et à Daniel dans la fosse, et les en a délivrés[14], maintenant aussi sauve ici l'ouvrage de tes mains que tu a crée à ton image et à ta ressemblance[15]. Et ne réjouis pas sur ce point ses ennemis, mais viens au secours de ton serviteur afin qu'en ton nom je chasse ce méchant dragon destructeur[16], à la gloire de ton nom saint pour les siècles des siècles!» Et lorsque le saint eut terminé sa prière, il traça trois fois sur lui le signe de la croix.

5. Et l'esprit mauvais cria d'une voix forte et dit: «O vieillards Katianos et Nisthéréon, il y a longtemps que j'habite dans ce jeune homme, et personne n'a été capable de me l'arracher. Sachez ceci que maintenant encore je m'en irai à la ville impériale de Constantin, et j'entrerai dans la fille du roi Marcien[17], et je vous conduirai là au palais.» Et tandis qu'il parlait ainsi, l'esprit mauvais

9 Les Apophtegmes nous ont conservé quelques échanges de Nisthérous avec Pimène, et un autre où Nisthérous est qualifié d'ami de l'abbé Antoine, cf. PG 65, col. 308-309. Le modèle existait tout préparé pour Nisthéréon.

10 Ce toponyme est fort difficile à interpréter. Une déformation à partir de Thmuis en arabe, ou à partir de Munieh Tamieh serait possible. Le synaxaire connaît un toponyme دير عند مريوط: fête du <lac> Mareotis, à l'ouest d'Alexandrie, PO t. XI (Paris 1915), p. 801, au 7 Amchir (1er février). Il s'agit du nom d'un monastère et non d'une ville. On hésite à voire dans le ID géorgien le rendement du عيد arabe. Il y a de toute manière quelque transformation.

11 Exemple biblique de l'ultime indigence *Is*. 36.12.

12 Le rayonnement contagieux de la possession rapproche d'emblée ces données des guérisons de sectes hérétiques, comme dans le cas de Germain d'Auxerre guérissant la fille d'un notable britonnique de la région de Londres, symbole de l'aveuglement pélagien entre 410 et 429, cf. *Analecta Bollandiana*, t. 103 (1985), p. 405-406.

13 Cf. *Dan.*, 3,17.

14 *Bel et Draco*, 37-41. Cf.

15 Cf. *Gen.* 1,26.

16 *Bel et Draco*, 28. Cf.

17 Marcien, 25 avril 450-26 janvier 457. Sur le thème de la fille de l'empereur malade et guérie en Égypte, voire le cas de Théopistè, fille de Zénon, guérie par Hilarion/Hilaria, la fille aînée de l'empereur, dans J. DRESCHER, *Three Coptic Legends*, Le Caire 1948, p. 1-13.

მათთა ძლიერად და განვიდა მისგან სირცხჳლეული. მაშინ მსახურთა
მათ ქრისტესთა აღადგინეს ჭაბუკი იგი და ჰრქუეს: «სარწმუნოებამან
შენმან გაცხოვნა შენ! წარვედ მშჳდობით სახედ შენდა.» და ყოველთა
რომელთა იხილეს ესე და ესმა, ჰმადლობდეს ღმერთსა რომელსა არს
დიდებაჲ უკუნითი უკუნისამდე, ამენ.

6. და სული იგი ბოროტი რომელი განიდევნა ჭაბუკისა მისგან
წარვიდა ქალაქად სამეუფოდ და შევიდა ასულსა მარკიანე მეფისასა
და სტანჯვიდა მას სასტიკად, და ფრიად შეწუხნეს მის თჳს ღმრთის-
მოყუარენი იგი მშობელნი მისნი, და ამის მიერ ტიროდეს მის თჳს
რაჲმეთუ ქალი იგი იქმნა ვითარ მკუდარი წინაშე მათსა, და ყოველი
პალატი აღივსო მწუხარებითა. და ვერვინ კაცთაგანი შემძლებელ იყო
შეწევნად ქალისა მის. და მცირედისა ჟამისა შემდგომად წამისყო-
116r ფითა ღმრთისაჲთა, / ჴმა ყო სულმან მან უკეთურმან ყრმისა მის გამო
ჴმითა სასტიკითა ვითარცა ლომმან, და ჰრქუა: «ჵ მეფეო, უკუეთუ
არა წარავლინო ეგჳპტედ მოიყვანნე ორნი მონაზონნი რომელთა
ჰრქჳან კატიანოს და ნისთერეონ ამას ქალაქსა სამეუფოსა და
ვიხილნე იგინი აქა არა განვიდე ასულისა შენისა გან.»

7. და ვითარცა ესე ესმა მეფესა, არა მცირედ ნუგეშინისცემულ
იქმნა იგი, და გულისმოდგინე იქმნა წარვლინებად ეგჳპტედ
რაჲმეთუ ძალიერად ჴმობდა ეშმაკი იგი წინაშე მეფისა: «უკუეთუ
არა მოვიდენ აქა ორნი იგი მოხუცებულნი, ვერვინ შემძლებელ არს
განრებად ჩემდა ასულისა გან შენისა რაჲმეთუ მათ მომავლინეს მე
აქა და უკუეთუ არა ვიხილნე იგინი აქა არა განვალ ამიერ!» იხილეთ
უკუე სიბოროტჱ უკეთურისა მის სულისაჲ, ვითარ ძჳრი იჴსენა წმიდათაჲ მათ და შრომისა შემთხუევისა თჳს მათა ესე აზრახა მეფესა.

8. ხოლო მეფემან ღმრთისმსახურმან მან მიწერა წიგნი მოხუცებულთა მათ წმიდათა, და წარავლინნნა სამნი ერისთავნი მოძიებად
მათა, და შეხდეს იგინი ნავსა. და ღმრთისა შეწევნითა განვიდეს
ალექსანდრეად, და მისცეს წიგნი მეფისა მთავარსა ალექსანდრიისა-
სა. და ვითარცა წარიკითხა და გულისხმაყო ბრძანებაჲ მეფისაჲ, მან
და მისთანათა ფრიად დაუკჳრდა საქმჱ იგი ბოროტისა მის ეშმაკი-
116v საჲ. ხოლო წმიდანი მამანი რომელთა/მე მათგანთა იცნობდეს, და
წარავლინნეს მუნთქუესვე კაცნი მეციერნი მოციქულთა თანა მეფისათა მთასა მას სადა იგი მკჳდრ იყვნეს მამანი და მონანი ღმრთისანი.
და ვითარცა პოვნეს იგინი, დაწჳვეს ყოველნი იგი წინაშე მათსა
თაყუანისცემით.

9. ხოლო წმიდათა მათ აკურთხნეს ყოველნი იგი და ჰრქუეს: «იესჳ
ქრისტემან გაკურთხენნ თქუენ, ძმანო ჩემნო!» ხოლო იყო მათ
შორის მოვლინებული ერთი მეფისაჲ რომელსა სახელი ეწოდა ანა-

jeta fortement le jeune homme en dessous de ses pieds et sortit de lui rempli de honte. Alors les serviteurs du Christ relevèrent le jeune homme et dirent: «Ta foi t'a sauvé! Pars en paix à la maison[18]». Et tous ceux qui virent cela et l'entendirent louaient Dieu à qui est la gloire pour les siècles de siècles, amen.

6. Et l'esprit mauvais qui avait été chassé de ce jeune homme, partit pour la ville impériale et entra dans la fille de l'empereur Marcien, et il la déchirait cruellement. Et ses parents amis de Dieu étaient fort attristés, et ils pleuraient pour elle du fait que la fille était devenue devant eux comme une morte[19], et tout le palais fut rempli de tristesse, et personne parmi les hommes n'était capable d'aider la fille. Et peu de temps après, par l'attestation divine[20], l'esprit mauvais hurla d'une voix forte à partir de l'enfant comme un lion et dit: «O empereur, si tu n'envoies pas en Égypte et n'amènes pas les deux moines qu'on appelle Katianos et Nisthéréon dans cette ville impériale et que je puisse les voir ici, je ne sortirai pas de ta fille!»

7. Et quand l'empereur eut entendu cela, il ne fut pas peu consolé, et il fut prêt à envoyer en Égypte, car le démon criait avec force en face de l'empereur: «Si ces deux vieillards ne viennent pas, personne n'est capable de m'arracher ta fille, car c'est eux qui m'ont envoyé ici[21], et si je ne les vois pas ici même, je ne sortirai pas d'ici!» Voyez la méchanceté de cet esprit, de quel poids il chargeait la mémoire des saints et ce qu'il laissait croire à l'empereur sur le travail qu'ils avaient accompli[22]!

8. Cependant l'empereur serviteur de Dieu envoya une lettre aux saints vieillards, et envoya trois princes à leur recherche, et ils montèrent dans un navire. Et avec l'aide de Dieu, il allèrent jusqu'à Alexandrie, et ils remirent la lettre de l'empereur au préfet d'Alexandrie. Et quand il l'eut lue et qu'il comprit l'ordre de l'empereur, lui et ceux qui étaient avec lui s'étonnèrent fort de l'incident du méchant démon. Or, les saints Pères connaissaient quelques uns d'entre eux, et ils envoyèrent aussitôt des connaissances avec les envoyés de l'empereur à la montagne où habitaient les Pères et les serviteurs de Dieu. Et quand ils les eurent trouvés, tous se rassemblèrent devant eux en prosternation.

9. Cependant les saints les bénirent tous et dirent: «Que Jésus-Christ vous bénisse, mes frères!». Cependant, il y avait parmi eux un envoyé de l'empereur dont le nom était Anastase[23], qui dans la suite devint empereur à <la ville>

18 Cf. *Marc*, 10,52.
19 Cf. *Marc*, 9,26.
20 Littéralement «par le clin d'œil fait par Dieu».
21 Assertion évidemment abusive au vu du récit précédent.
22 Il y a ici une réflexion du narrateur qui pourrait être ajoutée à celles indiquées note 4.
23 Anastase est mort vers 90 ans le 18 juillet 518 et a commencé de régner en 491. Il avait donc une vingtaine d'années en 450. La chose n'est pas invraisemblable.

სტას, რომელიცა შემდგომად მეფე იქმნა კოსტანტინეს. ესე ხოლო მარტოჲ არა აკურთხეს და არცა მოიკითხეს, რაჲმეთუ უწყოდეს ღმრთისა მიერ ვითარმედ მან განაძლიერნეს უთაონი იგი მწვალებელნი, და შეურაცხყოს კრებაჲ იგი ქალკიდონისაჲ რომელი ნებითა ღმრთისაჲთა შეკრებულ იყო ყოველთა გან კიდეთა. მაშინ ფრიად მწუხარე იქმნა ანასტასიოს რაჟამს დაკლებულ იქმნა იგი კურთხევისა გან წმიდათა მამათაჲსა. და იტყოდა გულსა თჳსსა: «რომელიმე ბრალი იპოვა ჩემ თანა უბადრუკისა ამის რომელი არა ღირს ვიქმენ მოყუასთა ჩემთა თანა კურთხევისა მოღებად წმიდათა მათ გან. არა უწყი მიზეზი ამის დაკლებისაჲ.»

10. და ვითარცა აღდგეს თაყუანისცემისა გან და დასხდეს იგინი,
მიუგეს და ჰრქუეს ერისკაცთა მათ წმითათა მათ: «მეფჱ ჩუენი
მორწმუნჱ მარკიანე ფრიად მოსურნე არს ხილვად პირისა თქუე-
117r ნისა, რაჲთა იკურთხოს სიწმიდისა გან თქუენისა, / და მის თჳს
მოვლინენით თქუენდა. და აწ ვევედრებით სიწმიდესა თქუენსა რაჲთა წარმოხვდეთ ჩუენ თანა წინაშე მეფისა.» ხოლო წმიდათა მათ უწყოდეს საქმჱ იგი სულისა მიერ წმიდისა რომელი შეემზადა მათ თჳს ბოროტსა მას. დარეცა უცნაურ ყვეს და ჰრქუეს მათ: «შეგჳნდვეთ, ძმანო, შეცთომილ ხართ ძიებად ჩუენდა. ჩუენ ვჰგონებთ ვითარმედ მონაზონნი ვართ, და მკჳდრ ვართ მთასა ამას უდაბნოჲსასა, და არა მიცნის ჩუენ მეფემან და არცა რაჲ ძეს ჩუენი მის თანა, და სხჳსა ვისამე მივლინებულ ხართ.»

11. მაშინ მიუგო ერთმან ერისთავმან და ჰრქუა წმიდათა მათ: «მე გაუწყო მიზეზი თქუენისა წოდებისაჲ, მამანო. ასული უვის მეფესა მარკიანეს და ფრიად უყუარს იგი, და სული უკეთური შევიდა მისა და შეაშთობს მას ბოროტად. და ამის თჳს დიდსა მწუხარებასა შინა არიან მშობელნი მისნი, და ყოველი პალატი. და კმითა მაღლითა ღაღადებს სული იგი უკეთური და ეტყჳს მეფესა: 'უკუეთუ არა მოვიდენ აქა ორნი მონაზონნი რომელნი მკჳდრ არიან უდაბნოსა ეგჳპტისასა სახელით კატიანოს და ნისთეროენ, არა განვალ მე ასულისა გან შენისა, რაჲმეთუ მათ მავლინეს მე აქა'. და ამის თჳს მწრაფლ წარმოგუავლინნა ჩუენ თქუენდა, და ვევედრებით ღირსებასა თქუენსა რაჲთა წარმოხვდეთ ჩუენ თანა, და გჳრწამს ვითარმედ
პატივითა თქუენითა ღმერთმან მოსცეს მას სიცოცხლჱ.» /
117v **12.** მაშინ დაღაცათუ დაუმძიმდა წმიდათა მათ ესე, არამედ განიმ-
ზადნეს წარსლვად სამეუფოდ. მიუგო წმიდამან კატიანოს ნეტარსა ნისთეროენს და ჰრქუა: «შენ ძმაო, უხუცე ხარ ჩემსა. ღმრთისა მიერ წარვედ მეფისა მარკიანესა და მე ვესავ ქრისტესა ვითარმედ

de Constantin. Lui seul, il ne le bénirent pas et ne le saluèrent pas, car ils savaient grâce à Dieu que lui allait renforcer les acéphales hérétiques[24], et mépriser le concile de Chalcédoine[25] qui par la volonté de Dieu avait été rassemblé de tous les coins <du monde>. Alors Anastase en fut fort attristé lorsqu'il il fut frustré de la bénédiction des saints Pères. Et il se dit en lui-même: «Quelque faute a été trouvée en moi, le malheureux, qui n'ai pas été digne de recevoir des saints la bénédiction avec mes amis. Je ne connais pas la cause de cette omission[26]»!

10. Et lorsqu'ils se relevèrent de leur prosternation et s'assirent, ils répondirent et dirent aux saints citoyens: «Notre empereur croyant Marcien désire ardemment contempler votre visage, afin d'être béni par votre sainteté, et c'est pour cela que nous avons été envoyés à vous. Et maintenant nous demandons à votre sainteté de s'en aller avec nous auprès de l'empereur»[27]. Cependant les saints connaissaient de par l'Esprit saint la chose que leur avait préparée le malin. Et comme s'ils étaient ignorants ils dirent: «Pardonnez-nous, frères, vous faites erreur en nous cherchant. Nous pensons que nous sommes des moines et que nous habitons dans cette montagne du désert, et l'empereur ne nous connait pas et nous n'avons rien à faire avec lui, et vous êtes envoyés pour quelqu'un d'autre»[28].

11. Alors un des princes répondit et dit aux saints: «Moi je vais vous raconter la cause de votre réquisition, ô Pères. L'empereur Marcien possède une fille et l'aime beaucoup, et un esprit impur est entré en elle et la tourmente vilainement. Et à cause de cela, ses parents sont dans une grande tristesse ainsi que tout le palais. Et cet esprit mauvais hurle à voix haute et dit à l'empereur: 'Si les deux moines qui habitent le désert d'Égypte, appelés Katianos et Nisthéréon, ne viennent pas ici, je ne sortirai pas de ta fille, car eux m'ont envoyé ici!' Et aussitôt à cause de cela il nous a envoyés auprès de vous, et nous demandons à votre excellence de vous en aller avec nous, et nous croyons que par votre honneur Dieu lui donnera la santé»[29].

12. Alors, bien que cela leur en coutât, les saints se préparèrent à s'en aller à la <ville> impériale. Saint Katianos répondit[30] au bienheureux Nisthéréon et dit: «Toi, ô frère, tu es plus âgé que moi. Va de la part de Dieu chez l'empereur Marcien, et moi j'espère dans le Christ qu'il donnera grâce à toi la

24 Ce nom prend son origine dans l'opposition à l'Hénotique de Zénon admise par Pierre Monge, cf. TIMOTHÉE, *prêtre de Constantinople*, PG 86, col. 56.
25 Sévère est placé sur le siège d'Antioche sous Anastase en 512.
26 La question est reprise explicitement au chapitre 25.
27 Il s'agit, comme le montre la suite, d'une véritable réquisition.
28 La péripétie de la ruse des saints répond aux exigences du récit.
29 Cette fois le rapport des envoyés est intégral et dévoile le démon.
30 Le sens de «répondre» est parfois hors de place. *Miugo* en géorgien ne peut cependant signifier «apostropher».

მოსცეს შენ მიერ სიცოცხლჱ ასულსა მეფისასა სადიდებელად სახე-
ლისა მისისა წმიდისა.» ხოლო მან ჰრქუა: «არა, არამედ შენ წარვედ
მეფისა, ძმაო, და ლოცვა ყავ ჩემ თჳს და მე დავადგრე მთასა ამას, და
ვიდრე მოსლვად შენდამდე აღვაშჱნო მე სენაკი.» მიუგო კატიანოს
ძმასა თჳსსა: «წარვედ, ძმაო, მეფისა, რაჲმეთუ უხუცჱს ხარ ჩემსა.»

13. და ვითარცა აღასრულეს სიტყჳს გებაჲ იგი ურთიერთას, სიყუა-
რულით ჰრქუა ნისთერეონ მოვლინებულთა მათ მეფისათა: «წარ-
ვედით თქუენ, ძმანო ჩემნო, და მე მშჳდობაჲ დაუტეო ძმასა ჩემსა, და
შემოგიდგე თქუენ ქალაქსა მეუფოდ, და ერთობით შევიდეთ წინაშე
მეფესა.» და მიუგეს მოციქულთა მეფისათა და ჰრქუეს წმიდათა მათ:
«გაფუცებთ ქრისტესა, ნუ უგულებელს მყოფთ ჩუენ რაჲთა არა
მტყუვრად გამოვჩნდეთ წინაშე მეფისა, და ბოროტი მეყოს ჩუენ
თქუენ ძლით.» მიუგო მათ წმიდამან ნისთერეონ და ჰრქუა: «ნუ
ბრძანოს ესე ღმერთმან ძალთამან ვითარმცა უდებ ვყავ რაჲმეთუ მან
მიგუაწინეს ჩუენ და თქუენ ერთობით წინაშე მეფისა.»

118r **14.** ჰრქუეს მათ მოციქულთა მეფისათა: «ლოცვა ყავთ ჩუენ თჳს,
წმიდანო მამანო, რაჲთა მშჳდობით მიგუაწინეს ჩუენ ქრისტემან
საყოფლად თჳსა!» ჰრქუეს წმიდათა მათ: «იესჳ ქრისტემან განმგებელმან დაბადებულთამან ნებითა მისითა მიგაწიენ მშჳდობით საყოფლად თჳსა!» მაშინ განუტევნეს მოხუცებულთა მათ და იგინი ჰმადლობდეს ღმერთსა და ქადაგებდეს სათნოებათა მათთა ყოველსა
ადგილსა კმითა მაღლითა. და ვითარცა მიიწინეს ქალაქად სამეუფოდ,
აუწყეს მუნ ყოველი საქმჱ მათი. მაშინ წმიდათა მათ მთასა მას
მოიდრიკნეს მუკლნი, ილოცვიდეს და იტყოდეს: «გმადლობთ შენ,
უფალო იესჳ ქრისტე ღმერთო ჩუენო, და ვევედრებით რაჲთა შემწე
მეყო ჩუენ მონათა შენთა, და დამიფარენ ჩუენ, რაჲმეთუ შენ შემწე
გიყოფთ ყოველთა დღეთა ცხორებისა ჩუენისათა.»

15. და ვითარცა აღასრულეს ლოცვაჲ მათი, ჰრქუა კატიანოს:
«ვევედრები სიწმიდესა შენსა, ძმაო ჩემო, რაჲთა წარხჳდე მეფისა და
განჰკურნე ასული მისი მადლითა ღმრთისაჲთა. და ლოცვითა შენითა
დავადგრე მარტოჲ მთასა ამას.» ჰრქუა ნისთერეონ ძმასა თჳსსა:
«მოვედ და ვილოცეთ, ძმაო!» და ვითარცა დადგეს ლოცვად,

santé à la fille de l'empereur pour la gloire de son saint nom.» Mais lui répondit: «Non, va toi chez l'empereur, ô frère, et prie pour moi et moi je resterai dans cette montagne et avant ton retour je construirai une cellule»[31]. Katianos répondit à son frère: «Pars, frère, auprès de l'empereur, car tu es plus âgé que moi»[32].

13. Et quand ils eurent achevé ce dialogue mutuel, Nisthéréon dit avec amour aux envoyés de l'empereur: «Partez, mes frères, et moi je laisserai mon frère en paix, et je vous suivrai dans la ville impériale, et ensemble[33] nous entrerons auprès de l'empereur.» Et les envoyés de l'empereur répondirent et dirent aux saints: «Nous vous en conjurons par le Christ, ne nous rendez pas irresponsables afin que nous ne paraissions pas parjures en face de l'empereur, et que par votre faute il nous arrive un malheur.» Saint Nisthéréon leur répondit et dit: «Que le Dieu des armées ne nous ordonne pas d'être insolvables, car lui-même nous enverra ensemble avec vous[34] en face de l'empereur.»

14. Les envoyés de l'empereur leur dirent: «Priez pour nous, ô saints Pères, afin que le Christ nous conduise en paix en nos demeures!» Les saints leur dirent: «Que Jésus-Christ la providence des créatures vous conduise par sa volonté en paix en votre demeure»[35]! Alors ils quittèrent les vieillards, et ils louaient Dieu et ils proclamaient leurs vertus à voix haute en tout lieu. Et quand ils arrivèrent à la ville impériale, il firent connaître là toute leur aventure. Alors[36], les saints fléchirent les genoux dans la montagne, ils priaient et disaient: «Nous te remercions, Seigneur Jésus-Christ notre Dieu, et nous te demandons d'apporter ton aide à nous tes serviteurs, et protège-nous car nous avons reçu l'aide de toi tous les jours de notre vie»[37].

15. Et quand ils eurent achevé leur prière, Katianos lui dit: «Je demande à ta sainteté, ô mon frère, de partir chez l'empereur et de guérir sa fille par la grâce de Dieu, et par ta prière je demeurerai seul dans cette montagne.» Nisthéréon dit à son frère: «Va et nous prierons, ô frère!». Et comme ils se

31 La construction de la cellule, noyau du monastère où le narrateur place son récit, est une donnée essentielle.

32 Dans l'échange de politesse, il y a la recherche d'un critère objectif de la distribution des tâches, la construction de la cellule n'étant pas moins importante que la guérison de la fille de l'empereur. Il va de soi que les frères saints travaillent toujours ensemble comme Côme et Damien, et ils sont tout autant anargyres comme on le verra au chap. 24.

33 Ensemble, c'est-à-dire les envoyés avec Nisthéréon, les adieux mutuels demandant rien moins que les chapitres 14 à 17.

34 Dès le départ Nisthéréon s'en remet à Dieu sur la forme du voyage. C'est en effet ensemble qu'il rentreront, lui et les envoyés, au palais chap. 17.

35 Les saints se chargent de la sécurité de la traversée de la Méditerranée.

36 Les réactions face au voyage qui s'impose sont diamétralement opposées chez les envoyés et chez les saints.

37 La prière seule des deux saints permet de savoir comment préserver leur œuvre commune à tous deux.

აღიპყრნეს კელნი თჳსნი და ესრეთ იტყოდეს: «ჵ უფალო ყოვლისამპყრობელო, რომელმან ისმინე ლოცვაჲ მონათა შენთაჲ, მამათა
ჩუენთაჲ, აბრაჰამ, ისააკ და იაკობისა, და წინაჲსწარმეტყუელთაჲ,
118v და მოციქულთა შენთა მოეც მადლი შენი / წინაშე ყოვლისა ერისა
შენისა, ისმინე და აწცა ჩუენ მონათა შენთაჲ, და მოავლინე ანგელოზი
შენი დაცვად ჩუენდა ყოველთა გზათა ჩუენთა ვითარცა ინებო.» და
ვითარცა აღასრულეს ლოცვაჲ მათი, თქუა ნეტარმან ნისთერეონ
სიმდაბლით: «ჵ ძმაო ჩემო საყუარელო, ლოცვა ყავ ჩემ თჳს, რაჲთა
მშჳდობით მიმაწიოს ქრისტემან ქალაქად სამეუფოდ. და კუალად
მსწრაფლ მომაქციოს აქავე საყოფლად თჳსა, და მშჳდობით შევი-
მთხჳნეთ ურთიერთას.» მიუგო კატიანოს და ჰრქუა ძმასა თჳსსა:
«უფალმან ყოვლისამპყრობელმან მშჳდობით მიგაწიენ ვიდრე იგი
წარმართებულ ხარ, და მიეწინ ბოროტი ეშმაკი, და მიეცინ კურნებაჲ
მათ რომელნი ითხოვენ ღმრთისა გან წყალობასა, რომლისაჲ არს
დიდებაჲ უკუნითი უკუნისამდე, ამენ!»

16. და ვითარცა აღასრულეს მოხუცებულთა მათ წმიდათა ლოცვაჲ
მათი და სიტყჳს გებაჲ ურთიერთას, აჰა ესერა ღრუბელი ნათლისაჲ
ჰაერთა შინა ვითარცა ორბი მოფრინვიდა და მყის მოიწია მათა. და
აღიტაცა წმიდაჲ ნისთერეონ. და ნეტარი კატიანოს ჰხედვიდა, და
მუნთქუესვე ჟამსა მას მიიტაცა იგი ქალაქად სამეუფოდ, და დასუა
იგი წინაშე პალატსა მეფისასა, მრავლისა დღისა შემდგომად ვინაჲთგან მეფისა მოციქულნი წარსრულ იყვნეს მათგან. და ესე მიწევნულ
119r ოდენ იყვნეს, და მწუხარედ იურვოდეს / წმიდისა მის თჳს თუ
ოდესმე მოიწიოს, და ვერ იკადრებდეს შესლვად მეფისა, და დგეს
იგინი შეურვებულნი.

17. მას ჟამსა აღიხილნა თუალნი თჳსნი ერისთავმან მან რომელი
მივლინებულ იყო მათა, და იხილა წმიდაჲ ნისთერეონ წინაშე
პალატსა მეფისასა მდგომარჱ, და ილოცვიდა იგი აღმოსავალით კე-
რძო. და ვითარცა იხილა, შეიპყრა იგი შიშმან და ძრწოლამან და გან-
კჳრვებაჲ დაეცა მის ზედა თუ ვითარ ღმერთშემოსილი ესე
მოხუცებული მყისა შინა მოიწია პალატად მეფისა. და მსწრაფლ
შევიდეს და აუწყეს მეფესა და დედუფალსა მოწევნაჲ ბერისაჲ. და
მუნთქუესვე გამოვიდა მეფჱ და პალატი მისი ყოველი შემთხუევად
წმიდისა მის, და თაყუანისცეს მას პირსა ზედა თჳსსა.

18. მიუგო და ჰრქუა მას მეფემან: «კეთილად მოხუედ, მონაო

tenaient debout à prier, ils élevèrent leurs mains et parlèrent ainsi: «O Seigneur Pantocrator, qui écoutes la prière de tes serviteurs nos Pères Abraham, Isaac et Jacob et les prophètes et donnes à tes apôtres ta grâce en présence du peuple tout entier[38], écoute-nous aussi maintenant tes serviteurs, et envoie ton ange pour nous protéger en toutes nos voies comme tu le veux»[39]! Et quand ils eurent achevé leur prière, le bienheureux Nisthéréon dit humblement: «O mon frère chéri, prie pour moi afin que le Christ me conduise en paix à la ville impériale, et qu'ensuite il me ramène rapidement ici à la maison, et nous nous retrouverons l'un l'autre en paix!» Katianos répondit et dit à son frère: «Que le Seigneur Pantocrator te conduise en paix jusqu'où tu as été envoyé, qu'il écarte le démon méchant et qu'il accorde la guérison à ceux qui implorent auprès de Dieu la miséricorde, à qui est la gloire dans les siècles des siècles, amen»[40]!

16. Et lorsque les saints vieillards eurent terminé leur prière et leurs propos mutuels, voici qu'une nuée de lumière[41] reposant comme un aigle[42] sur l'air vola auprès d'eux et les atteignit en un instant, et elle emporta saint Nisthéréon. Et le bienheureux Katianos regarda, et aussitôt dans l'heure il (Nisthéréon) fut emporté à la ville impériale, et il fut déposé devant le palais de l'empereur[43], bien des jours après que les envoyés de l'empereur soient partis de chez eux. Et justement ils étaient arrivés et s'inquiétaient avec tristesse à propos du saint <se demandant> s'il arriverait un jour, et ils n'osaient pas entrer chez l'empereur, et ils se tenaient dans leur inquiétude[44].

17. A ce moment, le prince qui leur avait été envoyé leva les yeux et vit saint Nisthéréon debout devant le palais de l'empereur, et il priait face à l'orient. Et dès qu'il le vit, la crainte, le tremblement et la fascination s'empara de lui <à la question de savoir> comment le vieillard revêtu de Dieu était arrivé en un instant au palais de l'empereur[45]. Et aussitôt ils entrèrent et annoncèrent à l'empereur et à l'impératrice l'arrivée du moine. Immédiatement l'empereur sortit, lui et tout son palais à la rencontre du saint, et ils se prosternèrent devant sa personne.

18. L'empereur lui répondit et lui dit: «Sois le bienvenu, ô moine de Dieu.

38 Cf. *Actes* 5,12.

39 Cf. *Matth.*, 11,10 citant *Ex.*, 23,20; mais aussi annonce de l'intervention de Michel au chap. 21.

40 La distinction des prières est subtile: la prière commune touche la permanence de Katianos au désert, présentée comme plus remarquable. La seconde prière, de Katianos, concerne le mode de transport. Ainsi la collaboration des deux saints reste absolue.

41 La nuée lumineuse a déjà porté les apôtres au Transitus de Marie, dont la diffusion est largement assurée dès l'époque de l'Hénotique.

42 Cf. *Ex.*, 19,4.

43 Comparer avec sainte Sophie de Jérusalem, dans *PO*, t. 1 (1905), p. 639-653.

44 Au chapitre 13, les envoyés avaient obtenu un serment par le Christ.

45 Le miracle de la bilocation est merveilleusement perçu par tous, et cause de l'accueil en prosternation.

ღმრთისაო. ხოლო ესე უწყოდე რაჲმეთუ სურნელებასა სიწმიდისა
თქუენისასა აღვუსიეს პალატი ჩუენი. და აწ გაფუცებ შენ ღმერთსა
რაჲთა მაუწყო მე ჭეშმარიტი: რავდენ დღჱ გაქუს ვინაჲთგან მოხუალ
ადგილით შენით?» და ვითარცა ესმა ესე ბერსა, განიღიმა და ჰრქუა:
«ვინაჲთგან მაფუცებ მე ღმერთსა ჭეშმარიტი გაუწყო თქუენ: მანვე
მხოლომან უწყის რაჲმეთუ დღეს ჟამისწირვაჲ აღვასრულე ძმისა
119v ჩემისა თანა ვითარცა იცის დამბადებელმან.» ვითარცა / ესმა ესე
მეფესა და ყოველსა ერსა მისსა, შეიპყრნა იგინი განკჳრვებამან და
ჰმადლობდეს ღმერთსა.

19. მაშინ შეიყვანეს ნეტარი იგი სადა იგი მდებარე იყო ასული
მეფისაჲ, და ვითარცა იხილა ქალმან მან წმიდაჲ იგი მიმავალი მისა,
აღივსო სიხარულითა, მიხედა მას და ჰრქუა: «გევედრები შენ, წმიდაო
მამაო, რაჲთა ლოცვა ჰყო ჩემ გლახაკისა ზედა და ლოცვითა შენითა
ყოს ჩემ თჳს ღმერთმან წყალობაჲ, რაჲმეთუ ცოდვილ ვარ და ამის
თჳს შემემთხჳა მე ვნებაჲ ესე, არამედ მრწამს მე ღმრთისა გან
ვითარმედ ლოცვითა შენითა წმიდითა მივემთხოო მე კურნებასა
სადიდებელად სახელისა ღმრთისა!»

20. და ვითარცა თქუა ყრმამან მან ესე, იწყო ბერმან ლოცვად მის
ზედა და თქუა: «უფალო ყოვლისამპყრობელო, რომელი მჯდომარე
ხარ ქერობინთა და იდიდები სერობინთა გან, რომელსა პირველად და
შემდგომად არა არს სხუაჲ ღმერთი შენსა გარეშე, რაჲმეთუ შენ
მხოლოჲ უცვალებელ ხარ, რომელმან აწჳმი მართალთა ზედა და
ცოდვილთა, რომელმან განჰზომენ ცანი მტკაველითა და ქუეყანაჲ
ბჭალითა, რომელმან მოავლინე მხოლოდ მშობილი ძჱ შენი ქუეყანად აღსასრულსა ჟამთასა, რომელი ქალწულისა გან კორციელ იქმნა
შობილი შენ გან მიუწდომელად, უფალი ჩუენი იესჳ ქრისტე, რომელი ვიდოდა ზღუასა ზედა და ქართა შეჰრისხნა და დაყუდნეს,
რომელმან შეჰქმნა ყოველნი არსნი არა არსისა გან მადლითა სულისა
120r წმიდისაჲთა, / ვითხოვ და ვევედრები სახიერებასა შენსა, მოავლინე
წყალობაჲ შენი მკევალსა ამას შენსა ზედა რაჲთა გადიდებდეს შენ
უკუნისამდე!»

21. და ვითარცა აღასრულა ლოცვაჲ ესე, წმიდამან ნისთერეონ
დასდვა კელი თავსა ზედა მის ყრმისასა და დასწერა მას ნიში ჯუარი-
საჲ. და მყის მოიწია მისა მიქაელ მთავარანგელოზი და დადგა
მარჯუენით მისა მოცემად ძალისა სულსა მას ზედა შეგინებულსა
განკდად მისა. და ვითარცა ესე ქმნა,კმაყო სულმან მან კმითა დიდითა

Sache cependant ceci que notre palais est rempli du désir de ta sainteté. Et maintenant je t'en conjure par Dieu[46], dis-moi la vérité: combien y a-t-il de jours depuis que tu es arrivé de ta demeure!» Et quand le moine eut entendu cela, il sourit et lui dit: «Puisque tu me conjures de par Dieu je te dirai la vérité: lui-même seul le sait, car aujourd'hui j'ai célébré la liturgie avec mon frère comme le sait le créateur.» Lorsque l'empereur et tout son peuple entendit cela, la stupeur les saisit et ils louaient Dieu.

19. Alors il introduisirent le bienheureux là où était étendue la fille de l'empereur, et quand la fille vit le saint venir vers elle, elle fut remplie de joie, le regarda et lui dit: «Je te demande, ô saint Père, que tu prie sur moi la pauvresse, et que par ta prière Dieu me fasse miséricorde, car je suis pécheresse, et à cause de cela m'est survenue cette passion, mais je crois de par Dieu que par ta sainte prière j'obtiendrai la guérison à la gloire du nom de Dieu»[47]!

20. Et tandis que l'enfant parlait ainsi, l'ancien commença à prier sur elle et dit: «Seigneur Pantocrator, qui es assis sur les Chérubins et es glorifié par les Séraphins[48], qui n'as ni avant ni après aucun autre Dieu que toi, car toi seul tu demeures immuable[49], qui fais pleuvoir sur les justes et sur les pécheurs[50], qui mesures le ciel à l'empan et la terre avec l'aune[51], qui as envoyé ton fils monogène sur la terre dans l'accomplissement des temps, qui es devenu charnel à partir de la Vierge et es né d'elle de manière indicible, notre Seigneur Jésus Christ qui a marché sur la mer[52], a tancé les vents et ils se sont apaisés[53], qui a fait tous les êtres à partir de ce qui n'est pas par la grâce de l'Esprit saint, je t'en prie et t'en supplie, envoie ta miséricorde sur ta servante que voici pour qu'elle te loue dans les siècles!»

21. Et quand il eut terminé sa prière, saint Nisthéréon plaça la main sur la tête de l'enfant, et y traça le signe de la croix[54]. Et à l'instant survint près d'elle l'archange Michel[55], et il se plaça à sa droite pour imposer sa force à l'esprit impur et le chasser. Et tandis qu'il faisait cela, l'esprit cria d'une voix

46 Deuxième serment de par Dieu, après le chap. 13.

47 Cette prière de la part de la possédée est plutôt rare: les mêmes termes sont mis dans la bouche de sainte Apollinaria, transformée en abbé Dorothée, au moment de guérir la fille de l'empereur, DRESCHER, op. cit., p. 158, ligne 12-13. Notons que le roi Tiridate transformé en sanglier prie Grégoire l'Illuminateur d'être délivré dans des termes aussi suppliants.

48 Cf. *Ps.* 79,5 ou 98,1 ou *Dan.* 3,55 et *Is.*, 6,3.

49 Cf. *Is.*, 44,6.

50 Cf. *Matth.*, 5,45.

51 Cf. *Is.*, 40,12.

52 Cf. *Matth.*, 14,26.

53 Cf. *Matth.*, 14,31.

54 Les deux procédés sont classiques dans l'exorcisme chrétien ancien: K. THRAEDE, art. *Exorzismus*, dans *Reallexikon für Antike und Christentum*, t. 7 (Stuttgart 1969), col. 66-67.

55 Si la position à la droite de la personne est normale pour Michel, son intervention pour l'exorcisme particulier semble beaucoup plus rare: C. DETLEF G. MÜLLER, *Die Engellehre der Koptischen Kirche*, Wiesbaden 1959, p. 8-35, spécialement p. 26.

და ჰრქუა ნისთერეონს: «ჵ ნისთერეონ მეგჳპტელო, პირველად გამომკადე მე ჭაბუკისა მის გან ეგჳპტეს, რაჟამს იგი გეტყოდე შენ ვითარმედ მე მიგიყვანო შენ ქალაქად სამეუფოდ, რაჲმეთუ შევიდე ასულსა მეფისასა, და არა მცირე შრომაჲ მოვაწიო შენ ზედა, და აჰა ესერა ვიყავ ვითარცა გეტყოდე შენ. და აჰა ესერა მე განვალ ქალისა ამის გან ძალითა ღმრთისაჲთა და შეწევნითა ანგელოზისაჲთა რომელი მდგომარე არს მარჯუენით შენსა, და ლოცვითა შენისაჲთა განვალ ქალისა ამისგან.»

22. მაშინ ვითარცა იხილა ესე ქრისტესმოყუარემან მეფემან და ყოველმან ერმან რაჲ იგი ყო სასწაული ქალისა მის ზედა წმიდისა მის მიერ, და ვითარ განიდევნა სული იგი ბოროტი მის გან, განკჳრვებულნი ადიდებდეს ღმერთსა სამებასა ერთარსებასა. მაშინ მიუგო
120v მორწმუნემან მეფემან წმიდასა ნისთერეონს / და ჰრქუა: «ჵ ქრისტესმოყუარეო მოხუცებულო რომლისა ლოცვითა განათლებულ არს პალატი ჩემი, ვევედრები სიწმიდესა შენსა რაჲთა დაადგრე ჩუენ თანა ვიდრემდე იყოს ნებაჲ ღმრთისაჲ, და მე მსწრაფლ წარვავლინო ძმისა შენისა და იგიცა მოვიყვანო აქა, რაჲთა ორნივე იყვნეთ პალატსა შინა ჩემსა შემწედ და საძლეველად ჩუენდა.»

23. მიუგო წმიდამან ნისთერეონ და ჰრქუა მეფესა: «გევედრები შენ, მეფეო ქრისტესმოყუარეო, რაჲთა არა დამაყენო მე წამსაცა ერთსა, რაჲმეთუ არა მნებავს მე დადგრომად აქა, არამედ მნებავს კუალად ქცევაჲ ადგილადვე თჳსა.» და ვითარცა იხილა მეფემან და გულისხმაყო ვითარმედ არა ჰნებავს მას დადგრომაჲ მათ თანა, ჰრქუა მას მეფემან: «ჵ წმიდაო მამაო, ვინაჲთგან არა გნებავს დადგრომაჲ ჩუენ თანა, ითხოვე ჩუენ გან რაჲცა გნებავს რაჲთა მოგაგოთ შენ მისაგებელი კეთილისა შენისაჲ ჩუენდა მომართ, რომელი ქმნა ქრისტემან ლოცვითა შენითა წმიდითა ასულსა ჩუენსა ზედა. და ყოველი რომელი ითხოო სიხარულით მიგიცე შენ სიმრავლჱ მონაგებთაჲ მრჩობლითა მიგებითა!»

24. მიუგო მას ნეტარმან ნისთერეონ და ჰრქუა: «ერთსა სათხოველსა ვითხოვ მე ქრისტეს გან რაჲთა მეოხებითა წმიდათა მისთაჲთა
121r მშჳდო/ბით მიმაწიოს ადგილად ჩემდა.» მიუგო და ჰრქუა მას მეფემან: «ითხოვე რაჲმე მცირედი ჩუენ გან, მამაო!» ჰრქუა მას წმიდამან: «არარაჲ საკმარ არს ჩუენდა, არა ოქროჲ არცა ვეცხლი არცა სხუაჲ რაჲ ამის ქუეყანისაჲ საკმარი, რაჲმეთუ წერილ არს: ოქროჲ თქუენი გესლებულ არს და სამოსელი თქუენი მღილთა დაუჭამიეს მას, ყოველი შუენიერებაჲ ამის ქუეყანისაჲ ვითარცა თივაჲ დაქნეს და წარკდეს. ხოლო რომელი იქმოდის საქმესა თჳსსა ეგოს უკუნისამდე.

forte et dit à Nisthéréon: «O Nisthéréon l'Égyptien, d'abord tu m'as chassé du jeune homme en Égypte, lorsqu'il te disait que je t'amènerais à la ville impériale, et que j'entrerais dans la fille de l'empereur, et que j'entraînerais pour toi pas peu de labeurs, et voici que je suis comme il te l'a dit. Et voici que je sortirai de cette fille par la force de Dieu et par le secours de l'ange qui est debout à ta droite, et par ta prière je sortirai de cette fille.»

22. Alors lorsque l'empereur aimé du Christ eut vu, ainsi que tout le peuple, quel miracle il avait accompli sur la jeune fille par l'intermédiaire du saint, et comment l'esprit mauvais avait été chassé de lui, stupéfaits, ils glorifiaient Dieu dans la Trinité consubstantielle. Alors l'empereur croyant répondit à saint Nisthéréon et lui dit: «O vieillard ami du Christ, par la prière de qui mon palais a été illuminé[56], je demande à ta sainteté que tu demeures avec nous autant que Dieu le voudra, et moi j'enverrai immédiatement < une délégation> chez ton frère et je l'amènerai lui aussi ici afin que tous deux vous soyiez dans mon palais pour notre sécurité et notre victoire»[57]!

23. Saint Nisthéréon répondit et dit à l'empereur: «Je te le demande, ô empereur aimé du Christ, que tu ne me retiennes même pas un instant, car je ne veux pas rester ici, mais je veux retourner à la maison.» Et quand l'empereur eut vu et compris qu'il ne voulait pas rester avec eux, l'empereur lui dit: «O saint Père, puisque tu ne veux pas rester avec nous, demande-nous tous ce que tu voudras afin que nous te le donnions en récompense du bien que tu nous a fait, et que le Christ a accompli par ta prière à l'égard de notre fille. Et tout ce que tu demanderas, je te le donnerai avec plaisir, une quantité de biens en double mesure»[58]!

24. Le bienheureux Nisthéréon répondit et dit: «C'est une seule demande que j'adresse au Christ, que par l'intermédiaire de ses saints il me reconduise en paix en mon lieu.» L'empereur lui répondit et dit: «Demande-nous ne fût-ce qu'une petite chose, ô Père!» Le saint lui dit: «Nous n'avons besoin de rien, ni or ni argent ni quoi que se soit d'autre des biens de cette terre, car il est écrit: Ton or est rouillé[59] et ton vêtement les mites le dévorent[60], toute la beauté de cette terre est comme l'herbe, elle se fane et s'en va[61], mais celui qui fait son travail restera pour l'éternité. Cependant, si ta majesté le veut,

56 Il y a une possibilité de comprendre aussi «baptisés», ce sens ne devant certainement pas être exclu, vu par ailleurs les affinités entre les exorcismes et le baptême d'une part, et entre les hérésies et les païens de l'autre.

57 Les saints y joueraient ici explicitement le rôle d'un palladium.

58 Proposition classique de tout monarque dont l'enfant est guéri; chez Apollinaria, DRESCHER, p. 160.

59 Cf. *Ja.*, 5,3.

60 Cf. *Matth.*, 6,19.

61 Cf. *Ps.*, 89,5-6.

ხოლო უკუეთუ ინებოს მეუფებამან შენმან, აღგჳშჱნე ადგილსა ჩუენსა ლაკუაჲ ერთი წყლისა თჳს, რაჲთა ყოველნი რომელნი სუმიდენ მის გან აკურთხევდენ მეფობასა შენსა და გილოცვიდენ!» მიუგო და ჰრქუა მას ქრისტესმოყუარემან მეფემან: «მივყო მსწრაფლ ნებაჲ შენი, წმიდაო მამაო, უფალსა თუ უნდეს.» ხოლო მან ჰრქუა მას: «მრწამს მე ქრისტეს გან ვითარმედ ადგილსა რომელსა დაეფლნენ გუამნი ჩუენნი არა მოაკლდეს ვიდრე ქუეყანასა ესე ეგოს.»

25. და ვითარცა თქუა ესე ნეტარმან ბერმან და უნდა გამოსლვაჲ, შეემთხჳა მას ერისმთავარი იგი მივლინებული მათა სახელითა ანასტასი, მიუგო და ჰრქუა მას: «რაჲსა თჳს, ჵ წმიდაო მამაო, აკურთხენ ყოველნი რომელნი იყვნეს ჩემ თანა მორაჲვიწიენით თქუენდა მთასა
121v მას, და მე ხოლო მარტოდ / არა მაკურთხეთ? აჰა ესერა მიერითგან ვარ მე მწუხარებასა შინა.» და ვითარცა ესმა ესე წმიდასა მას, სულით ითქუნა და ჰრქუა მას: «რაჲმეთუ გიხილე შენ არა ღირსად კურთხევისა რაჲმეთუ მიჩუენა მე ღმერთმან რომელი იგი შენ მიერ ყოფად არს, და შემდგომად მცირედთა ჟამთა დაიპყრა შენ მეფობაჲ ბერძენთაჲ მიშუებითა ღმრთისაჲთა, და არა მცირედი აღაშფოთნე ქრისტეს ეკლესიანი რაჲმეთუ შეუდგა იგი მოძღურებასა სევეროზისსა მწვალებელისასა, და შენ დგა იგი მართლისა სარწმუნოებისა გან.» არამედ მყის ეწია მას შურისგებაჲ საქმეთა მისთაებრ ბოროტთა.

26. მას ჟამსა ვითარცა იჯმნა წმიდამან ნისთერეონ მეფისა გან წინაშე ყოვლისა ერისა მისისა ევედრნეს მას ლოცვისა ყოფად მას ზედა. მაშინ აღიპყრნა კელნი თჳსნი წმიდამან და აკურთხნა ყოველნი. და ვითარცა მოდრკეს ყოველნივე ქუეყანად და აკურთხევდა მათ ნეტარი, აჰა ესერა ღრუბელი ნათლისაჲ მწრაფლ მოიწია მისა ვითარცა იგი პირველ და აღიტაცა იგი, და წამსა შინა მიიწია იგი ადგილად თჳსა. და ვითარცა აღემართნენ რომელნი იგი მოდრეკილ იყვნეს ქუეყანად კურთხევასა მას, ვერღარა იხილეს იგი და ღაღადყვეს და
122r თქუეს: «კურთხეულ არს / ღმერთი მამისა ჩუენისა ნისთერეონისი რომელმან ქმნა საკვრველი საკვრველებათაჲ წმიდისა მიერ საყუარულისა თჳსისა!» და აქამომდე განსრულდა საქმჱ წმიდისა ნისთერეონისა.

27. ხოლო რომელი ქმნა წმიდამან კატიანოს იგიცა ჯერ არს მოჴსენებად თქუენდა. რაჟამს იგი ნისთერეონ წარვიდა მეფისა ღმრთისმსახურისა, და დაშთა იგი ხოლო მარტოჲ მთასა მას, და ეტყოდა იგი ძმასა თჳსსა პირველ ვითარცა იგი ქრისტემან ჰრქუა მოწაფეთა თჳსთა ვითარმედ: «მამაჲ ჩემი აქამომდე იქმს და მეცა ვიქმ, და ესე

construis-nous en notre lieu une citerne pour l'eau[62], afin que tous ceux qui en boiront bénissent ta souveraineté et prient pour toi!» L'empereur aimé du Christ répondit et dit: «J'accomplirai aussitôt ta volonté, ô saint Père, si le Seigneur le veut!» Ensuite il lui dit: «Je crois de par le Christ que l'endroit où nos corps seront enterrés ne sera pas dans la disette autant que durera cette terre»[63].

25. Et tandis que le bienheureux vieillard disait cela et voulait s'en aller, le prince qui leur avait été envoyé, appelé Anastase, l'apostropha, lui répondit et lui dit: «Pourquoi, ô saint Père, as-tu béni tous ceux qui étaient avec moi lorsque nous sommes arrivés à la montagne, et ne m'as-tu pas béni moi seul? Voici qu'à cause de cela je suis dans la tristesse»[64]. Et lorsque le saint eut entendu cela, il réfléchit et lui dit: «Parce que je t'ai vu indigne de la bénédiction, car Dieu m'a montré ce qui va arriver par toi, et après peu de temps tu prendras le pouvoir de l'empire des Grecs par la médiation divine, et tu ne troubleras pas peu les Églises du Christ car tu suivras la doctrine de Sévère l'hérétique, et tu te tiendras loin de la foi orthodoxe». Mais il lui est survenu en un instant la punition à la mesure de ses œuvres mauvaises[65].

26. Et à l'heure où saint Nisthéréon se sépara de l'empereur en face de tout son peuple, ils lui demandèrent de prier sur lui. Alors, le saint éleva les mains et les bénit tous. Et tandis que tous étaient agenouillés en terre et que le bienheureux les bénissait, voici qu'une nuée de lumière arriva brusquement sur lui comme au début et l'emporta, et en un instant il arriva en son lieu. Et tandis que tous ceux qui étaient agenouillés à terre pour la bénédiction se relevaient, il ne purent plus le voir, ils crièrent et dirent: «Béni est le Dieu de notre Père Nisthéréon qui a accompli une merveille des merveilles à travers son saint bien-aimé!» Et jusqu'ici va l'ouvrage de saint Nisthéréon[66].

27. Cependant il faut également vous commémorer ce que fit saint Katianos lui aussi. Lorsque Nisthéréon s'en alla auprès de l'empereur ami de Dieu, et qu'il resta tout seul dans la montagne, il parle d'abord à son frère comme le Christ avait parlé à ses apôtres: «Mon Père jusqu'à ce moment travaille et moi aussi je travaille[67], et je comprends cela, ô mon frère, et je nous construirai

62 Malgré l'aspect indirect de la demande, elle est sans doute décisive si on compare avec la fin du chapitre 31.

63 Les tombeaux seront donc rassemblés là comme ceux des Anargyres Côme et Damien.

64 Cf. chap. 9 ci-dessus.

65 Malgré les quelques interventions du narrateur, la réflexion présente paraît une interpolation de quelque copiste au courant de la mort d'Anastase foudroyé, légende qui se développe peu à peu après le décès du vieil empereur, Cf. C. CAPIZZI, *L'imperatore Anastasio I* (491-518), Rome 1969, p. 256-293.

66 Ici la remarque rédactionnelle du narrateur est évidente.

67 Cf. Jn 5,17: la comparaison est audacieuse, les liens spirituels des deux frères sont comparés à ceux qui unissent le Christ à son Père, du moins pour l'œuvre accomplie.

გულისხმაყავ, ძმაო, და აღმიშჱნე ჩუენ მთასა ამას სენაკი სამკჳდრებელად რაჲმეთუ აჰა ესერა მე წარვალ ნებითა ღმრთისაჲთა მეფისა მორწმუნისა და ვესავ ღმერთსა მშჳდობით მოწევნისა თჳს აქავე.»

28. და ვითარცა ესე ჰრქუა და წარვიდა იგი, მაშინ წმიდაჲ კატიანოს აღიძრა ღმრთისა მიერ. აღდგა და ვიდოდა იგი მთასა მას ვიდრე ექუს ჟამადმდე, და მიემთხჳა იგი საფლავსა მკუდრეთასა, და დაადგრა იგი მუნ და აღასრულა ლოცვაჲ იგი ექუს ჟამისაჲ. და ღმერთმან ცისა და ქუეყანისამან ისმინა და შეიწირა ლოცვაჲ მისი, და აღუდგინა მას ერთი მკუდართაგანი საფლავისა გან რომელი იყო მას ადგილსა.
122v მიუგო მას და ჰრქუა ბერმან მკუდარსა მას აღდგომილსა/: «აჰა ესერა
ქრისტე გენმაცხოველებელმან მკუდართამან აღადგინა შენ რაჲთა შემეწიო შენებასა სენაკისა მცირისისა. აღდეგ აწ, და შემეწიე მე ვიდრემდის მოვიდეს საყუარული ძმაჲ მშჳდობით.» მიუგო მკუდარმან მან აღდგომილმან და ჰრქუა: «ჰე მამაო მე შემწე გეყო შენ ყოველსა საქმესა სიხარულით გულითა მხიარულითა და სულითა მოსწრაფებისაჲთა.»

29. ჰრქუა მას წმიდამან კატიანოს: «გაფუცებ შენ ღმერთსა რომელმან იგი აღადგინა შენ მკუდრეთით რაჲთა მაუწყო ჭეშმარიტი რომელი გკითხო შენ.» მიუგო აღდგომილმან მან მკუდრეთით: «ნუ ბრძანოს ღმერთმან განმაცხოველებელმან ვითარმცა დაგივარე შენ რომელი მკითხო მე, არამედ გაუწყო შენ ჭეშმარიტი.» ჰრქუა მას წმიდამან: «რავდენი წელი გაქუს უკუეთუ მეცნიერ ხარ შენ უკუეთუ მოჰკუედი ამის ქუეყანისა გან?» მიუგო და ჰრქუა წმიდასა: «ვითარ ვჰგონებ მე მაქუს ასსამეოც და ათრვამეტი წელი. «ხოლო წმიდამან ჰრქუა მას: «და ვითარ აღსდეგ აწ?» ჰრქუა მას: «რაჟამს განიპყრენ კელნი შენნი ლოცვად ღმრთისა მიმართ, ისმინა ღმერთმან ლოცვაჲ შენი და მოავლინა ანგელოზი მისი და შეარინა ასონი ჩემნი ურთიერთას და სამგზის შთამბერდა პირსა ჩემსა სახელითა სამებისაჲთა და მუნთქუესვე აღვიდეგი მე, და ვიხილე დიდებაჲ შენი.»

30. და ვითარცა ზრახვიდეს ურთიერთას და აშჱნებდეს სენაკსა,
123r მიჰხედეს და იხილეს წმიდაჲ / ნისთერეონ მომავალი, და მან
იხილნა იგინი ურთიერთას, და მზრახვალად მიუგო წმიდამან კატიანოს მკუდარსა მას აღდგომილსა და ჰრქუა: «აჰა ესერა ძმაჲ ჩემი მოიწია!» და ულოცა მას და ჰრქუა: «მიიქეც და შეისუენე ქრისტეს

dans cette montagne une cellule pour y demeurer[68], car voici que je m'en vais par la volonté de Dieu chez l'empereur croyant, et j'espère en Dieu pour mon retour en paix ici-même».

28. Et quand il eut dit cela et qu'il fut parti, alors saint Katianos fut secoué par Dieu. Il se leva et alla dans la montagne jusqu'à la sixième heure, et il rencontra là un tombeau des morts, et il s'y arrêta et acheva la prière de la sixième heure[69]. Et le Dieu du ciel et de la terre entendit et agréa cette prière, et il lui ressuscita un des morts hors du tombeau qui se trouvait à cet endroit. Le moine répondit et dit au mort ressuscité: «Voilà que le Christ qui redonne vie aux morts t'a ressuscité afin que tu m'aides à construire une petite cellule. Lève-toi maintenant, et aide-moi avant que n'arrive en paix mon frère bien-aimé». Le mort ressuscité répondit et dit: «Oui ô Père, je te serai volontiers une aide en tout ouvrage d'un cœur joyeux et d'une âme empressée»[70]!

29. Et saint Katianos lui dit: «Je t'en conjure par le Dieu qui t'a ressuscité des morts de me dire la vérité que je vais te demander»[71]! Le ressuscité d'entre les morts répondit: «Que le Dieu vivifiant n'ordonne pas que je te frustre de ce que tu me demandes, et je te dirai la vérité»! Le saint lui dit: «Combien y a-t-il d'années que tu es conscient que tu sois décédé de cette terre»! Il répondit et dit au saint: «Pour autant que je le sache il y a cent soixante dix-huit ans»[72]. Cependant le saint lui dit: «Et comment ressuscites-tu maintenant»? Il lui dit: «Quand tu as élevé les mains pour la prière, Dieu a entendu ta prière, il m'a envoyé son ange, il a réadapté mes ossements les uns aux autres, m'a soufflé trois fois au visage au nom de la Trinité[73], et aussitôt je me suis dressé et j'ai vu ta gloire».

30. Et tandis qu'il bavardaient l'un avec l'autre et construisaient la cellule, ils regardèrent et virent saint Nisthéréon arriver, et lui les regarda mutuellement, et saint Katianos répondit pensivement au mort ressuscité et dit: «Voilà que mon frère est arrivé»! Et il le pria et lui dit: «Retourne et repose de par le

68 Ici encore le droit d'aînesse l'emporte. Nisthéréon prie pour la construction du futur monastère comme Katianos avait prié pour la réussite de l'exorcisme.

69 D'après H. QUECKE, *Untersuchungen zum Koptischen Stundengebet*, Louvain 1970, p. 425, dans le texte copto-grec du ms. M 574 (IXe siècle), la prière de la sixième heure qui commence par le Ps. 64,6a, répond fort bien l'exaucement obtenu par Katianos. C'est aussi jusqu'à la neuvième heure que les morts sortent des tombeaux selon *Matth.* 27,52.

70 L'empressement à être ressuscité est une donnée psychologique valant bien celle de la fable de La Fontaine sur *La mort et le bûcheron.*

71 C'est le troisième serment de vérité dans le récit, après celui des envoyés chap. 13 et celui dé l'empereur à Nisthéréon sur le temps de son voyage chap. 18.

72 Cela donne virtuellement 272 comme date de décès du mort. Katianos construit donc avec la génération d'Antoine et de Paul bien avant les premières hérésies, qui débutent avec Paul de Samosate. Macaire avait lui ressuscité un homme du temps des pharaons: PG 34, col. 213 C; le codex Coislin 283 spécifie qu'il était du temps des Pharaons: L. REGNAULT, *Les sentences des Pères du désert*, série des anonymes, Solesmes 1985, p. 177.

73 Cf. *Ez.* 37,6.

მიერ, ძმაო, ჟამადმდე!» და მან მუნთქუესვე შეისუენა. და ვითარცა მიიწია წმიდაჲ ნისთერეონ, მოიკითხეს ურთიერთას სიყუარულითა სულიერითა მოხუცებულნი იგი, და აუწყებდეს ურთიერთას სასწაულთა მათ რომელნი ქმნნა ქრისტემან მათ მიერ. მიუგო და ჰრქუა წმიდამან ნისთერეონ კატიანოსს: «მე ძმაო რაჟამს წარვედ მეფისა, დაგიტევე შენ მარტოჲ მთასა ამას, და ვითარცა მივიწიე, ვიხილე სხუაჲ ვინმე შენ თანა. და ვინაჲთგან ნებითა ღმრთისაჲთა დავემკჳდრებით უდაბნოსა ამას, არასადა დავფარეთ ურთიერთას საქმჱ ამის სოფლისაჲ. და აწ რაჲსა დამიფარავ მე სასწაულსა რომელი ქმნა ღმერთმან შენ მიერ?» ხოლო მან წარმოუთხრა ყოველი ყოფილი მკუდრისა მის აღდგინებისაჲ, და თანაშეწევნაჲ მისი შენებასა სენაკისასა, და ვითარ რაჟამს იხილა იგი მომავალი, მიაქცია იგი ადგილადვე თჳსა მკუდართა მათ თანა.

31. და ჰრქუა კატიანოს წმიდასა ნისთერეონს: «აწ შენცა წარმომითხარ, ძმაო, საქმჱ შენი რომელი ჰქმენ ღმერთისა მიერ სამეუფოსა მას ქალაქსა!» და კუალად იწყო მანცა და წარმოუთხრა მას ყოველი
123v რომელი ქმნა პალატსა შინა მეფისა ღმრთისმოყუარისასა, / და ვითარ იგი განჴადა სული უკეთური, და ვითარ იგი აყენებდა მას მეფჱ დადგრომად მის თანა, და აძიებდა იგი მონაგებადსა ფრიადსა და ყოველი რომელი ყოფილ იყო ვითარცა ზემო წერილ არს, წარმოუთხრა ძმასა თჳსსა კატიანოსს წმიდამან ნისთერეონ. და ვითარცა ესმა ესე, ჰმადლობდეს ღმერთსა ორნივე მოქმედსა საკჳრველებათასა. და ამისა შემდგომად, მოვიდა ეგჳპტედ ბრძანებაჲ ქრისტესმოყუარისა მეფისაჲ რაჲთა აღუშჱნონ წმიდათა მათ ადგილსა მას ლაკუაჲ დიდი კეთილი, და ყოველი საკმარი კორციელი მიეცემოდის მათ უხუებით სამეუფოჲსა გან ხარკისა და იყო ეგრე.

32. და იგინი დაუცადებელად ულოცვიდეს ღმრთისმსახურსა მეფესა დაცვისა თჳს, და ღმერთმან ისმინა მათი და დაიცვა მშჳდობით ყოველთა დღეთა მისთა. ხოლო წმიდათა მათ მიერ მრავალნი სასწაულნი და კურნებანი სენთა ფერად ფერადთანი იქმნებოდეს მთასა მას და ყოველნი ხედვიდეს და ესმოდა, მათ თჳს ჰმადლობდეს ღმერთსა. ხოლო რაჟამს მოიწია ჟამი აღსრულებისაჲ წმიდისა კატიანოსისა, მოუწოდა წმიდაჲ ნისთერეონ და ჰრქუა მას: «ლოცვა ყავ ჩემ თჳს, ძმაო, რაჲმეთუ მოიწია ჟამი მიცვალებისა ჩემისაჲ წინაშე ქრისტჱს უფლისა ჩემისა. ხოლო ნუ დამივიწყებ შენ ლოცვათა შინა შენთა, რაჲთა ვპოო მე კადნიერებაჲ წინაშე ღმრთისა.» /

124r **33.** და ვითარ ესმა ესე წმიდასა ნისთერთერეონს ფრიად შეწუხნა

Christ, ô frère, jusqu'au temps»[74]! Et lui aussitôt reposa. Et lorsque saint Nisthéréon s'en alla, ils se saluèrent l'un l'autre avec l'aménité spirituelle, ces vieillards, et ils commencèrent à se raconter l'un à l'autre les miracles que le Christ avait fait à travers eux. Saint Nisthéréon répondit et dit à Katianos: «Moi, ô frère, quand je partis chez l'empereur, je te laissai seul dans la montagne, et quand je suis revenu j'en ai vu un autre avec toi. Et comme nous habitons dans ce désert de par la volonté de Dieu, nous ne nous cachons l'un à l'autre rien des choses de ce monde[75]. Et maintenant, quel miracle me caches-tu et que Dieu a fait à travers toi»? Alors lui raconta tout ce qui avait été fait pour la résurrection du mort, et son aide pour la construction de la cellule, et comment quand il l'avait vu venir, il était retourné en son lieu avec les cadavres.

31. Et saint Katianos dit à saint Nisthéréon: «Maintenant toi aussi raconte-moi, ô frère, ton ouvrage que tu as fait grâce à Dieu dans la ville impériale»! Et à son tour, lui aussi commença et raconta tout ce qu'il avait fait dans le palais de l'empereur ami de Dieu, et comment il avait chassé l'esprit mauvais, et comment l'empereur l'avait retenu pour demeurer avec lui, et l'acculait à des présents nombreux, et tout ce qui était arrivé comme il est écrit ci-dessus, saint Nisthéréon le raconta à son frère Katianos. Et quand il eut entendu cela, tous deux louèrent Dieu le Thaumaturge. Et après cela, un ordre de l'empereur ami du Christ arriva en Égypte que l'on construise à l'endroit des saints une grande citerne excellente, et tous les moyens terrestres leur furent prodigués en abondance avec immunité de taxes impériales[76]. Et il en fut ainsi.

32. Et eux prièrent continuellement pour le maintien de l'empereur serviteur de Dieu, et Dieu les écouta et le maintint en paix pendant tous leurs jours[77]. Cependant de nombreux miracles et guérisons de toutes sortes de maladies s'accomplirent par les saints en cette montagne, et tous les voyaient et les entendaient; ils remerciaient Dieu à leur propos. Or, lorsque vint l'heure de l'accomplissement de saint Katianos, il appela saint Nisthéréon et lui dit: «Prie pour moi, ô frère, car l'heure de mon trépas est arrivée vers le Christ mon Seigneur. Cependant ne m'oublie pas dans tes prières afin que je trouve franchise auprès de Dieu».

33. Et quand saint Nisthéréon entendit cela, il eut grande tristesse et dit à

74 C'est encore Macaire qui fait reposer de la même manière un ressuscité pour le temps d'une communication: Apophtegmes, Macaire 7, PG 65, col. 265, B 15-C 1.

75 Promesse réciproque qui rappelle celle de Côme et Damien: nul profit caché ne peut les séparer, DEUBNER, *op. cit.*, p. 89-90.

76 De même Zénon dote-t-il généreusement Hilarie/Hilarion au désert de Scété, dont l'église existe encore, DRESCHER, p. 12, lignes 13-18.

77 C'est dire qu'un temps assez long s'est écoulé entre la guérison (qui coïncide sûrement avec le concile de Chalcédoine en 451) et la mort de Marcien en 457.

და ჰრქუა ძმასა თჳსსა: «და შენცა მომიკსენე, ძმაო, ოდეს მიხვდე წინაშე ქრისტესა.» და ვითარცა ამას იტყოდეს ურთიერთას, შეჰვედრა სული იგი წმიდამან კიტიანოს უფალსა თჳსსა მშჳდობით, და დაიმკჳდრა სასუფეველი ცათაჲ. და მისა შემდგომად ცხოვნდა წმიდაჲ ნისთერეონ მთასა მას ჟამ რაოდენმე დიდითა მღჳძარებითა, და მანცა შეისუენა და დაიმკჳდრა სასუფეველი ძმისა თჳსისა თანა ქრისტეს მიერ უფლისა ჩუენისა, რომლისა არს დიდებაჲ და პატივი და თაყუანისცემაჲ მამისა თანა სულით წმიდითურთ აწ და მარადის და უკუნითი.

son frère: «Et toi aussi, ô frère, souviens-toi de moi lorsque tu arriveras devant le Christ». Et quand il se furent dit cela l'un à l'autre, saint Katianos livra en paix son âme au Seigneur, et habita dans l'empire des cieux[78]. Et après lui saint Nisthéreon vécut sur la montagne quelque temps dans un éveil continuel, et lui aussi reposa et habita l'empire avec son frère grâce au Christ notre Seigneur à qui est la gloire, l'honneur et l'adoration avec le Père et l'Esprit saint, maintenant e toujours et dans les siècles.

78 A nouveau, comme Côme l'aîné meurt le dernier et Damien le plus jeune le premier, Nisthéréon reçoit l'obéissance de Katianos qui meurt le premier.

WACHTANG DJOBADZE

Four Deësis Themes in the Church of Oški*

The renewed interest in *Deësis* themes and their essence suggests that a "firm univocal definition of δέησις is impossible"[1]. This opinion is supported by four little known variants of a ctitoric *Deësis* theme preserved in the Georgian church of Oški in the historic province of Tao located in northeastern Turkey. The church was built from 963 to 973 by the local rulers, Bagrat, Duke of Dukes, and his brother, David Kuropalates, both well known from georgian, Byzantine and Armenian sources.

Our *Deësis* themes are significant for their early date, their structural and iconographic variations, the firm dates of their execution and for the content of their accompanying inscriptions, providing us with additional information concerning the meaning implied in a *Deësis*. Three of these *ex voto* compositions in limestone relief are contemporary with the construction of the church in 963-973; the fourth is a wall painting firmly ascribed to 1036.

The first *Deësis* (fig. 1) is located on the eastern portion of the lavishly decorated exterior south wall of the church. It consists of a "normal", fully fledged *Deësis*: the Saviour stands on a suppedaneum in frontal position with His right hand raised in the gesture of benediction. The Virgin, now fallen from her original place on Christ's right, and the Prodromos on His left, are shown with arms outstretched in supplication to the Saviour. Accompanying them are Bagrat, Duke of Dukes, and David Kuropalates, the crowned donors in their official attire, each holding a model of the Oški church. The reliefs of both the rulers and the Virgin are rather well preserved, whereas those of Christ and the Prodromos are badly weathered. The entire background of this framed composition was originally painted with purple pigment. The figures must likewise have been painted in clear contrasting colors, as I found traces of light blue and rose on the Omophorion of Mary and her footstool revealed the traces of white and gold pigment. Gold was also applied to the coat of David Magistros which is embellished with circular patterns inhabited by eagles holding suspended heart-shaped "royal jewels" in their beaks. All of the

* This paper was submitted to the 17th International Byzantine Congress held at Dumbarton Oaks, Washington D.C. in 1986, but was not delivered due the author's illness.

1 Ch. Walter, "Two Notes on Deësis" REB 26 (1968) 324; A. Cutler. "Typical Trimorphon" or Deviant Deësis? A Problem of Middle Byzantine Art and Literature", *Ninth Annual of Byzantine Studies Conference, Abstract of Papers,* November 4-6, 1983, 21.

Fig. 1: Deësis on Southeast Wall of the Church (963-973). The Relief of the Virgin is mounted in its Original Place. Photo: W. Djobadze.

figures are perceived in high relief on a life-size scale and are enhanced by the use of colors they must generated on almost magical impression upon the spectator.

This scene differs from all *Deësis* representations known to us by its natural dimensions (h. 1.46 m., w. 0.70 m.). Even the royal donors, who are not shown as humble supplicants seeking salvation, but stand upright, are as large as the *Deësis* figures themselves. In the brief inscription above each ruler—David on the right of the Virgin and Bagrat on the left of St. John the Baptist—requests are made to their respective intercessors, without addressing them by their name asking for exaltation and salvation in both of their lives[2], thereby revealing the eschatological meaning of their supplication[3]. More direct is the supplicatory inscription over the *Deësis* proper in six lines in which the rulers invoke the Virgin and the Prodromos to provide exaltation and success:

1. "Holy Mother of God and holy [John the] Baptist exalt our kings
2. your humble slaves, builders of this holy church
3. and also lead to success
4. our Kings Bagrat and
5. David"[4].

It is significant that the term *Deësis* does not appear is this supplicatory inscription.

The second example of *Deësis*, located in a niche of the south-western pier (fig. 2), is incomplete. It contains the half figures of the same donors and their corresponding intercessors (David with the Virgin and the Prodromos with Bagrat), who due to the prohibitive space are not physically shown, but are represented by the inscriptions of their names in the nominative case. Each ruler is accompanied by a supplicatory text which in essence is identical to the content of the inscriptions above David and Bagrat in our previous example. They are:

	David's:		Bagrat's:
Holy Mother of God	The slave of God David Magistros builder of this holy church. Be exalted by God. Amen.	Holy (John) the Baptist	Our King Bagrat, Duke of Dukes, builder of this holy church. Christ exalt [Bagrat]. Amen[5].

2 On this inscription see W. Djobadze, "The Donor Reliefs and the Date of the Church at Oški" Byz 69 (1976) 43.

3 Th. von Bogyay, "Deësis und Eschatologie", *Byzantinische Forschungen, Internationale Zeitschrift für Byzantinistik* II (1967) 63f., 71f.

4 This now considerably weathered inscription was read in 1917 *in situ* by E. T'akaišvili, *1917 C'lis ark'eotogiuri ekspedicia samḥret' sak'art'veloši (Archeological Expedition in Southern Georgia in 1917)*. Tbilisi 1960, 52, 53. English translation of this inscription by Djobadze, *op. cit.* 43.

5 Djobadze, *op. cit.* 54f.

Fig. 2: The Fragmentary Deësis in the Conch of the Southwestern Pier. Photo: W. Djobadze.

Here the fragmentary image of Christ, painted in the middle of the niche has been covered with white-wash.

The third example of a "great" *Deësis* located in the west end of the southern porch is carved on an octagonal shaft extending over its capital (fig. 3)[6]. The three main participants are shown standing in strict frontal position. The Saviour and the Virgin hold in their left hands unrolled scrolls which reach the tips of their feet (fig. 4). The Prodromos, however, who gestures towards Christ with emphasized hands, is left without a scroll. The unusual scene could be explained by suggesting that the Prodromos' intercessory plea and his added prayers have already reached the Saviour, who approvingly lifts His right hand in the gesture of blessing, a possibility reinforced by the small kneeling figure under the Prodromos' feet of the construction supervisor Grigol, depicted with raised hands. Participating in this *Deësis* are the heavenly forces: archangels, seraphims, tetramorphs, cherubims and saints. The illuminator of Georgia, St. Nino, and St. Symeon Stylites the Younger, the model of Georgian monachism, are shown as *orants*. In addition are large size bust representations of the famous healers (*anargyroi*), SS. Cosmas and Damian, holding traditional probes in their right hands and pots of medicine in their left. Most of these figures, located on the capital above the *Deësis* proper, are invoked in the liturgy during the great intercession that forms the *Proskomidi*[7] and consequently, are connected with the *Deësis*. In this connection it should be mentioned that the Great Intercessory Prayer is inscribed on the external wall of our church's south arm ("Jesus Christ, through the intercession of the Holy Mother of God and the Holy John the Baptist and the Holy Wood of Life and all the Saints, exalt our Kings ..."), and that another donor's inscription appears in the tympanum of the south door[8].

Originally all component figures of the *Deësis* were identified by Georgian *mrgvlovani* inscriptions, some of which are legible even now. However, the intercessory prayer of Grigol, which was inscribed upon the open scroll held by Christ and could have provided us with additional information concerning the content of the supplicatory text, has completely disappeared.

6 The good photographs (by D. Winfield) and the accurate drawing of all eight fascets of this column (by J. Winfield) are published by D. Winfield in "Some Early Medieval Figure Sculpture from North-East Turkey", *Journal of the Warburg Institute* 31 (1968) 45-57.

7 F. E. Brightman, *Liturgies Eastern and Western, I, Eastern Liturgies*. Oxford 1896, 544, 545. For the significance of the liturgical text in the formation of the "Deësis" see J. Myslivet's "Proiskhozdenie Deisusa" in *Vizantia j usnye slavijane i drevnaija Rus Zapadnaja Europa*, in Honor of V. N. Lazarev (Moscow 1973) 61f.

8 W. Djobadze, "The Georgian Churches of Tao-Klarjet'i, Construction Methods and Materials: (IX to XI Century)" *OrChr* 62 (1978) 126f.

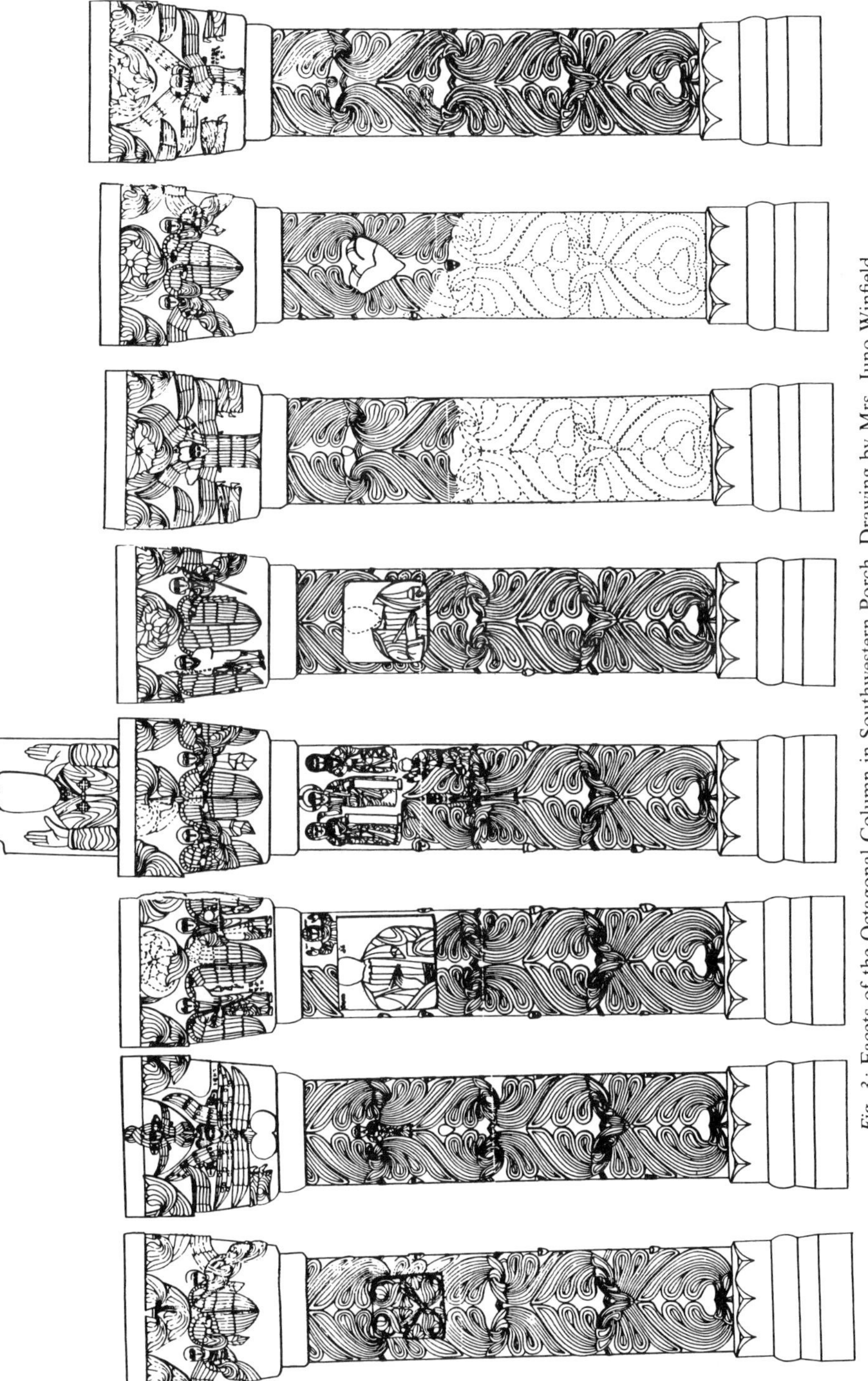

Fig. 3: Facets of the Octagonal Column in Southwestern Porch. Drawing by Mrs. Juno Winfield.

Fig. 4: Deësis on Western Face of Octagonal Column in Southwestern Porch. Photo: D. Winfield.

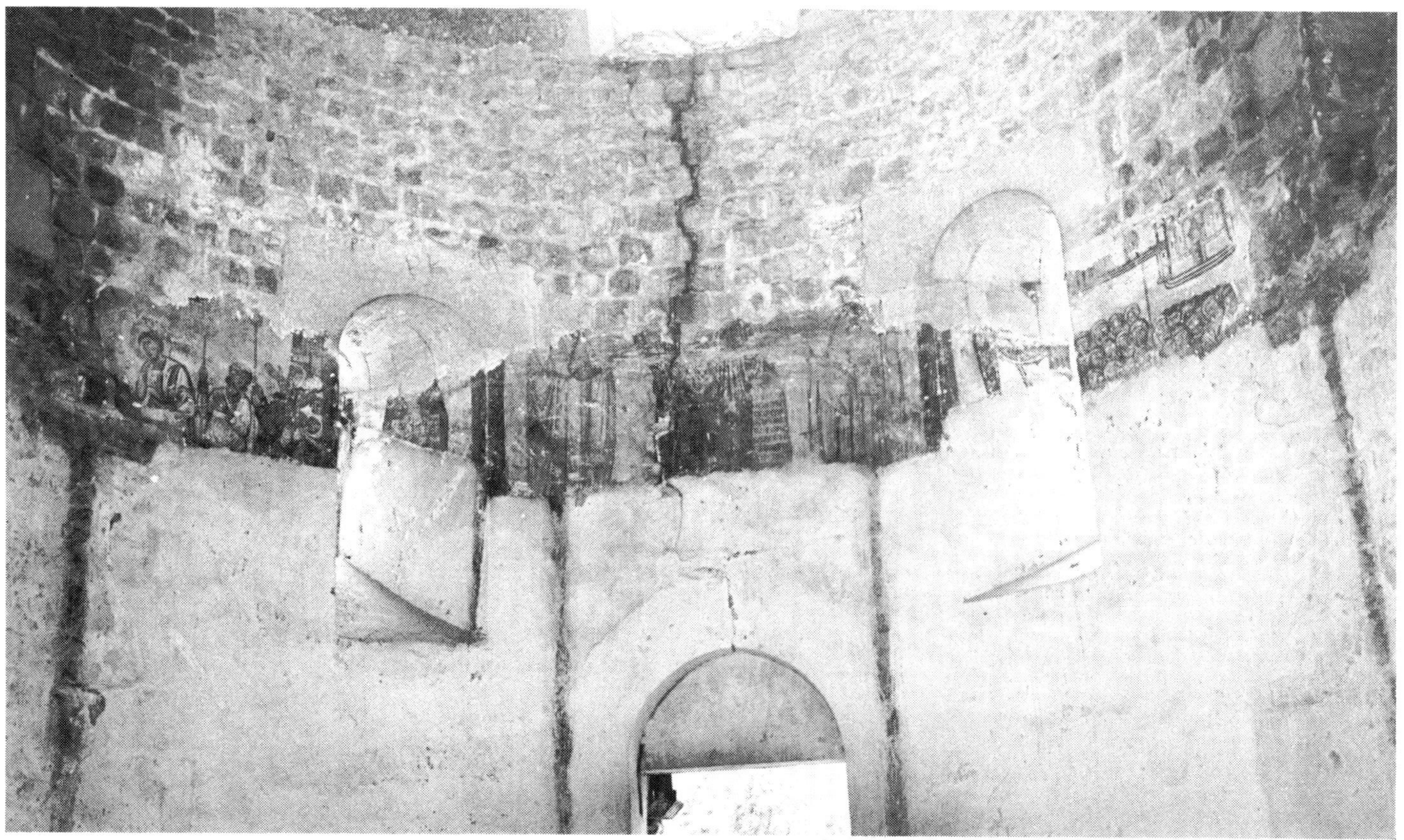

Fig. 5: Fragment of Painting including Deësis (in the Middle) in South Arm of the Church (1036). Photo: W. Djobadze.

In this regard we are in a better position to interpret the fourth *Deësis* (fig. 5) representation painted in a conche of the church's south crossarm in 1036. This fragment of the wallpainting, published here for the first time, I surveyed and recorded on the 14th of September 1983 after a Camii built into the south crossarm was removed, revealing the narrow strip of painting. Consisting of their main figures (Christ flanked by the Virgin and the Prodromos) it is located just above the door leading to the south crossarm and its two flanking windows.

Originally this *Deësis* should have included more figures, some of which—such as the angel above and Sta. Thecla, Sta. Macrina, and a cherub in the jambs of the flanking windows—were seen and briefly recorded by Takaišvili in 1917[9]. Now they have completely disappeared or are reduced to unrecognizable fragments. Of the central *Deësis* only the middle portion remains while the paintings above the figures' shoulders are chipped off and the portion below the knee level is covered with a thick layer of white-wash.

Here, as in the other examples discussed in this paper, the artist follows the canonical approach by placing the Virgin on the right side of Christ, since she is always the first intercessor to be invoked in the intercessory prayer of the liturgy[10], and by placing the Prodromos on Christ's left side. Both (fig. 6) extend their arms in the gesture of prayer or supplication toward Christ as in the previous example. However, it is St. John the Baptist to whom the church of Oški is dedicated and who acts as intercessor to Christ, not the Virgin. This is confirmed by the Georgian *mrgvlovani* inscription on the scroll held by Christ (fig. 7), of which the first two lines can be partially read, and although the lower portion is hidden under white-wash, the remaining eight lines in between are quite legible[11]. They read:

> "... ვო˪ნ˩ .... ო
> სული ც[ო]დვ(ა)
> თა ამხმ(ე)ლო
> გ(ე)ვ(ე)დრ(ე)ბი ქ(ითარც)ა
> წ(ი)ნ(ა)მ(ო)რბ(ე)დი და მ(ე)
> გ(ო)ბ(ა)რი იხილე უძლ
> ურ(ე)ბ(ა)ჲ გ(ო)ნ(ე)ბ(ი)ს(ა)ჲ რ(ომელ)იც
> ა შ(ეი)მოსე: ულხინე
> მ(ეო)ხებ(ი)თა ვ(ითარც)ა ღ(მრთი)ს(ა)ჲ"

"... Reliever of the sins, I beseech you as the precursor and relative, behold the wickedness of the mind which was revealed to you, forgive through intercession as God's ..."

9 *Expedition*, 44. pls. 61, 62.
10 F. E. Brightman, *op. cit.* 357, 388, 406.
11 I would like to thank Prof. A. Šanidze, University of Tbilisi, who kindly improved my reading in a letter of 19.VII.1984.

Fig. 6: Deësis. Detail of Figure 5. Photo: W. Djobadze.

Fig. 7: The Supplicatory Scroll held by Christ in the Deësis. Photo: W. Djobadze.

Fig. 8: Christ is led to the Crucifixion. Detail of Figure 5. Photo: W. Djobadze.

From this incomplete inscription it appears that the intercessor is the Prodromos and, as in the *Deësis* of the octagonal column, the supplicatory text on the scroll is not being presented to the Saviour as one would expect, but has already reached Him. The uniquely priviliged position that the Prodromos enjoys in this *Deësis* is not only explicable by his role as precursor and close relative of Christ, being a member of His family[12], but also by the fact that St. John is the titulary saint to whom our church is dedicated. These virtues, emphatically stated in our inscription, must have played an important role in the process of intercession.

At the same time our supplicatory text offers the first instance of the Georgian equivalent (ვედრება = vedreba) for the Greek term δέησις. Unfortunately it does not reveal the redemptive object, but indicates that it could have been of a historical nature as is suggested by the sixth and seventh line of our inscription referring to the wickedness of the human mind, and by the two seemingly related compositions flanking the *Deësis* on either side: on the right (east) side a youthful, nimbed Christ is led away by two Roman soldiers (fig. 8) to be crucified, one holding a lance, the second a sponge on a long pole. Christ does not bear the cross which the passerby Simeon of Cyrene was compelled to carry for Him (Mt. 27.32; Mk. 15.21; Lk. 23.26): "And there followed him a great company of people, and of women, which also bevailed and lamented him" (Lk. 23.27). They are shown emerging vividly agitated and gesticulating from a walled city gate of Jerusalem partly visible in the background. On the left (west) side of the *Deësis* are also two groups of men divided here by a vertical strip (fig. 9). Their heads are turned toward the left and they seem to be listening attentively and staring at something that can no longer be determined, since this painting has been completely chipped off. These men are distinguished from each other not only by their hair styles, beards and facial features, but by different coloring as well, indicating the artists attempt to individualize them.

Above the right group is shown a centrally planned circular structure surmounted upon a triple stepped platform. Its exterior walls are articulated by continuous rows of evenly spaced blind arcades resting on engaged columns equipped with capitals and bases. Each blind arcade is pierced by a single, roundheaded window. Above the blind arcades appears to be the roof. In the middle of the building is an open porch surmounted with a double pitched roof covered with pantiles. The porches' pediment and arch are supported by engaged columns with the same form as those on the exterior wall of the building. A second similar porch is on the left side. On the opposite, right side, which could be identified as the south facade of the cathedral, is a tall narrow

12 E. Kantorowicz, "Ivories and Litanies", *J. Warb.* 5 (1942) 71ff.; S. Der Nersessian, "Two Images of the Virgin in the Dumbarton Oaks Collection", Dumbarton Oaks Papers 14 (1960) 75f.; Ch. Walter, *op. cit.*, 327.

Fig. 9: Church at Bana. Detail of Figure 5. Photo: W. Djobadze.

structure resembling a tower that seems to consist of two stories[13]. The lower one has two windows one placed above the other, the upper level has four small windows and a low roof(?).

All of these features are characteristic of the cathedral at Bana, and indeed the building is identified as such by an incomplete, single line Georgian inscription placed below it. This magnificent cathedral[14] built by King Adarnase between 881 and 923 is a tetraconch enclosed by a circular, two-storied ambulatory. It was not only a bishop's seat but a cultural center and the power base of the rulers of Tao, many of whom found their resting place there. Unfortunately, the upper portion of the cathedral and its dome, whose reconstruction is a controversial subject among art historians, has been completely chipped off in our painting. Nevertheless, the lower parts of the cathedral, namely the platform, the west and north porches, which display a close affinity to the porch of the south crossarm on Oški and, above all, to the south porch with its elaborate towering structure, can be reconstructed.

The incomplete inscription below the cathedrall states:

ბანასა ეკლესი(ა)ჲ დამ ... "in Bana the Church was ...".

The remainder of this sentence is unfortunately hidden under the white-wash. Perhaps it could help us considerably to understand why this cathedral was depicted here, although even the legible part of the inscription suggests that it was the scene of some significant event, but specifically what and whether the two compositions flanking the *Deësis* are part of it can only be answered when the white-wash has been removed. This would restore not only the inscriptions (including the one on the supplicatory scroll) but perhaps also the image of the Georgian nobleman Patrikios Djodjik, who in 1036 completely decorated the interior of the Oski church with wall paintings[15].

Until then we may tentatively suggest that the selection of themes for the south crossarm in Oški could reflect the traumatic events of 1021 to 1022 and 1027 to 1028, when Georgian forces suffered a decisive defeat by Byzantine armies in Tao, and the ensuing disastrous outcome which was legalized in the course of diplomatic discussions between the Byzantines and Georgians conducted in 1034 in the very church of Bana. One could also propose that the solemn procession depicted below the cathedral refers to more agreeable events in the History of Georgia: the coronation of Bagrat IV in 1027 or his wedding to the niece of the Byzantine emperor Basil II in 1032 since both had taken place here as well.

13 The preserved walls indicate that the interior of this porch could have been ca. 4.00 m^2. The door, which I measured in 1968, leading into the cathedral is 2.00 m. wide.

14 According to Koch who visited the cathedral when it was still in good condition and who stated that it "ohne Zweifel das Schönste und Erhabenste ist, was ich in der Art im ganzen Orient (mit Ausnahme von Konstantinopel) gesehen habe". *Reise im pontischen Gebirge und türkischen Armenien* II, Weimar 1846, 243.

15 This is known from the Georgian *mrgvlovani* inscription preserved in the apse of the church in Oški (E. Takaišvili, *op. cit.*, 56-58).

WILHELM GESSEL

Das Öl der Märtyrer
Zur Funktion und Interpretation der Ölsarkophage von Apamea in Syrien

Die seit 1930 von belgischen Wissenschaftlern betriebene archäologische Erforschung von Apamea[1] am Orontes, in der Nähe des heutigen Qalʿat al-Muḍīq (= Zitadelle des Engpasses), 200 km Fluglinie nördlich von Damaskus, erlitt durch die Einwirkungen des 2. Weltkrieges einen empfindlichen Rückschlag. 1944 ging bei einem Brand der Halles Universitaires von Löwen ein wesentlicher Teil der schriftlichen Ausgrabungsaufzeichnungen zu Grunde. Knapp zwei Jahre später wurden der »Apameiasaal« des Musée Royaux d'Art et d'Histoire und die weitere Dokumentation zu Apamea zerstört. Erst 1965 konnten die Arbeiten in Apamea wieder aufgenommen und der Versuch, die vernichteten Ergebnisse zurückzugewinnen, unternommen werden[2]. Diese unglücklichen Umstände haben die abschließenden Publikationen zu Apamea und die detaillierte Analyse aller Ergebnisse bisher verzögert[3].

I.

Die christliche Geschichte Apameas beginnt im frühen 4. Jh. mit dessen Nachweis als Bischofssitz. Im 5. Jh. wird die Stadt Hauptstadt der oströmischen Provinz Syria secunda und Sitz eines Metropoliten. In dieser Zeit

1 Im folgenden wird die lateinische Schreibweise bevorzugt.

2 Der einzige zusammenfassende Vorbericht der archäologischen Aktivitäten vom Beginn der Arbeiten bis 1970 findet sich in: J. u. J. Ch. Balty-M. Dewez: Belgische Archäologische Forschungen in Syrien. Die Ausgrabungen von Apameia am Orontes (= Informationsdienst des Belgischen Außenministeriums Brüssel Nr. 49). Brüssel 1970.

3 Die erste zusammenfassende Darstellung bietet J. Ch. Balty: Guide d'Apamée. Bruxelles 1981. Vgl. dazu den knappen Überblick bei J. Odenthal: Syrien. Hochkulturen zwischen Mittelmeer und Arabischer Wüste—5000 Jahre Geschichte im Spannungsfeld von Orient und Okzident. Köln 1982, 156-164. Die beiden wissenschaftlichen Publikationsreihen des Centre Belge de Recherches archéologiques à Apamée de Syrie (Fouilles d'Apamée de Syrie und Miscellanea) bringen die abschließenden Untersuchungen. Die in unregelmäßigen Abständen in Brüssel veranstalteten Colloquien sind Zwischenbilanzen mit neuen Fragestellungen. In den Miscellanea sind bisher folgende Colloquia erschienen: Fasc. 6 (1969): Colloquium 1969, Fasc. 7 (1972): Colloquium 1972, Fasc. 13 (1984): Colloquium von 1980.

erstarkt der Monophysitismus, der sich in Gestalt der Syrisch-Jakobitischen Kirche in Apamea bis 985 halten konnte[4] und sich dann im Dunkeln verlor. Die Jakobitische Kirche, die sich selbst als syrisch-orthodoxe Kirche bezeichnet, war aus der Opposition gegen die vom Konzil von Chalzedon 451 definierte christologische Zweinaturenlehre hervorgegangen[5]. Johannes von Apamea, auch Johannes der Einsiedler genannt, Anfang oder Mitte des 5. Jhs., zählte zu den bedeutenden Vertretern der syrisch-monophysitischen Christologie[6].

Der um 393 im benachbarten Antiochien geborene Theodoret von Cyrus, erzählt eine für das apameische Christentum bezeichnende Episode. Trotz der üblichen Einschränkungen des Quellenwerts der Kirchengeschichte Theodorets[7] dürfte der Bericht über die Tempelstürmerei des apameischen Bischofs Marcellus[8] die Situation Apameas gegen Ende des 4. Jhs. zutreffend charakterisieren. Als der Präfekt des Orients bei einem Besuch Apameas mit zwei Tribunen und deren Soldaten versuchte, den festgefügten Zeustempel abzureißen, scheiterte sein Vorhaben. Ein Hilfsarbeiter bot sich dem Bischof an, für zwei Gehälter den Tempel in Brand zu setzen. Er begann das Dach des Peripteros mit Ölbaumstämmen abzustützen, untergrub die Säulenbasen und wollte die Hölzer anzünden, um damit das Bauwerk zum Einsturz zu bringen. Da erschien ein schwarzer Dämon, der die Flammen zum Erlöschen brachte. Weitere Versuche, das Holz anzubrennen, blieben erfolglos. Als Marcellus von den vergeblichen Versuchen des Hilfsarbeiters, den Tempel zu zerstören, in Kenntnis gesetzt worden war, begab er sich trotz der Mittagszeit in seine Kathedrale, stellte ein Gefäß mit Wasser unter den Altar und warf sich zum Gebet auf den Boden nieder. Schließlich drückte er ein Kreuz auf das Wasser[9] und befahl seinem Diakon Eukytius, rasch zum Tempel zu eilen und mit dem gesegneten Wasser die Stützhölzer zu besprengen und so die Macht des Dämons zu brechen. Das vom Bischof zubereitete Wasser wirkte wie Öl und der Brand zerstörte den Tempel zum Schauspiel für das zusammengerufene Volk von Apamea[10]. Diese Erzählung beleuchtet schlaglichtartig eine Affinität

4 H. Klengel: Syrien zwischen Alexander und Mohammed. Denkmale aus Antike und frühem Christentum. Darmstadt 1987, 164f. Vgl. J. Ch. Balty: Guide d'Apemée 34.

5 P. Krüger: Jakobitische Kirche. In: Kleines Wörterbuch des christlichen Orients. Hg. v. J. Aßfalg und P. Krüger. Wiesbaden 1975, 151f.

6 W. Strothmann: Johannes von Apameia. In: Kleines Wörterbuch des Christlichen Orients 155f.

7 B. Altaner-A. Stuiber: Patrologie. Leben, Schriften und Lehre der Kirchenväter. Freiburg-Basel-Wien [9]1980, 227.

8 J. u. J. Ch. Balty-M. Dewez: Belgische Archäologische Forschungen 30f.

9 Theodoret bietet hier eine relativ frühe Belegstelle für die Bereitung von Weihwasser, das über die Lustration hinaus exorzistische Funktion hatte. Vgl. allgemein: L. Intorp: Wasser. In: LThK[2] 10, 962-968, bes. 966.

10 Theodoret. Ecclesiasticae Historiae V, 21 (PG 82, 1243-1246). Zu Marcellus von Apamea siehe: H. Delehaye: Saints et Reliquiaires d'Apamée. In: An Boll 53 (1935) 225-244, 232-237.

des apameischen Christentums zu volkstümlichen Bräuchen, deren Wirkmächtigkeit offensichtlich hoch eingeschätzt wurde.

II.

Bisher konnten in Apamea zwei altchristliche Basiliken größeren Ausmaßes, die an hervorgehobenen Plätzen über früheren Bauwerken errichtet worden waren, teilweise untersucht werden: die sog. Atriumskirche und die sog. Ostkathedrale. In Annexen beider, mehrfach umgestalteter Bauwerke wurden mäßig kunstvoll gestaltete Reliquiare mit einer besonderen Vorrichtung entdeckt: die Ölsarkophage. Im Gegensatz zu den über Syrien hinaus bekannten Reliquienschreinen[11] fanden sich in Apamea diese Objekte in einer Häufigkeit, die den Schluß erlaubt, daß Apamea als Zentrum zur Herstellung von Märtyreröl der spezifischen syrischen Art erscheint.

III.

Im Osten der großen Säulenstraße von Apamea wurde über einer Synagoge, die durch eine mosaizierte Stifterinschrift in das Jahr 391/2 datiert werden kann, eine zunächst bescheidene Atriumskirche mit einer Apsis, die von zwei kleinen Nebenräumen flankiert ist, errichtet[12]. In justinianischer Zeit wurde dann nach den Erdbeben von 526-528 der erste Bau durch einen zweiten, größeren Bau ersetzt. Dabei wurde der links neben der Apsis gelegene, nahezu quadratische Raum zu einem Raum mit rechteckigem Grundriß erweitert, der nach 573 kleinere Veränderungen erfuhr[13]. In ähnlicher Weise war gleichzeitig der linke Annex, als Diakonikon bezeichnet, vergrößert worden[14]. Im nördlichen Annex, dem Martyrion, wurden 1934 drei Reliquiare entdeckt[15].

Das Reliquiar[16] der hl. Kosmas und Damian hat folgende Maße: 92 cm Länge, 47 cm Breite und 47 cm Höhe. Nimmt man den Deckel hinzu, ergibt

11 In der Nikolausmemoria von Myra (das heutige Kale, bzw. Demre in der Türkei) findet sich das Fragment eines Sarkophagdeckels mit einer Öleingußöffnung. Weitere Beispiele spätantiker Ölsarkophage hat zusammengestellt: J. Lassus: Sanctuaires chrétiens de Syrie. Paris 1947, 163-167.

12 F. Mayence: La VIe Campagne de Fouilles à Apamée (Rapport Provisoire). In: L'Antiquité Classique 8 (1939) 201-211, 203.

13 L'église à Atrium de la Grande Collonnade. Ed. J.-Napoleone-Lemaire/J.Ch. Balty (= Fouilles d'Apamée de Syrie I, 1). Bruxelles 1969, 64-69, Fig. 9 a.-c.

14 L'église à Atrium, Plan II.

15 L'église à Atrium, Fig. 16.

16 Das Objekt zählt zur Sammlung frühchristlicher Kunstwerke des Königlichen Museums der Kunst und der Geschichte in Brüssel. Inv. Ap. 118.

Abb. 1: Ölsarkophag (Museum von Qal'at al Mūḍīq). Vermutlich 5. Jh. 1 Einfüllöffnung, 2 Ölentnahmebecken. Entwurf: Gessel, Ausführung: Basan.

sich eine Höhe von 71 cm. Im Gegensatz zu einem normalen Sarkophag ist das Gefäß aus weißem Marmor nur schwach ausgehöhlt. Der Hohlraum umfaßt lediglich wenige cdm. Die Länge des Hohlraums beträgt 50 cm, die Breite 25 cm und die Tiefe schwankt zwischen 7-13 cm. Der 91,8 cm lange, 47,6 cm breite und 23,8 cm hohe Deckel ist mit vier Akroteren besetzt. Die abgeschrägte Seite des Deckels weist in ihrem ersten Drittel eine von einem Wulst umgebene Öffnung auf, die in den kleinen Hohlraum des Reliquiars mündet. Von diesem Hohlraum führt eine durch den Stein gebohrte Röhre zu einer kelchförmigen Ausbuchtung an der rechten Seitenwange, die den Eindruck eines Auffanggefäßes macht. Wenn man eine Flüssigkeit in die Öffnung dieses Behälters gießt, dann durchströmt sie den angeführten Hohlraum, sammelt sich zur Röhre und tritt durch die Röhre zu dem kelchförmigen Gefäß aus, aus dem die Flüssigkeit mit einer Schöpfkelle herausgenommen werden kann[17].

17 Die Vermutung einer amerikanischen Expedition vom Beginn des 20. Jhs., es handle sich bei dem Reliquiar um eine Wasserableitung eines Aquädukts oder um einen Weihwasserkessel, braucht nicht weiter verfolgt zu werden. Weder für Weihwasserkessel noch für technische Installationen zur Wasserverteilung solcher Art sind bisher Vergleichsstücke entdeckt worden. Vgl. schon den Bericht von F. Mayence: La quatrième campagne de fouilles à Apamée (Rapport sommaire). In: L'Antiquité Classique 4 (1935) 199-204. Auch L. de Bruyne: La

Eindeutig interpretierbar ist das Objekt durch die gut lesbare, in etwas klobigen Lettern eingravierte Schrift in drei Zeilen:

+ ΛΙΨΑΝΑ ΤΩΝ ΑΓΙΩΝ ΚΟCΜΑ
ΚΑΙ ΔΑΜΙΑΝΟΥ ΚΑΙ
ΔΙΑΦΟΡΩΝ ΑΓΙΩΝ +

Abb. 2: Ölsarkophag (Museum von Aleppo). Entwurf: Gessel, Ausführung: Basan.

Das Reliquiar[18] des hl. Theodor aus weißem mit graublauen Adern durchzogenem Marmor mißt 87 cm Länge, 42 cm Breite und 50 cm Höhe. Das ein wenig kleinere Reliquiar wurde ohne Deckel aufgefunden. Es weist dieselbe Vorrichtung mit dem seitlichen Auffanggefäß auf wie das Reliquiar der hl. Kosmas und Damian. Die zweizeilige, ebenfalls gut lesbare Inschrift auf der Vorderseite lautet:

quarta campagna di scavi in Apamea di Siria. In: Rivista di Archeologia Cristiana 13 (1936) 331-338, 334 äußerte zu dieser Vermutung seine Skepsis.

18 Das Objekt ist im Nationalmuseum von Damaskus ohne Inventarnummer aufbewahrt.

+ ΛΙΨΑΝΑ ΤΟΥ ΑΓΙΟΥ ΘΕΟΔΟΡΟΥ
ΚΑΙ ΔΙΑΦΟΡΩΝ ΑΓΙΩΝ +

Schließlich wurden die Fragmente eines weiteren vergleichbaren Reliquiars aus grünem Marmor entdeckt[19], dessen Rekonstruktion eine klare Ähnlichkeit mit den oben vorgestellten Objekten erkennen läßt. Die Datierung der drei Reliquiare verweist in das letzte Viertel des 6. Jhs.[20].

Kosmas und Damian sind die beiden bekannten Arztheiligen, deren Kult schon im 5. Jh. im Orient weite Verbreitung gefunden hat. Theodor ist ein kleinasiatischer Märtyrer, dessen Grab von den Pilgern in Euchaita im Pontus frequentiert wurde[21].

Das Wort λείψανον, meist in der pluralischen Form verwendet, findet sich schon im klassischen Griechisch und bedeutet Überbleibsel, Rest, Überrest. Es entspricht dem lateinischen reliquiae[22] und bezeichnet vor allem den toten Körper eines Märtyrers oder Teile desselben[23]. Die itazistische Form des Plurals λίψανα in Verbindung mit einem Kreuz und den Namen der hl. Kosmas und Damian, Theodor und weiterer ungenannter Heiliger führt zu dem zwingenden Schluß, daß die Marmorbehältnisse von Apamea Lipsanotheken sind, die im Blick auf ihren geringen Hohlraum nicht allzu umfängliche Primärreliquien[24], also Körperteile enthalten haben.

IV.

Die Tatsache, daß unter den benannten Heiligen keine apameischen Märtyrer zu finden sind, erklärt sich auch aus dem seit dem 4. Jh. geübten Brauch, Märtyrer auch über weite Strecken zu transportieren und Reliquien durch Teilung zu multiplizieren. Besonders zahlreiche Beispiele dieser Art berichtet Basilius von Caesarea in seinen Briefen. In Ep. 155[25] bittet er den Dux

19 Die Bruchstücke werden im Königlichen Museum der Kunst und Geschichte in Brüssel unter Inv. Ap. 120 aufbewahrt.

20 Die archäologischen Daten, einschließlich der Datierung der endgültigen Gestaltung des Martyrions der Atriumskirche und der Reliquiare stützen sich auf: L'église à Atrium, 57-69 mit Fig. 13-16 und eigene Beobachtungen des Autors. Vgl. schon: L. de Bruyne: La quarta campagna, der S. 334 die Reliquiare ohne nähere Abgrenzung in das 6. Jh. datiert.

21 H. Delehaye: Saints et Reliquiaires d'Apamée 238.

22 Herrn Akademischen Direktor Dr. A. Lumpe (Augsburg) sei für freundliche Hinweise gedankt.

23 G.W.H. Lampe: λείψανον. In: A Patristik Greek Lexicon 796.

24 Vgl. dazu: A. Bauch: Reliquien. In: LThK 8, 1215-1222, bes. 1219.

25 Y. Courtonne: Saint Basile. Lettres II. Paris 1961, 80,1-81,40. Vgl. Basilius, Ep. 164 (Courtonne II, 97,1-98,35). Basilius von Caesarea. Briefe II. Eingeleitet, übersetzt und erläutert von W.-D. Hauschild. Stuttgart 1973, 76 mit Anm. 157 und 87 mit Anm. 182. Bedeutende Metropolien legten besonderen Wert auf Reliquien. 356 wurden die Gebeine des Paulusschülers Timotheus und 357 die Reliquien des Apostels Andreas und des Evangelisten Lukas nach

Scythiae, Junius Soranus um die Übersendung der Reliquien des Märtyrers Sabas. Sein Schreiben an Ambrosius von Mailand vom Jahr 374[26] schildert ausführlich die Erhebung des heiligen Dionysius in Kappadokien, die bei der Bevölkerung an Ort und Stelle entstandenen Schwierigkeiten und den Beginn der Translation nach Mailand. Schließlich versäumt Basilius es nicht, eine Authentizitätsurkunde mit überraschenden Einzelheiten seinem Schreiben beizugeben: »Ein einziger Sarg war es, der jenen kostbaren Leichnam enthielt. Kein weiterer lag in seiner Nähe. Das Grab war mit einer Inschrift versehen. Man ehrte einen Märtyrer. Christen, die ihn aufgenommen hatten, legten ihn damals nieder und gruben ihn jetzt wieder aus. Sie weinten zwar, weil sie eines Vaters und Patrons beraubt wurden, gaben ihn aber her, weil ihnen euere Freude lieber war als ihr eigener Trost. Also, die ihn übergeben haben, sind fromme Männer, die Empfänger gewissenhafte Leute. Nirgends Betrug, nirgendwo Hinterlist. Wir bezeugen dies. Die Wahrheit darf bei euch nicht verleumderisch bezweifelt werden«[27]. Die scharfen Schlußbemerkungen weisen nicht nur die Echtheit der Reliquien, den korrekten Vorgang der Exhumierung und die über jeden Zweifel erhabenen Vertrauensleute des Basilius aus, sondern sie sind auch ein Hinweis auf die besondere Hochschätzung von Märtyrerreliquien, die man offensichtlich auch auf manipulatorische Weise beschaffen konnte.

V.

In den ersten christlichen Jahrhunderten stand das Öl der Lampen und das Wachs der Kerzen, das an Märtyrergräbern brannte, in besonderem Ansehen. Diese Eulogien wurden als Hagiasma vornehmlich zur Heilung von Krankheiten von den großen Pilgerstätten mit nach Hause genommen[28]. Eine solche Gabe wurde auch vom Ort der Gräber von Nichtmärtyrern (= iusti priores) gerne entgegengenommen, wie der Mosaikepitaph[29] der Gedächtniskirche von Cuicul berichtet: »Von überall her kommt die Christenheit, begierig zu schauen; eine glückliche Generation, Gott gemeinsam zu preisen und die heiligen Schwellen mit den Füßen zu berühren. Jeder singt heilige Lieder, streckt voll Freude die Hände aus und empfängt im Zeichen Gottes das

Konstantinopel überbracht. W. N. Schumacher: Die konstantinischen Exedra-Basiliken. In: J. G. Deckers-H. R. Seeliger-G. Mietke: Die Katakombe »Santi Marcellino e Pietro«. Repertorium der Malereien (Textband). Città del Vaticano-Münster 1987, 132-186, 170f.

26 W.-D. Hauschild 177f. mit Anm. 256-259.

27 Basilius, Ep. 197,2 (Courtonne II, 152,37-46).

28 B. Kötting: Peregrinatio religiosa. Wallfahrten in der Antike und das Pilgerwesen in der alten Kirche. Münster [2]1980, 404.

29 Das Mosaik findet sich im archäologischen Museum von Djemila (Algerien).

Heilmittel des Chrisma«[30]. Chrisma ist eine wohlriechende Mischung von Balsam und Öl[31]. Man legte offensichtlich Wert auf den Wohlgeruch dieses Öleulogions, der durch Anreicherung des Öls mit Duftstoffen erreicht wurde. Noch begehrter war das durch Kontakt mit den Reliquien oder mit dem Heiligengrab bereitete Öl, das »oleum ebulliens«, das in Wallung gebracht worden war. Das Aufwallen galt als wundermächtiger Beweis der im Öl enthaltenen Segenswirkung, der dem Öl innewohnenden Kraft des Heiligen[32]. Anschaulich erzählt Sulpicius Severus eine Begebenheit am Grab des hl. Martin von Tours: »Die Gattin des Comes Avitianus sandte dem Martinus Öl, das bei verschiedenen Krankheitsfällen verwendet wird, damit er es dem Brauche nach segne ... Der Presbyter Arpagius bezeugt, er habe gesehen, wie das Öl unter dem Segen des Martinus zunahm, bis es über den Rand des sehr vollen Gefäßes herabrann. Auch dann noch, als dasselbe zu der Frau getragen wurde, ließ es die nämliche Segenskraft weiter überlaufen«[33]. Magnus Felix Ennodius von Pavia, der im Jahre 515 und 517 an der Spitze einer päpstlichen Gesandtschaft in Konstantinopel weilte[34], erinnert sich in einem Brief an den Konsular Faustus iunior voll Dankbarkeit an seine Heilung durch das Öl vom Grab des Mailänder Soldatenheiligen Viktor: »Continuo me cum lacrimis ad caelestis medici auxilia converti et domni Victoris oleo totum corpus, quod iam sepulcro parabatur contra febres armavi«[35]. Zum Abschluß seiner Vermahnung kommt Johannes Chrysostomus in einer seiner Predigten auf die Märtyrer auch auf das Märtyreröl zu sprechen. Er empfiehlt dessen Anwendung nachdrücklich. Indirekt wehrt er dessen abergläubischen Gebrauch ab: »Jene (= die Märtyrer) haben ihr gegenwärtiges Leben abgelegt, du lege das Verlangen nach Trunkenheit ab. Oder willst du schwelgen? Verweile am Grab des Märtyrers! Laß Tränen hervorquellen! Sei zerknirscht! Erflehe Segen von dem Grab! Nachdem du diesen wie einen Anwalt empfangen hast, widme dich den Berichten über die Kämpfe von jenem! Umschlinge das Reliquiar! Schmiege dich an das Gefäß! Nicht nur die Gebeine der Märtyrer, sondern auch ihre Gräber und Reliquiare überströmen von üppigem Segen. Nimm heiliges Öl, salbe deinen ganzen Körper, die Zunge, die Lippen, den Hals, die Augen, damit du niemals in der Trunkenheit untergehst! Denn das Öl erinnert dich durch den Duft an die Kämpfe der Märtyrer, zähmt jegliche Zügellosigkeit,

30 Abbildung der Mosaikinschrift bei W. Gessel: Monumentale Spuren des Christentums im römischen Nordafrika. Feldmeilen 1981, Nr. 73, S. 48. Zum christlichen Bezirk von Cuicul siehe: J. Christern: Das frühchristliche Pilgerheiligtum von Tebessa. Wiesbaden 1976, 137-144.

31 L. Krestan: Balsam. In: RAC 1, 1153-1157.

32 B. Kötting: Peregrinatio 405.

33 Sulpicius Severus, Dialog III, 3 (CSEL 1, 200,21-201,4).

34 B. Altaner-A. Stuiber: Patrologie 478.

35 Ennodius, Ep. lib. VIII, 24 (CSEL 6, 216,3-7). Für den Hinweis auf Ennodius sei Herrn Akademischen Direktor Dr. A. Lumpe gedankt.

führt zu vielfacher Standhaftigkeit und überwindet die Krankheiten der Seele«[36].

Ein Überblick über die pars pro toto angeführten literarischen Belege ergibt, der Osten wie der Westen schätzt spätestens seit dem ausgehenden 4. Jh. das Märtyreröl. Es werden die segensreichen Wirkungen bei dessen Anwendung genannt. Der häufige Gebrauch steht außer Zweifel. Erstaunlich ist, eine theologische Begründung für die Eulogie und das Hagiasma des Märtyreröls liefert der Befund nicht. Die Frage, wie das Märtyreröl bereitet wird, bleibt häufig unbeantwortet. Das erstaunt in Syrien umso mehr, weil der antiochenische Prediger Johannes Chrysostomus auch im syrischen Antiochien die Lipsanotheken, die in Antiochien vorhanden waren, gekannt haben muß. Dies beweist auch die zitierte Stelle seiner Märtyrerhomilie, die darüber hinaus den Schluß erlaubt, daß für jede einzelne Zeremonie der Ganzkörpersalbung eine ausreichende Menge von Märtyreröl zur Verfügung gewesen sein muß. Gerade dieser Umstand erforderte ausreichende Produktionsstätten von Märtyreröl, die in der Lage waren, den hohen Bedarf zu befriedigen. Es ließe sich experimentell mühelos nachweisen, daß die drei Lipsanotheken in dem relativ kleinen Martyrion der Atriumskirche von Apamea vollauf das Begehren auch zahlreicher Pilger nach Märtyreröl dank ihrer gut durchdachten technischen Anlage befriedigen konnten.

VI.

Soweit zu sehen ist, bietet Johannes von Damaskus erstmals eine theologische Begründung für das Hagiasma des Märtyreröls. Diese findet sich relativ ausführlich in der Expositio fidei des Damaszeners. Nach der Ausgabe von B. Kotter[37] trägt die Schrift den Titel: Ἔκδοσις ἀκριβὴς τῆς ὀρθοδόξου πίστεως und erscheint als Teil 3 der »Quelle des Wissens«. Obwohl die Expositio in der Regel als hochangesehenes dogmatisches Werk vorgestellt wird, zeigt es sich, daß der fromme, demütige Mönch in der Rezeption weit hinter den großen Kirchenlehrer zurückgedrängt wurde, als den ihn die östliche und westliche Kirche hauptsächlich würdigt. So leitet z. B. Johannes XI. Bekkos ein Zitat aus der Expositio mit dem Kompliment ein: »Der Damaszener, der die ganze Welt mit seiner Theologie erfüllt«[38]. Das Bemühen des Johannes um Zusam-

36 Johannes Chrysostomus, Homilia in Martyribus (PG 50, 664f.).

37 Die Schriften des Johannes von Damaskus. Hrsg. vom Byzantinischen Institut der Abtei Scheyern II. Expositio fidei. Besorgt von B. Kotter. Berlin-New York 1973 (= Kotter II).

38 PG 141, 920 A. B. Altaner-A. Stuiber: Patrologie, halten S. 527 dagegen: »Der 3. Teil des Werkes wurde jedoch nicht, wie irrigerweise immer wieder behauptet wird, bis in die Neuzeit als das klassische Handbuch der Dogmatik in der griechischen und slawisch-orthodoxen Kirche verwendet«.

menfassen und Ordnen des überlieferten Glaubens- und Wissensgutes förderte diese einseitige Beurteilung und brachte ihm das hohe Ansehen ein, ein maßgeblicher Lehrer der orthodoxen Kirche zu sein. Doch die unverwechselbare Eigenart des Johannes von Damaskus artikuliert sich nicht in theologischer Systematik, sondern in seiner persönlichen Frömmigkeit. Sie bewegt sich um zwei Schwerpunkte, um die Christologie, mit der er die trinitarische Frage verbindet, und um die Verehrung der Gottesmutter, der Heiligen und darin eingeschlossen die Verehrung der Bilder und der Reliquien[39]. Daher ist es folgerichtig, wenn der Damaszener in seiner genauen Darlegung der rechten Lehre einen eigenen Abschnitt »Über die Heiligen und die Verehrung ihrer Reliquien«[40] einfügt und den Leser behutsam auf ein wohlbekanntes Phänomen hinführt, das sich, theologisch betrachtet, aus seiner Lehre über die Heiligen ergibt, allerdings nur für den, der von der Macht Gottes und der Würde der Heiligen Gottes überzeugt ist. Während Johannes Chrysostomus den Gebrauch des Märtyreröls nachdrücklich empfiehlt: »Nimm heiliges Öl, salbe deinen ganzen Körper ...«[41] hält der Damaszener weder die Aufforderung zum Gebrauch des Öls für wichtig, noch interessieren ihn die heilsamen Folgen der Ölsalbung. Dies dürfte nicht nur im literarischen Genus der Expositio begründet sein, sondern auch darin, daß im 8. Jh. das Ölhagiasma und seine Wirkungen im syrischen Christentum allgemein in hohem Ansehen standen. Es mußte wohl speziell das aus den Lipsanotheken gewonnene Öl erklärt werden, nicht das Hagiasma des Öls an sich. Ein Argumentum e silentio für diese Vermutung bietet Pseudo-Dionysius-Areopagita, der das Märtyreröl nicht erwähnt, dagegen die Weihe des Myron schildert: »Dann nimmt der Hierarch das Öl und stellt es auf den göttlichen Altar, verhüllt von zwölf geheiligten Flügeln, während alle mit hochheiliger Stimme das geheiligte Lied ertönen lassen, das der Heilige Geist den von Gott ergriffenen Propheten eingegeben hat. Nachdem er das über dem Öl verrichtete Gebet vollzogen hat, verwendet er dieses bei den hochheiligen Weihen alles dessen, was geheiligt werden soll, und fast zu jeder Weihehandlung seiner Hierarchie«[42]. Dieses geweihte, duftende Myron wird auch bei der Totenliturgie verwendet, die mit

39 Johannes von Damaskos: Philosophische Kapitel. Eingeleitet, übersetzt und mit Erläuterungen versehen von G. Richter. Stuttgart 1982 (= Richter). Diese Ergebnisse der neuen Forschungen legt G. Richter in seiner Einleitung unter der Überschrift: Das Ansehen des Kirchenlehrers S. 32-74 dar.

40 Expositio 88 (Kotter II 202, 120-205, 84).

41 Siehe Anm. 36 oben.

42 Pseudo-Dionysius-Areopagita, De ecclesiastica hierarchia 4 (PG 3, 473 A). Übersetzung nach Pseudo-Dionysius-Areopagita. Über die himmlische Hierarchie. Über die kirchliche Hierarchie. Eingeleitet, übersetzt und mit Anmerkungen versehen von G. Heil. Stuttgart 1986, 123 (= Heil).

einer Heiligsprechungszeremonie verglichen werden darf[43]: »Danach gießt der Hierarch das Öl über den Entschlafenen, verrichtet das geheiligte Fürbittengebet und birgt den Leichnam in einem würdigen Haus zusammen mit anderen geheiligten Leibern desselben Standes«[44]. Der Areopagite erläutert selbst den Sinngehalt dieser Zeremonie: »Und zwar rief seinerzeit die Salbung mit dem Öl den Kandidaten zu den geheiligten Kämpfen[45], jetzt dagegen bezeichnet das ausgegossene Öl, daß der Entschlafene in eben diesen geheiligten Kämpfen gerungen und durch sie die Vollendung erlangt habe«[46]. Gegenüber dem Damaszener und Johannes Chrysostomus ist beim Areopagiten das vom Hierarchen geweihte Öl Symbol für den zum Heiligen vollendeten Verstorbenen, bestätigt seine Heiligkeit, während bei den Erstgenannten die besondere Qualität des Myrons in den schon vorhandenen leiblichen Überresten eines Märtyrers ihren Ursprung hat, also seine Qualität zu heiligen nicht erst durch eine Weihezeremonie bewirkt werden muß. Nachdem der Damaszener die Schriften des Areopagiten gekannt haben dürfte[47], ist der Schluß zulässig, daß Johannes von Damaskus im Blick auf seine spezifische Christusfrömmigkeit eine Möglichkeit sah, in der Expositio einen verbreiteten volkstümlichen und handfesten Brauch theologisch zu rechtfertigen und gleichzeitig den Verdacht einer magischen Wirksamkeit des Öls aus den Lipsanotheken zu entkräften.

Nach Johannes von Damaskus »müssen die Heiligen wie Freunde Christi, wie Kinder und Erben Gottes geehrt werden«[48]. Unter Bezug auf Joh 15, 14f. und Dt 10, 17 können auch die Heiligen analog Götter, Herren und Könige genannt werden[49], weil sie die Ähnlichkeit zum Bild Gottes unentstellt bewahrt haben. Dieses besondere Imagosein der Heiligen setzt einerseits göttliche Gnade, andererseits ihre willentliche Einigung mit Gott voraus[50]. Die Heiligen sind Schatzkammern Gottes und reine Herbergen[51]. Ihr Tod ist ein Schlaf, sie sind in Wirklichkeit keine Toten[52]. Durch ihre Vernunft wohnt

43 W. Gessel: Bestattung und Todesverständnis in der Alten Kirche. Ein Überblick. In: Im Angesicht des Todes. Ein interdisziplinäres Kompendium I. Hrsg. von Hj. Becker-B. Einig-P. O. Ullrich. St. Ottilien 1987, 535-568, 551f.

44 Pseudo-Dionysius-Areopagita, De ecclesiastica hierarchia VII B (PG 3, 556 D). Übersetzung nach Heil 148.

45 Gemeint ist die Taufsalbung.

46 Pseudo-Dionysius-Areopagita, De ecclesiastica hierarchia VII 4 (PG 3, 565 A). Übersetzung nach Heil 153.

47 Richter 27, 45f., 55, 162.

48 Kotter II 202, 2.

49 Kotter II 203, 4-10.

50 Kotter II 203, 13-21.

51 Kotter II 203, 22.

52 Kotter II 203, 25f. und 204, 42f. Der Tod als Schlaf ist ein allgemeiner Topos des alten Christentums, gegen den kaum Bedenken erhoben wurden. Vgl. W. Gessel: Bestattung und Todesverständnis 553-556.

Gott in den Körpern der Heiligen[53]. Sie sind belebte Tempel Gottes, belebte Zelte Gottes[54]. Aus diesen Prämissen folgert Johannes von Damaskus: »Der Herr Christus schenkte uns die Reliquien der Heiligen als Quellen des Heils, die auf vielfache Weise die Wohltaten hervorsprudeln, die Öl des Wohlgeruchs in reicher Fülle ausströmen. Und niemand sei ungläubig! Denn, wenn aus hartem Felsen in der Wüste und aus Eselskinnbacken Wasser für den dürstenden Samson kam[55], weil Gott es wollte, ist es dann unglaubwürdig, daß aus Märtyrerreliquien wohlriechendes Öl quillt? Keineswegs, jedenfalls für die, denen die Kraft Gottes und die Ehre der Heiligen bei ihm bekannt ist«[56]. Die Auffassung, daß dem Leib eines verstorbenen Heiligen »Kraft« innewohne, war ein Topos, der bis in die Zeit der aufblühenden Heiligenverehrung zurückreicht und der schon während des Katechumenenunterrichts vor Einwänden und Zweifeln geschützt werden mußte. In diesem Sinn ist Cyrill von Jerusalem aufschlußreich, der noch deutlicher als der Damaszener von der Abwesenheit der Seele des verstorbenen Heiligen ausgeht und dennoch eine Dynamis im Körper der Heiligen betont: »Damit man nicht, wenn Elisäus auferstanden wäre, das Werk[57] der Seele allein zuschrieb, sondern damit gezeigt wurde, daß dem Leib der Heiligen, auch wenn die Seele nicht mehr im Leib ist, eine gewisse Dynamis innewohnt. Und zwar deshalb, weil in demselben so viele Jahre lang eine gerechte Seele gewohnt hat, deren Werkzeug er gewesen ist. Laßt uns also nicht wie Toren dieser Tatsache, als hätte sie nicht stattgefunden, den Glauben versagen«[58]. Die Überzeugung von der Enoikesis Christi und Gottes in den Heiligen, die den gesamten Heiligen mit Leib und Seele begnadet, ist letztlich Ursache für das wunderbare Wirken der Reliquien, wobei offensichtlich Johannes von Damaskus dem bekannten Phänomen an den Lipsanotheken sehr positiv gegenübersteht und die Absonderung von Flüssigkeit[59] als realistisches Transportmittel gnadenvoller

53 Kotter II 204, 30. Vgl. 1 Kor 6, 19.

54 Kotter II 204, 34f. Vgl. 1 Kor 3, 17.

55 Vgl. Ex 17, 6 und Ri 15, 19. Die Stelle Ri 15, 19 ist zu übersetzen: »Da spaltete Gott die Höhle von Lehi (= Kinnbackenhöhle) und es kam Wasser daraus hervor, so daß Simson trinken konnte«.

56 Kotter II 204, 36-41.

57 Gemeint ist ein Auferstehungswunder am Grab des Propheten, bei dem ein Toter durch die Berührung mit dem Prophetengrab wieder lebendig wurde.

58 Cyrill von Jerusalem, Catecheseis XVIII 16 (PG 33, 1037 A).

59 Bis zum heutigen Tag wird in Bari am Translationsfest des hl. Nikolaus von Myra im Rahmen einer feierlichen, von hohen kirchlichen Würdenträgern geleiteten Zeremonie eine Saugvorrichtung in den Sarkophag des Nikolausgrabes eingeführt, um eine duftende Flüssigkeit zu gewinnen, die den überaus zahlreichen Pilgern in einem transparenten Gefäß gezeigt wird. Diese Flüssigkeit wird als Emulsion verwendet und dann den Pilgern in Flacons ausgehändigt. Für sie bedeutet die so angereicherte Flüssigkeit »Kraft des Heiligen«. Weniger feierlich wird in Eichstätt vom Reliquienschrein der hl. Walburga das Walburgisöl gewonnen und in alle Welt versandt. Vgl. dazu: A. Bang-Kaup: Walburga. In: LThK 10, 928.

Wirkungen interpretiert. Noch drastischer interpretiert B. Kötting Johannes von Damaskus, wenn er die angeführte Stelle der Expositio knapp anführt und schreibt: »daß die Reliquien der Märtyrer und anderer Heiliger Öl ausschwitzen«[60].

VII.

Die den Reliquien entströmende Flüssigkeit duftet und verbreitet Wohlgeruch. Das Bild vom Wohlgeruch ist spätestens seit Tertullian[61] ein Allgemeinplatz der altchristlichen Katechese und Predigt. Der Geruchssinn unterliegt bei der Beschreibung der Realität der Unbestimmbarkeit und ist damit der Unbeschreiblichkeit des Göttlichen vorzüglich zuzuordnen. Kulturgeschichtlich betrachtet ist in Ägypten die Vorstellung vom Wohlgeruch enger mit dem Opfer und dem Leben nach dem Tod verknüpft, in Persien zeigt sich eher eine Verbindung mit ethischen Prinzipien und im griechischen Raum herrscht mehr eine alles Göttliche umgreifende, sinnenerfassende Vorstellung vor[62]. Der zweite Korintherbrief macht sich diese Vorstellung zu eigen, wenn er von Todesgeruch und Lebensduft spricht[63]. Die Ignatianen, die in der neuesten Forschung mit guten Gründen in die Zeit 160-170 datiert werden[64], stellen treue Jüngerschaft am Geruch fest[65]. Im Martyrium der Perpetua und Felicitas wird der Abschluß einer Vision so geschildert: »Dann schien es uns als wollten die Engel die Tore verschließen. Wir sahen noch viele andere Brüder und Märtyrer. Ein unbeschreiblich süßer Wohlgeruch umgab uns alle und dieser Duft war unsere Speise«[66]. Vergleichbare Beschreibungen finden sich häufig in Märtyrerakten[67]. Vom 4. Jh. an ging die Qualifizierung der Märtyrer als Spender göttlichen Wohlgeruchs auch auf herausragende Asketen über. Symeon der Ältere, dem man auf der Qalʿat Simʿān um seine Säule nach 459 ein großes Wallfahrtszentrum errichtet hatte[68], wurde schon zu seinen

60 B. Kötting: Peregrinatio religiosa 405.

61 »... sed vos estis odor suavitatis«. Tertullian, Ad martyres 2,4 (Corpus Christianorum, series latina 1,4).

62 B. Kötting: Wohlgeruch der Heiligkeit. In: Jahrbuch für Antike und Christentum (Ergänzungsband 9, 1982) 168-175, 169.

63 2 Kor 2, 14-16.

64 R. M. Hübner: Die Anfänge von Diakonat, Presbyterat und Episkopat in der frühen Kirche. In: Das Priestertum in der einen Kirche. Hrsg. von A. Rauch-P. Imhof. Aschaffenburg 1987, 45-89, 75-79 mit Anm. 123.

65 Ignatius von Antiochien, An die Magnesier 10,2 (J. A. Fischer: Die Apostolischen Väter. Darmstadt [9]1986, 168,10).

66 Passio SS. Perpetuae et Felicitatis 13 (Flor. Patr. 43, 40,2).

67 B. Kötting: Wohlgeruch der Heiligkeit 171 mit Anm. 28.

68 B. Kötting: Wallfahrten zu lebenden Personen im Altertum. In: Wallfahrt kennt keine Grenzen. Hrsg. v. L. Kriss-Rettenbeck und G. Möhler. München-Zürich 1984, 226-234 mit Abb. 101.

Lebenszeiten angesprochen als »liebliche Rose, die durch geistigen Tau großgezogen wurde und deren Duft die Oberwelt und die Unterwelt ergötzte«[69]. Bedeutsam ist, daß die koptische Übersetzung der griechischen Symeonsvita bemerkt: der heilige Säulensteher habe durch Verwendung von Duftkräutern unsichtbaren Wohlgeruch beim Höchsten gesucht[70], also ein Medium zur Erzeugung des Duftes eingesetzt.

Insgesamt darf festgestellt werden, daß im griechischen und syrischen Bereich ein Heiliger bereits vor seinem Tod durch einen unerklärlichen Wohlgeruch ausgezeichnet wurde[71], ein Wohlgeruch, der unbedenklich durch eigenes Zutun gefördert oder gar erzeugt wurde. Die in 2 Kor 2,14-16 erkennbare Vorstellung, die von Tertullian als selbstverständlich vorausgesetzt wird, die sich in der Passio der Perpetua und Felicitas niederschlug und die auch Cyrill von Jerusalem vertraut war[72], verweist auf Gott selbst als eigentliche Quelle des Duftes[73].

VIII.

Das Öl in Verbindung mit Duftstoffen ist Bestandteil des alttestamentlichen Speiseopfers zum beruhigenden Duft für den Herrn[74]. Das Salböl, für dessen Zubereitung das Olivenöl die Grundlage war, ist im Alltagsleben des alten Orients und des alten Israel so wichtig wie Nahrung und Kleidung. Da nach antiker Auffassung die Salböle tief in den Körper dringen, verleihen sie ihm Kraft, Gesundheit, Schönheit und bereiten Freude. Über den medizinischen und kosmetischen Gebrauch hinaus kommt der Salbung symbolisch-religiöse Bedeutung zu. Mk 6,13 und Joh 5,14 weisen auf den Gebrauch der Salbung als exorzistisches Mittel hin, das in seiner Kraftwirkung zur Überwindung von Dämonen dient. Schließlich bedeutet Salbung Zuwendung von Macht, Kraft und Ehre[75].

69 Epistula Presbyteris Cosmae ad Symeon (H. Lietzmann: Das Leben des Heiligen Symeon Stylites = TU 32,4 Leipzig 1908, 186).

70 W. E. Crum: Die koptische Übersetzung des Lebens Symeons des Styliten. In: ZNW 26 (1927) 123.

71 B. Kötting: Wohlgeruch der Heiligkeit 174.

72 Cyrill von Jerusalem, Procatechesis 15 und Mystagogiae 3,1 (PG 33, 357 A und PG 33, 1089 A).

73 B. Kötting: Wohlgeruch der Heiligkeit 173.

74 Lev 2,1f.; 6,7-9; 6,14-16.

75 A. S. Pease: Ölbaum. In: Realencyclopädie der classischen Altertumswissenschaft (Pauly-Wissowa) XVIII, 2, 1998-2022, 2013f. H. Schlier: ἔλαιον. In: ThWNT 2, 468-470. W. Michaelis: μύρον, μυρίζω. In: ThWNT 4, 807-809. D. Kellermann: Öl und Ölbereitung. In: Biblisches Reallexikon² 238-240. P. Welten: Salbe und Salbgefäße. In: Biblisches Reallexikon² 260-264. W. Brunotte-D. Müller: Salben. In: Theologisches Begriffslexikon zum NT 3, 1053-1057.

Die wahrscheinlich von einem unbekannten jüdischen Verfasser in vorchristlicher Zeit geschriebene Vita Adae et Evae mit romanhaften Zügen[76] berichtet kurz vor dem Tod Adams: Wegen seiner großen Schmerzen sandte Adam Eva und Seth in das Paradies, um dort vom Baum der Barmherzigkeit das »Öl der Barmherzigkeit« zu holen. Mit diesem Öl sollte Adam zur Linderung seiner Schmerzen gesalbt werden. Trotz der heftigen Bitten wird Seth vom Erzengel Michael die Ölentnahme aus dem Paradiesesbaum ohne Begründung verweigert. Ein späterer christlicher Einschub erklärt dann die Ablehnung der Ölbitte mit dem Hinweis, daß Christus nach seiner Taufe im Jordan mit dem »Öl seiner Barmherzigkeit« alle salben wird, daß allen kommenden Generationen, die aus dem Wasser und dem heiligen Geist wiedergeboren werden, das »Öl der Barmherzigkeit« zuteil werden wird und daß schließlich Christus selbst Adam ins Paradies zum ölspendenden Baume der Barmherzigkeit geleiten wird[77]. Die alttestamentliche Apokryphe bietet eine Ölätiologie, die die Verwendung von Öl aus einem hervorragenden heiligen Ort (Paradies-Paradiesesbaum) besonders wirksam begründen soll. Der christliche Interpret versteht den Sinn der Ölätiologie kaum und deutet sie mit Hilfe der ihm bekannten Salbung bei der Taufliturgie, um dann zur Wasser- und Geistsymbolik überzugehen. Während die ursprüngliche Fassung der Apokryphe vulgär-drastisch die Herkunft des Öls als Ursache für seine spezielle Wirkung betont, spielt in der späteren Interpretation diese ursächliche Herkunft keine Rolle mehr. Das Öl selbst ist vom wirksamen Medium zur symbolischen Geste stilisiert, die genau betrachtet keine Bedeutung außer ihrem Hinweischarakter mehr besitzt.

IX.

Die ursprüngliche Ölätiologie der Adam-und-Eva-Erzählung läßt sich mit dem Öl aus den Lipsanotheken vergleichen. Bei letzterem soll ja gerade die Herkunft des Öls aus den Reliquien[78] die hervorragende Wirksamkeit dieses Hagiasma erklären. Johannes von Damaskus vermag mit Hilfe der östlichen Vergottungstheorie eine zusätzliche theologische Erklärung zu bieten, wenn er sagt: »... und (die Heiligen) durch die Teilnahme an ihm aus Gnade das

76 Vita Adae et Evae. Herausgegeben und erläutert v. W. Meyer. In: Abhandlungen d. philos.-philolog. Classe d. Kgl. Bayer. Akademie d. Wiss. 14,3. München 1878, 220. Für den freundlichen Hinweis auf die Vita sei Herrn Kollegen K. Berger (Heidelberg) gedankt.

77 Vita Adae et Evae (Text) 233, 36-236, 45.

78 Daß das aus den Reliquien austretende Öl durch einen technischen Vorgang und eine technische Vorrichtung, wie sie die apameischen Lipsanotheken darstellen, vermehrt wird, verursacht keinen Qualitätsverlust, da sich tatsächlich das über die Reliquien fließende Öl mit der vorgestellten Absonderung der Reliquien vermischt.

werden, was er selbst von Natur aus ist«[79]. Das gesamte Kapitel der Expositio, das die Heiligen und deren Reliquien behandelt, dient insbesondere dem Ziel, das Vergöttlichtsein der Heiligen zu erweisen und daraus ihre herausragende Bedeutung für den gläubigen Christen abzuleiten[80]. Da die Darlegung des rechten Glaubens die Lehren der griechischen Väter nur über die Hauptdogmen vorstellen will, sind offensichtlich auch die in diesem Abschnitt vorgelegten Erläuterungen nach der Meinung des Damaszeners gerade keine Randfragen. Johannes von Damaskus hat die östliche Gnadenlehre von der Vergottung des Menschen[81] konsequent auf die Heiligen bis hin zu deren physischer Natur, die in den Reliquien erhalten bleibt, angewandt.

Origenes sah im recht verstandenen Gebet das Ziel des θεοποιεῖσθαι gewährleistet[82]. Athanasius setzte die Lehre von der Vergottung des Menschen als Argument für die wahre Gottheit Christi ein[83] und die großen Kappadozier interessiert dieselbe Lehre im Sinne des vollen Ebenbild-Gottes-Werdens als Argument für die Möglichkeit der Gotteserkenntnis[84]. Diese Liste, die zeitlich mit der beginnenden Blüte der Märtyrer- und Heiligenverehrung abschließt, zeigt, daß die Vergottungslehre der östlichen Theologie den menschlichen Körper nicht bevorzugt in die Imagotheologie miteinbezieht. Selbst ein Johannes Chrysostomus scheint diesen Aspekt trotz seiner forcierten Empfehlung des Märtyreröls nicht beachtet zu haben. Auf diesem Hintergrund erscheint der Damaszener als Theologe, der in seiner Reliquienlehre die Vergottungslehre trivialisiert hat, entweder, weil er selbst das Öl aus den Lipsanotheken schätzte oder weil er einem allseits geschätzten und geübten Volksbrauch einen Sinn abgewinnen wollte. In diesem Bemühen liegt die Gefahr eines anthropologischen Monophysitismus. Wenn man die bekannten Bilder monophysitischer Interpretation zur Christuseinheit bemüht (»glühendes Eisen«, »glühende Kohle« und »Essigtropfen im Meer«) und ähnlich dem monophysitischen Prinzip zur Erklärung der göttlichen Natur Christi auf die ganz und gar vom Göttlichen durchdrungenen körperlichen Überreste der Heiligen anwendet, dann wird das Menschsein des Heiligen in das Göttliche, in die Gottheit aufgehoben. Dann wäre die Flüssigkeitsabsonderung der Reliquien etwas Göttliches. Das Öl, mit dem die Lipsanotheken beschickt werden, gewinnt die Funktion eines wohlriechenden Transportmittels, das handgreiflich, sichtbar und drastisch die in den Reliquien vorausgesetzte

79 Expositio IV, 15 (Kotter II 203,17f.).

80 Kotter 202, 1-205, 84.

81 Vgl. J. Auer: Zur Geschichte der Gnadenlehre. In; ThK 4, 984-991, 986.

82 W. Gessel: Die Theologie des Gebetes nach >De Oratione< von Origenes. München-Paderborn-Wien 1975, 192, 216.

83 Athanasius, Epistula de syn. 51 (PG 26, 784f.).

84 W. Gessel: Basilius von Cäsarea-Gregor von Nazianz-Gregor von Nyssa. In: Argumente für Gott. Hrsg. von K.-H. Weger. Freiburg-Basel-Wien 1987, 62f.-135-135f.

Göttlichkeit weitervermittelt, ohne den Bestand der Reliquien zu vermindern. So scheint das altchristliche Apamea mit seinen zahlreichen ölspendenden Lipsanotheken auf arg volkstümliche Weise seine Affinität zum anthropologischen Monophysitismus zu dokumentieren, eine Affinität, die göttliche Natur handgreiflich erfassen läßt. Der Aspekt des Geheimnisvollen käme hinzu, wenn die Beobachtung von G. Tchalenko zuträfe, nach der die Lipsanotheken der sog. Atriumskirche von Apamea für die Gläubigen weder zugänglich noch sichtbar waren[85].

X.

Die sogenannte Ostkathedrale nimmt am östlichen Decumanus mit den zugehörigen Raumteilen eine Fläche von zwei insulae ein. Die ursprünglich zur Verehrung einer Kreuzreliquie errichtete Vierkonchenkirche wurde nach den Erdbeben von 526/28 zur Kathedrale umgestaltet. Das Bauwerk erfuhr besonders in seinem östlichen Teil Veränderungen. Eine Reihe von Kapellen und Kammern entstanden in teilweise symmetrischer Anordnung[86]. Ein Raum mit kleeblattförmigen Grundriß vereinigt eine Lipsanothek, deren unterer Teil noch an Ort und Stelle steht, und ein Taufbecken, das wie in Qalʿat Simʿān[87] durchschritten werden konnte und das den Ein- und Ausstieg in Süd-Nord Richtung aufweist. Die Lipsanothek ist in der südlichen Nische des Dreikonchenbaus aufgestellt, das Taufbecken ist in die östliche Nische eingetieft. Die Ausstattung der nördlichen Nische ist nicht erkennbar. Der gesamte Raum ist so gestaltet, daß die Täuflinge zum Empfang der Wassertaufe den Dreikonchenbau (Nr. 4) nicht betreten mußten. Entweder haben die Täuflinge vor den am Rand der Piscina des Dreikonchenbaus stehenden Taufenden von außen über die Treppen von Norden nach Süden oder von Süden nach Norden das Taufbecken durchschritten. Kurz in der Piscina stehend konnten sie getauft werden und wieder aus dem Becken heraufsteigen. Der Dreikonchenbau war für die Täuflinge nach der Taufe nicht zu betreten; denn die Türe zwischen CB und Nr. 4 ist so ausgeführt, daß sie von Nr. 4 nach CB und nicht umgekehrt benutzt werden konnte. Sehr wahrscheinlich verläuft der Weg für die Täuf-

85 G. Tchalenko: Villages antiques de la Syrie du Nord. Le massiv du Bélus a l'époque Romaine. Vol. I Paris 1953, 334 mit Anm. 2.

86 T. Ulbert: Bischof und Kathedrale (4.-7. Jh.). Archäologische Zeugnisse in Syrien. Vortrag auf dem 11. Internationalen Kongreß für Christliche Archäologie in Lyon 1986. J. Ch. Balty: Le Groupe Épiscopal d'Apamée, dit 'Cathédrale de l'Est'. Premières recherches. In: Miscellanea. Fasc. 7. Ed. J. et J. Ch. Balty. Bruxelles 1972, 187-214.

87 J. H. Emminghaus: Das Taufhaus von Kal'at Sim'an in Zentralsyrien. Baubeschreibung und -interpretation. In: Tortulae. Römische Quartalschrift. 30. Supplementheft. Hrsg. von W. Schumacher. Freiburg 1966, 86-109 mit Tafel 25 und 26.

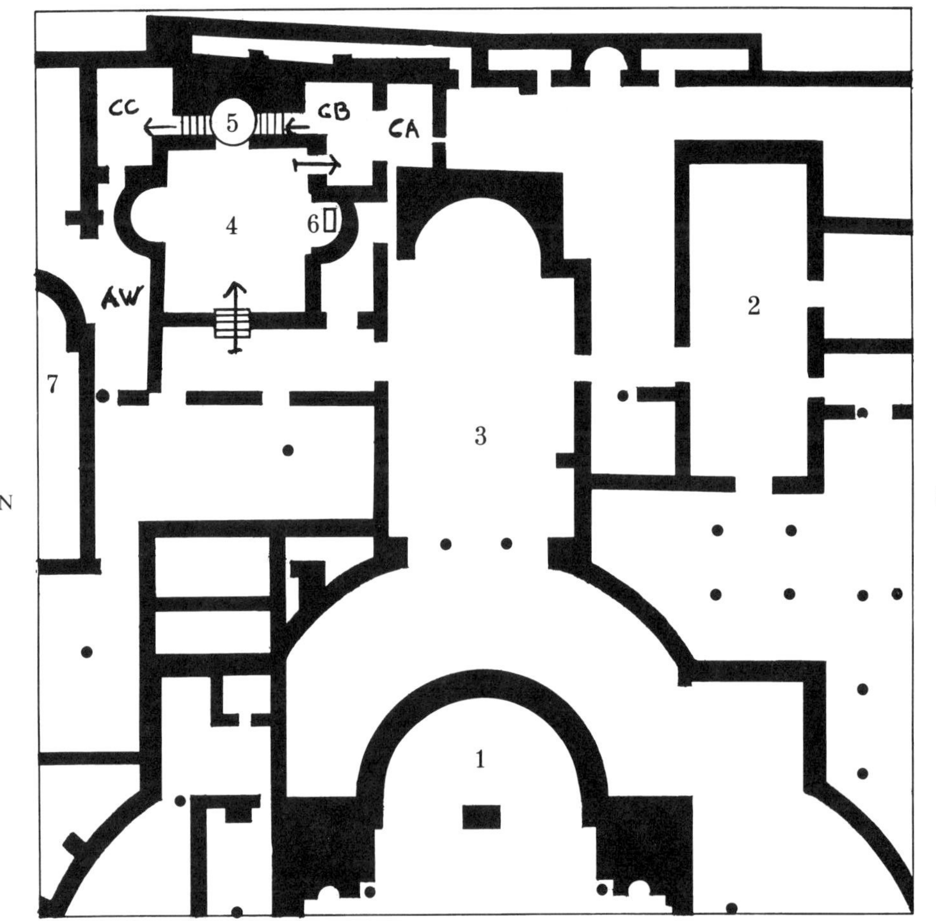

Ausschnitt: Bischöfliches Ensemble von Apameia. 1 Apsis der Ostkathedrale, 2 Rechteckiger Saal, 3 Apsidensaal, 4 Saal mit kleeblattförmigen Grundriß, zu den Stufen hinabführen, 5 Durchschreitepiscina, 6 Ölsarkophag, 7 Apsidensaal.

Abb. 3: Vereinfachende, idealisierende Darstellung auf der Grundlage von J. Ch. Balty. Es wurde eine möglichst treffende Approximation an den derzeitigen Zustand versucht. Entwurf: Gessel, Ausführung: Basan.

linge von CB nach CC und von da nach AW. CB erweckt den Eindruck einer Vorhalle. Der Weg CC zu AW markiert eine Abgangssituation. Zudem besitzt CB einen zentral gestalteten Eingang aus CA[88].

88 Für die Interpretation des Trikonchenannexes der sog. Ostkathedrale von Apamea und die Hinweise auf eine präbaptismale Salbung in Syrien sei Herrn Dr. P. Grossmann (Schreiben vom 15.9.86 an den Autor), Deutsches Archäologisches Institut, Abteilung Kairo, herzlich gedankt.

Der Taufspender steht also im Dreikonchenbau, dessen Südnische die Lipsanothek birgt, am westlichen Rand der Piscina. Der östliche Piscinenrand bietet keinen Platz für den Taufspender. Die Täuflinge durchschreiten die Piscina und gehen über CC nach AW. Von dort besteht die Möglichkeit, sich im Apsidensaal Nr. 7 für die postbaptismale Salbung zu sammeln. Sollten die Täuflinge das Baptisterium von Norden nach Süden durchschritten haben — was unwahrscheinlich ist —, böte sich der Apsidensaal Nr. 3 nach der Wassertaufe als Versammlungsraum für den Abschluß der Taufliturgie an.

Wenn für eine Taufsalbung in Apamea Märtyreröl verwandt worden ist, dann war das nur möglich, wenn diese Salbung *vor* und nicht nach der Taufe vollzogen wurde. Es muß daher eine praebaptismale Salbung stattgefunden haben, die im Dreikonchenbau an der Lipsanothek vorgenommen wurde. Die Täuflinge konnten dann nach der Salbung den Dreikonchenbau über eine Treppe nach oben verlassen und über CA und CB das Baptisterium von Süden nach Norden durchschreiten.

Als heiligender, die neutestamentliche Geistessalbung aktualisierender Ritus ging im syrischen Bereich die Salbung der Wassertaufe voraus[89]. Selbst in den syrischen Dorfkirchen konnte die lokale Nähe und Nachbarschaft von Martyrion und Baptisterium festgestellt werden. Die Bedeutung von gleichsam »charismatisch begabten« Orten ist in der Seelsorge des Ostens bekannt[90]. Die Kombination von Märtyrerölgewinnung und Taufanlage darf in die Reihe solcher Orte gestellt werden. Wenn die Taufhäuser Orte einer symbolischen Waschung sind, dann ist das Grundaxiom mitzuberücksichtigen: »Kein Bad ohne Öl«, wobei offensichtlich das Öl eine ganz besondere Rolle durch reichliches Salben spielte, während das Wasser bestenfalls in einem dreimaligen Übergießen eben eine symbolische Waschung vorstellte, mehr nicht. Die Taufe wurde auch nicht als »gründliche Körperwaschung« gedeutet[91].

Nach Pseudo-Dionysius-Areopagita wird der Täufling völlig entkleidet. Darauf beginnt der Bischof mit der Salbung, die dann die Presbyter fortsetzen, »um ihn am ganzen Körper zu salben«. Nach der Wassertaufe und der Bekleidung erhält der Neomyst eine weitere Salbung, die lediglich mit einer kurzen Berührung vollzogen wird: »Der (Hierarch) drückt ihm mit dem Öl, in dem Gott in höchstem Grad wirksam ist, das Siegel des Kreuzes auf«[92]. Der Areopagite, der das Märtyreröl nicht kennt, bzw. es nicht erwähnt, beschreibt die Ganzkörperölsalbung als praebaptismale Salbung und mißt ihr eine grund-

89 C. A. Boumann: Salbung. In: RGG 5, 1330-1334, 1333.

90 J. H. Emminghaus: Die Gruppe der frühchristlichen Dorfbaptisterien Zentralsyriens. In: Römische Quartalschrift 55 (1960) 85-100, 99f.

91 J. H. Emminghaus: Semiotik altchristlicher Taufhäuser. In: Zeitschrift für katholische Theologie 107 (1985) 39-51, 42-45.

92 Pseudo-Dionysius-Areopagita, De ecclesiastica hierarchia II, 5-8 (PG 3, 396 C-D).

legende Bedeutung zu. Es ließ sich keine literarische Quelle für Apamea ausfindig machen, die das Öl aus einer Lipsanothek als Tauföl benennt. Dies verwundert nicht, weil insgesamt literarische Quellen zum apameischen Christentum äußerst spärlich sind. Zur Verfügung steht aber der Dreikonchenbau mit seiner in situ noch vorhandenen Lipsanothek und die unmittelbare Verbindung von Lipsanothek und Piscina als monumentale Quelle. Aus dieser Raumeinheit mit ihren beiden Installationen Piscina und Lipsanothek darf die Verwendung des reichlich erzeugbaren Märtyreröls für die praebaptismale Salbung erschlossen werden. Der Dreikonchenbau bot ausreichend Platz für die langwierige Zeremonie des Entkleidens und vollständigen Salbens auch von zahlreichen Taufwilligen. Die kleine Piscina mit der Möglichkeit des raschen Durchschreitens genügte für die Schar der Täuflinge ebenso. Die Bemerkung von G. Tchalenko über die für Gläubige unsichtbaren Lipsanotheken[93] bedarf im Blick auf die Anlage an der Ostkathedrale der Einschränkung.

93 Siehe Anm. 85 oben.

MANFRED KROPP

Armenische Osterfestberechnung in Äthiopien zur Zeit von Kaiser Lebna Dengel oder: Russica non leguntur

Die »Kurze Chronik« (im folgenden KC) gehört zu den meistbearbeiteten Stücken der äthiopischen Historiographie. Darüber hinaus liegt sie in verschiedenen Redaktionen und vielen Handschriften vor; diese Überlieferungssituation erschwert die Erstellung einer kritischen Edition, die bis heute nicht vorliegt. Auch in den bisher edierten Texten ist manches Problem dunkel geblieben. Umso erstaunlicher, daß Probleme, die bereits geklärt und gelöst sind, in späteren Bearbeitungen stehen bleiben, weil diese Lösungen nicht zur Kenntnis genommen werden.

Ein Beispiel dazu soll im folgenden angeführt und die Lösung wiederholt werden, auch weil sich wegen der komplexen und wenig anschaulichen Materie der Chronologie eine Wiederholung lohnt.

Ein herausgehobenes Textstück innerhalb der KC bildet der Bericht über die Grāñ-Kriege, der die letzten Regierungsjahre des Kaisers Ləbnä-Dəngəl und die ersten Jahre des Claudius (Gälawdewos) bis zum Tode Grāñs umfaßt. Schon daß die Texteinheit die fremde Invasion, nicht die Regierungszeit eines äthiopischen Kaisers bildet, ist in der Sammlung einzigartig. Darüber hinaus lassen sich stilistische Merkmale — z.B. Augenzeugenberichte in der ersten Person des Erzählers — anführen. Es handelt sich daher um ein ursprünglich separat geschriebenes Werk, das erst später und unter mancherlei Anpassung in die Textfamilie der KC eingefügt wurde. Von der selbständigen Fassung ist zumindest eine Abschrift erhalten — in der Chronikensammlung der Hs. Oxford 29, fol. 41vc-43rc —, über den allmählichen Prozeß der Anpassung und Einfügung in die KC geben verschiedene Hss. Auskunft. Für das Jahr der Gnade 191 = 31. Regierungsjahr des Ləbnä-Dəngəl, entspricht dem Jahre 1531 äth. Stils = 1538/39 n.Chr., findet sich eine Notiz über einen Streit zum Osterdatum dieses Jahres, die in der Bearbeitung in westeuropäischen Sprachen noch nicht befriedigend erklärt wurde. Der Passus lautet im Gəʿəz:

ወበውእቱ ፡ ዘመን ፡ ተናፈቁ ፡ ሕዝበ ፡ ኢትዮጵያ ፡ በእንተ ፡ ፋሲካ[a] ፡ ቦእለ ፡ ይቤሉ ፡ አመ ፡ ፲ወ፰ ፋሲካ ፡ ይከውን ። ወእለሰ ፡ አእመሩ ፡ ሕገ ፡ አግዚአብሔር ፡ ወነብሩ ፡ ሃይማኖተ ፡ ምስለ ፡ ንጉሥ ፡ ገብሩ ፡ ፈሥሐ ፡ አመ ፡ ፲ ለሚያዝያ ፡ ፋሲካ ፡ አመ ፡ ፲ወ፩ ።

a add. codd. እምብዝኃ ፡ ስደት ።

Die Zahlenangaben weichen zuweilen in den einzelnen Hss. voneinander ab, dies wegen der großen Ähnlichkeit bestimmter äthiopischer Zahlzeichen. Doch kann aus inhaltlichen Gründen — z.B. Kontrolle durch den dem Datum entsprechenden Wochentag, hier Sonntag, nur 10., 11. und 18. gelesen werden. Übersetzung:
»In dieser Zeit kam es im äthiopischen Volk zu einem Glaubensstreit über den Termin des Osterfestes. (Zusatz in späteren Hss. der KC: »wegen der wachsenden Bedrängung [durch die Invasion des Grāñ]«.) Manche behaupteten, daß Ostern auf den 18. Miyāzyā falle. Wer aber das Gesetz des Herrn kannte und den Glauben des Königs teilte, der feierte am 10. Miyāzyā Pesaḥ (Ostern der Juden) und am 11. Miyāzyā Ostern (Auferstehung Christi).«

Die Daten entsprechen dem 5. und 6., bzw. Sonntag, dem 13. April 1539 n.Chr. Die apologisierende Tendenz des Zusatzes ist typisch für die Überarbeitung in der KC; nur übergroße Not kann einen solchen Steit gegen göttliches Gesetz ausgelöst haben. Ähnlich wird an anderen Stellen z.B. die Apostasie zum Islam von Prinzen aus königlichem Hause nach der Eroberung von Amba Geśen vertuscht. Über die Gründe und Argumente für das abweichende Osterdatum wird nichts gesagt. Es ist, soweit ich sehe, der einzige Bericht über eine solche Differenz in der äthiopische Kirchengeschichte; andere Daten, z.B. Beginn des großen Fastens und damit dessen Dauer, sind des öfteren strittig gewesen. Das ausführliche Werk von Otto Neugebauer: Ethiopic Astronomy and Computus, Wien 1979. (Öster. Akademie der Wissenschaften, Phil.-hist. Kl., Sitz.-Ber. 347), S. 96-106 »Eastern«, erwähnt keine Differenzen zur Berechnung des Ostertermins; die äthiopische Kirche hat den alexandrinischen Computus in seiner einfachen Form übernommen. Wie ist also die nüchterne Feststellung der Chronik, die abgesehen von dem entschuldigenden Hinweis auf die Bedrängnis der Zeit nichts angibt, bisher behandelt worden?

René Basset, Études sur l'histoire d'Éthiopie. Paris 1882, S. 16,1-6, bringt den äth. Text mit dem späteren Zusatz der KC: Übers. S. 106-107 mit der seltsamen Deutung des Zusatzes: »... à la suite de nombreuses excommunications«. Hier hat Basset ስደት mit ግዘት verwechselt, was auch im Handexemplar Nöldekes, das ich in Tübingen benutzen konnte, durchgestrichen ist; Nöldeke hat dies später nicht in seine Rezension zu Basset in Göttingische gelehrte

Anzeigen. 1883. 449-468, bes. 459 aufgenommen. I. Guidi: Di due frammenti relativi alla storia di Abissinia, in: Rendiconti della R. Accademia dei Lincei ser. 5. vol. 2. 1893 (Lesarten einer Hs. der KC aus Akrur (Äthiopien), S. 582 übersetzt in seiner Anmerkung, daß der Zusatz in seiner Hs. fehle, richtig: »... a cagione della grande persecuzione«. Basset notiert in seinem Kommentar (note 160, S. 256): »(Ləbnä-Dəngəl) favorisa l'église romaine, célébra la fête de Pâcques à la date adoptée par elle«. Es folgen weitere Erörterungen der Annäherungsversuche des äthiopischen Hofes an die europäischen Mächte, besonders Portugal, in dieser Zeit. Auch von Nöldeke unbemerkt hatte Basset damit den gregorianischen Kalender um einige Jahrzehnte vorverlegt; denn dieser allein hätte eine Differenz im Osterdatum bewirken können. Ansonsten herrschte im lateinischen Westen etwa ab dem 9. Jhdt. n.Chr. nach vielfältigen Kalendersystemen der alexandrinische Computus (vgl. z.B. Joseph Bach: Die Osterfest-Berechnung in alter und neuer Zeit. Freiburg, 1907, S. 15-19). Keiner der Berichte von portugiesischen Gesandten nach Äthiopien aus dieser Zeit (Alvarez, Castanhoso) spricht von Differenzen in den Festdaten; vgl. z.B. Castanhoso, cap. XXV). Ostern des Jahres 1539 war auch in der lateinischen Christenheit Sonntag, der 6. April, entsprechend dem 11. Miyāzyā. Basset hätte nur an wenige Seiten weiter in der Chronik denken müssen — scharfe Rügen für Claudius, weil er die Franken und ihre Religion begünstigt, sodann die abfällige Beurteilung des katholischen Kaisers Susneyos — um zu wissen, daß der äthiopische Chronist mit seiner Wendung »entsprechend dem Gesetze Gottes und dem Glauben des Königs« unmöglich eine abweichende europäisch-katholische Sitte bezeichnen konnte.

Perruchon: Le règne de Lebna Dengel, in: Revue Sémitique 1 (1893), S. 277-278 und S. 283 gibt Text und Übers. des fraglichen Passus nach einer anderen Hs., ohne Abweichungen und Kommentar; in note 5 rückt er lediglich die Übersetzung ስደት = poursuite zurecht, wenn er auch etwas gezwungen Bassets Versehen inhaltlich zu rechtfertigen sucht.

F. Béguinot: La cronaca abbreviata d'Abissinia, Roma 1901, S. 21 und nota 5 sagt nichts weiter über den Osterstreit, setzt aber die falsche Annahme Bassets voraus, wenn er auf die gleichzeitigen Bemühungen Äthiopiens um Verbindungen zu Portugal verweist; darauf bezieht sich auch die dort angegebene Literatur, keinesfalls auf das Osterproblem.

V.V. Bolotov, Zametki k kratkoj Efiopskoj chronike, (posthum hrsg.) St. Peterburg 1910 (= Pamjatniki Efiopskoj pismennosti. 9.), S. 4-5, hat die Grundlagen einer differierenden Ansetzung des Osterdatums in den Kenndaten des betreffenden Jahres aufgezeigt. Es handelt sich um das 19. Jahr eines 19er-Zyklus, in dem die Epakte durch den »saltus lunae«, d.h. einen um eins höheren Sprung, auf 30 bzw. O geführt wird; zugleich wird damit der offizielle Frühlingsvollmond in diesem Jahr von einem Sonntag auf Samstag vorverlegt, womit dann eine Osterfeier direkt am Sonntag darauf möglich ist. Allerdings gab es Gruppen in der Kirche, die in diesem Falle Ostern eine Woche später legten, um die direkte Berührung mit dem jüdischen Fest zu vermeiden, etwa die Montanisten, später auch die Katharer; vgl. Ginzel, Handbuch, II. S. 219; zu anderen Gründen auch J. Bach, op.cit., S. 12. Doch sind dies Einflüsse, die wir für das Äthiopien des 16. Jhdts. ausschalten können. So bleibt der von Bolotov vorgeschlagene Weg über die armenische Chronologie. Diese setzt den »saltus lunae« ein Jahr später an, was dann in Verbindung mit der zweiten Bedingung (konventioneller Frühlingsvollmond dann im vorausgehenden Jahre Sonntag) tatsächlich zu einem um eine Woche späteren Ostertermin führt. Im großen Zyklus von 532 Jahren des christlichen Kalenders tritt dieser Fall viermal ein; das fragliche Jahr 1539 erfüllt alle diese Bedingungen; das nächste wäre 1634 n.Chr. gewesen, dann 1729, wo wir aber aus den uns bekannten Texten der äthiopische Geschichte nichts mehr über einen Osterstreit erfahren.

Doch zunächst zu weiteren Bearbeitungen der KC: I. Guidi, dessen geplante kritische Ausgaben der KC im CSCO durch den 1. Weltkrieg verhindert wurde, hat das Problem in seinen weiteren Beiträgen zur KC nicht mehr berührt; da er die Arbeiten seiner russischen Kollegen verwertete, hätte et die Deutung Bolotovs sicherlich akzeptiert. C. Foti, La Cronaca abbreviata dei re d'Abissinia, In: Rassegna di studi etiopici 1 (1941) (Übersetzung einer Hs. aus Däbrä-Bərhan in Gondär), S. 98, gibt kommentarlos die schlechte Lesart ihrer Hs. — 13. statt 18. Miyāzyā.

Bei F.A. Dombrowski, Ṭānā-See 106. (Faks.-Ausgabe einer Hs. der KC vom Ṭānā-See), Wiesbaden 1983. (Äthiopistische Forschungen. 12.) ist im Text S. 41, fol. 5va,-3 – 5vb,6 die um den Zusatz erweiterte, daher späte Fassung zu finden. In der Übers. S. 164, Anm. 108, stellt Dombrowski fest, daß nach der äthiopischen Zeitrechnung der 11. Miyāzyā das korrekte Osterdatum war; Bassets Anmerkung wird als unrichtig erwiesen mit der allerding banalen Feststellung »als das äthiopische Osterfest 1539 (ergänze: vor der Einführung des gregorianischen Kalenders) eo ipso auf den 6. April zusammenfiel«. Damit ist Bassets Irrtum aus der Welt geschafft, aber der Text und sein Problem in keiner Weise geklärt. Bolotovs kundige Anmerkungen — nicht zitiert und nicht benutzt — somit hinter der Sprachbarriere versunken.

Die Grundlagen der armenischen Chronologie sind mit reichen Auszügen aus armenischen Historikern zu finden bei Édouard Dulaurier, Recherches sur la chronologie arménienne, technique et historique, Paris 1859, die auch Bolotov benutzt hat. Die abweichende Ansetzung des saltus lunae, die auf Andreas von Byzanz zurükgeht, S. 73ff; Erörterung der zusätzlich durch die Kalenderreform Irion geschaffenen Abweichungen S. 84-87; diese Reform vergrößerte die Zahl abweichender Osterdaten zwischen Armeniern und

Griechen über die zwischen ihnen und den Alexandrinern bestehenden noch um ein Beträchtliches. In Jerusalem, wo alle Konfessionen und Nationen sich treffen und zusammenleben, mußten solche Divergenzen zu harten Auseinandersetzungen führen, die nicht selten blutig endeten. Aus armenischen Geschichtsschreibern ergibt sich davon ein anschauliches Bild (vgl. Dulaurier, op. cit., 89-100). In der reichen Dokumentensammlung von E. Cerulli, Etiopi in Palestina, Roma vol. 1.2. 1943-47, sind keine Quellen dazu zu finden. Die islamischen Autoritäten in Jerusalem hatten — nach Auskunft der Armenier — die undankbare Aufgabe, den Streit zwischen den christlichen Konfessionen zu schlichten und werden wohl pragmatisch entschieden haben. Leider liefern uns die bisher bekannten Quellen zur Geschichte Jerusalems von islamischer Seite keine Hinweise auf solche Vorgänge. (Prof. U. Haarmann, Freiburg, der sich der undankbaren Mühe der Durchsicht der betreffenden Jahre in zahlreichen arabischen Historikern unterzog, danke ich herzlich für seine wertvollen Auskünfte.) Kopten, Äthiopier und Armenier sind in klösterlichen Gemeinschaften an den heiligen Stätten in engster Nachbarschaft und Verbindung. Auf diese Weise haben im Mittelalter äthiopische Handschriften ihren Weg nach Armenien gefunden. Armenier waren Gesandte in Diensten der äthiopischen Könige, wie etwa Matthäus, der Gesandte der Königin Ǝleni, Mutter des Ləbnä-Dəngəl, nach Portugal; später waren sie neben Griechen die wenigen Fremden, die sich in den Zeiten der Isolation nach Vertreibung der Europäer unter Fāsiladas im 17. Jhdt. in Äthiopien als Handwerker und Händler niederließen. Somit wirft die richtig ausgedeutete Stelle über den Osterstreit Licht auf Verhältnisse und Einflüsse am Hofe Ləbnä-Dəngəls. Freilich, wer den abweichenden Ostertermin in der Zeit eines nationalen Notstandes verfocht, und aus welchen Gründen, entzieht sich unserer Kenntnis: vielleicht war es einer der äthiopischen Jerusalempilger, die seit jeher in Äthiopien hohes Ansehen genossen; Zär'a-Ya'qob zieht sie als theologische Sachverständige im Ketzerprozeß gegen die Stefaniter heran (Chronique ed. Perruchon, S. 70). So mag einem solchen Mann angesichts der Not und Niederlage Äthiopiens und in der Kenntnis der armenischen Osterregel der Gedanke gekommen sein, ob nicht auch in der Nichtbefolgung des göttlichen Willens hinsichtlich des Ostertermins der Grund für die Leiden seines Volkes liegen könnte. Und so mag die spätere vage Erklärung des Chronisten »wegen der wachsenden Not« ihre historische Berechtigung haben.

KONGRESSBERICHTE

»First International Conference on Manichaeism« in Lund (Schweden), 5.-9. August 1987

Vom 5.-9.8.1987 fand in Lund eine internationale Konferenz statt, die als Thema die Religion des Manichäismus hatte. Der Sinn dieses Treffens war es, die Forscher auf dem Gebiet dieser untergegangenen Weltreligion zu Information und wissenschaftlichem Austausch zusammenzuführen, hatte doch das weltweite Missionsgebiet die Forschung genötigt, auf den verschiedensten philologischen Disziplinen seine Quellen zu bearbeiten und war auch die religionsgeschichtliche Aufarbeitung nach verschiedenartigen Schwerpunkten erfolgt. Wenn man feststellen will, wie das Wesen dieser Religion auch in den verschiedenen Kulturkreisen erhalten ist, bedarf es der Zusammenarbeit der verschiedensten Fachvertreter. Die Organisation der Konferenz war dem Institut für Religionswissenschaft an der Universität Lund (Prof. T. Olsson) und als Einladern Dr. P. Bryder, Dr. S. N. C. Lieu und Dr. Y. Vramming zu verdanken.

Die Beiträge der Tagung lassen sich nach folgenden Hauptgesichtspunkten zusammenfassen: 1. allgemeine grundsätzliche Untersuchungen sowie spezielle Einzelprobleme, 2. die Arbeit an westlichen Quellen, 3. die Arbeit an östlichen Quellen.

ad 1.: Die Diskussion über die allgemeinen Gesichtspunkte eröffnete A. Böhlig mit einem Referat »Zur religionsgeschichtlichen Einreihung des Manichäismus«, in dem er versuchte, über die synkretistischen Bestandteile von Manis Lehre hinaus zwischen konstitutiven Gedanken und akzidentiellen Modellen zu scheiden, wobei er zu dem Ergebnis kam, daß Mani, ausgehend von einem gnostischen Christentum, mit Hilfe iranischer und griechischer Modelle eine eigenständige Religion entwickelt hat, die über den Dualismus des Mazdaismus hinausging und sich vom Christentum emanzipierte. U. Bianchi »Zoroastrian elements in Manichaeism. The question of evil substance« sah im Dualismus Manis ein Erbe des Zoroastrismus, das aber von Mani in höherem Maße über den Zoroastrismus hinaus radikalisiert worden ist. K. Rudolph wies am Schluß der Tagung in seinem Beitrag »Mani und die Gnosis« auf die in Gnostizismus und Manichäismus gleichen und ähnlichen Motive und Modelle hin, wobei er aber den eigenständigen Stifter würdigte.

H.-J. Klimkeit untersuchte in »Gestalt, Ungestalt, Gestaltwandel. Zum Gestaltwandel im Manichäismus« die Vorstellungswelt der Manichäer. Eine immer wieder interessierende Frage behandelte Y. Hagman: »Was Catharism a Neo-Manichaeism?«; sie kam zu einem negativen Ergebnis. P. Beskow untersuchte »The Theodosian Laws against Manichaeism«. Über »die Täufer, bei denen Mani aufwuchs« berichtete R. Merkelbach. B. A. Pearson sprach über »The figure of Seth in Manichaean literature«.

ad 2.: Über den Fortgang der Editionsarbeit an den koptisch-manichäischen Texten der Sammlung Chester Beatty referierte S. Giversen. Er legte zwei Bände einer Facsimile-Ausgabe vor, deren erster »Die Kephalaia der Weisheit meines Lehrers Mani« enthält. Im zweiten finden sich die Abbildungen der von H. J. Polotsky herausgegebenen manichäischen Homilien sowie von anderem Material. G. berichtete weiter über die von ihm gegenwärtig bearbeitete Ausgabe des ersten Teils des koptisch-manichäischen Psalmbuchs. Obwohl hier die Reihenfolge der Blätter noch nicht vollständig feststeht, soll die Facsimile-Ausgabe ohne das endgültige Ergebnis erscheinen. Aus der Arbeit an den in Deutschland befindlichen koptisch-manichäischen Texten legte P. A. Mirecki einen »preliminary report« vor: »The Coptic Manichaean Synaxeis Codex. Observation on the ordinal system of Synaxeis«. Er beschäftigte sich mit den Kapitelüberschriften. Zu den Inhalten gab P. v. Lindt »Remarks on the use of σχῆμα in the Coptic Manichaica« und N. A. Pedersen bemühte sich um »Early Manichaean Christology, primarily in western sources«. In »Der manichäische Codex von Tebessa« wurden Reste einer lateinischen Originalschrift dieser Religion von R. Merkelbach neu analysiert und ediert. S. N. C. Lieu untersuchte »Fact and fiction in the Acta Archelai« und fand in ihnen einen Zerrspiegel des Lebens Manis. Ihr Verfasser muß aber die Propaganda von Manis Gegnern gut gekannt haben. Mit »Al-Bīrūnī's Manichaean sources« beschäftigte sich M. H. Browder.

ad 3.: Aus der östlichen Überlieferung legte W. Sundermann einen besonders wichtigen Beitrag vor: »Der Paraklet in der ostmanichäischen Überlieferung«, wobei er an Hand einer Interpretation bekannter und unbekannter Stellen nachwies, daß die östliche Überlieferung die christliche Lehre vom Parakleten übernommen hat. Aus dem uigurischen Überlieferungsstoff bot P. Zieme »Ein geistiges Drogenbuch der türkischen Manichäer«. A. van Tongerloo legte eine Liste »Iranian Loanwords in the Old Uygur Manichaean texts« vor. Mit einem weiteren Teil der von ihnen z.T. bereits edierten Erzählerhandschrift (ZDMG 137, 1987, S. 44-58) machten Geng Shimin und H.-J. Klimkeit bekannt: »Three fragmentary folios of Manichaean story in Uygur script«. Mit einem chinesischen Text befaßte sich Lin Wushu: »On the joining between the two fragments of the Compendium of the teaching of Mani, the Buddha of light«, um zu zeigen, daß zwischen den beiden Fragmenten nichts fehlt, sondern diese direkt aneinander anschließen.

Die Tagung war wirklich ergebnisreich und die Teilnehmer beschlossen, solche Konferenzen zu einer regelmäßigen Einrichtung werden zu lassen.

Alexander Böhlig

»VIII. Internationaler Kongreß der Gesellschaft für das Recht der Ostkirchen« in Santiago de Compostela (20.-27.9.1987)*

Nachdem der VII. Internationale Kongreß der Gesellschaft für das Recht der Ostkirchen 1985 vom Orthodoxen Zentrum des Ökumenischen Patriarchats in Chambésy-Genf ausgerichtet worden war, veranstaltete 1987 wieder eine katholische Institution die Tagung, nämlich das Instituto Teologico Compostelana in Santiago (Spanien). Generalthema war »Der Protos und seine Jurisdiktion in der Lokalkirche«. Neben allgemeineren Vorträgen zum Thema aus orthodoxer, katholischer und anglikanischer Sicht referierte C. Gallagher S. J., Rom, über »The Concept of Protos in the Eastern Catholic Churches«, wobei er sich mit der Gesetzgebung für die katholischen Ostkirchen und der Kritik daran befaßte. Als Vertreter der altorientalischen Kirchen kam Bischof Mesrob Mutafyan, Istanbul, mit seinem Vortrag »An Armenian Protos in the Fifteenth Century« zu Wort; nach einem Überblick über die Beziehungen der Armenier zu Konstantinopel seit dem 5. Jahrhundert und ihre Anwesenheit dort behandelte er im zweiten Teil die Entstehung des armenischen Patriarchats von Konstantinopel im Jahre 1461. Zwei weitere Vorträge von Angehörigen der koptischen und der indischen syrisch-orthodoxen Kirche fielen aus, weil die betreffenden Referenten (übrigens auch andere) einfach nicht gekommen waren.

Die Vorträge werden wieder im Jahrbuch der Gesellschaft (»Kanon«, Wien 1973ff.), von dem 1987 der VIII. Band erschienen ist, veröffentlicht werden. Das Jahrbuch soll künftig nicht nur die Kongreßakten enthalten, sondern auch für andere Beiträge offenstehen.

Der nächste Kongreß soll vom 17.-24.9.1989 in Kavala/Griechenland stattfinden.

Hubert Kaufhold

* Vgl. meinen Bericht über den IV. Kongreß in OrChr 63, 1979, 197-200.

2. Internationales Symposium: »Il Codice Manicheo di Colonia (CMC). Primi resultati e nuovi sviluppi« in Cosenza, 27.-28. Mai 1988

Vom 27. bis 28. Mai 1988 fand in Cosenza ein internationales Symposium statt, das als Ergänzung zu dem von 1984 gelten will. Seine Aufgabe war es, weitere Ergebnisse aus der Arbeit an dem Kölner Mani-Codex vorzustellen oder auch neue Fragen herauszuarbeiten. Veranstaltet wurde das Symposium wie das erste unter den Auspizien der Provinzialverwaltung von Cosenza vom Centro Interdipartimentale di Scienze Religiose der Universität von Kalabrien. Weil es, wie das erste, öffentlich war, fand es im Sitzungssaal des Gebäudes der Provinzialverwaltung statt. Die nichtitalienischen Beiträge lagen in schriftlichen Übersetzungen ins Italienische für die Zuhörer bereit. Leider waren so bedeutende Fachleute wie Prof. U. Bianchi und Prof. F. Bolgiani durch Krankheit verhindert zu kommen, so daß das Symposium auf einen kleinen Kreis beschränkt war. Um so wichtiger war die Anwesenheit von Prof. L. Koenen (Ann Arbor) und Dr. Cornelia Roemer (Köln), den Bearbeitern der Standardausgabe des CMC, die 1985 eine Facsimileausgabe mit diplomatischem Text vorgelegt haben; ein von ihrer Hand bearbeiteter Lesetext mit Übersetzung und Einleitung, an dessen umfassender Kommentierung sie weiter arbeiten, stand kurz vor dem Erscheinen.

Die Tagung wurde am 27. Mai eröffnet durch einführende Worte des Veranstalters und Organisators Prof. L. Cirillo. Im Anschluß daran fand die offizielle Eröffnung statt, bei der zuerst der Regierungspräsident von Cosenza, Dr. E. Madeo, darauf der Rektor der Universität, Prof. R. Aiello, danach der Dekan der Fakultät für Literatur und Philosophie Prof. G.C. Alessio, sprachen. Ihnen dankte der Präsident des Symposiums, Prof. A. Böhlig (Tübingen) und hielt einen Festvortrag über »die Bedeutung des CMC für den Manichäismus«. Er bemühte sich, den CMC in seiner Eigenart zu charakterisieren: als griechischen Text, als Übersetzung aus dem Syrischen, als eine Erbauungsschrift der manichäischen Gemeinde. Dabei stellte er das Problem des Parakletentums und der Nachfolgeschaft Jesu in den Vordergrund und wies im Aufbau der Schilderung des Lebens Manis wesentliche Parallelen zu der des Lebens Jesu nach.

Der 28. Mai begann mit einem Vortrag von Prof. J. Maier über »der Kölner Mani-Codex als Quelle für die jüdische Geschichte«. Nachdem er aufs neue darauf hingewiesen hatte, daß der CMC für die Beschreibung des mesopotamischen Judentums keinen Quellenwert besitzt, setzte er sich mit den Thesen von G.P. Luttikhuizen auseinander, der Elchasai für eine legendäre Figur hält, deren Name auf ein Mißverständnis des ihm zugeschriebenen Buches zurückgeht. M. lehnte L's These ab, daß es sich um ein pseudepigraphisches Werk aus dem Judentum handle, da das nur bei Ausklammerung gewisser Daten möglich sei. Zumindest läßt sich nicht von ihm aus eine jüdisch-rabbinische Gruppe erschließen, zumal sich die Baptisten nicht im babylonischen Siedlungsgebiet der Juden, sondern in der Mesene niedergelassen haben. Was an Jüdischem bei den Elkesaiten vorhanden war, ist durch eine Sphäre verarbeitet worden, die außerhalb des Judentums lag.

L. Koenen entnahm den Anregungen des ersten Symposiums die Aufgabe, nach einem inhaltlichen Problem der Theologie Manis zu fragen: »How dualistic is Manis Dualism?« Er möchte an Hand der Einleitung von Manis Lebendigem Evangelium nachweisen, daß Manis Dualismus nicht so radikal ist, wie man gewöhnlich annimmt, weil der Ewigkeitscharakter des guten Gottes so stark betont wird, während das bei der Finsternis nicht der Fall ist. Die Aporien in der Charakterisierung des Gegensatzes von Licht und Finsternis erklärt er mit dem Hinweis auf prädogmatische Rhetorik.

Cornelia Roemer legte ein Paper zur frühesten Missionstätigkeit vor »Manis Reise durch die Luft«. Sie behandelte darin das Zusammentreffen Manis mit einem Eremiten, der behaart war. Nach Mani hat sich dieser durch das Pflücken von Früchten an der Lebendigen Seele versündigt. Die Belehrung macht ihn zum Missionar. R. möchte in dem Abschnitt einen Einschub sehen, der auf die spätere Verkündigung des Glaubens unter ägyptischen Eremiten hinweist, weil Mani, von seiner Reiseroute abweichend, durch die Luft in ein fremdes Land entrückt wurde.

S. Giversen widmete sich schließlich einem Abschnitt des Textes, den er als »Manis Apologie« (CMC 91-99) bezeichnete. Er möchte von da aus die ganze Schrift als Apologetik, ja als Polemik betrachten. Zudem wies er auf polemischen Charakter in vielen anderen Texten des Manichäismus hin. Auch aus den noch unveröffentlichten Chester-Beatty-Texten, deren Dubliner Bestandteile er in Facsimileausgabe soeben vorgelegt hat, brachte er Beispiele.

An alle Referate schlossen sich anregende Diskussionen an. Auch die Gelegenheit zum persönlichen wissenschaftlichen Austausch wurde genutzt. Der Universität und den staatlichen Behörden gebührt für ihre Unterstützung der gelungenen Veranstaltung aufrichtiger Dank, ganz besonders aber Prof. L. Cirillo, dem Leiter des Unternehmens, sowie Prof. A. Autiero als Generalsekretär.

Alexander Böhlig

MITTEILUNGEN

Neuere Publikationen der Syrisch-orthodoxen Kirche

Der junge und aktive syrisch-orthodoxe Metropolit von Aleppo, Gregorios Yuhanna Ibrahim, gibt seit 1980 die Reihe »Studia Syriaca - Hugōyē suryōyē - Dirāsāt suryānīya« heraus, in der bisher 20 kleine Bände aus der Feder syrisch-orthodoxer Patriarchen und Bischöfe erschienen sind (teilweise handelt es sich um Nachdrucke). Bis auf Band 12 (Ignatius Zakka I Iwas, The Syrian Orthodox Church of Antioch at a Glance, Aleppo 1983 = englische Übersetzung von Band 7) sind alle in arabischer Sprache verfaßt, tragen jedoch auch einen englischen Titel. Sie behandeln theologische Fragen (Severios Isaac Saka, The Resurrection in the Syrian Orthodox Concept [Bd. 5]; ders., The Holy Bible in the Syrian Orthodox Church [Bd. 9]; Ignatius Zakka Iwas, The Incarnation in the Syrian Orthodox Concept [Bd. 6]), Kirchengeschichte (Gregorios Yuhanna Ibrahim, The Syrian Church and Iconoclasm [Bd. 1]; Severios Isaac Saka, The History of the Syrian Orthodox Church of Antioch [Bde. 10, 11, 13-15]) und andere Gebiete (Ignatios Zakka Iwas, The Seven Sleepers [Bd. 2]; Gregorios Paolos Behnam, The Epistolary Style of the Syrian Fathers [Bd. 3]; ders., Bar Hebraeus' Biography and Poems [Bd. 17]; Gregorios Saliba Shamoon, Aramean Kingdoms [Bd. 4]; ders., Ro'yo u Mar'itho [Bd. 8]; Barsoum Y. Ayoub, Ḥzūqyo Luoth Phesho [Bd. 16]; Ignatios Ephrem Barsoum, The Syriac Words in the Arabic Dictionaries [Bde. 18, 19]; Malatios Barnaba, The Divine Economy by Mar Jacoub of Edessa [Bd. 20]).

Die Bücher (soweit noch nicht vergriffen) können über folgende Anschrift bezogen werden: Syrian Orthodox Archdiocese, Sulaimanya - Aleppo, Syrien.

Metropolit Yuhanna Ibrahim plant eine zweite Reihe mit dem Titel »Arabic Syriac Patrimony«, in der arabische Werke syrischer Autoren erscheinen sollen. Der in Kürze herauskommende erste Band ist ein Nachdruck der Literaturgeschichte des Patriarchen Ignatius Aphram Barṣaum (Al-Lu'lu' al-manṯūr).

Ein weiterer photomechanischer Nachdruck dieses wichtigen Werkes (2. Aufl. Aleppo 1956) ist 1987 im »Verlag Bar Hebraeus« erschienen, einem seit 1981 von der Syrisch-orthodoxen Metropolie für Mitteleuropa im »St. Ephrem der Syrer Kloster« betriebenen Unternehmen, das 1985 nach dem berühmten Maphrian und Schriftsteller benannt wurde (Anschrift: 7585 PK Glane/Losser, Glanerbrugstr. 33, Niederlande). Der gedruckte Verlagskatalog weist —

einschließlich einiger an anderer Stelle erschienener Bücher — bereits 69 Titel auf. Von besonderer Bedeutung sind die syrischen Textausgaben, die meist von Metropolit Julius Yeshu Çiçek selbst unter Verwendung mehrerer Handschriften kalligraphisch ausgeführt wurden und technisch einwandfrei gedruckt sind. Erwähnt seien nur: Jakob von Sarug, Homilien; Jakob von Edessa, Hexaemeron; Barhebraeus, Buch der Taube, Ethikon, Nomokanon, Ergötzliche Erzählungen, Weltgeschichte; Anaphoren; Šḫīmō; Bēṯ Gazzō; Evangeliar. Nützlich sind auch die sonstigen photomechanischen Nachdrucke, u.a. die der Geschichte des Ṭūr ʿAbdīn von Patriarch Barṣaum (in syrischer Sprache) und des syrischen Lexikons des chaldäischen Metropoliten Thomas Audo (erstmals gedruckt 1897).

Hubert Kaufhold

PERSONALIA

Professor Dr.phil. Oscar Löfgren, Uppsala, feierte am 13. Mai 1988 seinen 90. Geburtstag. Neben seinen südarabischen und islamischen Studien befaßte er sich auch mit Themen des Christlichen Orients, wie der äthiopischen und arabischen Bibelübersetzung und den Regeln Pachoms in äthiopischer Überlieferung. Am 8. September 1927 promovierte er mit der Dissertation »Die äthiopische Übersetzung des Propheten Daniel« (Paris 1927) an der Universität Uppsala zum Dr.phil. Der Jubilar wurde mit einer Festschrift »Ethiopian, South-Arabic and Islamic Studies« (ed. U. Ehrensvärd and Chr. Toll) geehrt.

Professor Dr.theol. Friedrich Heyer, em. o. Professor für Konfessionskunde an der Universität Heidelberg, feierte am 24. Januar 1988 seinen 80. Geburtstag. Geboren in Darmstadt, lehrte er an den Universitäten Kiel und dann Heidelberg. Viele seiner Arbeiten befassen sich mit dem Christlichen Orient, so z.B. »Die Kirche Äthiopiens« (1971), »Die Kirche Armeniens« (1978), »Kirchengeschichte des Heiligen Landes« (1984) und andere.

Professor Dr. Victor H. Elbern, Honorarprofessor an der Freien Universität Berlin (ab 1970), Hauptkustos der Staatlichen Museen Preußischer Kulturbesitz in Berlin, wurde am 9. Juni 1988 siebzig Jahre alt. Nach seiner Promotion zum Dr.phil. in Zürich (1950) lehrte er zeitweise als Gastprofessor an den Universitäten in Tel Aviv, Jerusalem und Zürich frühchristliche, byzantinische und frühmittelalterliche Kunstgeschichte und bezog immer wieder auch den Christlichen Orient in seine Forschungen mit ein.

Professor Dr.phil., Dr.theol., Dr.jur. Ernst Hammerschmidt, B.litt. (Oxon.), Universität Hamburg, vollendete am 29. April 1988 sein 60. Lebensjahr. Geboren in Marienbad lehrte er an der Universität des Saarlandes und ab 1970 als ordentlicher Professor an der Universität Hamburg Orientalistik mit dem Schwerpunkt Äthiopistik, Christlicher Orient und Konfessionskunde. Neben zahlreichen Aufsätzen veröffentlichte er Untersuchungen zur koptischen und äthiopischen Liturgie, zur Bedeutung des Sabbats in Äthiopien und wichtige Handschriftenkataloge. Die von ihm begründete und herausgegebene Reihe »Äthiopistische Forschungen« (ab 1977) ist inzwischen bis Band 26, der Festschrift für Prof. Hammerschmidt, »Collectanea Aethiopica« (ed. S. Uhlig/ Bairu Tafla, Wiesbaden 1988), gediehen.

Dr.phil. et hist. orient. P. Hans Quecke, SJ, o. Professor für Christlichen Orient am Päpstlichen Bibelinstitut in Rom, vollendete am 7. Juli 1988 sein 60. Lebensjahr. Neben zahlreichen Aufsätzen widmete er eigene Monographien dem koptischen Stundengebet (1970), den Briefen Pachoms (1975) und edierte alte sahidische Übersetzungen der Evangelien nach Markus (1972), Lukas (1977) und Johannes (1984).

Frau Professor Dr.theol. Luise Abramowski, o. Professorin für Kirchengeschichte an der Universität Tübingen, feierte am 8. Juli 1988 ihren 60. Geburtstag. Sie bezog auch christlich-orientalische Texte in ihre Forschungen mit ein, wie in ihren »Untersuchungen zum Liber Heraclidis des Nestorius« (1963).

Julius Aßfalg

TOTENTAFEL

Lic.theol., Dr.phil. Klaus Wessel, Professor für frühchristliche und byzantinische Kunstgeschichte an der Universität München, verstarb am 5. Dezember 1987 in Gundelsheim am Neckar. Am 16.04.1916 in Berlin geboren, lehrte er ab 1949 an der Humboldt-Universität in Ostberlin, ab 1952 an der Universität Greifswald, war von 1952 bis 1958 Direktor der frühchristlich-byzantinischen Sammlung der Staatlichen Museen Berlin. Ab 1960 lehrte er an der Universität München. In seine Forschungen bezog er auch die Kunst des Christlichen Orients, besonders die koptische Kunst, voll mit ein. Neben zahlreichen Veröffentlichungen ist vor allem das vom ihm begründete (1963) und zusammen mit M. Restle herausgegebene »Reallexikon zur byzantinischen Kunst« zu nennen. Unsere Zeitschrift verliert mit ihm einen langjährigen, treuen und höchst sachkundigen Mitarbeiter.

Professor Dr. Ivane Imnaïšvili, Universität Tbilissi, verstarb am 26. Januar 1988. Geboren im Dorf Lašisġele, Rayon Lanč'ḫut'i (Westgeorgien), am 10. Januar 1906, promovierte er 1959 zum Dr. der philologischen Wissenschaften, wurde 1960 Professor und 1967 Mitglied der georgischen Akademie der Wissenschaften. Die Kartvelologie verdankt ihm wichtige Werke wie z.B.: Deklination der Nomina und Funktion der Kasus im Altgeorgischen (1957), Konkordanz zur georgischen Version der 4 Evangelien (1948-49), Edition der neutestamentlichen Offenbarung in georgischer Übersetzung (1961), Die zwei Endredaktionen der georgischen Übersetzung der vier Evangelien (1979), Historische Chrestomathie der georgischen Sprache I/1 Texte (1970), I/2 Grammatikalischer Überblick (1971). Bedeutend ist auch sein Anteil an der von A. Schanidze herausgegebenen Konkordanz zum georgischen Nationalepos »Der (Mann) im Tigerfell« (1956), außerdem zahlreiche kleinere Textausgaben sowie grammatikalische und lexikographische Beiträge in Editionen anderer Herausgeber.

Am 7. April 1988 verstarb Mgr. Dr. Joseph-Marie Sauget, langjähriger Scriptor Orientalis an der Biblioteca Apostolica Vaticana, Città del Vaticano. Sein reichhaltiges Schrifttum umfaßt wichtige Werke zur christlich-orientalischen Handschriftenkunde, Textausgaben und Untersuchungen zu Fragen der christlich-orientalischen Literaturen.

Julius Aßfalg

BESPRECHUNGEN

Lactance: Institutions Divines. Livre I. Introduction, Texte critique, Traduction et Notes par Pierre Monat (= Sources Chrétiennes N° 326). Les Éditions du Cerf. Paris 1986, Kart., 271 S., FF 179.

Grégoire le Grand: Homélies sur Ézéchiel. Tome I. Texte latin, Introduction, Traduction, et Notes par Charles Morel (= Sources Chrétiennes N° 327). Les Éditions du Cerf. Paris 1986, Kart., 543 S., FF 216.

Évagre le Pontique: Scholies aux Proverbes. Introduction, Texte critique, Traduction, Notes, Appendices et Index par Paul Géhin (= Sources Chrétiennes N° 340). Les Éditions du Cerf. Paris 1987, Kart., 526 S., FF 328.

Die unter der Direktion von Dominique Bertrand (Lyon) erscheinende Reihe altchristlicher Schriftsteller hat inzwischen einen Umfang erreicht, der die beste Hoffnung darauf gibt, daß in absehbarer Zeit der Migne in seinen beiden Reihen endgültig der Geschichte der Quelleneditionen angehören wird. Jeder neue Band der Sources Chrétiennes beweist die Erfahrung und Routine, die seit der Begründung dieser renommierten Reihe gewonnen wurde. Von der Einrichtung des Textes und des textkritischen Apparates bis zu den ungewöhnlich hilfreichen Indices präsentieren sich die Quelleneditionen in einer Form, die kaum mehr Wünsche offen läßt. In einer Zeit der immer mehr nachlassenden Kenntnisse des Altgriechischen und des Latein ist man für die synchrone Gegenüberstellung der Quelle mit der Übersetzung ins Französische dankbar. Es ist bedauerlich, daß offensichtlich aus finanziellen Gründen vergleichbare Ausgaben mit gegenüberliegender deutscher Übersetzung unmöglich geworden sind. Vermutlich dokumentiert sich in den Sources Chrétiennes auch das größere Interesse der französischen Geisteswissenschaften an den altchristlichen Quellen.

Laktanz, der die diokletianische Verfolgung in Nikomedien überstand und um 317 Prinzenerzieher (Crispus) in Trier wurde, dürfte sein Hauptwerk »Divinae Institutiones« um 304 begonnen haben. Er wollte eine Apologie des Christentums und zugleich eine Gesamtdarstellung des christlichen Glaubens verfassen, die allerdings die Grenze der Dürftigkeit nicht überschreiten konnte. Das erste Buch setzt sich vom Prinzip des Euhemerismus ausgehend mit dem Polytheismus auseinander, um zur bekannten These, die Götter seien vom Teufel beherrschte Dämonen, überzugehen. Seine Diktion ist polemisch, seine Sicht ist pädagogisch, insofern er Heiden zu überzeugen versucht, daß die Orakel und die paganen Autoritäten Zeugnisse und Instrumente der Offenbarung enthalten, die er seinen Adressaten bewußt machen möchte. Neben der glänzenden lateinischen Rhetorik bietet Buch I wertvolle Informationen zu Götterwelt und Götterkult seiner Zeit.

Die Ezechielhomilien (Buch I) des janusköpfigen Gregor, der einerseits aus der Spätantike kommt und andererseits eine neue Zeit mit vorbereitet, sind kaum bekannt und in der Patristik wenig beachtet. Sie entstanden im Jahr 593, als sich dunkle Wolken über dem italischen Stiefel und vor allem gegen Rom zusammenzogen. Gestalt und Symbolismus des atl. Propheten veranlassen den Prediger zu vielfältiger Interpretation und Reflexion, die den Hörer zur Erkenntnis führen möchte, daß die wunderbare Kraft des heiligen Textes das Herz dessen bewegt, der ihn liest und der dadurch zur Liebe vordringt, die von oben kommt. Wenn Gregor in der Homilie X zu Ez 3,1b »Iß diese Rolle; dann geh, und rede zum Haus Israel« Stellung nimmt, dann zeigt sich trotz seiner in diesen Homilien erkennbaren Vorliebe für dunkle Symbole und Mysterienhaftes sogleich der pastorale Praktiker. Er wendet sich hier an den Prediger mit der Forderung: lies, praktiziere selbst und dann erst predige.

Die Scholien zum Buch der Sprichwörter des Evagrius Ponticus (346/99) führen in die orientalische Spiritualität ein, freilich nur fragmentarisch, da das Anathem vom Jahre 553 seine Ausführungen zu den Proverbien großenteils vernichtete.

Wilhelm Gessel

Studien zur Geschichte und Kultur des Altertums. Neue Folge. 2. Reihe: Forschungen zu Gregor von Nazianz. Im Auftrag der Görres-Gesellschaft hrsg. von J. Mossay u. M. Sicherl unter Mitwirkung von G. Garitte.

1. Band: Repertorium Nazianzenum. Orationes. Textus Graecus. 1. Codices Galliae. Recensuit Iustinus Mossay. Ferdinand Schöningh, Paderborn 1981, kart. 133 S.

2. Band: II. Symposium Nazianzenum. Louvain-la-Neuve, 25-28 août 1981. Actes édités par J. Mossay. Ferdinand Schöningh, Paderborn 1983, kart., S. 306.

Der erste Band eröffnet wieder die Reihe der »Studien zur Geschichte und Kultur des Altertums«, die nach dem Verbot der Görres-Gesellschaft 1940 eingestellt werden mußte. Die erste Reihe bemüht sich um Monographien aus dem gesamten Bereich der Altertumswissenschaften unter besonderer Berücksichtigung der Christlichen Archäologie. Die zweite, hier anzuzeigende Reihe möchte als Archiv für die Vorarbeiten zu einer kritischen Edition der Werke des Gregor von Nazianz dienen und zugleich für Kommentare zum Nazianzener offenstehen.

Die erste Publikation präsentiert erschöpfend die gallischen Codices zu den Reden Gregors. Eine immense, sorgfältige Arbeit wurde geleistet, die durch fünf Indices (S. 127-133) umfassend erschlossen wird. Die alte crux der Zitation der Werktitel wurde optimal gelöst. Jede Rede findet sich mit einer latinisierten Überschrift, die Variationen werden mit »vel« dazugestellt. Außerdem wird das griechische Incipit und Explicit (= Desinit) nach dem Migne-Text angegeben (S. 14-25). Es wäre sehr zu wünschen, daß diese Nomenklatur Allgemeingut wird, zumal auch die Clavis Patrum Graecorum III (S. 179-181) sich dieser Mühe verweigert hat. Wer Dissertationen zu betreuen hat, weiß, wie mühsam selbst Doktoranden der Durchblick zu korrekter und einsichtiger Zitation der Werktitel des Nazianzeners erscheint. Der bisherige Gebrauch, die Reden nach römischen Ziffern zu unterscheiden, war höchst unbefriedigend. So ist das Repertorium Nazianzenum zugleich ein erster, sehr begrüßenswerter Ansatz zur Vereinheitlichung der Zitationsweise.

Der zweite Band gewährt einen umfangreichen Einblick in den Forschungsstand zur Tradition, den orientalischen Übersetzungen, der Poesie, den Kommentaren und den Briefen des Gregor. Besonders sei verwiesen auf den Beitrag von R. Freise: »Zur Metaphorik der Seefahrt in den Gedichten Gregors von Nazianz« (S. 159-163). Hier fällt auf, daß Gregor ungewöhnlich intensiv den Bildern der Antike verpflichtet ist und kaum auf die ansonsten bekannte Kreuzessymbolik eingeht, die das Schiff als Komposition von Holz und Nägeln, die unmittelbar auf das Kreuz Christi hinweisen, darstellt. Dabei verzichtet Gregor nicht auf den Humor, wenn er ausführt: »Spät werde ich das Lastschiff, das lebende Grab, wieder nach Hause schleppen, gepeinigt vom elenden Bauch« (Elegie über die verschiedenen Lebensformen II 1,17, v. 71f.) und damit die Folgen eines Festessens karikiert. Leider ist der Symbolgehalt spätantiker Seefahrt umfänglicher tradiert als konkrete Einzelheiten über die dräuende Gefahr des Meeres, die offensichtlich den spätantiken Menschen außergewöhnlich zu schaffen machte (Vgl. dazu: J. Vogt: Synesios auf Seefahrt. In: Festschrift für Johannes Quasten. Vol. I. Ed. by P. Granfield and J.A. Jungmann.

Münster 1970, 400-408). Bischof Synesios von Kyrene hatte offensichtlich mehr praktische Erfahrungen als Gregor von Nazianz.

Wilhelm Gessel

Alexandros S. Korakides, Ἀρχαῖοι ὕμνοι: 1. Ἡ ἐπιλύχνιος εὐχαριστία »Φῶς ἱλαρὸν ἁγίας δόξης...«, Eigenverlag des Verfassers (Ag. Theresias 29. N. Herakleon), Athen 1979, 221 S. + 24 Abb.

Die christliche Kirche der ersten drei Jahrhunderte besaß einen reichen und bunten Schatz an Hymnen. Über dessen ältesten Bestand vermittelt das Neue Testament ein hinreichend deutliches Bild durch die vielen Lieder, die es als ganze oder im Fragment zitiert. Doch nahezu alle altchristlichen Hymnen, die nicht mehr das Glück hatten, in die kanonischen Schriften der Christenheit Aufnahme zu finden, wurden im 4. Jahrhundert durch die antiarianische Reaktion der Großkirche, die zur Wahrung der Rechtgläubigkeit nurmehr die biblischen Psalmen und Cantica im Gottesdienst zulassen wollte, hinweggefegt. Die nichtbiblischen Gesänge, welche diesen Sturm überstanden haben, kann man an den Fingern einer Hand abzählen. Zu ihnen gehört der Vesperhymnus Φῶς ἱλαρόν, der bis zum heutigen Tag zum Kernbestand des täglichen Abendgottesdienstes der Kirchen byzantinischer Tradition zählt, an manchen Tagen auch von den Armeniern gesungen wird und in neuerer Zeit sogar in Gesangbüchern der meisten westlichen Denominationen zu finden ist. So kann eine Monographie, die das Φῶς ἱλαρόν behandelt, des Interesses weiter Kreise sicher sein.

Ein Überblick über ihren Aufbau zeigt, daß der Autor versucht hat, sein Thema möglichst vielseitig anzugehen: In einem einleitenden Teil stellt er die jüdischen und heidnischen Lichtbräuche der Antike vor und weist auf die breite Verwendung der Lichtmetapher in der neutestamentlichen Verkündigung der Person Jesu Christi hin (S. 21-44). Es folgt im 1. Kapitel die Behandlung der Verfasserfrage (45-68). Wie nicht anders zu erwarten, erklärt Korakides die Zuschreibungen an den Martyrer Athenogenes, den Apologeten Athenagoras und den Patriarchen Sophronios von Jerusalem, die in den liturgischen Handschriften und Drucken begegnen, für unhaltbar.

Im 2. Kapitel (69-82) stellt er zum Vergleich weitere trinitarische Hymnen und Vespergesänge der Alten Kirche vor. Philologischen Problemen ist das 3. Kapitel (83-109) gewidmet. Da schon lange bekannt ist, daß der heute in der griechischen Kirche gebrauchte Wortlaut nicht in allem der Originalfassung entspricht, sucht der Verf., durch Heranziehung einer ganzen Reihe von Handschriften einen kritischen Text zu erstellen (83f.). Die wegen des eigenartigen Wechsels zwischen christologischer und trinitarischer Anrede immer wieder aufgeworfene Frage, ob der Hymnus nicht aus ursprünglich selbständigen Teilen zusammengesetzt ist, beantwortet Korakides zugunsten seiner Homogenität von Anfang an. Die Suche mancher Altphilologen nach einem Metrum im Sinne der klassischen griechischen Literatur erklärt er — m.E. zurecht — für gegenstandslos. Musikwissenschaftlichen Fragen — insonderheit dem sog. ἀρχαῖον μέλος — geht er im 4. Kap. (111-126) nach. Im 5. Kap. (127-174) geht es um den liturgischen Kontext, in den der Hymnus als solcher und das vesperale Lucernarium insgesamt seit ältesten Zeiten eingebettet ist. Das 6. Kapitel (175-194) schließlich will hermeneutische Fragen klären. Dabei kommt auch die bekannte Entstehungslegende des Hymnus zur Sprache, die mit der alljährlich am Karsamstag in der Jerusalemer Anastasis vollzogenen Zeremonie des hl. Feuers verbunden ist. Eine kurze, nicht leicht verstehbare, Zusammenfassung in deutscher Sprache, Bibliographie und Register sowie 24 Abbildungen von Handschriften des 10.-15. Jahrhunderts, die den Hymnus enthalten, beschließen den Band.

Das Hauptverdienst des Verf. mag darin liegen, daß er mit allem Fleiß eine Menge zum Thema beitragender Materialien gesammelt und die bis ins 17. Jahrhundert zurückreichende einschlägige Literatur zusammengetragen hat. Übersehen hat er dabei lediglich die Beiträge in russischer

Sprache, vor allem die nicht unwichtigen Ausführungen von N. Skaballanovič im 1913 in Kiev erschienenen 2. Band seines Tolkovyj tipikon. Leider sind aber auch die in der Bibliographie aufgeführten Werke nicht alle gebührend berücksichtigt. So hätte der von J. Mateos vorgestellte Cod. Sinaiticus Graec. 863 aus dem 9. Jahrhundert — neben dem Cod. misc. Bodleiensis 5 immerhin der älteste Textzeuge — bei der Textrekonstruktion keinesfalls außer acht bleiben dürfen. Zusammen mit ebenfalls nicht beigezogenen alten Übersetzungen, vor allem der slavischen, läßt er es als sicher erscheinen, daß das zu φωναῖς gehörige Adjektiv ursprünglich ὁσίαις hieß, nicht αἰσίαις (83), und rückt die Formulierung διὸ ὁ κόσμος ἑορτάζει als Variante der Schlußzeile anstelle des rezipierten διὸ ὁ κόσμος σὲ δοξάζει immerhin in dem Bereich des Erwägenswerten.

Andererseits kann allzu blindes Vertrauen auf Behauptungen, die in wissenschaftlichem Schrifttum begegnen, auch zu folgenschweren falschen Schlüssen führen. In dieser Hinsicht bildet das vorliegende Werk den beinahe tragisch zu nennenden Höhepunkt in der unglaublichen Geschichte einer Wissenschaftslegende. Wie vor ihm schon die Griechen S. Eustratiades, G. Mpekatoru, die Russen F. Smirnov und N. Skaballanovič, der Deutsche S. Bäumer und der Franzose H. Leclercq behauptet Korakides immer wieder (45, 47, 66, 87, 91f., 148), das Φῶς ἱλαρόν stehe in einer der ältesten und berühmtesten Bibelhandschriften, dem sog. Codex Alexandrinus, ein Irrtum, der schon bei dem Anglikaner I. Bingham (1668-1723) begegnet und sehr wahrscheinlich auf diesen zurückgeht. Korakides hätte bei dem ebenfalls von ihm zitierten E.R. Smothers nachlesen oder sich selbst anhand einer Faksimile-Ausgabe des Codex Alexandrinus davon überzeugen können, daß der Hymnus dort eben nicht zu finden ist. Wirklich schlimm wird der übernommene Irrtum merkwürdigerweise freilich erst dadurch, daß Korakides aus ihm Schlüsse zieht, die selbst dann nicht zutreffen müßten, wenn er keiner wäre. Denn bereits Basileios d.Gr., der im Jahr 379 jedenfalls noch vor der Entstehung der berühmten Bibelhandschrift das Zeitliche segnete, zitiert den Hymnus als hochaltertümliches liturgisches Zeugnis, womit doch die Möglichkeit einzuräumen ist, daß das Φῶς ἱλαρόν schon zu dieser Zeit nicht nur eine lange Geschichte, sondern auch bedeutsame Umstrukturierungen hinter sich hatte. Da Korakides aber meint, solche Veränderungen von vorneherein ausschließen zu können, sind seine Ausführungen zur Textstruktur nahezu wertlos.

Aus der Erkenntnis heraus, daß demnach wesentliche Fragen um einen der ältesten und theologisch wie liturgisch bedeutsamsten Hymnentexte der Christenheit noch der Lösung harren, hat der Rez. eigene Studien zum Φῶς ἱλαρός unternommen, die er hofft, in absehbarer Zeit vorlegen zu können.

Peter Plank

Pierre Perrier, Karozoutha. De la bonne nouvelle en araméen et évangiles greco-latins, Médiaspaul, Editions Paulines, Paris 1986, 700 S.

Das ehrgeizige Ziel dieser neuen Arbeit ist es, die Verkündigung der ersten Apostel, aramäisch »karozoutha«, griechisch »kerygma«, bis etwa 100 n.Chr. darzustellen.

Die Traditionen werden hier eher aus den aramäisch-syrischen als aus den sekundären griechischen Quellen geschöpft. Die Peschitta ist die große Lehrmeisterin, die hilft, Einblick in die verborgenen aramäischen Ursprünge der frohen Botschaft zu gewinnen. Es ist klar, daß man hier mit neuen Methoden arbeiten muß. Drei davon kommen hier grundsätzlich in Frage: Erstens greift man bewußt zu der von B. Jousse entwickelten Methode zur Erforschung mündlicher Überlieferungen. Strukturalistische Analyse wird vergleichend auf die Peschitta und die griechischen Evangelien angewandt. Zweitens nähert man sich den altsyrischen Traditionen mit ethnologischen Methoden: das Weltbild wird als funktionell erfaßt, ohne Rücksicht auf historisch-philologische Untersuchungen. Drittens werden eine große Menge von altchristlichen und altjüdischen Texten ausgewertet. Aus diesen wird eine ausführliche Chronologie für die Zeit von 6 v.Chr. bis 399 n.Chr. aufgebaut, leider ohne irgendeine genauere historische Wertung dieser Quellen (S. 449-612). Doch ist sich der Autor des hypothetischen Charakters seiner Schlußfolgerungen wohl bewußt (S. 440). Wie kann man z.B. (S. 325) die Stelle Matth. 16,16 außerhalb vom Yom Kippur anwenden (Vergl. Revue théologique de Louvain 11 (1980) 310-324)? Vom ethnologischen Standpunkt aus liest sich das Buch spannend bis zum Ende, als ein lebendiges Zeugnis ostkirchlichen Erlebnisses.

Michel van Esbroeck

Cyrillonas, L'Agneau Véritable. Hymnes, Cantiques et Homélies. Introduction, traduction du texte syriaque, notes et index par Dominique Cerbelaud OP, Chevetogne [1984], 122 S.

Das Verdienst des Taschenbuchs aus der Reihe »L'Esprit et le Feu« besteht darin, daß es die sechs für Geschichte, Volksfrömmigkeit und Dogmatik wichtigen Dichtungen des syrischen Theologen Cyrillonas (Qurillona), die nach Form, Inhalt und Qualität dem Werk Ephräm des Syrers verwandt sind, erstmals in vollständiger französischer Übersetzung einem breiteren Leserkreis zugänglich macht.

An drei Stellen will Cerbelaud seine Übersetzungsgrundlage G. Bickell, ZDMG 27 (1873) 566-598 korrigieren: 1) Die durch Gen 44,5 gut begründete Korrektur in I 15 mit Anm. 28 = Bickell II 440 von ܢܩܫ = *heurter* zu ܢܚܫ (die Transkription S. 109 Anm. 28 ist fehlerhaft) = *lire les présages* wurde bereits von B. Vandenhoff, ZDMG 69 (1914) 163 vorgeschlagen und von S. Landersdorfer IV 440 und C. Vona II 440 benutzt. 2) Der Vorschlag, in IV 4 mit Anm. 71 = Bickell IV 149 statt des sonst nicht nachgewiesenen ܡܠܫ (S. 111 Anm. 71 ebenfalls fehlerhaft transkribiert) ܡܠܓ = *arracher* zu lesen, ist gegenüber der noch von Vona VI 149 übernommenen Deutung Bickells, ZDMG 27 (1873) 623 ܡܠܫ = *abschneiden* sicher bemerkenswert; allerdings findet sich die Übersetzung *ausreißen* schon bei Landersdorfer I 149, wenngleich dieser die Konjektur ܡܠܓ nicht eigens vermerkt. 3) Die Änderung des seltenen ܡܘܟܠܬ ܠܗ (Landersdorfer I 447 *die ihr bestimmte Nahrung*, Vona VI 447 *il loro cibo*) zu einem ebenso ungebräuchlichen ܡܘܟܠܬ ܬܠ ܗ = *sa morsure* in IV 11 mit Anm. 80 = Bickell IV 447 ergibt nicht nur keinen besseren Sinn, sondern die Übersetzung *en mordant à l'entour* widerspricht sogar der relativ simplen Wortfolge und Satzkonstruktion.

Die Zählung der Gedichte nach ihrer Reihenfolge im Manuskript und ihre neue Unterteilung in Abschnitte mögen zwar sinnvoll sein; sie erschweren aber, wie die gerade genannten Beispiele zeigen, wieder einmal den Vergleich mit der Edition und den schon vorhandenen Übersetzungen.

Winfrid Cramer

Michael Lattke, Die Oden Salomos in ihrer Bedeutung für Neues Testament und Gnosis, Band III. Forschungsgeschichtliche Bibliographie 1799-1984 mit kritischen Anmerkungen. Mit einem Beitrag von Majella Franzmann, A Study of the Odes of Solomon with Reference to the French Scholarship 1909-1980, Universitätsverlag Freiburg Schweiz, Vandenhoeck & Ruprecht, Göttingen 1986 (= Orbis biblicus et orientalis 25/3).

Mit diesem dritten Teil des großen Kommentars über die Oden Salomos ist M. Lattke noch nicht an das Ende seines Lebenswerkes gekommen. Die früheren Leistungen, Ausgabe, Übersetzung, Zitate, Rechtfertigung der indirekten koptischen Überlieferung und Konkordanz, werden hier durch eine ungewöhnlich breit angelegte Bibliographie ergänzt. In einem vierten Band soll noch der Kommentar folgen. Hier läßt die Bibliographie schon einiges vorausahnen: bei Widengren

1982 (S. 358-359) kann man mandäische Parallelen erwarten. Nicht ohne Humor erregt der Autor die Neugierde des Lesers (Kannengießer 1981) (S. 349), oder appelliert an seine Geduld (Segalla 1981) (S. 351). Durch Lattke 1982 und 1983 bekommt man schon einen Vorgeschmack der kommenden Arbeit. Neben der knappen und sachlichen Beschreibung von Tausenden von Büchern und Artikeln gibt Majella Franzmann eine systematische Darstellung der französischen Literatur über die Oden Salomos (S. 372-425). Dazu finden sich schon wieder 24 Ergänzungstitel (S. 368-370), da eine Bibliographie sowieso nicht vollständig sein kann. Am nützlichsten ist vielleicht der detaillierte Stellenindex (S. 459-478): hier kann man unmittelbar feststellen, wie frühere Forscher welche Stellen interpretiert haben. Die Angaben beziehen sich bis auf ein Fünftel eines Verses und die alttestamentlichen, neutestamentlichen und parallelen Stellen in der frühchristlichen oder gnostischen Literatur lassen schnell erkennen, ob ein Vers der Oden schon mit einem bestimmten anderen Text zusammengebracht worden ist. Ergänzungen sind natürlich auch hier möglich, so z.B. bei Ode 23, wo ein wunderbarer Brief erwähnt wird. Nach intensiver Beschäftigung mit östlicher Marienliteratur sehe ich, daß das Verhältnis von Maria und Jesus nach Isaias 29,11 f wie Briefumschlag und Brief dargestellt wird: Josef kann das Siegel dieses Briefes nicht lösen. Diese Vorstellung findet sich in der Homilie des Zacharias Katholikos (siehe Handes Amsoreay 1987), deren Vorlage sicher eine verlorene syrische ist. Man beachte, daß griech. *biblion*, syr. *ktābā* hier ausdrücklich als »Brief«, armen. *t'ułt'*, wiedergegeben wird. Die altarmenische Bibelübersetzung benützt Is. 29,11 das gleiche Wort. Das Bild vom menschgewordenen Christus als unendliches, durch Gottes Finger geschriebenes Buch bzw. Brief findet man auch sonst in orientalischen Homilien. Die mariologischen Deutungen der Oden Salomos scheinen nicht sehr zahlreich zu sein: von Campenhausen 1962, Buck 1970, Binder 1976, Lagrand 1980. Diese mariologische Interpretation hat sich jedoch im koptischen Bereich weiter entwickelt. In aphthartodoketischen Texten der koptischen Literatur wird das Wesen Marias ganz unkörperlich aufgefaßt, wie man z.B. bei Johannes von Parallos nachlesen kann.

Auf S. 413 ist mir unverständlich, inwiefern *gigal* als Engelbezeichnung bei Mingana ein Beweis für eine ursprünglich syrische Redaktion sein soll. Die Quelle dafür ist offensichtlich Ez. 15,1, wo die *ofanim* schon aramäisch die gleiche Funktion haben könnten. So könnte man mit Murray 1974 (S. 313) einen ziemlich komplexen Anfang annehmen.

Der 3. Band ist wenige Jahre nach 1984 schon wieder zu ergänzen. Der rätselhafte Ursprung der Oden wird sicher die Veröffentlichungen nicht abreißen lassen. Das Verdienst dieses Buches gleicht dem, das H. Schlerath 1968 für die Avestastudien veröffentlicht hat. Doch erfährt der Leser bei Lattke durch Tausende von knappen Berichten mehr als bei Schlerath, der sich auf reine Literaturangaben beschränkt.

Michel van Esbroeck

Joseph-Marie Sauget, Un Gazzā chaldéen disparu et retrouvé: Le Ms. *Borgia Syriaque 60,* Città del Vaticano 1987 (= Studi e Testi 326), 94 Seiten.

Mit dem vorliegenden Band setzt der Verf. seine kodikologischen Arbeiten fort und stellt eine liturgische Handschrift vor, die in den letzten 80 Jahren spurlos verschwunden war, oder richtiger: von deren Existenz niemand etwas ahnte.

Bei einer systematischen Durchsicht der Hss. des Fonds Borgia der Vatikanischen Bibliothek stieß Sauget auf einen großformatigen, dicken chaldäischen Gazzā, der in der Beschreibung der entsprechenden syrischen Hss. von Addai Scher (1909) fehlt. Der Band bekam daraufhin die Signatur Borg. Syr. 60 zugeteilt. In Schers Beschreibung wird unter dieser Signatur noch eine arabische Hs. des »Testaments unseres Herrn Jesus Christus« und anderer ps.-apostolischer Texte geführt, die zu einem nicht bekannten Zeitpunkt, aber spätestens 1914, zu Recht in die arabische Abteilung des Fonds Borgia überführt wurde (jetzt: Borg. Arab. 22; diese letztere Signatur wiederum war freigeworden, weil eine türkische Hs. umgruppiert worden war und die Signatur Borg. Turc. 78 erhalten hatte), vgl. Tisserant, Specimina S. XL, Nr. 58.

Zweifellos gehörte der syrische Gazzā zu den Hss. des Museo Borgia (im Besitz der Propagandakongregation), die 1902 in die Biblioteca Vaticana übernommen wurden (Addai Scher gibt dafür das Jahr 1899 an). Sauget weist nach, daß er aus dem Nachlaß des Kardinals Stefano Borgia 1805 an die Propagandakongregation fiel, und kann seinen Weg anhand der verschiedenen Bestandsverzeichnisse weiterverfolgen. Dabei erfährt der Leser viel über die Entstehung, Erweiterung und Aufstellung der Sammlung des Museo Borgia, vor allem der syrischen Hss. Insofern ist dieser Teil des Buches auch eine willkommene Ergänzung von G. Levi della Vidas »Ricerche sulla fondazione del più antico fondo dei manoscritti orientali della Biblioteca Vaticana« (1939). Sauget wird Recht haben, wenn er vermutet, daß die »Riesenhandschrift« an ihrem jetzigen Aufbewahrungsort wegen ihres Formats nicht in der früheren Reihenfolge belassen, sondern zunächst beiseitegelegt wurde und dann unbeachtet blieb; entsprechend der letzten Aufstellung im Museo Borgia hätte sie zwischen Borg. Syr. 34 und 35 gehört.

Vor ihrem »Verschwinden« hatten — worauf Sauget hinweist — P. Martin die Hs. für sein Buch »Saint Pierre et Saint Paul dans l'église nestorienne« (1875) sowie A.J. Maclean für seine englische Übersetzung des Epiphanie-Offiziums (in: F.C. Conybeare, Rituale Armenorum, 1905) verwendet, beide offenbar noch im Museo Borgia.

Im zweiten Teil (S. 29-56) gibt Sauget eine Beschreibung der aus dem Jahre 1687/8 stammenden Hs., die an Genauigkeit und Ausführlichkeit nichts zu wünschen übrig läßt (Blattzahl, Format usw., Papier und Wasserzeichen, Erhaltungszustand, Paginierung, Herkunft und Besteller). Dazu einige kurze Bemerkungen:

1) Bei der Abschrift des Kolophons (S. 51) hat sich in Zeile 1 ein Schreibfehler eingeschlichen (lies ܗܢܐ statt ܗܢܢܐ ; vgl. auch Abbildung I).

2) In der Übersetzung (S. 52) ist in Zeile 3 »mar« zu streichen.

3) In Zeile 10 trifft die Übersetzung »avec l'aide« für *b-yaṣṣīpūṯ* nicht ganz. Gemeint ist »auf Verlassung von«, »auf Bestellung von«.

4) *aḇā gāwānāyā* hat sicher nichts mit einer Ableitung vom Namen Maroghin oder den anderen Erwägungen Saugets zu tun. Es ist eine Bezeichnung für Hierarchen, vor allem den Patriarchen, vgl. Thesaurus Syriacus, Sp. 668 (»pater communis, universalis«). Im übrigen ist Maroghin (= Mār Awgēn; in der zusammengesetzten Form nicht selten als Vorname gebraucht) kein Familienname, sondern der Vatersname des Katholikos Elias X.

5) Zu dem Schreiber Gīwargīs aus Alqoš und anderen Angehörigen der bekannten Kopistenfamilie, die vom Priester Israel abstammt, s. neuestens B. Ḥaddād, Ḫaṭṭātūn mašāriqa min usra Rābī Rābā fī al-Qōš, in: Journal of the Iraq Academy. Syriac Corporation, vol. 10, Baghdad 1986, 146-192 (Gīwargīs: S. 157-164).

6) Aus zwei Vermerken (vgl. S. 14, n. 26 und S. 39f., n. 87) ist ersichtlich, daß sich 1839 ein Denḥā bar Yōnā mit den Hss. des Museo Borgiano befaßt hat. Nach Saugets einleuchtender Annahme handelt es sich dabei um einen chaldäischen Zögling des Collegio Urbano der Propaganda Fide. Es wird wohl niemand anderer sein als der relegierte Student dieses Kollegs und spätere Priester gleichen Namens, der 1854 nach Malabar reiste, unter ungeklärten Umständen, aber jedenfalls im Zusammenhang mit den gegen die lateinische Hierarchie gerichteten Bestrebungen, für die dortigen Christen einen syrischen Bischof zu weihen (C. Korolevskij, Art. Audo in: DHGE 5, 1931, 328; J. Habbi, Les Chaldéens et les Malabares au XIXe siècle, in: OrChr 64, 1980, 92; Mar Aprem, Mar Abdisho Thondanat. A Biography, Trichur 1987, 23ff.). Denḥā kehrte 1856 nach Mesopotamien zurück. Über sein weiteres Schicksal ist mir nichts bekannt. Wenn man berücksichtigt, daß nach seiner Studienzeit sein Verhältnis zu Rom gespannt war, könnte er der Kopist der Hss. Ming. Syr. 130 und 128 gewesen sein, geschrieben 1849 und 1875 in Āsīṯa, also in der unmittelbaren Umgebung des nestorianischen Katholikos (laut Kolophon der Hs. Ming. Syr. 128: »Priester Denḥā bar Yōnān bar Abraham bar Yōnān«).

Im letzten Teil (S. 57-88) beschreibt der Verf. eingehend den Inhalt des Gazzā, der sich ganz eng mit dem der Hs. Cambridge Add. 1980 berührt. Sauget bezeichnet die beiden Textzeugen, die sich auch äußerlich stark ähneln, geradezu als »Zwillinge« (S. 41), auch wenn die Cambridger Hs. jünger ist, geschrieben 1723 in Alqoš. Richtiger ist aber wohl, von einer ganzen Familie zu sprechen. In der betreffenden Zeit wurde in Alqoš eine Reihe solcher liturgischer Hss. kopiert. Allerdings erlaubt die meist knappe Beschreibung in den Katalogen keine sicheren Feststellungen darüber, ob sie mit den von Sauget genannten eng verwandt sind. Ziemlich sicher ist das bei der ältesten mir bekannten, der Hs. Leningrad 60, geschrieben 1660 in Alqoš, vom Priester Israel bar Hormizd, dem Vater des Kopisten der Hs. Borg. Syr. 60 (vgl. die Beschreibungen von G. Diettrich, Nachrichten der Königl. Gesellsch. d. Wissensch. zu Göttingen, phil.-hist. Kl, 1909, S. 202-218, Nr. 8, und N. Pigulevskaja, Palestinskij Sbornik 6, 1960, 162-7). Auch die Leningrader Hs. beginnt mit der von Sauget auf S. 64 im syrischen Text mitgeteilten Einleitung in Versform (in Zeile 10 hat Sauget nach ܘܕܘܒܪ̈ܢܐ offenbar versehentlich die beiden Wörter ܕܥܪ̈ܘܒܬܐ ܘܡܫܪ̈ܐ ausgelassen) und wird im Kolophon am Schluß auf die »Ordnung des Oberen Klosters« bei Mosul zurückgeführt; auch die Gliederung in zwei (ungleiche) »Teile« stimmt überein (die in der Leningrader Hs. nicht mit der Aufteilung auf zwei Bände einhergeht). Die weiteren zeitgenössischen Hss. des Gazzā, die von Mitgliedern der beiden wichtigsten Kopistenfamilien in Alqoš stammen, seien im folgenden nur aufgelistet:

1665 Telkeph 23 (s. Catalogue of the Syriac Mss. in Iraq, I, Baghdad 1977, S. 29 f.); Schreiber: Priester ʿAḇdīšōʿ bar Pr. Hormizd
1672 Notre-Dame des Semences 115 (Vosté, Catalogue, S. 44f.); derselbe Schreiber
1674 Alqoš 3 (Catalogue ... Iraq, I, S. 215); Schreiber: Pr. Ḥaḏbšabbā bar Pr. Israel
1681 Mosul, Chald. Patr. 3110 (Catalogue ... Iraq, I, S. 13); derselbe Schreiber
1685 Mosul, ebda., ohne Signatur (ebda. S. 13f.); Schreiber: Pr. Gīwargīs bar Pr. Israel
1686 Telkeph 24 (aaO S. 30); derselbe Schreiber
1688 Borg. Syr. 60 (s. Sauget); derselbe Schreiber
1689 (1688?) Telkeph 25 (aaO S. 30); Schreiber: Diakon Hōmō bar Pr. Daniel
1693 Aqra 29 (Vosté, Catalogue; Catalogue ... Iraq, II, 1981, S. 32, Nr. 34); Schreiber: Pr. Yaldā bar Pr. Daniel
1716 Mardin 24 (Scher, Catalogue); Schreiber: Pr. Joseph bar Pr. Gīwargīs
1723 Cambridge Add. 1980 (vgl. Sauget); Schreiber: Pr. Elias bar Pr. Yaldā
1724 Notre-Dame des Semences 117 (aaO S. 45); Schreiber: Pr. Joseph (wohl: bar Pr. Gīwargīs)
1725 Notre-Dame des Semences 118 (aaO S. 45f.); Schreiber: Pr. Yaldā bar Pr. Daniel.

Die Hss. wurden für verschiedene Orte angefertigt. Man hat den Eindruck, daß der Gazzā damals planmäßig verbreitet wurde; die älteren Hss. sind demgegenüber sehr sporadisch. Es ist deshalb zu vermuten, daß die aufgeführten Hss. alle den gleichen Text enthalten. Dagegen umfaßt der von J.M. Fiey, Assyrie chrétienne, S. 412 n. 1, erwähnte Gazzā aus dem Jahre 1731 schon das Fest der hl. Barbara (wie die Hs. Notre-Dame des Semences 119, geschrieben 1774, und die Hs. Marburg Or. fol. 3181, geschrieben 1778), was auf eine Bearbeitung durch den chaldäischen Patriarchen Joseph II. aus dem Jahre 1707 zurückgeht.

Die syrischen und arabischen Zitate im vorliegenden Buch sind, wohl aus technischen oder Kostengründen, nach einer handschriftlichen Vorlage reproduziert; das mindert den ästhetischen Genuß manchmal. Kritisch angemerkt sei auch noch, daß Sauget auf S. 7 den so verdienstvollen Addai Scher, seit 1902 Metropolit von Seert, zum »prêtre chaldéen« degradiert. Sonst habe ich an der Arbeit nichts auszusetzen. Trotz ihrer begrenzten Zielsetzung ist sie in vielfacher Hinsicht lehrreich und anregend.

Hubert Kaufhold

Gabriele Yonan, Journalismus bei den Assyrern. Ein Überblick von seinen Anfängen bis zur Gegenwart, Berlin 1985 (Reihe Gilgamesch. Materialien zur Kulturgeschichte der Assyrer im 19. und 20. Jahrhundert. Band 1. Hrsg. vom Zentralverband der Assyrischen Vereinigungen in Deutschland und Mitteleuropa), VII + 201 Seiten.

Die Verfasserin, bekannt durch ihr 1978 in der Reihe »pogrom« (hrsg. von der »Gesellschaft für bedrohte Völker«) erschienenes Buch über die »Assyrer heute« sowie verschiedene Aufsätze und Vorträge über die christlichen Minderheiten im Orient, stellt im anzuzeigenden Buch 135 Zeitschriften und einige wichtigere Herausgeber kurz vor. Der politisch-national motivierte Sammelname »Assyrer« für die West- und Ostsyrer mag hier auf sich beruhen, auch wenn sich manche Mitarbeiter der Zeitschriften sicherlich verbitten oder verbeten hätten, als »Assyrer« bezeichnet zu werden. Die in den Zeitschriftentiteln vorkommenden Adjektive *suryāyā* oder *sūrīya* übersetzt die Verf. immerhin regelmäßig mit »syrisch«, nur zweimal mit »assyrisch« (Nr. 54 und 78 ihrer Liste).

Nach einer allgemeinen Einleitung (S. 1-9) in Geschichte, Sprache und Religion der Assyrer (ich behalte hier den Ausdruck der Einfachheit halber bei), kommt die Verf. auf die sprachlichen Gegebenheiten (syrische Hochsprache, Dialekte) sowie Sinn und Zweck assyrischer Periodika zu sprechen. Mit Recht hebt sie die Schwierigkeiten hervor, das Material für einen Überblick über das Zeitschriftenwesen zu beschaffen. Angesichts des weiten Rahmens, den sie absteckt, ist es verständlich, daß sie längst nicht alle Titel in der Hand gehabt hat, ja bei vielen nicht einmal über verläßliche Daten verfügt. Sie bezieht alle möglichen Periodika ein: wissenschaftliche, kulturelle, kirchliche, politische (wobei eine solche Aufteilung nicht überall möglich ist). Das ist gewiß kein Fehler, auch wenn man nicht alle aufgenommenen Druckerzeugnisse zum Journalismus rechnen kann (das sieht die Verf. selber, vgl. S. 119). Ihre Darstellung umfaßt langjährige Publikationen, aber auch nur kurzlebige, erschienen in allen Erdteilen, in verschiedenen Sprachen, teilweise vermutlich in sehr geringer Auflage, manchmal auf einfachste Weise vervielfältigt. Sie konnte sich nur zu einem gewissen Grad auf Vorarbeiten stützen: die Literaturgeschichten von Patriarch Afrām Barṣōm und Albēr Abūna sowie Abrohom Nouros in mancher Hinsicht nützliches Buch »My Tour in the Parishes of the Syrian Orthodox Church« geben für dieses Thema nicht viel her. Die Literaturgeschichte von Pera Sarmas (Band 1, S. 217-220) enthält eine Zusammenstellung von Zeitschriften, die Rudolf Macuch in seiner »Geschichte der spät- und neusyrischen Literatur« — offenbar unter Mitwirkung der Verf., vgl. sein Vorwort S. IX — zu einem Kapitel »Periodische Literatur« (S. 342ff.) erweitert hat. Wie ihr Lehrer Macuch hat auch die Verf. die »Geschichte der christlichen arabischen Literatur« von Georg Graf nicht benutzt, obwohl in dieser hervorragenden Fundgrube zumindest die arabischen kirchlichen Zeitschriften der in Frage kommenden Kirchen allenthalben zitiert sind (einige allgemeine Bemerkungen zur arabischen Journalistik der Christen finden sich in Band 4, S. 289).

Ein erheblicher Mangel ist, daß die Verf. die beiden Bände von Gurgis ʿAwwad, A Catalogue of Articles on Syriac Subjects in the Arabic Periodicals, Bagdad 1976, übersehen hat, eine arabische Veröffentlichung der Syrischen Akademie in Bagdad. Der erste Band behandelt nur die berühmte Beiruter Zeitschrift »al-Machriq« (Nr. 67 bei Yonan), der zweite 30 weitere christliche Zeitschriften, die ʿAwwad auf S. 10-19 kurz beschreibt. Sie gehören zum großen Teil zum assyrischen Journalismus im Sinne der Verf. Ich komme im folgenden auf die Angaben von ʿAwwad zurück, wobei ich mich für deren Richtigkeit natürlich ebensowenig verbürgen kann wie für die der Liste, welche Mar Aprem, der nestorianische Metropolit von Trichur, Kerala, in »A Nestorian Bibliography«, Trichur 1982, auf S. 123-125 aufgenommen hat (38 Zeitschriften). Von den Titeln bei ʿAwwad finden sich nur folgende bei der Verf.:

'Awwad		Yonan	'Awwad		Yonan	'Awwad		Yonan
Nr. 7	=	Nr. 105	Nr. 20	=	Nr. 47b	Nr. 25	=	Nr. 47a
Nr. 10	=	Nr. 16, 29	Nr. 23	=	Nr. 64	Nr. 27	=	Nr. 49
Nr. 15	=	Nr. 48	Nr. 24	=	Nr. 34	Nr. 29	=	Nr. 58

Aus der Aufstellung Mar Aprems fehlen die Nummern 6, 14, 17, 28 und 31 bei Yonan. Einige weitere Zeitschriften und sonstige ergänzende Angaben finden sich auch bei J. Habbi, La production littéraire arabe chrétienne en Irak de 1856 à 1980, in: Actes du premier Congrès International d'Études Arabes Chrétiennes, Rom 1982 (=OrChrA 218), 251-7 (S. 255f.: »Les revues«).

Neben kleineren Abweichungen bietet 'Awwad in zwei Fällen wesentliche Ergänzungen:
a) die Zeitschrift »al-Maǧalla as-sūrīya«, für die die Verf. nur einen einzigen Hinweis in der Literatur gefunden hat, ist nach 'Awwad (Nr. 24) von 1926 bis 1929 in Kairo erschienen, herausgegeben von dem bekannten Maroniten Būlos Qara'alī (vgl. Graf aaO III 403); sie gehört also nicht zum »assyrischen Journalismus«. Graf zitiert sie mit dem französischen Nebentitel »La Revue Syrienne«; nach ihm gibt es sieben Jahrgänge: 1 (1926) - 7 (1932) (aaO u.ö.). Vgl. auch G. Graf, »Neue Zeitschriften«, in: OrChr 25/6 (1930) 116f.
b) Für die Zeitschrift »an-Naǧm« kann die Verf. ebenfalls keine genauen Angaben machen. Nach 'Awwad (Nr. 27) ist sie von 1928 bis 1956 erschienen, nach Habbi aaO 255 von 1928 bis 1938 und von 1950 bis 1955. Auch sie wird von Graf mehrfach zitiert.

Zu den »Missionszeitschriften im 19. Jahrhundert« (S. 22-28; die Überschrift ist ungenau, weil der Abschnitt auch das beginnende 20. Jhdt. umfaßt; die Überschrift »Periodische Neuerscheinungen nach 1950« auf S. 54 ist ebenfalls zu eng) gehört auch die von den Dominikanern in Mosul 1902 herausgegebene Zeitschrift »Wardīya« (»Rosenkranz«; französisch), die von 1902 bis 1909 unter dem Titel »Iklīl al-wurūd« (»Rosenkrone«; französisch, arabisch, syrisch) weiterbestand, eine religiös-literarisch-wissenschaftliche Monatsschrift. Vgl. 'Awwad Nr. 4; I.K. Ahmad, Effect of journalism in national enlightment in Mosul, in: Bayn al-Nahrayn 3 (1975), Nr. 12, S. 286 (arabisch); S. Qasha, Press of the Dominican Fathers in Mosul, ebda. 5 (1977), Nr. 17, S. 65 (arabisch); Habbi aaO 255.

Zu Nr. 15 der Liste bei Yonan: Die Zeitschrift »Murshid d-Atur«(?) soll nach Y. Malek, The British Betrayal of the Assyrians, Warren Point, N.J., 1935 (die Verf. erwähnt das Buch auf S. 51, 70), S. 115 n. 17 in Kharput etwa 6 Jahre bis zur Ermordung ihres Herausgebers Ashur Yusuf (1915) erschienen sein.

Zu Nr. 31: Ich habe 1974 in Beirut in Begleitung von Abrohom Nouro den Herausgeber der Zeitschrift »Lišōnō ḏ-umtō« besucht und ein Photo von beiden mit einem Band der Zeitschrift aufgenommen. Aufgeschlagen ist die Ausgabe Nr. 28 vom 1.4.1928. Der bei der Verf. angegebene englische Nebentitel existiert nicht, dafür — was im Libanon auch eher zu erwarten war — ein französischer: »LICHONO DOUMTO / BIMENSUEL / Propiétaire (sic) / Le Directeur et Redacteur / responsable / IBRAHIM HACKVERDI«, ferner ein türkischer (in syrischer Schrift).

Zu Nr. 51: »al-Fikr al-masīḥī« ist eine kirchliche Monatsschrift, die seit 1970 von syrisch-katholischen Priestern in Mosul herausgegeben wird (vgl. Habbi aaO 256).

Zu Nr. 57: Das Jahrbuch der Syrischen Akademie in Bagdad endet nicht 1977. Der 4. Band (1978) ist noch unter demselben Titel erschienen. Ab Band 5 (1979/80) lautet der syrische Titel »Mgalltā ḏa-ḵnušyā 'irāqāyā sefrāyā. gušmā ḏ-leššānā suryāyā« (englischer Nebentitel der Bände 3-4: Journal of the Syriac Academy, ab Band 5: Journal of the Iraqi Academy. Syriac Corporation). Als bisher letzter ist der 11. Band (1987) erschienen.

Zu Nr. 64: Die Monatszeitschrift »al-Maǧalla al-baṭriyarqīya as-suryānīya« erschien mit ihrer ersten Nummer im April 1933. Sie kam bis zu ihrem 7. Jahrgang (1940) regelmäßig heraus. Vom 8. Jahrgang (1941) habe ich nur das erste Heft (Januar/Februar) gesehen; möglicherweise wurde sie danach zunächst eingestellt. Vgl. auch Kh. Samir in: OrChr 62 (1978) 162f.

Nicht unerwähnt bleiben soll die ab 1926 vom syrisch-katholischen Patriarchen I.E. Rahmani herausgegebene »Mağalla al-āṯār aš-šarqīya« (arabisch mit französischen Zusammenfassungen), eine kirchlich-wissenschaftliche Zeitschrift. Sie ist wohl nach dem Tod des Herausgebers (1929) mit dem 4. Jahrgang eingegangen. Graf zitiert sie unter ihrem Nebentitel »Documents d'Orient«. Sie ist in der Bayerischen Staatsbibliothek in München ziemlich vollständig vorhanden (Signatur: A.or. 7179ʳ). Vgl. auch Graf, »Neue Zeitschriften« aaO 116.

Die jüngste Zeitschrift, die wohl auch in unseren Rahmen gehört, ist mit ihrer ersten Nummer im September 1987 herausgekommen: »The Harp. A Review of Syriac and Oriental Studies«, herausgegeben vom St. Ephrem Ecumenical Research Institute in Kottayam, Kerala.

Die Verf. hat die Zeitschriften nicht nach bibliothekarischen Regeln aufgenommen. Dieser Mangel wird durch eine große Zahl von Faksimiles (S. 162-196) teilweise ausgeglichen. Eine genaue Titelaufnahme ist in vielen Fällen wohl auch schwierig, weil gelegentlich Aufmachung, Titelei, Zählung usw. wechseln.

Nur ein erster Schritt scheinen mir die »Quellennachweise und Standorte der aufgeführten Periodica« (S. 121-149) zu sein, wo die Verf. Hinweise in der Literatur auf die Zeitschriften vermerkt und angibt, welche Bibliotheken und Privatleute Exemplare besitzen.

Wie die Aufstellung zeigt, hat sie sich mit Anfragen an zahlreiche Stellen gewandt und ein beachtliches eigenes Archiv mit Originalen und Kopien aufgebaut. Ich glaube aber, daß bei weiterer Suche und Befragung, nicht zuletzt — trotz aller Schwierigkeiten — im Orient, eine größere Vollständigkeit zu erzielen wäre. So kann z.B. meine eigene Bibliothek über das bereits Erwähnte hinaus noch folgende kleine Lücken füllen:

a) von der Zeitschrift »al-Ḥikma« (= Yonan Nr. 29) habe ich Band 2, Nr. 6-10 (März bis Oktober 1928), Band 4, Nr. 5-10 (Mai bis Dezember 1930) und Band 5, Nr. 1-3 (Januar bis April 1931);

b) die Zeitschrift »Bayn al-Nahrayn« (= Nr. 55) besitze ich bis Jahrgang 12 (1984), Nr. 45/46 fast vollständig, darüber hinaus das Gesamtregister 1973-1982 (1982); 1988 erschien Nr. 61/2.

c) »Qālā men maḏnḥā« (»Voice of the East«) (= Nr. 77): ab 1982 fast vollständig.

Wie die erwähnten Beispiele zeigen, lassen sich auch in der Literatur noch weitere Hinweise auf Zeitschriften finden.

Bereits das eingangs erwähnte Buch »Assyrer heute« enthält Listen einschlägiger Zeitschriften. Die neue Arbeit der Verf. stellt einen wesentlichen Fortschritt dar und gibt erstmals einen weitgespannten Überblick. Die Verf. sollte aber ihre Arbeit fortsetzen und weitersammeln. Das vorliegende Buch, das — wie man gerechterweise sagen muß — wohl mehr die assyrische Kulturarbeit beflügeln soll, ist von einer zufriedenstellenden wissenschaftlichen Behandlung des Themas doch noch zu weit entfernt, so interessant es auch ist. Störend sind die zahlreichen Druckfehler und Flüchtigkeiten.

Hubert Kaufhold

Ugo Zanetti, Les manuscrits de Dair Abû Maqâr. Inventaire (= Cahiers d'Orientalisme, 11), Genève 1986, 102 Seiten.

Die koptischen und christlich-arabischen Handschriften Ägyptens sind bisher nur zu einem kleinen Teil durch gedruckte Kataloge erschlossen. Für das Koptische Museum und die Bibliothek des koptischen Patriarchats liegen die Beschreibungen von Georg Graf (Rom 1934) sowie Marcus Simaika und Yassa Abd al-Masih (Kairo 1942) vor, für einige Kirchen in Kairo diejenigen von Antoine Khater und O.H.E. Burmester (Kairo 1967ff.). William F. Macomber hat die Sammlung des Franziskanischen Zentrums in Muski/Kairo beschrieben (Studia Orientalia Christiana, Jerusalem 1984).

Der Katalog von Zanetti füllt eine der vielen Lücken und umfaßt die im Jahre 1981 vorhandenen 490 Handschriften des berühmten Makariosklosters in der sketischen Wüste; eine große Zahl von Fragmenten, die auch noch vorhanden ist, konnte aus Zeitgründen nicht mit einbezogen werden. Es handelt sich überwiegend um arabische Handschriften. Die Sammlung umfaßt jedoch auch zahlreiche koptische (bohairische) und koptisch-arabische (fast nur Bibeln und liturgische Bücher) sowie fünf äthiopische Manuskripte.

Von den früheren Beständen der Klosterbibliothek ist im Laufe der Zeit so manches in andere Büchereien gelangt, nicht zuletzt in europäische. Es ist deshalb nicht erstaunlich, daß die Handschriften überwiegend jüngeren Datums sind. Je eine stammt aus dem 9. und 12. (?) Jhdt., etwa ein Dutzend aus dem 13. Jhdr. (darunter 5 datierte). 11 datierte und ungefähr weitere 35 Handschriften gehören dem 14. Jhdt. an. Dem 15. Jhdt. rechnet der Verf. etwa 20 zu (davon drei datierte), dem 16. und 17. Jhdt. jeweils etwa 30 (16 bzw. 13 mit Datum). Der Rest gehört dem 18. bis 20. Jhdt. an (die letzte wurde 1960 geschrieben).

Etwa die Hälfte sind liturgischen Inhalts (247 Hss.). Nach der Anzahl folgt die hagiographische (76) und homiletische (49) Literatur, dann 48 Bibelhandschriften, 29 Bibelkommentare, 27 Hss. sonstigen theologischen Inhalts und — weit abgeschlagen — das Kirchenrecht mit 11 Hss., ferner drei Wörterbücher.

Selbstverständlich handelt es sich um eine wichtige Sammlung, auch wenn wohl wenig bisher Unbekanntes aufgetaucht ist. Für fast alle Texte kann der Verf. auf Grafs »Geschichte der christlichen arabischen Literatur« verweisen. Zu den Ausnahmen gehört die Hs. 267, bei der sich der Verf. bedauerlicherweise auf die nicht weiterführende Angabe beschränkt »Nomocanon (non identifié)«.*

Die Beschreibung ist auch sonst sehr knapp, »pour des raisons indépendantes de notre volonté«, wie der Verf. anmerkt. Daher auch der Untertitel »Inventaire«. Neben der Signatur und einer zusammenfassenden, aber für einen Überblick in aller Regel ausreichenden Inhaltsangabe sowie der wichtigsten Literatur gibt er — mit wenigen Ausnahmen — lediglich die Datierung und den Umfang der Handschrift an. Nur bei schwieriger zu erkennenden Texten, insbesondere aus Homiliaren und hagiographischen Sammlungen wird teilweise das Incipit in Übersetzung, manchmal auch in Umschrift mitgeteilt. Es fehlen weitere kodikologische Angaben (einige allgemeine Bemerkungen enthält die auch sonst lesenswerte Einleitung, S. 7-15) und leider auch Kolophone und Vermerke, obwohl der Verf. selbst auf deren historische Bedeutung hinweist und zumindest die wichtigsten Daten daraus den Umfang des Buches kaum übermäßig vergrößert hätten. Hier liegt für mich der einzige wirkliche Mangel des Katalogs. Hoffentlich kann der Verf., wie er andeutet, an anderer Stelle das Fehlende nachliefern. Im Makarioskloster hat er eine Kopie seiner ausführlichen Notizen (ungefähr 600 großformatige Blätter) hinterlegt, die dort benutzt werden können (vgl. S. 9, n. 12). Übrigens ist es beruhigend zu lesen, daß die Handschriften im Kloster gut aufgehoben sind und in Glasschränken verwahrt werden.

Die Beschreibung folgt der Aufstellung nach Sachgruppen in der Bibliothek (Bibel, koptische Lektionare, arabische Lektionare usw.); die »Mss. Additionels« sind in derselben Reihenfolge angeführt, so daß sie den einzelnen Gebieten leicht zuzuordnen sind.

Der gründlich durchdachte Katalog besticht durch seine Klarheit und Übersichtlichkeit. Er ist bei aller Kürze doch noch erstaunlich inhaltsreich und ein ausgezeichnetes Arbeitsmittel, zumal er durch mehrere Indizes mustergültig erschlossen wird: Autoren und Übersetzer; Sachen (weiter systematisch untergliedert); zitierte arabische Titel (in Umschrift); Angabe der Verweise auf Bibliotheca Hagiographica Orientalis, Clavis Patrum Graecorum und Grafs Literaturgeschichte; moderne Verfasser; Einteilung der Handschriften nach Sprachen; zeitliche Reihenfolge der Handschriften.

Hubert Kaufhold

* Er hat darüber jedoch am 1.9.1988 auf der IIIth Conference on Christian Arabic Studies in Louvain-la-Neuve berichtet. Der Vortrag wird in den Kongreßakten veröffentlicht.

Joseph-Marie Sauget, Deux *Panegyrika* melkites pour la seconde partie de l'année liturgique: *Jérusalem S. Anne 38* et *Ḥarīṣā 37*, Città del Vaticano 1986 (Studi e Testi. 320), 87 Seiten

Wer Handschriften aus orientalischen Bibliotheken benutzen will, erlebt nicht selten, wie schwierig es — aus den verschiedensten Gründen — auch heute noch sein kann, Zugang dazu zu erhalten. Es ist deshalb schon aus diesem Grund nützlich, wenn genaue Angaben über solche Hss. veröffentlicht werden.

Darüber hinaus stellt Sauget mit den beiden im Buchtitel genannten Hss. (geschrieben 1874 A.D. bzw. im 17./18. Jhdt.) Vertreter eines bisher noch nicht näher untersuchten arabischen Homiliartyps vor, der weitgehend mit den griechischen sogenannten »Halbjahrespanegyriken« übereinstimmt, allerdings verkürzt, andererseits aber auch um einige Texte erweitert ist; einige der anderweitig nicht überlieferten Stücke finden sich noch in der Hs. Sbath 523 (inzwischen in der Vatikanischen Bibliothek).

Im ersten Teil (S. 15-32) befaßt Sauget sich mit der Struktur der Sammlungen in den beiden Hss., die im großen und ganzen übereinstimmt, im zweiten (S. 33-85) beschreibt er genauestens deren Inhalt, wobei er jeweils Titel (Thema; Tag, an dem die Homilie verwandt wird) und Überschrift, Incipit und Desinit der einzelnen Homilien im arabischen Text angibt; Quellen- und Literaturangaben sowie notwendige Erläuterungen fehlen nicht.

Der Verf., der sich schon in mehreren Arbeiten mit arabischen Homiliaren beschäftigt hat, liefert mit seinem neuen Beitrag einen weiteren Baustein für die nicht leicht zu schreibende Geschichte dieser Literaturgattung.

Hubert Kaufhold

Guy Lafontaine et Bernard Coulie, La version arménienne des discours de Grégoire de Nazianze. Tradition manuscrite et histoire du texte, Louvain 1983. XX + 154 S. (= CSCO, vol. 446).

Zunächst werden die ins Armenische übersetzten Werke des Gregor von Nazianz eingeteilt in 45 Reden, 6 Nebenschriften, 4 Exzerpte und 11 original-armenische Schriften (S. 9-30), und anschließend in 154 armenischen Handschriften genau lokalisiert (S. 35-87). Es gibt vier kleinere Sammlungen: »Christus natus est«, »Victus sum«, »Ad quos« und »Ad navigationem«, von denen die griechische und syrische Überlieferung gegenübergestellt werden (S. 102-109). Die Aufzählung der Handschriften unterscheidet zwischen vollständigen Sammlungen nazianzenischer Texte (S. 35-39), mehreren kleinen Sammlungen (S. 39-62) und isolierten Reden (S. 62-87). Eine chronologische Ordnung der Handschriften wird nicht geboten.

Ein zweiter Teil befaßt sich mit den Zitaten in zwei berühmten armenischen Florilegien: dem dem Katholikos Komitas zugeschriegenen »Siegel des Glaubens« (S. 93-100 mit 19 Zitaten) und der armenischen Übersetzung der Widerlegung von Chalkedon durch Timotheus Aelurus (S. 118-122). In beiden Fällen werden drei Proben mit der griechischen Vorlage und der normalen armenischen Übersetzung verglichen. So kann man für die Geschichte der hellenisierenden armenischen Versionen zwei verschiedene Schichten unterscheiden.

Eine so umfangreiche Materialsammlung ist natürlich von großem Nutzen. Einiges könnte man ergänzen. In dem mit Schreibmaschine geschriebenen Katalog von Movses Ter-Movsessian fanden wir noch folgende Handschriften: Matenadaran 4871 (12.-14.Jh.), Nr. 76 »in mortem Maximi«; ferner Paris, Ms.arm. 116, fol. 294-297, »in Pascham« und über die Worte »Ich rief meinen Sohn aus Ägypten« mit dem Incipit: »Lusaworeay Erusalēm zi haseal ē loys«; fol. 308-310, Oratio 44, und fol. 331, Oratio 41. — Trotz dieser Ergänzungen kann man annehmen, daß mehr als neun Zehntel des gregorianischen Corpus hier erfaßt sind. — S. 4 sollte man auch die alte georgische Übersetzung erwähnen, die sicher noch im 5.Jh. entstanden ist (Muséon 99 (1986)

309-317). — S. 7 müssen die Patčark' in das 9. Jh. gesetzt werden (vergl. P. Ant'abyan in Banber Matenadarani 10 (1971) 118). — S. 6 sollte man noch die Zitate bei Johannes von Jerusalem anführen (vergl. Muséon 86 (1973) 291). — In der kurzen Skizze über die armenische Geschichte wird (S. 113) ein Konzil von Aschtischat aufgeführt, das bei Mxit'areanc' (Vagharschapat 1874) und dann bei Simon Weber (1903) und bei Fliche et Martin (1948) erwähnt wird, dessen Tatsächlichkeit schon von M. Ormanian (Azgapatum 1 (1912) Sp. 313) bestritten wurde und das bei K. Sarkissean (1965) nicht mehr aufgeführt wird. Doch tun diese Nebensächlichkeiten der gediegenen Arbeit keinen Abbruch.

Michel van Esbroeck

Basilio Talatinian, Il Monofisismo nella Chiesa Armena. Storia e Dottrina, Franciscan Printing Press, Jerusalem 1980, 122 S. (= Studium Biblicum Franciscanum, Analecta 14).

Der in gedrängter Kürze geschriebene Traktat von B. Talatinian widmet der Geschichte nur wenig Raum (S. 11-46), bedeutend mehr aber der Christologie der sogenannten monophysitischen armenischen Schriftsteller (S. 47-87). Die Zusammenfassung am Ende des Buches (S. 87-106) zeigt die weitgehende Übereinstimmung der armenischen mit der katholischen Christologie und ermöglicht einen zuversichtlichen Ausblick in die Zukunft. Eine Reihe von 38 im Anhang (S. 107-118) im armenischen Originaltext veröffentlichten dogmatischen Texten bietet dem Leser eine gute Gelegenheit, den Standpunkt der armenischen Kirche in der Christologie genauer zu bestimmen. Unter den weniger bekannten hier angeführten Autoren findet man den interessanten Erzbischof Jakob Nalian von Konstantinopel (18.Jh.), der 17 Unterscheidungen zwischen den Begriffen »Natur« und »Person« aufzählt (S. 85f). Auch Malachia Ormanians Christologie ist sorgfältig wiedergegeben (S. 75-76). Die geschichtlichen Angaben sind mitunter veraltet: das 2. Konzil von Dwin ist auf den 21. März 555 anzusetzen, während Talatinian (S. 32) nach Dulaurier (1855) dafür 551 angibt; S. 25 wird die Verurteilung des Konzils von Chalkedon fälschlich schon mit dem Henotikon zusammengeworfen. Im übrigen ist die Darstellung zutreffend und durch die Aussagen vieler Autoren belegt. Bei dem knappen Umfang mußte sich Talatinian auf die dogmatische Darstellung der Christologie beschränken, ohne noch auf die Auswirkungen in der Liturgie einzugehen. Talatinian ist es gelungen, die dogmatischen Beziehungen zwischen der armenischen und der katholischen Christologie knapp und zutreffend zu beschreiben.

Michel van Esbroeck

Werner Vycichl, Dictionnaire Étymologique de la Langue Copte, Leuven, 1983.

Neben dem in den Jahren 1965-1977 erschienenen »Koptischen Handwörterbuch« von W. Westendorf und dem 1976 herausgegebenen »Coptic Etymological Dictionary« von J. Černý liegt mit dem »Dictionnaire Étymologique de la Langue Copte« von W. Vycichl ein drittes koptisches Wörterbuch mit etymologischer Basis vor, das nach der deutschen und englischen Sprache nun auch die französische berücksichtigt.

Der Bedarf an solchen Nachschlagwerken war in den letzen Jahrzehnten immer ersichtlicher geworden und beruhte auf einer dringend notwendigen Aktualisierung der bis dahin meist verwendeten Standardwerke: dem 1921 erschienenen »Koptischen Handwörterbuch« von W. Spiegelberg und dem 1939 veröffentlichten »Coptic Dictionary« von W.E. Crum.

Zum einen ließen sich auf sprachwissenschaftlicher Ebene (einschließlich der Dialektforschung sowie der Untersuchung von Einflüssen aus und auf Nachbarsprachen) gewaltige Fortschritte verzeichnen, zum anderen hat sich die Materialbasis erheblich erweitert, und das nicht nur durch den so bedeutenden Fund der koptisch-gnostischen Bibliothek von Nag' Hammadi. Die Frage nach der Notwendigkeit eines dritten Wörterbuches neben denen von Cerný und Westendorf begründet R. Kasser in seinem kurzen Vorwort zum »Dictionnaire« folgendermaßen: Die beiden anderen Werke sind schon an sich von sehr unterschiedlichem Charakter; während Černýs Schwerpunkt auf der etymologischen Seite liegt, bemüht sich Westendorf vor allem um ausführlichste Aufarbeitung der unterschiedlichen orthographischen und dialektbezogenen Varianten. Der »Dictionnaire« Vycichls versucht hier eine Lücke zu schließen, indem er die etymologische Ebene zum Teil nach seinen eigenen Forschungsergebnissen erweitert, ohne die zahlreichen Dialekte allzusehr zu vernachlässigen. Darüber hinaus verweist Kasser auf die zahlreichen Verdienste des Herausgebers und bezeichnet die vorliegende Arbeit als eine gelungene Synthese von breit angelegtem Untersuchungsfeld und fundierter Kenntnis der notwenigen Methodik.

Obwohl Kasser teilweise selbst bei der Zusammenstellung mitgewirkt hat, versteht er den »Dictionnaire« als ausschließliches Werk des Herausgebers: »Car pour l'essentiel, l'ouvrage présenté ici, dans sa conception générale comme dans son détail, est et reste incontestablement l'œuvre de Werner Vycichl seul«. Als weiteres besonderes Verdienst hebt Kasser hervor, daß nun endlich auch ein koptisches Wörterbuch in französischer Sprache vorliegt. Mag man ihm angesichts der zahlreichen Publikationen in französischer Sprache auch zustimmen, so sollte man aber nicht vergessen, daß es für einen an der koptischen Sprache Interessierten unerheblich sein sollte, ob ein vorliegendes Standardwerk auf englisch, deutsch oder französisch herausgegeben worden ist.

Der »Dictionnaire« selbst ist sehr klar und übersichtlich strukturiert. Eine Einführung beschreibt Grundlagen, Nomenklatur und verwendete Kürzel in ausführlicher Weise, sowie die jeweils als Grundlage herangezogenen Standardpublikationen. Während die hieroglyphische Schreibweise und die unterschiedlichen Umschriften der gängigen Norm entsprechen, richtet sich seine Vokalisierung der ägyptischen Begriffe teilweise nach seiner eigenen Rekonstruktionsmethodik, die auch Dialektvergleiche, griechische und arabische Umschreibungen oder Parallelen in anderen Nachbarsprachen berücksichtigt.

Gliederung und Kürzel der verschiedenen koptischen Dialekte richten sich strikt nach der von R. Kasser[1] erarbeiteten Grundlage.

Den Bereich der Nachbarsprachen unterteilt er in eine hamitische (Ägyptisch/Koptisch, Berberisch, Tschadsprachen und Kuschitisch) und eine semitische (Akkadisch, Hebräisch, Aramäisch, Arabisch und Äthiopisch) Gruppe.

Neben Griechisch werden aber auch zahlreiche andere Sprachen herangezogen, die u.a. der indoeuropäischen, asiatischen oder afrikanischen Sprachgruppe angehören.

Eine ausführliche Bibliographie, ein umfangreiches Abkürzungsverzeichnis und eine kurze Zusammenstellung (mit jeweiliger Erläuterung) der die Phonetik betreffenden Fachtermini schließt die Einführung ab.

Im folgenden Hauptteil werden die einzelnen Lexeme durch eine fettere Drucktype hervorgehoben, Umschriften und Titel von Zitaten in jeweils anderer Type abgesetzt. Ägyptisch, Hebräisch und Arabisch sind in der jeweiligen Schrift, Umschrift und Übersetzung wiedergegeben, Griechisch mit Übersetzung, Demotisch und die übrigen Sprachen nur in Umschrift mit Übersetzung. Die angesprochenen Lexeme erhalten jeweils einen eigenen Abschnitt, wobei die Gliederung auch auf semantischer und nicht ausschließlich auf phonetischer Struktur basiert.

Angenehm ist die teilweise Einarbeitung von Namen und Ortsangaben, auch wenn ihre Herkunft nicht ägyptisch ist, sie aber im koptischen Sprachgebrauch häufig anzutreffen sind.

Die einzelnen Abschnitte sind weit ausführlicher gestaltet als bei Černý oder Westendorf, wobei besonders die sehr umfangreichen Publikationsverweise hilfreich sind.

1 R. Kasser, in: BIFAO 73, 1973, 71ff. und in: Muséon 93, 1980, 53ff., 237ff.; 94, 1981, 91ff.

Ausführliche Indizes erleichtern das Auffinden von Begriffen, neben einem französischen und ägyptischen ist vor allem auch der koptische Index (nach lateinischem Alphabet geordnet) eine große Hilfe, da zahlreiche Begriffe nur sekundär, d.h. unter einer anderen Form oder Schreibung, aufgeführt werden und somit nicht immer leicht zugänglich sind.

Weitere Indizes betreffen Demotisch, Griechisch sowie alle anderen im lexikalischen Teil verwendeten Sprachen, so daß auch hier eine hervorragende Übersichtlichkeit entsteht.

Nach einem kurzen Abschnitt mit Nachträgen und Verbesserungen schließt der Band mit einer Ägyptenkarte, in der einige der wichtigsten Orte mit ihren koptischen Namen verzeichnet sind. Im direkten Vergleich mit Westendorfs »Koptischem Handwörterbuch« erstaunt allerdings, daß gut ein Drittel weniger übersetzte Begriffe erscheinen, obwohl etwa gleichviele koptische Lexeme angegeben sind. Die besondere Strukturierung des lexikalischen Teils verweist zahlreiche Dialekt- und Schreibvarianten in die zweite Reihe, so daß sie nicht in der alphabetischen Abfolge wie bei Westendorf in Erscheinung treten.

Trotz der hervorragenden Eigenschaften des »Dictionaire« müssen einige Bedenken angesprochen werden. Will man dieses Wörterbuch als Verbindungsglied oder Ergänzung zwischen den beiden anderen von Černý und Westendorf verstanden wissen, so erfreut zwar einerseits die Erweiterung des Begriffsspektrums, verwundert andererseits aber das Fehlen einer ganzen Reihe von Formen[1], Begriffen[2], Begriffskombinationen[3], und anderer etymologischer Vorschläge[4], die gerade in einem so ausführlichen Werk nützlich gewesen wären, und auf die in der von Vycichl zitierten Literatur sonst mehrfach verwiesen wird[5].

Es ist schade, daß andere Ansätze der etymologischen Forschung nicht konsequenter eingearbeitet worden sind, wobei es dem Herausgeber selbstverständlich jederzeit offengestanden hätte, wie von ihm ja auch teilweise praktiziert[6], eine Gegendarstellung oder Zurückweisung zu formulieren. Gerade bei einem lexikalischen Standardwerk dieser Art mit sehr eigenständigen Forschungsergebnissen würden verstärkte Verweise auf solche Ansätze die Aufgabe als Nachschlagwerk stärker unterstreichen.

Abschließend ist zu bemerken, daß der »Dictionnaire Étymologique de la Langue Copte« eine dankenswerte Ergänzung zu den bereits vorhandenen Wörterbüchern bietet. Er zeichnet sich vor allem durch breit angelegten Sprachvergleich, Ausführlichkeit und Übersichtlichkeit, sowie umfangreiche Publikationsverweise aus. Zahlreiche Detailfragen im Bereich von Vokalisation und Etymologie, aber auch die Methodik selbst werden noch zu ausführlicher Diskussion Anlaß geben.

Regine Schulz

1 Z.B. Angabe des Partizipium conjunctum.

2 Z.B. ⲟⲙ »brennen«, ꜣm »Brennen, Glut«, vgl. Westendorf, Koptisches Handwörterbuch, 1977, 528.

3 Z.B. ϣⲉ-ⲛⲛⲓϥⲓ »Atemzug«, zusammengesetzte Ableitung der Schreibung ϣ3- (S, B, F) von ⲥⲁϣ (S) »Schlag, Hieb«, vgl. Westendorf, a.a.O. 206. ⲕⲁⲥⲟⲧⲉ »Köcher«, zusammengesetzte Ableitung von ⲕⲱ, op. cit. 56.

4 Z.B. ⲃ̄ⲏ »Denkmal, Grab«, dem. b.t., vgl. Vycichl, 24; nach Westendorf, a.a.O. 492 möglicherweise auf bꜣj »Loch« basierend (WB I, 417); nach Osing, Die Nominalbildung des Ägyptischen, 1976, 248, 819, Anm. 1081 von bꜣ »hacken«. — ϩⲣⲱⲧ »Kelter«, dem. ḥrwt, vgl. Vycichl, 311; nach Westendorf, a.a.O., 568 möglicherweise Ableitung von gꜣḥ (Var. grḥ), hierzu auch Osing, a.a.O., 158, 657, Anm. 692.

5 Z.B. Vycichl, 256,

6 Z.B. ⲁⲃⲱ »Filet (de pêcheure, d'oiseleur)«, Vycichl, 3, weist den etymologischen Ansatz bj.t von Osing, a.a.O., Anm. 761 zurück, zu Gunsten einer Wortstruktur Xbw.t, wobei X einen unbekannten Radikal bezeichnet.

Paul-Hubert Poirier, Enzo Lucchesi, La Version Copte de la Prédication et du Martyre de Thomas (= Subsidia Hagiographica, n° 67) Société des Bollandistes, Bruxelles 1984.

Mit dem vorliegenden Band Nr. 67 der Subsidia Hagiographica hat P.-H. Poirier eine möglichst vollständige Fassung der koptischen Version der Thomas-Akten zusammengestellt und inhaltlich strukturiert. In einem ausfürlichen Vorwort bespricht E. Lucchesi die kodikologischen Grundlagen, d.h. Zusammenstellung, inhaltliche Einbindung und Rekonstruktion der einzelnen Kodizes.

Die Thomas-Akten wurden nicht als isolierte Einzelwerke verstanden, sondern eingebunden in die Acta Apostolorum Apocrypha. Die Wiedergewinnung der ursprünglichen Struktur der einzelnen Texte und damit des inhaltlichen Kanons des Weißen Klosters für Thomas-Akten und Martyrium unterlag wegen der großen Anzahl von einzelnen Blättern und Fragmenten und ihrer weiten Verstreuung außerordentlichen Schwierigkeiten. Zwar war schon mehrfach eine inventarische Erfassung versucht worden, eine glaubhafte Rekonstruktion der einzelnen Kodizes jedoch nicht. Die Arbeit von Françoise Morard, die sich mit einer kodikologischen Ordnung beschäftigt, wurde den Autoren erst nach Abschluß ihrer Arbeit bekannt, und E. Lucchesi bespricht ihren Versuch in einem Nachwort. Auf der Basis der von P.-H. Poirier erarbeiteten Anordnung der Fragmente setzt er sich vor allen kritisch mit einigen ihrer Zuschreibungen auseinander. Für die von F. Morard als Kodex DM bezeichnete Schrift glaubt er z.B. drei unterschiedliche, voneinander unabhängige Kodizes verifizieren zu können.

P.-H. Poirier rekonstruiert überzeugend für Predigt und Martyrium des Thomas sieben Schriften, die mit den Buchstaben A-F und M gekennzeichnet werden. Während E. Lucchesi in seinem Vorwort die kodeximmanente Einbindung der Texte in die Acta Apostolorum Apocrypha und die Zusammenstellung aller zugehörigen Fragmente vornimmt, bezieht sich P.-H. Poirier in seiner folgenden Einleitung nur noch auf inhaltliche und technische Daten der Predigt und des Martyriums des Thomas selbst.

Alle Texte sind zweispaltig und in Majuskeln geschrieben, die Blätter zum Teil mit Ornamenten geschmückt. Der Dialekt ist sahidisch mit zahlreichen Einflüssen aus dem Fayyumischen, Achmimischen, Subachmimischen und Bohairischen und weist darüber hinaus zahlreiche Eigentümlichkeiten in der Schreibweise auf, die leider nicht eigens zusammengestellt wurden. Innerhalb der Kodizes entfallen 36 erhaltene Blätter auf Thomas-Akten und Martyrium.

Kodex A beinhaltet ausschließlich Predigten.

Kodex B enthält Predigten und Martyrien. Mit 25 erhaltenen Blättern handelt es sich um eine der am besten erhaltenen Schriften.

Kodex C und D schildern ausschließlich Martyrien, wobei wegen der Ähnlichkeit des Schriftbildes die jeweilige Zuweisung der Fragmente schwierig ist. In beiden Schriften blieb jeweils der Beginn des Martyriums des Thomas erhalten.

Kodex E beschäftigt sich ebenfalls ausschließlich mit Martyrien, wobei sich der gesamte vordere Teil auf Thomas bezieht.

Kodex F beinhaltet wiederum Predigten und Martyrienberichte, die nur für Thomas und Bartholomäus erhalten geblieben sind.

Kodex M ist mit dem Manuskript New York, Pierpont Morgan Library M 635, gleichzusetzen, in dem die Martyrienberichte der Apostel fast vollständig erhalten geblieben sind.

In einer synoptischen Tabelle setzt E. Lucchesi die in den Kodizes und im Neuen Testament genannten Apostel in ihrer jeweiligen Reihenfolge zueinander in Relation. Dieses übersichtliche Schema ermöglicht es hervorragend, die Zusammengehörigkeit und Abhängigkeit der einzelnen Texte untereinander abzulesen.

In seinem anschließenden Vorwort geht P.-H. Poirier leider nur sehr knapp auf Inhalt und

Struktur der Texte ein, was um so bedauerlicher ist, als wegen des bruchstückhaften Charakters der koptischen Version andere Versuche dieser Art noch nicht unternommen worden sind.

Die weit besser bekannten und erhaltenen arabischen und äthiopischen Versionen, die möglicherweise auf koptischen Vorbildern basieren, konnten als Vergleichsmaterial herangezogen worden. So lassen sich die Fragmente zwei Arten von Texten zuweisen, die auch in der arabischen und äthiopischen Tradition gut belegt sind: der Predigt und dem Martyrium des Thomas.

Die Texte selbst werden in drei Kategorien gegliedert:
— die Thomaspredigt allein (Kodex A)
— die Thomaspredigt und das Martyrium (Kodex B und F)
— das Thomasmartyrium (Kodex M, C, D und wahrscheinlich E).

Die Predigt ist mit ihrem Titel und einem ausführlichen Textfragment gut erhalten. Der Bericht über die Missionstätigkeit des Apostels ist aus dem Arabischen und Äthiopischen gut bekannt und dort ähnlich wie im Koptischen als »Predigt des Apostels Thomas« bezeichnet. Da auch der Inhalt, soweit überschaubar, nicht wesentlich von diesen Versionen abweicht, erwägt der Autor einen koptisch-äthiopischen Zweig der Thomasschriften.

Das Martyrium ist wie in den vergleichbaren äthiopischen, arabischen und griechischen Parallelen weit ausführlicher gestaltet.

Abweichungen finden sich vor allem in Bezug auf das letzte Gebet des Thomas, dessen Umfang und Einordnung im Text variieren.

Obwohl die koptischen Versionen insgesamt mit der äthiopischen und arabischen Fassung korrespondieren, fällt auf, daß die koptischen Texte im Detailbereich voneinander abweichen. So folgen z.B. die Kodizes B und F an einigen Stellen der griechischen Variante, die von M noch zusätzlich modifiziert wird.

Aufgrund solcher Besonderheiten fordert Poirier abschließend zusätzliche Untersuchungen, die sich sowohl mit den Abhängigkeiten der koptischen Texte untereinander als auch mit eventuellen griechischen Vorlagen oder den Einflußnahmen auf äthiopische und arabische Versionen ausführlich beschäftigen.

Die sehr deutliche, gut lesbare Wiedergabe der Texte ist entsprechend den Kodizes gegliedert. Photographien sind auszugsweise, mit jeweils einem Blatt pro Kodex, am Ende des Bandes zu finden. Eine Übersetzung (zum Teil von E. Lucchesi) folgt, wobei die sehr knapp ausfallende Kommentierung ausschließlich in den Fußnoten geschieht.

Die Indizes umfassen die koptischen Manuskripte, Eigennamen und griechische Begriffe mit ihren zum Teil abweichenden koptischen Umschreibungen.

Diese dankenswerte Arbeit von P.-H. Poirier und E. Lucchesi muß als anregender Beitrag zur weiteren Erforschung der koptischen Version der Acta Apostolorum Apocrypha gelten. Der kodikologische Ansatz ist überzeugend, auch wenn man sich eine ausführlichere Darlegung der Argumente gewünscht hätte. Gerade auch die sprachlichen Besonderheiten sind sicherlich als zusätzliche Zuweisungskriterien herangezogen worden, ohne aber im Vorwort oder Anmerkungen ausführlicher berücksichtigt worden zu sein.

Demzufolge ist mit dieser Publikation Basisarbeit geleistet worden, auf der eine weitere Diskussion der Detailfragen aufbauen sollte, wie Poirier selbst schon in seinem Wunsch nach weiterer Abhängigkeits- und Einflußforschung formuliert hat.

Regine Schulz

Filone di Alessandria. La filosofia mosaica. La creazione del mondo secondo Mosè. Traduzione di Clara Kraus Riggiani. Le allegorie delle leggi. Traduzione di Roberto Radice. Prefazioni, apparati e commentari di Roberto Radice. Monografia introduttiva di Giovanni Reale e Roberto Radice. Rusconi Libri Milano 1987, Ln., S. 583, It. Lire 34.000.—

Das sehr preisgünstige Werk präsentiert sich in einer imponierenden Aufmachung als Gemeinschaftswerk junger, begabter Wissenschaftler. Es kommt einem Bedürfnis der Renaissance philonischen Gedankengutes entgegen. Der gemeinschaftlich erarbeitete Band vereinigt zwei Werke des jüdisch-alexandrinischen Theologen von herausragender Qualität. Die Einleitung ist eine selbständige Monographie, die global systematisch das Denken Philons vorstellt. Die Übersetzung »Erschaffung der Welt nach Mose« ist die Frucht langjähriger Arbeit an jüdisch-hellenistischer Ausdrucksweise und deren Verstehenshorizont. Der dazugefügte Kommentar entschlüsselt die verhüllte, allegorische Redeweise des Alexandriners. Übersetzung und Analyse der drei Bücher »Legum allegoriae«, soweit sie fragmentarisch erhalten sind, exemplifiziert das Hauptwerk Philons in psychologisch-anthropologischer und ethischer Hinsicht.

Der umfängliche, glücklich zusammengestellte Band eröffnet den Blick in die denkerischen Fähigkeiten eines jüdisch-hellenistischen Theologen und Philosophen, dessen Kreativität der außerchristlichen Spätantike verborgen blieb. Es wäre wünschenswert, daß diese Fundgrube philonischer Kenntnis in die deutsche Sprache übertragen würde.

Wilhelm Gessel

Jacques Ménard: La gnose de Philon d'Alexandrie. Cariscript Paris 1987, kart., 194 S.

Vf. vertritt die Auffassung, daß gerade heute der jüdische Philosoph und Theologe aus Alexandrien an der Zeitenwende eine spirituelle Botschaft für den modernen Menschen hat, der sich als »Schiffbrüchiger« auf eine unbekannte, feindlich gesinnte Insel geworfen vorfindet. Schon das Vokabular, mit dem Vf. die philonischen Werke aufschlüsselt, zeigt, wie sehr in vorliegendem Werk Philon mit Hilfe des Denkens von M. Heidegger gelesen und interpretiert wird. Dennoch will M. ausschließlich bei der Theologie und Anthropologie Philons ansetzen, die er drei theologischen Prinzipien unterordnet: 1. Die philonische Anthropologie entfalte eine Vorstellung vom Menschen, die sich wesentlich aus dem Glauben an Gott als Schöpfer des Menschen entwickelt. 2. Theologie und philosophische Anthropologie seien in Philons Denken untrennbar verknüpft. 3. Dies sei in univokem Sinn gegeben, weil bei Philon ein Glaubenszeugnis aufscheine, das authentisch dem Sinn der Bibel entspreche.

M.'s eigenwilliger Interpretation kann zugestimmt werden, insofern sich Philons mystische Lehre auf das Dogma von der Offenbarung Gottes stützt. Jedenfalls hatten griechische Kirchenschriftsteller wie Klemens von Alexandrien, Origenes und Gregor von Nyssa (Vgl. Ch. Apostolopoulos: Phaedo Christianus. Studien zur Verbindung und Abwägung des Verhältnisses zwischen dem platonischen »Phaidon« und dem Dialog Gregors von Nyssa »Über die Seele und die Auferstehung«. Frankfurt a.M. 1986) keine Bedenken, die philonischen Gedanken über das göttliche Dunkel und den Weg der Seele in ihrer Vereinigung mit Gott aufzunehmen. Man wird Vfs. Versuch als existentialtheologisches Kennenlernen Philons begreifen dürfen.

Wilhelm Gessel

Jacques Ménard: Introduction à l'histoire des religions. Cariscript Paris 1987, kart., 60 S.

Der volkstümlich konzipierte Essay greift das Thema Mythos auf. Vf. setzt bei der deskriptiven Definition von M. Eliade ein und vertritt die Auffassung, daß das Unterscheidungskriterium der Religionen der Heilsbegriff sei. Nun ist die Frage, ob sich die Religionen, die einen Mythos zur Grundlage haben, überhaupt auf einen mit den Mitteln der ratio gewonnenen Begriff bringen lassen. Die neueste Forschung, die sich gerade in jüngster Zeit dem Mythos, den Mythologemen und der mythischen Redeweise widmet, würde diese Frage eher verneinen. Publikationen wie: A. Halder – K. Kienzler (Hrsg.), Mythos und religiöser Glaube heute, Donauwörth 1985, und die sehr frequentierte Tagung »Mythos und Rationalität« des 6. Europäischen Theologenkongresses in Wien 1987 tendieren offensichtlich in eine solche Richtung. Vgl. dazu den Bericht zum Wiener Kongreß von K.-A. Odin: Der Glaube zwischen Mythos und Wissenschaft. In: Frankfurter Allgemeine Zeitung vom 28.9.87.

Wilhelm Gessel

Jad Hatem: Ethique chrétienne et révélation. Études sur la spiritualité de l'Église d'Antioche. Antioche chrétienne I, Paris 1987, Cariscript, kart., 118 S.

Das Ziel dieser Studien wird nicht recht deutlich. Vermutlich sollte das spirituelle Denken der von Antiochien ausgehenden Kirchen bzw. seiner Konfessionen dargestellt werden. Ignatius' Martyriumsfrömmigkeit wird ohne Rückgriff auf die aktuelle Literatur mehr im Predigtstil dargestellt. Der jakobitische Philosoph Yaḥyā ibn ʿAdī (†974) dient als Zeuge für eine Lösung des Problems des Bösen. Barhebraeus (1226-1286) wird nach dem Übel im Rahmen der Theodizee befragt. Daß Barhebraeus die islamische Geisteswelt mit dem syrischen Erbe verband und von hier aus das gestellte Problem hätte beleuchtet werden können, übergeht Hatem. Schließlich wird der derzeitige griechisch-orthodoxe Metropolit vom Berg Libanon Georges Khodre mit seiner Sicht zur Möglichkeit einer Offenbarung vorgestellt. In einem Nachwort, das wohl der Theorie der Vergottung des Menschen gewidmet ist, häuft Vf. Zitate aus den Psalmen, Gedichte und Gebete mit Verweisen auf Tertullian, Ignatius von Antiochien und Jakob von Sarug.

Wilhelm Gessel

I. Peña - P. Castellana - R. Fernández: Inventaire du Jébel Baricha. Recherches archéologiques dans la région des Villes Mortes de la Syrie du Nord. (= Studium Biblicum Franciscanum Collectio Minor N. 33) Jerusalem, Franciscan Printing Press 1987, Kart., 212 S., 187 Zeichnungen, 137 Fotos, 1 Faltkarte.

Das Inventar der Monumente des Jébel Baricha ist das Ergebnis dreijähriger Arbeit vor Ort. Die Autoren haben den bisher bekannten »Toten Städten« Nordsyriens eine Reihe von Neuentdeckungen hinzugefügt, ein Verdienst, das besondere Würdigung verdient. Die spätantiken Siedlungen von Bazliq, Balata, Namoura, Khereybat el-Qass, El-Menzoul, Heir Salah, Kefr Seher, El-Fajjé und Qandarouh wurden erstmals erfaßt.

Das Gebiet des Jébel Baricha ist kaum durch Straßen erschlossen. Es zählt zu einer der Regionen des syrischen Kalksteinmassivs und bedeckt ca. 210 qkm. Vom 4. bis zum 6. Jh. n.Chr. errechneten die Autoren eine Bevölkerungszahl von etwa 20.000 Bewohnern, also traf auf 100 Einwohner ungefähr 1 qkm Fläche. Das sehr dünn besiedelte Gebiet scheint sich punktuell schon vor dem Konstantinischen Frieden dem Christentum zugewandt zu haben. Für die ersten drei Jahrhundere ab der Konstantinischen Ära werden 64 Kirchen und 62 Klöster festgestellt. Manche Marktflecken hatten bis zu drei altchristliche Basiliken. Während die Kirchen jeweils im Zentrum einer Ortschaft errichtet wurden, befanden sich die Klöster im Umkreis von 100 bis 1000 m der jeweiligen Orte. Auffällig ist auch das umfängliche Herbergenwesen. Einerseits besaßen die Kommunen eigene Herbergen, andererseits standen neben altchristlichen Basiliken kirchliche Unterkünfte, die mit den klostereigenen Xenodochien konkurrierten. Die Unterscheidung dieser sehr ähnlichen Bauwerke trafen die Autoren aufgrund zahlreicher Graffiti an den Wänden der Herbergen.

Mit der Christianisierung des Jébel Baricha ging eine außergewöhnliche wirtschaftliche Prosperität einher. Die Ursachen für diesen ökonomischen Aufschwung sehen die Autoren in der klug gesteuerten Öl- und Weinproduktion, in der politisch stabilen Lage und in der erfolgreichen Zucht von Haustieren. Man wird den Arbeitseifer der Bewohner dazurechnen dürfen; denn die nördlich von der Ebene Amq-Antiochien, östlich vom Jébel el-Halaqa und der Chalcis-Idlib Ebene, südlich vom Jébel ez-Zawie und westlich vom Jébel el-ʿAla begrenzte, 400-500 m hohe Region besitzt weder eine Quelle, noch einen Fluß. Das für Mensch, Tier und Pflanzen nötige Wasser mußte ausschließlich den Zisternen entnommen werden. Offensichlich schuf die glückliche wirtschaftliche Lage die ungewöhnlichen finanziellen Möglichkeiten für die zahlreichen kirchlichen Bauwerke, deren teilweise reicher architektonischer Schmuck in der Gestaltung von Fassaden, Portalen und Säulenkapitellen durchaus an Qalb Lōze und Qalʿat Semʿan zu erinnern vermag.

Da zum Gebiet des Jébel Baricha keine literarische Quelle existiert, mußten die Autoren ihre Konklusionen ausschließlich auf die Beobachtung der Bauten, der wenigen Inschriften und der Graffiti stützen. So wurden manche Fragen wie nach einem kirchlichen Zentrum, einem eventuellen Bischofssitz und vor allem nach der Denomination des Bekenntnisses nicht gestellt. Gerade im Blick auf die außergewöhnliche Zahl von klösterlichen Gemeinschaften, den häufigen Türmen von Reklusen und auch den gelegentlich feststellbaren Plätzen für Säulensteher wäre eine Antwort wünschenswert. Insgesamt wird man das Gebiet des Jébel Baricha als eine geschlossene christliche Landschaft bezeichnen dürfen, die mehr verbirgt als enthüllt.

Mit Spannung sind die bereits angekündigten weiteren Inventare zu erwarten: Jébel el-ʿAla, Jébel Wastani und Jébel Doueili. Bei dem Versuch der kirchengeschichtlichen Periodisierung sollte jedoch der Konstantinische Frieden für Syrien nicht überbetont werden und die falsche Bezeichnung »Mailänder Edikt« durch Mailänder Konvention vom Jahre 313 ersetzt werden.

Wilhelm Gessel

James Russell: The mosaic inscriptions of Anemurium with 22 Figures and 27 Plates (= Österreichische Akademie der Wissenschaften. Philosophisch-Historische Klasse. Denkschriften, 190. Band. Ergänzungsbände zu den Tituli Asiae Minoris Nr. 13). Verlag der Österreichischen Akademie der Wissenschaften, Wien 1987, kart., Großoktav, 93 S.

Die südlichste Stadt des rauhen Kilikien, Anemurium, wird erst seit 1960 intensiv archäologisch erforscht. Die Initiatorin der Ausgrabungen E. Alföldi-Rosenbaum reichte die Leitung der Ausgrabungen an J. Russell weiter, der seit 1973 Teile des spätrömisch-byzantinischen Flottenstützpunktes erforschte und mit vorliegendem Band einen gehaltvollen Kommentar zu einzelnen Begriffen und Wendungen der frühchristlichen Epigraphik vorlegt.

Einleitend wird erstmals eine übersichtliche Geschichte zur Stadt Anemurium vorgetragen. Der Hauptteil des Werkes ist den entdeckten Mosaikinschriften gewidmet, die profanen und mehrheitlich altchristlichen Bauwerken entstammen. Die Datierung bewegt sich in dem Zeitraum von etwa 200 bis 500 n.Chr. Das Werk ist katalogartig aufgebaut und präsentiert die einzelnen Inschriften nach folgendem Schema: Exakte Beschreibung der Fundlage – Inschrift – Übersetzung – Maße des Inschriftenfeldes – Maße der Buchstaben – Datierung – Kommentierende Interpretation.

Die Bewohner von Anemurium dürften die Höflichkeit geschätzt haben, weil der Besucher der Thermen mit dem mosaizierten Wunsch »Habe ein gutes Bad« (S. 29) begrüßt wurde. Beim Verlassen des Bades begleitete ihn die Inschrift »Du hattest ein gutes Bad« (S. 30). Die Mehrzahl der eindeutig altchristlichen Inschriften hat Votivcharakter, wie z.B. »Ich, Sirikis, habe es in Erfüllung eines Gelübdes gemacht« (S. 69). Eine anonyme Inschrift beginnt mit einem Lobpreis Gottes und hält eine Donation fest, um Sündenvergebung zu erbitten: »Herr, mein Meister, der du des Menschen Herz kennst! Von deinen eigenen Gaben habe ich dankbar diese Gaben gebracht. Nimm sie für die Vergebung meiner Sünden an! Herr, erinnere dich an den, dessen Namen du kennst! Im sechsten Jahr der Indiktion« (S. 53).

Russell erläutert die einzelnen Epigramme nach grammatikalisch-stilistischen Merkmalen und nach deren literarischer Abhängigkeit. Prinzipiell wird auch die Frage nach einer möglichen Beeinflussung durch liturgische Texte gestellt. Diese Fragestellung erweist sich als besonders fruchtbar, wenn es R. gelingt, auf eine Vielzahl von archäologisch festgestellten Parallelphrasen hinzuweisen wie bei der oben zitierten Inschrift. Insgesamt vermitteln die altchristlichen Mosaikinschriften von Anemurium den Eindruck, als basiere die in ihnen enthaltene Frömmigkeit auf einem Fundus von Katechismussprüchen, die bei der Abfassung der Texte Pate gestanden haben.

Wilhelm Gessel

Dumbarton Oaks Papers, 39 (Dumbarton Oaks Research Library and Collection: Washington, DC, 1985), xv + 150, 180 b/w photographs, 38 line drawings.

This beautifully produced volume is dedicated to the memory of Peter Charanis, whose humanity and scholarship is sensitively envoked by Angeliki Laiou. The articles are of a consistently high standard and range from the dizzy castles of Armenia to the orchards of the Sinaitic hermits; from Rome and Nisibis in the sixth century to Jerusalem, Cyprus and England in the twelfth century; from the fabric and history of Aya Sofya, Kariye Camii and Atik Mustafa Paşa Camii in Istanbul to the relationships between the imperial court, literature and art at Constantinople. Not only the subjects studied, but also the techniques employed reflect the versatility and breadth of modern Byzantinology; Dumbarton Oaks deserves special praise for giving pride of place to archaeological reports and surveys.

Leslie Brubaker, 'Politics, patronage, and art in ninth-century Byzantium: The *Homilies* of Gregory of Nazianzus in Paris (B.N. GR. 510)', pp. 1-13, claims to establish a link between the exegetical illustrative programme of this famous codex and the homilies of the patriarch Photios, described here as the patron who commissioned it as a gift for Basil I. The choice of certain themes and the way they are represented is explained, sometimes plausibly, with reference to ninth-century political and theological preoccupations. Robert W. Edwards, 'Medieval architecture in the Oltu-Penek valley: a preliminary report on the marchlands of Northeast Turkey', pp. 14-37, is an abundantly illustrated, meticulous survey of castles in a breath-taking landscape. It covers Oltu, Cücürüs, Körolu, Penek, Kız and the nearby Olan, a series of sites aligned to block the traversible passes in the mountains which divided Hither Tao from north Tayk'. (The triangle Erzurum / Artvin / Kars indicates the region approximately.) In the eleventh century the Byzantine emperor Basil II was involved with this area, so the survey has aspects of wider importance, while throwing a brighter light on local Georgian and Armenian concerns. Another survey in an even less hospitable massif is that of Israel Finkenstein, 'Byzantine monastic remains in the southern Sinai', with a contribution on Greek inscriptions in Deir Rumḥan, Sinai, by Asher Ovadiah, pp. 39-75, 77-79, beautifully illustrated, likewise, including a photograph of Jebel Sufsafeh which attests to the inspiration found by monks and pilgrims in 'the primeval splendor of the area'. Apart from the well-known Justinianic foundation there is abundant evidence of the expertise of hermits in exploiting the desert environment and its peculiar geology; this is appreciated in all its homely aspects by the Israeli archaeologist, to whom perhaps the tiny cells with their orchards irrigated by mountainside conduits evoke an idyll, though one animated, not by luxury, but by 'deep religious feeling'. The most startling single discovery was a winepress; and the neglected Jebel Umm Shomer is revealed as a staging-post on the pilgrim's route from the Red Sea to Jebel Musa, and even perhaps, to judge by the contrasting ceramic finds in the two areas, as a refuge for those ascetics who found the area around St. Catherine's too crowded! The inscriptions can be seen as a 'source of strength' to the spiritually motivated residents and travellers. John Rosser's fully illustrated report on the 'Excavations at Saranda Kolones, Paphos, Cyprus, 1981-1983', pp. 81-97, shows how the possibility that this early concentric castle might be

Byzantine and predate Belvoir was definitely discounted, although the origin of this innovation is still debatable. Earthquake damage datable to 1222 sealed many deposits of artifacts (including a beautiful glass vase, miraculously unbroken), which are thus closely dated, 'a significant asset ... important for archaeologists working on medieval sites elsewhere in the Levant'. A donkey-mill may provide 'the earliest evidence for the sugar-industry on Cyprus'. Roger D. Scott, 'Malalas, *The Secret History*, and Justinian's propaganda', pp. 99-109, notes that John Malalas (at present being intensively studied in Australia by S. and others) covers much the same ground as Procopius, but where the former seems generally approving of the way Justinian imposed order by harsh deterrents, the latter disputes the efficacity of this reign of terror and attributes it to sheer malice. Malalas seems to be offering a bland reflection of imperial propaganda, enlivened occasionally by oral propaganda probably disseminated in the Hippodrome, whereas Procopius has taken the same items and given them a negative twist. Linguistic register is another significant difference between these authors; on the basis of Averil Cameron's theory of 'cultural fusion' in the time of Justin II, S. speculates that fear of 'being labeled a Hellene' delayed the publication of much material written in the earlier part of Justinian's reign. In addition to endorsing the picture of Procopius as a reactionary against Justinian's innovative challenge to the way of life of the Byzantine establishment, S. sees him as a supporter of 'much more liberal and less punitive society' and the *Secret History* as 'a serious work of a serious historian', though written in the superstitious atmosphere of millennial expectation. Nicolas Oikonomidès, 'Some remarks on the apse mosaic of St. Sophia', pp. 111-115 (illustrated), offers an ingenious and plausible solution to the conflict between the evidence of Photius' description and his seal, which is supported by a thirteenth-century observer, and the characteristics of the image of the Mother of God as seen today, which correspond to the seals of the patriarch Neilos (1380-88) and his successors: the mosaic was made between 787 and 815, then plastered over by the ninth-century iconoclasts and forgotten; Photius consecrated in 867 not the mosaic, but a painting of the 'Hodegetria' on the plaster; and the mosaic was only rediscoverd after the church was damaged by earthquakes in the mid-fourteenth century. Robert Ousterhout, 'A sixteenth-century visitor to the Chora', pp. 117-124 (illustrated), tackles the problems in the description of the German ambassador Stephan Gerlach. There is one point at which he seems to have misunderstood the German, which might better be read as follows: The Founder and his wife 'are also represented there' (i.e. in the Esonarthex; Gerlach does not say 'on the same panel') ... and from his headgear 'one can infer that he was one of the most distinguished imperial servants, since this ornament looks rather like a duke's biretta made of silk and furring, the band or wrap (*cinctura*) being variegated in colour, as today Jews and Armenians wear a mixture of white and blue'. The fact that Theodore's turban is white with red stripes is quite compatible with this, since the comparison rests on the variegation of colour. Thomas F. Mathews and Ernest J.W. Hawkins, 'Notes on the Atik Mustafa Paşa Camii in Istanbul and its frescoes', pp. 125-134 (illustrated), describe and analyse the ninth-century building and suggest that it was originally the church of St. Elijah in Petrion, in the northern Antiochou neighbourhood. Gianfranco Fiaccadori, 'Cassiodorus and the School of Nisibis', pp. 135-137, suggests that 'Hebraei' is used in the *Institutiones* with reference to Nisibis to mean 'Nestorians', but cannot support this with any direct parallel. Perhaps the text is, after all, corrupt? Finally Hans Eberhard Mayer, 'The succession to Baldwin II of Jerusalem: English impact on the East', pp. 139-147, examines the conditions under which Fulk of Anjou was prepared to take the risk of detaching himself from his French possessions to marry Melisande and thus become King of Jerusalem and establishes that a crucial stipulation, that Melisande should first be formally designated *heres regni*, was made following the precedent set by Henry I of England, when he designated his daughter Maud *heres Angliae* in 1127. 'The sinking of the White Ship had caused ripples which went much further than has so far been noticed'.

Andrew Palmer

Wolf Leslau

Comparative Dictionary of Ge'ez (Classical Ethiopic)

Ge'ez-English / English-Ge'ez
With an index of the Semitic roots

1987. L, 813 pages, cloth DM 248,–

The latest standard dictionary of Ge'ez (in Ge'ez-Latin) is that of A. Dillmann "Lexicon linguae aethiopicae" (1865). The present dictionary is compiled for the benefit of the student and of the scholar of Ge'ez, of the Semitist, and of the scholar in Hamito-Semitic (Afroasiatic). It makes use of the Ge'ez dictionaries of western scholars (Ludolf, Dillmann, Grébaut, Gabriele da Maggiora), of the Ge'ez-Amharic dictionaries published by Ethiopian scholars (Aläqa Tayyä, Ya'qob Gäbrä Iyasus, Kidanä Wäld Kefle, of the manuscript of Keflä Wäldä Giyorgis), of the minor Säwasew (glossaries) published by western and Ethiopian scholars, and of new lexemes collected from Ge'ez books published after Dillmann's time.
The "Comparative Dictionary" uses phonetic transcription except in each main entry which is given both in phonetic transcription and in the Ge'ez alphabet. The dictionary is arranged in the order of the Roman alphabet.
All the Semitic languages, as well as the seven Ethiopian languages other than Ge'ez are utilized in the comparisons. As for Cushitic, common roots as well as loanwords are explored.

Still available:

Wolf Leslau

Concise Amharic Dictionary

Amharic-English / English-Amharic

1976. XIV, 538 pages, cloth DM 138,–

Wolf Leslau

English-Amharic Context Dictionary

1973. XVIII, 1503 pages, cloth DM 268,–

Wolf Leslau

Etymological Dictionary of Gurage (Ethiopic)

Vol. I: Individual Dictionaries / Vol. II: English-Gurage-Index / Vol. III: Etymological Section

1979. 2950 pages, cloth DM 428,–

VERLAG OTTO HARRASSOWITZ · WIESBADEN

Hanswulf Bloedhorn

Die Kapitelle der Synagoge von Kapernaum

Ihre zeitliche und stilistische Einordnung im Rahmen der Kapitellentwicklung in der Dekapolis und in Palaestina

(Abhandlungen des Deutschen Palästina-Vereins)

1988. Ca. 148 Seiten und 40 Tafeln mit Abbildungen, br. ca. DM 98,– (ISBN 3-447-02787-8)

Die Ruine der Synagoge von Kapernaum ist seit 1838 bekannt. Untersucht wurde sie erstmalig 1866 und 1905 oberflächlich freigelegt. Erst seit 1969 wird sie ausgegraben. Seitdem steht die alte Datierung „2.–3. Jahrhundert" aufgrund von Dekoruntersuchungen gegen den neuen stratigraphischen Befund „4.–5. Jahrhundert". Das Werk beginnt daher mit der Untersuchung der Kapitellentwicklung in der Dekapolis und in Palaestina während des 2. und 3. Jahrhunderts. Vor diesem Hintergrund lassen sich die Kapitelle in Kapernaum in der 2. Hälfte des 3. Jahrhunderts einordnen. Allerdings sind sie nicht einheitlich, wie bisher angenommen, sondern können in mehrere Gruppen unterteilt werden: Gruppe K erweist sich von kleinasiatischen Werkstätten beeinflußt, während Gruppe S auf syrischen Einfluß schließen läßt. Die weiteren Dekorglieder - wie Türstürze, Friese, Gesimse - gehören ebenfalls dieser Zeit an. Ferner werden erstmals einige Kapitelle, die in dem im Laufe des 5. Jahrhunderts östlich angefügten Hof gefunden wurden, als eine dritte Gruppe H zusammengestellt und in die Mitte des 5. Jahrhunderts datiert.
Daraus ergibt sich, daß für die nach dem Erdbeben von 363 AD erneut aufgebaute Synagoge die älteren Bauglieder als Spolien wieder verwendet wurden, während man für den Hofanbau ein halbes Jahrhundert später neue Dekorteile anfertigte.

VERLAG OTTO HARRASSOWITZ · WIESBADEN

Hildegard-Gebetbuch · Faksimile-Ausgabe

Codex latinus monacensis 935 der Bayerischen Staatsbibliothek München

1982. Die Wiedergabe aller 144 Pergamentseiten mit ihren 72 ganzseitigen mehrfarbigen Federzeichnungen – in brauner, roter, blauer und grüner Tinte – mit blau und grün bemaltem Grund, die sich zumeist neben den Gebeten auf einer Verso-Seite befinden, ist in Originalgröße 15,9×10,3 cm erfolgt, im Lichtdruck mit 6–8 Farben, in einer einmaligen numerierten Auflage von 500 Exemplaren für den Verkauf und 50 Exemplaren für Belegzwecke.
Ein Kommentarband unter Mitarbeit von Gerard Achten, Hermann Hauke, Elisabeth Klemm und Karin Schneider befindet sich in Vorbereitung und wird etwa 1983/84 ausgeliefert.
Die buchbinderische Verarbeitung erfolgte für beide Teile als Lederbände.
Preis für das Faksimile DM 1850,–

Das Evangelistar Kaiser Heinrichs III.

Ms. b. 21 der Universitätsbibliothek Bremen

1981. Farbiges Vollfaksimile mit 254 Seiten in Pergament gebunden DM 4200,–

Das Evangelistar Heinrichs III. ist mit einem Umfang von 127 Blatt (= 254 Seiten) und einem Format von 19,3 cm zu 14,6 cm das kleinste unter den Prachtwerken des Echternacher Scriptoriums. Es ist wegen seiner aufwendigen Ausstattung mit 38 Vollbildern, die z. T. 2 Szenen enthalten, 13 kleineren Bildern, meist halbseitig, 3 Zierseiten mit Text und Gold- oder Farbleisten und 5 Vollinitialseiten, zahlreichen kleinen und mittleren Goldinitialen sowie drei ornamentalen Zierseiten aber durchaus ebenbürtig den aus Echternach stammenden Codices, die sich jetzt in Nürnberg und Madrid befinden. Einmalige Auflage: 500 Exemplare für den Verkauf und 50 Exemplare für Belegzwecke.
Ein wissenschaftlicher Begleitband unter Mitarbeit namhafter Fachgelehrter wird vorbereitet.

Katalog der illuminierten Handschriften der Bayerischen Staatsbibliothek in München

Als erster Band der neuen Reihe erschien Ende 1980:
Band 3: Die romanischen Handschriften der Bayerischen Staatsbibliothek.
I. Die Bistümer Regensburg, Passau und Salzburg
Beschrieben von Elisabeth Klemm
Textband: 180 Seiten, Tafelband 218 Seiten mit 698 Abbildungen sowie 8 Farbtafeln, beide Bände im Format 32,5×24 cm, Leinen DM 186,–

Das spätgotische Musterbuch des Stephan Schriber in der Bayerischen Staatsbibliothek München, Cod. icon. 420

Von Marie Roosen-Runge und Heinz Roosen-Runge

1981. 3 Bände, Format 21,9×14,8 cm. Band I (Tafeln): 32 ein- und 32 mehrfarbige Tafeln. Band II (Textband). XVI, 334 Seiten Text mit 2 Abb. Band III (Dokumentation): 16 Seiten Text, 96 Tafeln mit ca. 300 Abbildungen sowie 16 Farbtafeln.
Die 3 Bände werden nur komplett abgegeben, Leinen DM 460,–

DR. LUDWIG REICHERT VERLAG · TAUERNSTRASSE 11 · WIESBADEN

Christel Rüster / Erich Neu

Hethitisches Zeichenlexikon

Inventar und Interpretation der Keilschriftzeichen aus den Boğazköy-Texten

(Studien zu den Boğazköy-Texten, Beiheft 2)

1988. Ca. 256 Seiten, Kst. ca. DM 98,– (ISBN 3-447-02794-0)

Das hethitische Zeichenlexikon enthält eine systematische Zusammenstellung der in den Boğazköy-Texten auftretenden Keilschriftzeichen in ihrer paläographischen Vielfalt, wobei Vollständigkeit angestrebt wurde. Somit steht das Zeichenlexikon in der Tradition Emil Forrers („Die Keilschrift Boghazköi", 1922), während spätere hethitische Zeichenlisten oder Schrifttafeln wie etwa die von E.H. Sturtevant / G. Bechtel (1935) oder von J. Friedrich (1960) eher didaktisch-praktischen Zwecken dienen und entsprechend konzipiert sind. Soweit möglich, wird bei der Anordnung der Leitzeichen zwischen alt-, mittel- und junghethitischen Zeichenformen unterschieden. Neben den hethitischen Lautwerten sind auch akkadische, hurritische und protohattische Lesungen verzeichnet. Sämtliche Logogramme werden in deutscher und türkischer Übersetzung dargeboten. Die Ansetzung der Lautwerte erfolgt in Übereinstimmung mit den Gepflogenheiten in der Assyriologie. In dem umfangreichen Anmerkungsteil werden viele Einträge kommentiert, fragliche Lesungen und Lautwerte erörtert sowie einschlägige Sekundärliteratur angeführt. Durch detaillierte Verweise innerhalb der Lemmata sowie durch Konkordanzen und ausführliche Indices wird das Zeichenlexikon benutzerfreundlich aufgeschlüsselt. Der Anhang berücksichtigt die Erfordernisse des hethitischen Anfängerunterrichts.

VERLAG OTTO HARRASSOWITZ · WIESBADEN